商周青銅器
銘文暨圖像集成

第四卷

續編

吳鎮烽　編著

戈　戟　矛　劍　鈹　鉞　刀　削　矢鏃　雜兵
工具　度量衡　車馬器　符節　其他
金銀器　玉石器　雜器

高明題

上海古籍出版社

第四卷 目 録

商周青銅器銘文暨圖像集成續編

50. 雜器

36．戈、戟

（1049 – 1266）

1049. 子戈

【時　　代】商代晚期。

【出土時地】二十世紀明義士購藏。

【收　藏　者】原藏明義士,現藏山東省博物館。

【尺　　度】通長 23.4、寬 6.2 釐米。

【形制紋飾】直援直內,有脊,圓弧形鋒,闌上出齒,內上有一圓孔,後部有 U 字形凹紋,後端呈弧形,下角出齒。

【著　　錄】明藏 283 頁圖版 18.1。

【銘文字數】內部鑄銘文 1 字。

【銘文釋文】子。

【備　　注】館藏號: 6.1015。

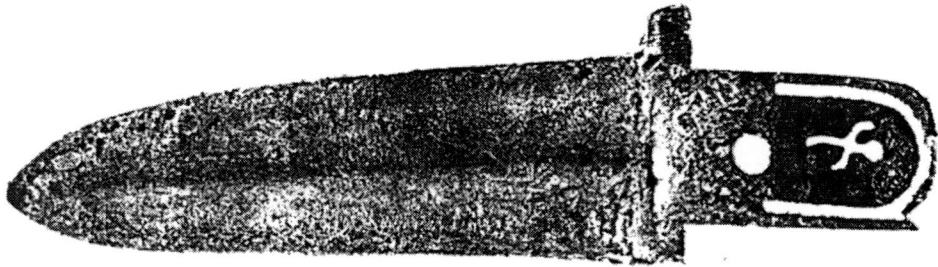

1050. 子戈

【時　　代】商代晚期。

【收　藏　者】原藏明義士，現藏山東省博物館。

【尺　　度】通長 25.4、寬 6.6 釐米。

【形制紋飾】銎內戈，直援尖鋒，有寬脊，援後部有雙翼，橢圓形銎，銎後有直內，後端呈弧形，下角出齒。

【著　　錄】明藏 284 頁圖版 19.1。

【銘文字數】內部鑄銘文 1 字。

【銘文釋文】子。

【備　　注】館藏號：6.1021。

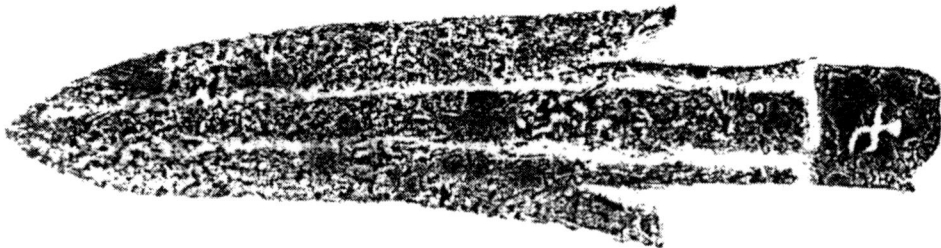

1051. 貯戈甲

【時　　代】商代晚期。

【出土時地】2005年7月徵集。

【收　藏　者】河北省博物館。

【尺　　度】通長24.8、寬6.9釐米。

【形制紋飾】整體爲牛舌形,援稍殘,下刃稍向内弧曲,中部起脊,從援末直通至銎上,内扁平,内與援之間設有橢圓形銎,銎内尚殘留有腐朽的木殘段。

【著　　録】文物春秋2008年5期封三:2。

【銘文字數】内兩面各鑄銘文1字,内容相同。

【銘文釋文】貯。

正面　　　　　　　　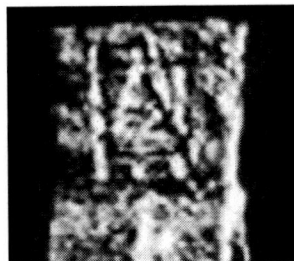背面

1052. 貯戈乙

【時　　代】商代晚期。

【出土時地】2005 年 7 月徵集。

【收 藏 者】河北省博物館。

【尺　　度】通長 22.9、寬 6.2 釐米。

【形制紋飾】整體爲牛舌形,援刃部稍殘,援本部銹裂一道,下刃稍向内弧曲,援中部
　　　　　　起脊,從援末直通至銎上,内扁平,内與援之間設有橢圓形銎。

【著　　録】文物春秋 2008 年 5 期封三：3。

【銘文字數】内正面鑄銘文 1 字。

【銘文釋文】貯。

【備　　注】背面銘文未拍照。

正面

1053. 鳥戈

【時　　代】商代晚期。

【收 藏 者】某收藏家。

【形制紋飾】援較寬，呈長三角形，前鋒較圓，中脊凸起，直通鋬脊。鋬孔呈橢圓形，上下口沿凸起，直通援的基部，其後有一段長方形内。

【著　　録】未著録。

【銘文字數】内部鑄銘文 1 字。

【銘文釋文】鳥。

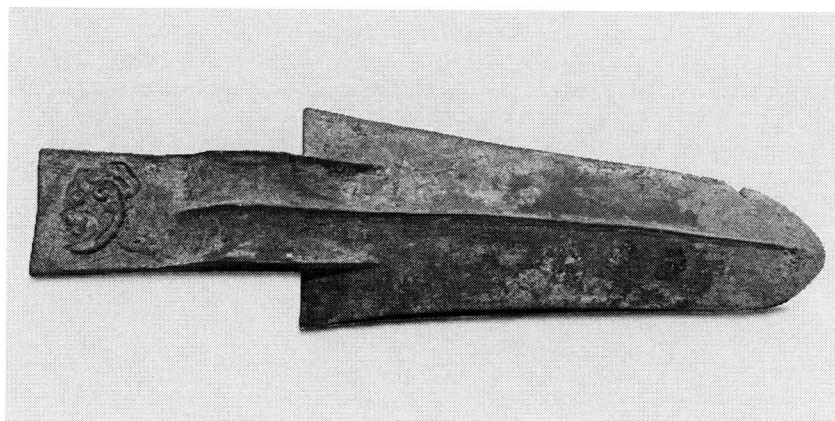

1054. 屮戈

【時　　代】商代晚期。

【收 藏 者】某收藏家。

【形制紋飾】直援尖鋒，無胡無穿，橢圓形銎内，中脊直通銎上。

【著　　録】未著録。

【銘文字數】内後部鑄銘文1字。

【銘文釋文】屮。

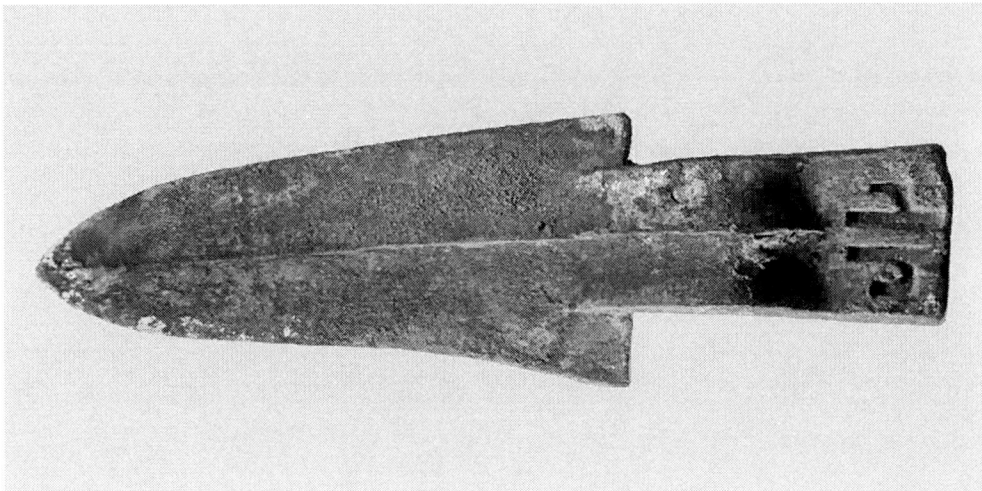

1055. 商戈

【時　　代】商代晚期。

【收　藏　者】某收藏家。

【尺　　度】通長 35.5 釐米。

【形制紋飾】直援尖鋒，援的中部較厚，向刃部漸薄，無胡無穿，闌上下出齒，內的後部向下彎曲。

【著　　錄】未著錄。

【銘文字數】內部鑄銘文 1 字。

【銘文釋文】𠕎（商）。

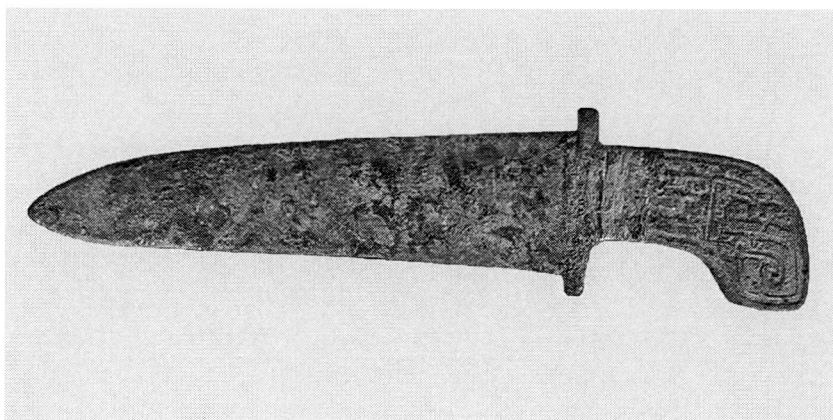

1056. 臿戈

【時　　代】商代晚期。

【收 藏 者】蘇州博物館。

【尺　　度】通長 23、闌高 7.3 釐米。

【形制紋飾】直内式，無胡，闌上下出齒，長方形内，中部有一圓孔。

【著　　録】吳鈞 12 頁。

【銘文字數】内的正背面各鑄銘文 1 字，内容相同。

【銘文釋文】臿。

正面

背面

1057. 萬戈

【時　　代】商代晚期。

【收 藏 者】某收藏家。

【形制紋飾】直援,無胡無穿,銎內,銎筒呈橢圓形,脊綫直通銎筒之上。

【著　　録】未著録。

【銘文字數】內後部銘文 1 字。

【銘文釋文】萬。

1058. 畋戈

【時　　代】商代晚期。

【收　藏　者】某收藏家。

【形制紋飾】直援尖鋒，無胡，有寬脊，中部起綫，橢圓形銎内，内後部作圓形，下部
出齒。

【著　　録】未著録。

【銘文字數】内兩面各鑄銘文 1 字。

【銘文釋文】畋（該字爲求對稱左旁从一反攴）。

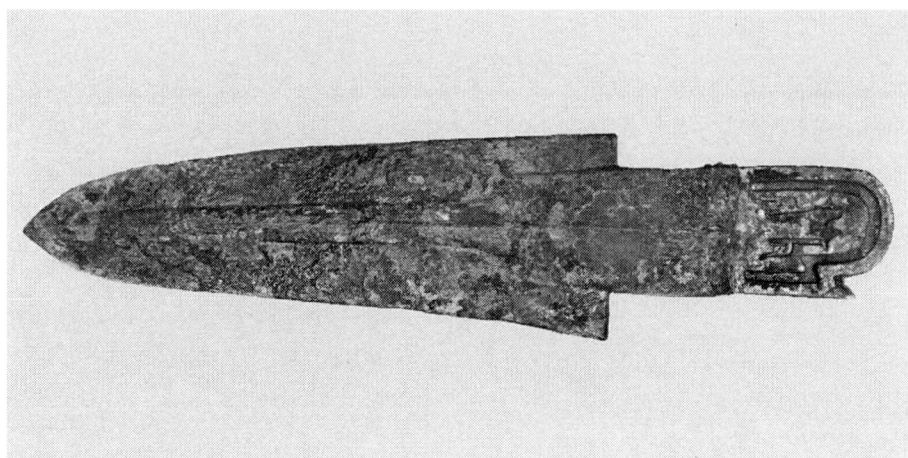

正面

背面

1059. 保戈

【時　　代】商代晚期。

【出土時地】2006 年 11 月河南安陽市殷墟郭家莊文源綠島小區商代墓葬（M12.4）。

【收 藏 者】安陽市文物考古研究所。

【尺　　度】通長 23.2、中寬 2.2、闌高 13.4 釐米。

【形制紋飾】直援尖鋒，後部略寬，中脊突起，中胡一穿，直内，前部有橢圓形銎，後邊
呈弧形，下角出齒。

【著　　録】徐郭墓 35 頁拓片 3.5。

【銘文字數】内正面鑄銘文 1 字。

【銘文釋文】保。

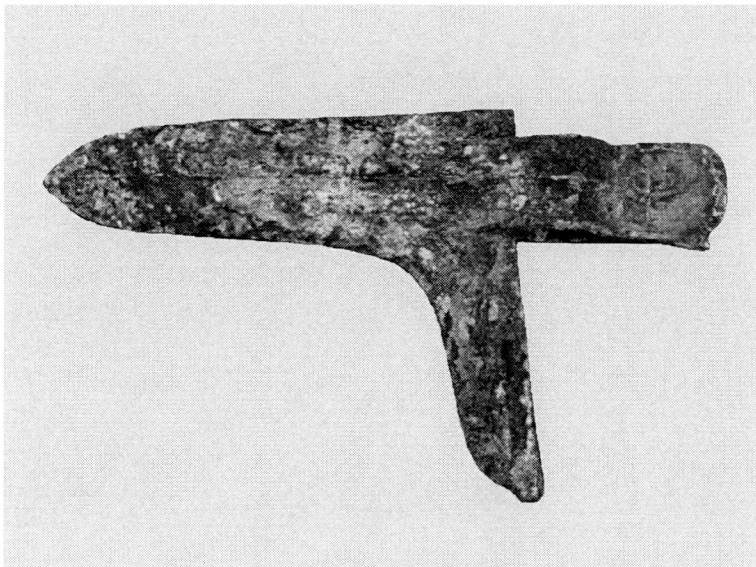

1060. 厽戈

【時　　代】商代晚期。

【出土時地】二十世紀明義士購藏。

【收　藏　者】原藏明義士,現藏山東省博物館。

【尺　　度】通長22.9、寬6.5釐米。

【形制紋飾】直援直内,有脊,圓弧形鋒,闌上下出齒,援本處有等邊三角形加厚,内上有一圓孔,後部有U字形凹紋。

【著　　録】明藏282頁圖版17.2。

【銘文字數】内部鑄銘文1字。

【銘文釋文】厽。

【備　　注】館藏號:6.1014。

1061. 屮戈

【時　　代】商代晚期。

【收　藏　者】原藏明義士,現藏山東省博物館。

【尺　　度】通長 20.7、寬 6.1 釐米。

【形制紋飾】銎內戈,直援尖鋒,有脊,援後部有雙翼,橢圓形銎,銎後有直內。

【著　　錄】明藏 285 頁圖版 20.1。

【銘文字數】內部兩面各鑄銘文 1 字,內容相同。

【銘文釋文】屮。

【備　　注】館藏號：6.1024。

1062. 户戈

【時　　代】西周早期前段。

【出土時地】早年在寶雞市博物館徵集。

【收 藏 者】中國青銅器博物院。

【尺度重量】通長 20.2 釐米，重 0.228 公斤。

【形制紋飾】直援尖鋒，中脊明顯，短胡一穿，闌上下出齒，長方形内，後部有長方形缺。

【著　　録】未著録。

【銘文字數】内正面鑄銘文 1 字。

【銘文釋文】户。

【備　　注】館藏號：IA8.4。"户"字右側未鑄全。

1063. 户戈

【時　　代】西周早期前段。

【出土時地】早年在寶雞市銅構件廠廢銅中揀選，傳出土於寶雞縣金河公社（今寶雞市陳倉區金河鄉）興隆村。

【收　藏　者】中國青銅器博物院。

【尺度重量】通長 26.5 釐米，重 0.228 公斤。

【形制紋飾】直援尖鋒，中脊明顯，短胡一穿，闌上下出齒，長方形內埋葬時戈援被折彎。

【著　　錄】文物 2015 年 1 期 37 頁圖 11.3（正面）。

【銘文字數】內部正背面各鑄銘文 1 字。

【銘文釋文】户，八。

【備　　注】館藏號：IA6.45。

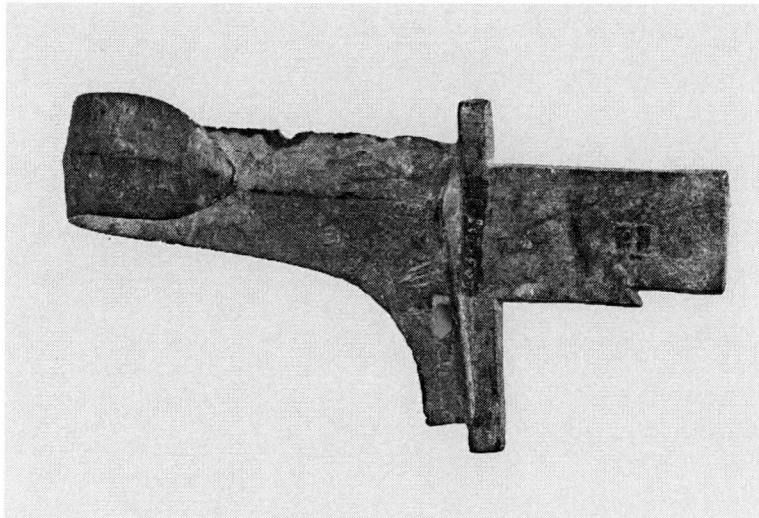

1064. 秅戈

【時　　代】西周晚期。

【收 藏 者】某收藏家。

【形制紋飾】直援較短,尖鋒,援中部微鼓起,長胡,闌側二長穿一小穿,闌下出齒,内較長,上有一横穿。

【著　　録】未著録。

【銘文字數】内部鑄銘文1字。

【銘文釋文】秅。

1065. 王戈

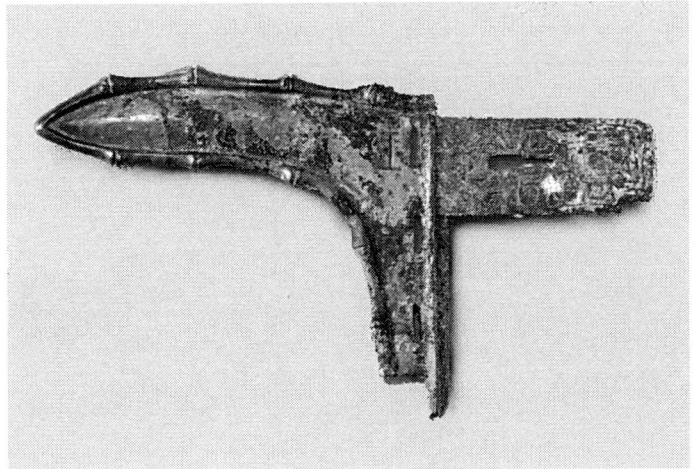

【時　　代】春秋晚期。

【出土時地】2002 年山東新泰市青
雲街道辦事處周家莊
東周墓地（M2.8）。

【收　藏　者】新泰市博物館。

【尺　　度】通長 19.5、內寬 2.9
釐米。

【形制紋飾】援較短，微上揚，呈竹
節形，脊部鼓起，尖鋒
中胡，闌下出齒，闌側
三穿，長方形內，兩面飾竊曲紋。

【著　　錄】文物 2013 年 4 期 15 頁圖 25.1，新泰墓 85 頁圖 51.1、2。

【銘文字數】援根部鑄銘文 1 字。

【銘文釋文】王。

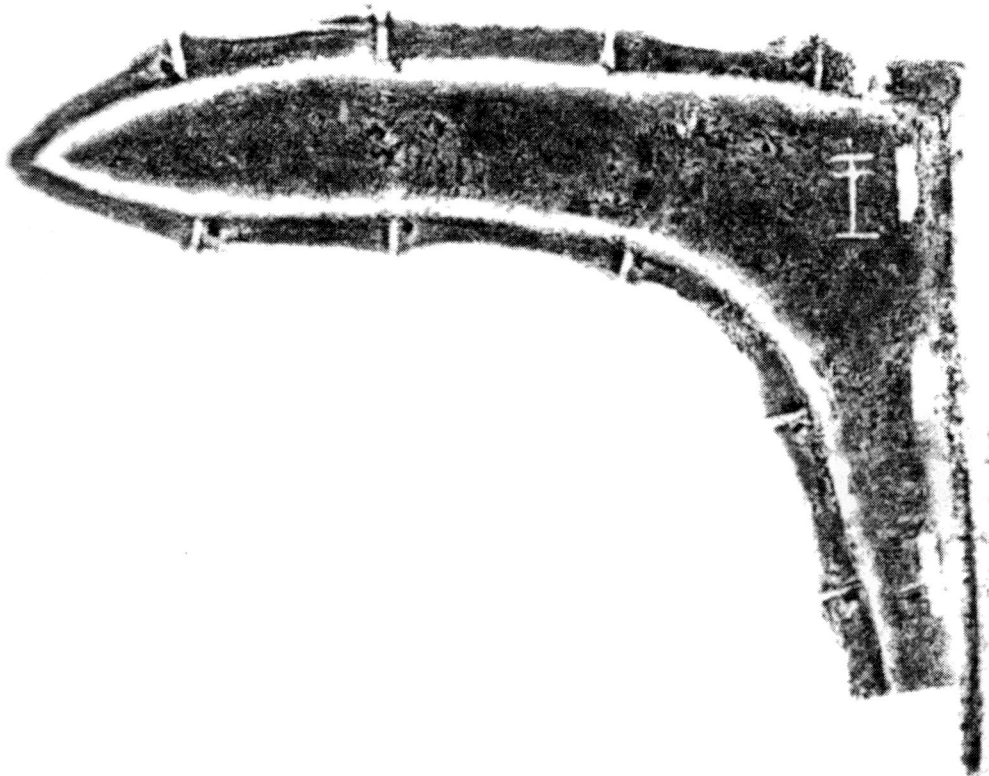

1066. 季戟

【時　　代】春秋晚期。

【出土時地】2003-2004 年山東新泰市青雲街道辦事處周家莊東周墓地（M11.33、32）。

【收　藏　者】新泰市博物館。

【尺　　度】戈殘長 27.7、內殘長 9.2、援寬 2.7 釐米，矛長 10.5、骹長 2、銎徑 1.7 釐米。

【形制紋飾】該戟由戈矛組成。戈呈窄長援，微上揚，中部起脊，橫截面呈菱形，長胡，闌側三穿，闌下出齒，內作刀形，三邊開刃。刺兩翼較窄，脊兩側有血槽，骹貫穿至前鋒，橫截面呈橢圓形，上有一小孔。

【著　　錄】新泰墓 231 頁圖 106.5、6。

【銘文字數】胡部鑄銘文 1 字。

【銘文釋文】季。

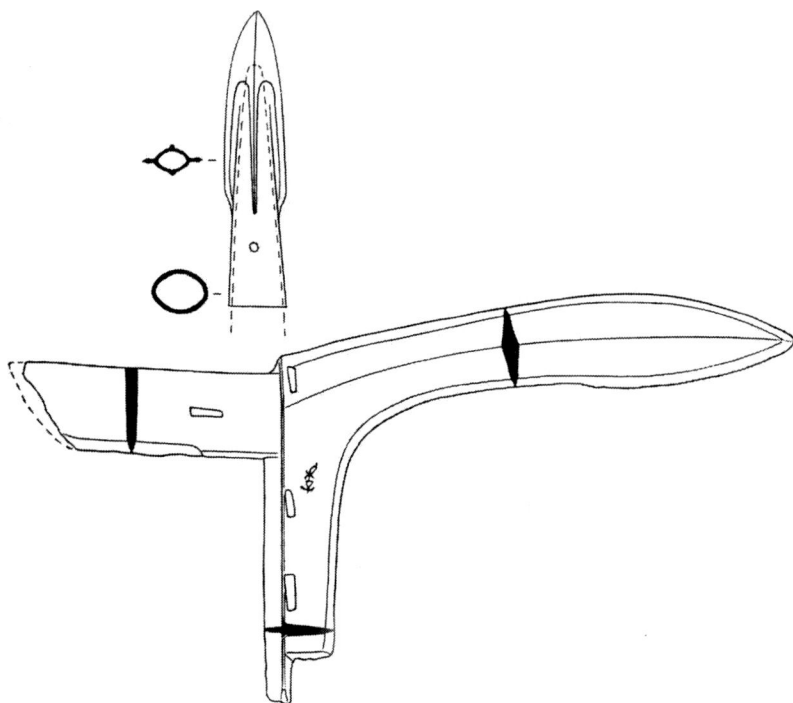

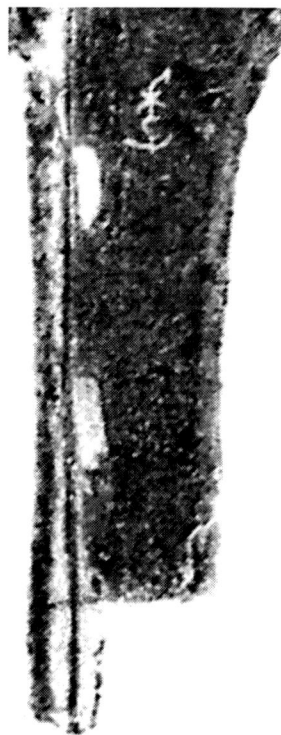

1067. 蒠戈

【時　　代】戰國中期。

【收 藏 者】某收藏家。

【形制紋飾】直援尖鋒,前部肥大,下刃彎曲較甚,中長胡,闌側二穿,內的前部有一橫
　　　　　　穿,後部三邊開刃。

【著　　錄】未著録。

【銘文字數】胡部鑄銘文 1 字。

【銘文釋文】蒠。

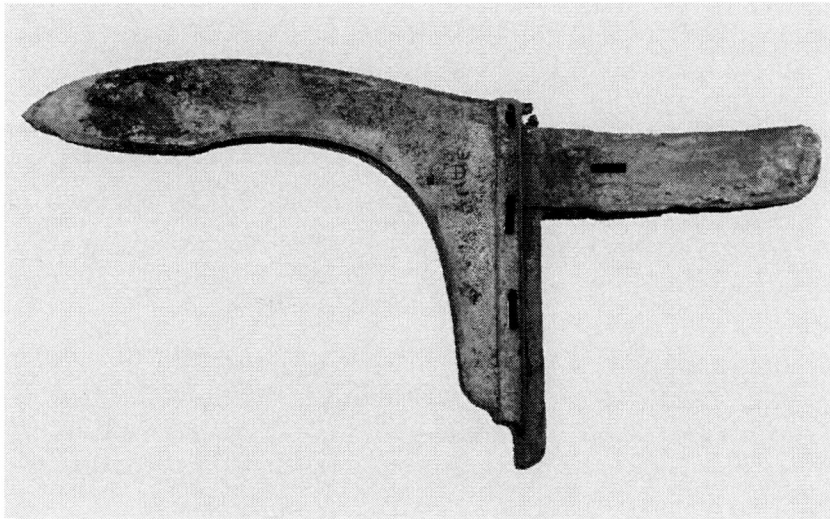

1068. 鵑戈

【時　　代】春秋晚期。

【出土時地】2014 年 11 月出現在北京。

【收 藏 者】某收藏家。

【形制紋飾】直援上揚,尖鋒,長胡,闌側二穿,長方形內,上有一橫穿,內後下沿有長
　　　　　方形缺。

【著　　録】未著録。

【銘文字數】胡部鑄銘文 1 字。

【銘文釋文】鵑。

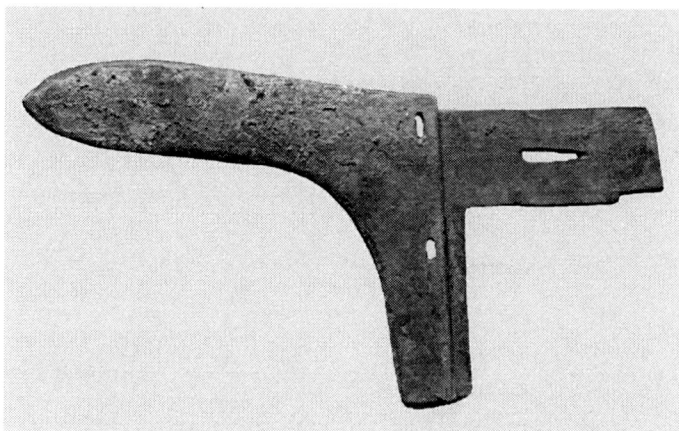

1069. 凸戈

【時　　代】戰國時期。

【收 藏 者】某收藏家。

【形制紋飾】直援尖鋒,脊部鼓起,中胡,闌側二長穿一小穿,闌下出齒,內較寬,中部有一圓穿。援的基部和胡部飾浮雕虎紋。

【著　　錄】未著錄。

【銘文字數】內部鑄銘文 1 字。

【銘文釋文】凸。

【備　　注】形制與 1972 年四川郫縣紅光公社(今紅光鎮)獨柏樹戰國土坑墓出土的巴蜀戈相近,應爲巴蜀之物。

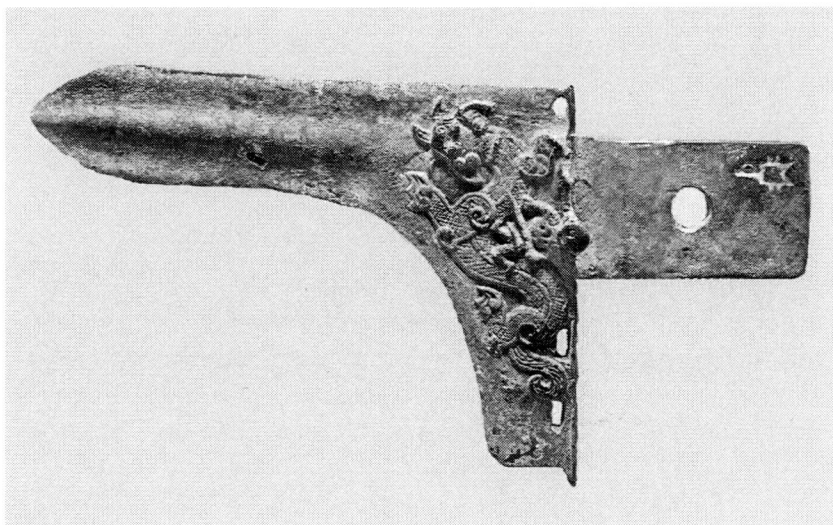

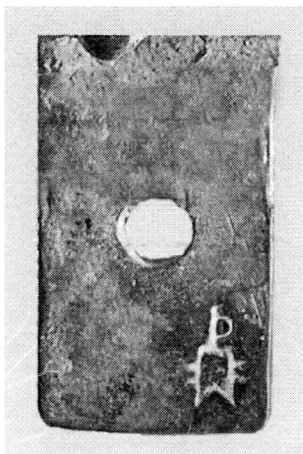

1070. 衛典戈

【時　　代】商代晚期。

【出土時地】陝西旬邑縣。

【收　藏　者】旬邑縣博物館。

【尺　　度】通長 22、援寬 6、内長 6.5、内寬 4 釐米。

【形制紋飾】直援無胡，鋒呈圓弧形，橢圓形銎，後部有一段平内。

【著　　録】未著録。

【銘文字數】内兩面各鑄銘文 2 字，内容相同。

【銘文釋文】衛典。

【備　　注】館藏號：旬 188。

正面　　　　　　　　　　　背面

1071. 亞𣄴戈

【時　　代】商代晚期。

【收 藏 者】原藏明義士,現藏山東省博物館。

【尺　　度】殘長 11.7、寬 3.1 釐米。

【形制紋飾】援殘斷,直援直內,內前部有鋬,後端呈弧形,下角出齒。

【著　　録】明藏 282 頁圖版 17.1。

【銘文字數】內部鑄銘文 2 字。

【銘文釋文】亞𣄴。

【備　　注】館藏號:6.137。

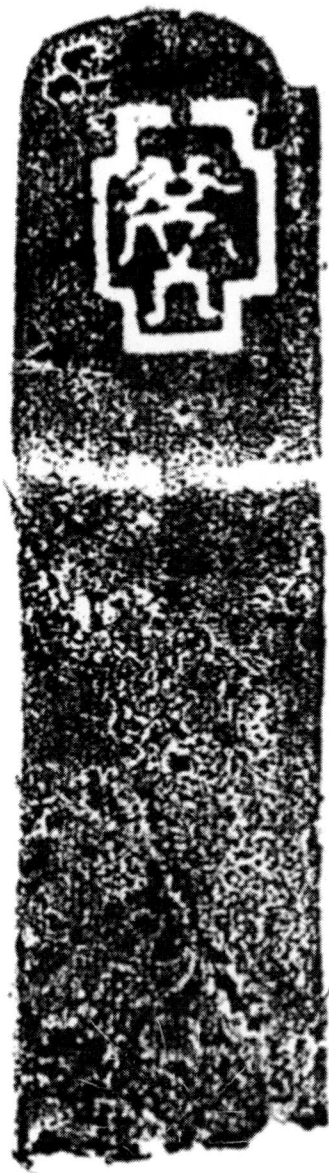

1072. 亞釆戈（亞𤳫戈）

【時　　代】商代晚期。

【收 藏 者】濟南市博物館。

【尺　　度】通長 25、寬 9.02 釐米。

【形制紋飾】等腰三角形援，下刃殘，無胡無穿，中部起脊，直通鋬上，援後部飾一對錯金圓目紋，鋬內，尾部平齊，鋬孔呈橢圓形。

【著　　錄】海岱考古第一輯 34 頁圖 5，近出 1090，新收 1535。

【銘文字數】內的正反面鑄銘文 2 字。

【銘文釋文】亞釆（𤳫）。

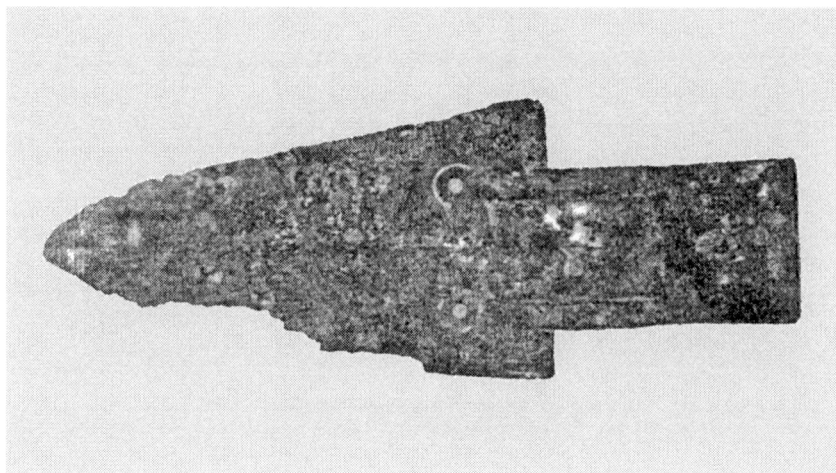

正面

背面

1073. 子刀戈

【時　　代】商代晚期。

【收 藏 者】某收藏家。

【形制紋飾】直援，前鋒較圓，無胡，銎内。内後部一面飾獸面紋，另一面鑄銘文。

【著　　錄】未著録。

【銘文字數】内的一面鑄銘文2字。

【銘文釋文】子刀。

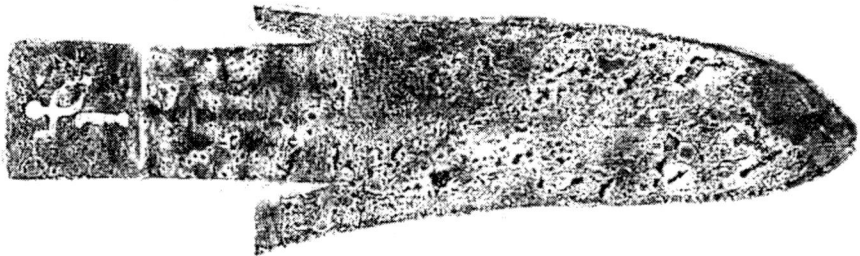

1074. 車戈甲

【時　　代】春秋晚期。

【出土時地】2002 年山東新泰市青
雲街道辦事處周家莊
東周墓地（M1.19）。

【收 藏 者】新泰市博物館。

【尺　　度】殘長 20.5、內長 7.4、
援寬 3.6 釐米。

【形制紋飾】直援，尖鋒殘斷，援中
部呈弧形鼓起，短胡，
闌側二長穿，長方形
內，上有一長三角橫穿。

【著　　錄】新泰墓 66 頁圖 36.4。

【銘文字數】胡部鑄銘文 2 字。

【銘文釋文】車戈。

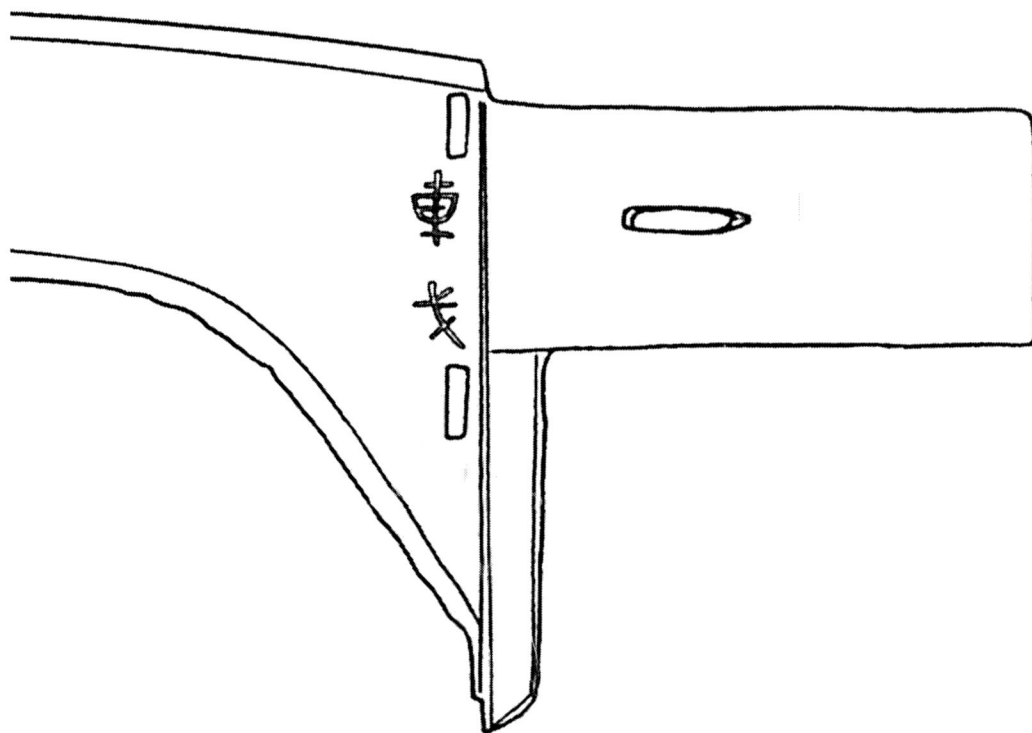

1075. 車戈乙

【時　　代】春秋晚期。

【出土時地】2002年山東新泰市青雲街道辦事處周家莊東周墓地（M1.20）。

【收　藏　者】新泰市博物館。

【尺　　度】殘長17.1、內長7.4、援寬3.6釐米。

【形制紋飾】直援，尖鋒殘斷，援中部呈弧形鼓起，短胡，闌側二長穿，長方形內，上有一長三角橫穿。

【著　　錄】新泰墓66頁圖36.5。

【銘文字數】胡部鑄銘文2字。

【銘文釋文】車戈。

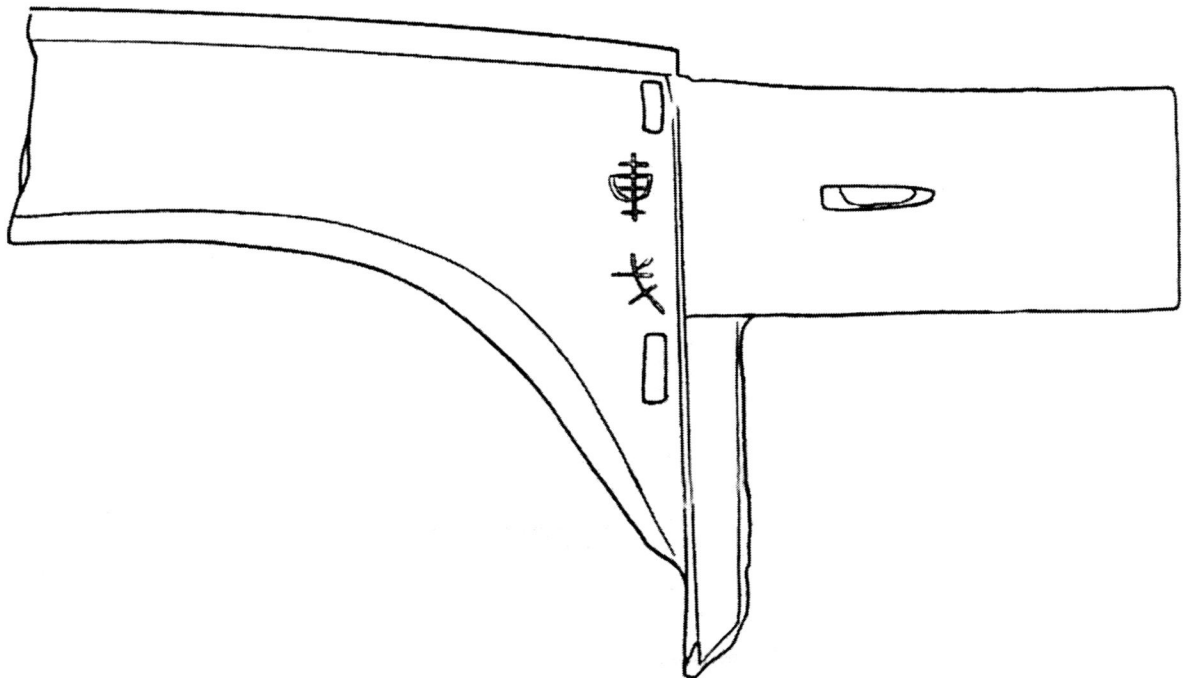

1076. 車戈丙

【時　　代】春秋晚期。

【出土時地】2002 年山東新泰市青雲街道辦事處周家莊東周墓地（M1.18）。

【收　藏　者】新泰市博物館。

【尺　　度】通長 20、内長 7.4、援寬 3 釐米。

【形制紋飾】直援尖鋒，援中部呈弧形鼓起，短胡，闌側二長穿，闌下殘去齒，長方形內，上有一橫穿。

【著　　録】新泰墓彩版叁：3。

【銘文字數】胡部鑄銘文 2 字。

【銘文釋文】車戈。

1077. 公戈

【時　　代】春秋晚期。

【出土時地】2002 年山東新泰
市青雲街道辦事
處周家莊東周墓
地（M3.70）。

【收藏者】新泰市博物館。

【尺　　度】通長 21.8、內長
7、援寬 3.2 釐米。

【形制紋飾】直援尖鋒，平脊，
中胡，闌側二長
穿一小穿，闌下出齒，長方形內，上有一長三角橫穿。

【著　　録】新泰墓 101 頁圖 64.3、4。

【銘文字數】胡部鑄銘文 2 字。

【銘文釋文】公戈。

1078. 郑戈

【時　　代】春秋晚期。

【收 藏 者】某收藏家。

【形制紋飾】直援微上揚,前鋒尖銳,脊綫明顯,中胡,闌側二長穿一小穿,長方形内上
有一横穿。

【著　　録】未著録。

【銘文字數】内部鑄銘文 2 字。

【銘文釋文】郑戈。

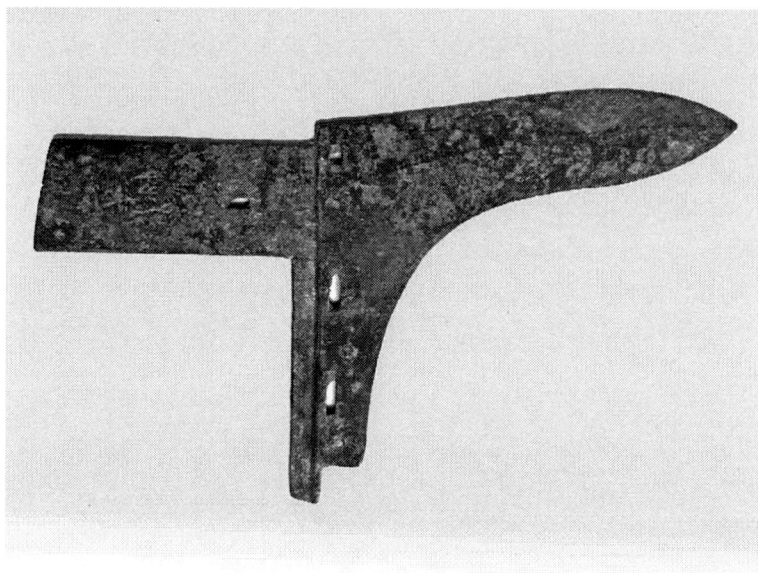

1079. 曾侯戟

【時　　代】春秋晚期。

【出土時地】2011 年 9 月湖北隨州市曾都區文峰塔曾國墓地（M4.08）。

【收 藏 者】隨州市博物館。

【尺　　度】通長 20、援長 16.4、援寬 3、內長 3.4、內寬 3 釐米。

【形制紋飾】此爲雙戈戟或三戈戟的後一戈，直援，有中脊，鋒甚尖銳，胡殘斷。闌側
　　　　　　現存一長穿一小穿，內較短，有一橫穿。

【著　　錄】江漢考古 2015 年 1 期 11 頁拓片 3。

【銘文字數】胡部殘存 2 字。

【銘文釋文】曾厌（侯）。

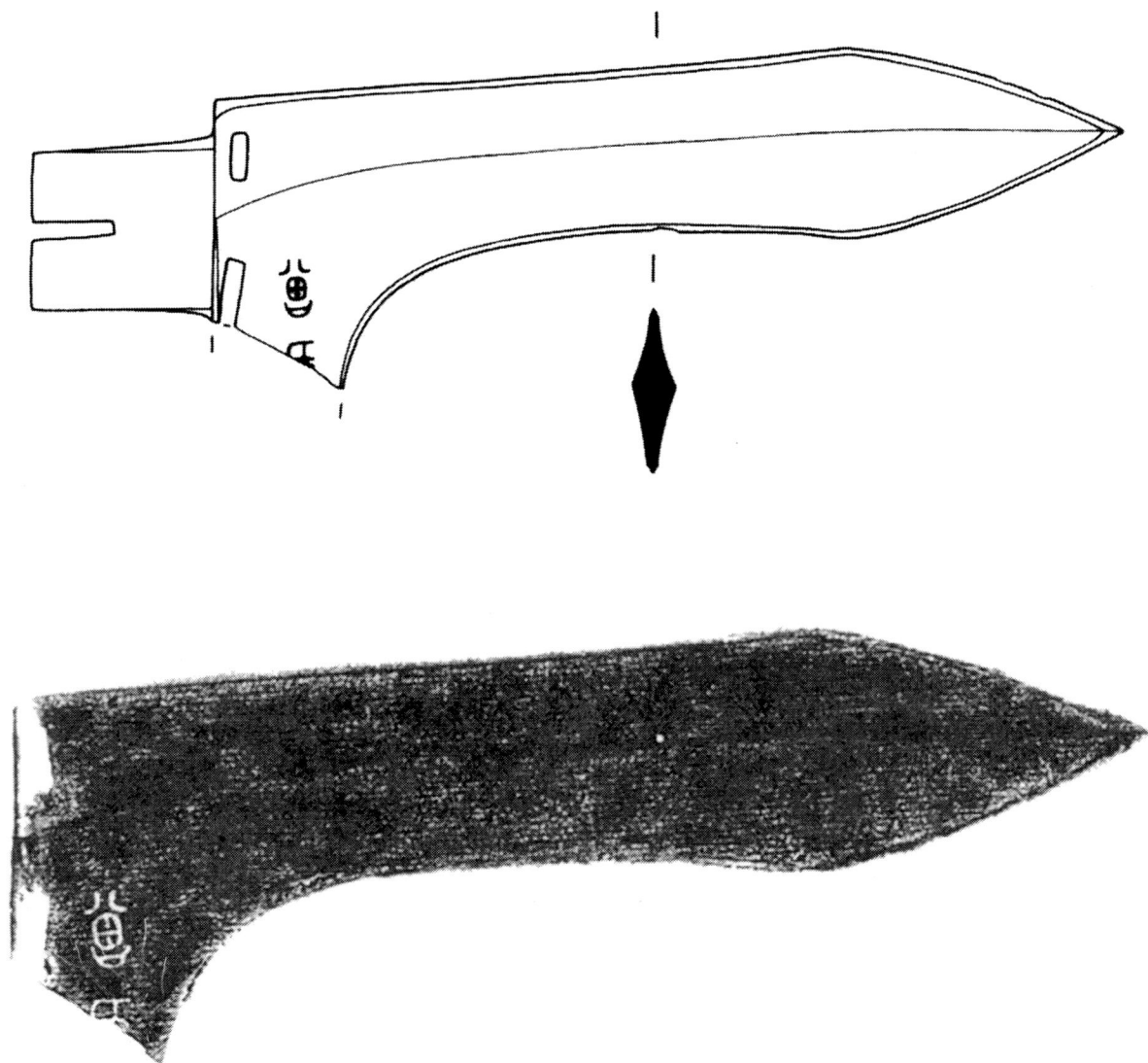

1080. 新陽戈

【時　　代】春秋晚期。

【收　藏　者】某收藏家。

【尺　　度】通長 20、闌高 10 釐米。

【形制紋飾】直援尖鋒，中長胡，闌側有二長穿一小穿，闌下出齒，長方形內，上有一橫
穿，後上角圓殺。

【著　　錄】楚金 656 頁補 16。

【銘文字數】內後部刻銘文 2 字。

【銘文釋文】新昜（陽）。

1081. 六陽戈

【時　　代】春秋晚期。
【收 藏 者】某收藏家。
【形制紋飾】直援上揚，前鋒圓鈍，中長胡，闌側有三個半圓形穿，闌下出齒，長方形
　　　　　內，上有一個棗核形橫穿，援較窄小，內寬大。
【著　　錄】未著錄。
【銘文字數】內上刻銘文 2 字。
【銘文釋文】六易（陽）。

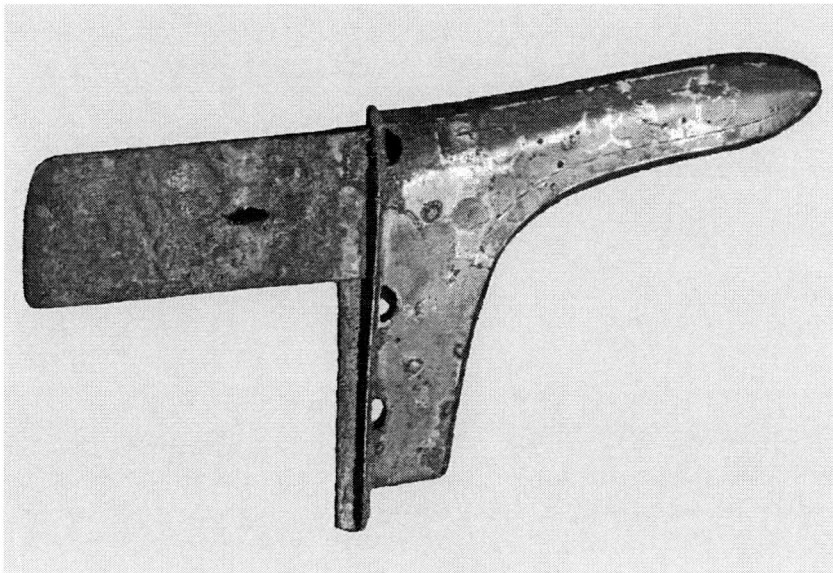

1082. 用㦸戈

【時　　代】春秋晚期。

【收 藏 者】某收藏家。

【形制紋飾】直援尖鋒，長胡，闌側二長穿一小穿，長方形内，闌下出齒，内上有一橫
穿，後部有一圓孔。内兩面飾雙綫鳥頭紋。

【著　　録】未著録。

【銘文字數】胡部正背兩面共鑄銘文 2 字。

【銘文釋文】用㦸（㦸）。

正面

背面

1083. 亡□戈

【時　　代】春秋晚期。

【出土時地】2003-2004 年山東新泰市青雲街道辦事處周家莊東周墓地（M32.6）。

【收 藏 者】新泰市博物館。

【尺　　度】通長 23.5、內長 8.6、援寬 2.9 釐米。

【形制紋飾】直援尖鋒，平脊，闌側二長穿一小穿，闌下出齒，長方形內，上有一橫穿，
內微上翹。

【著　　錄】新泰墓 231 頁圖 164.3-4。

【銘文字數】內部正面鑄銘文 2 字，背面鑄 1 符號。

【銘文釋文】正面：亡□；背面：◇。

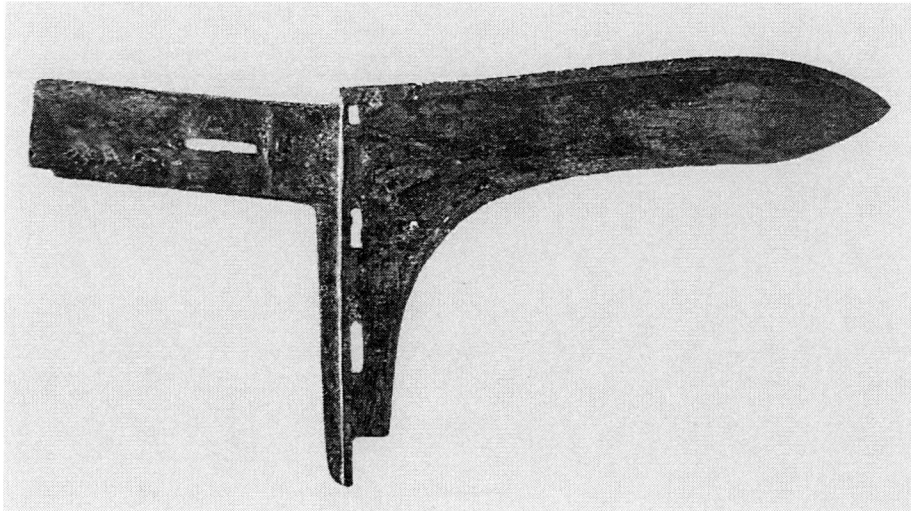

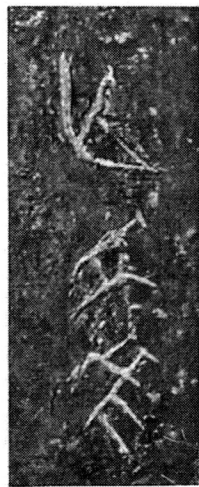

（放大）

1084. 卅一戈

【時　　代】戰國中期。

【收　藏　者】蘇州博物館。

【尺　　度】通長 21.5、闌高 10.7 釐米。

【形制紋飾】直援微上揚，尖鋒平脊，中胡，闌下出齒，闌側二長穿一小穿，內前部有三角形橫穿，後部下緣有一半圓形內凹。

【著　　錄】吳鉤 39 頁。

【銘文字數】內部鑄銘文 2 字。

【銘文釋文】卅一。

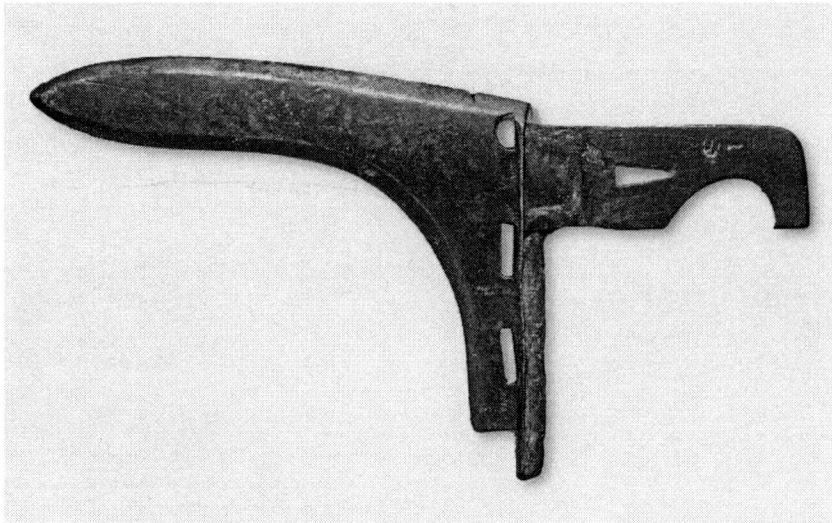

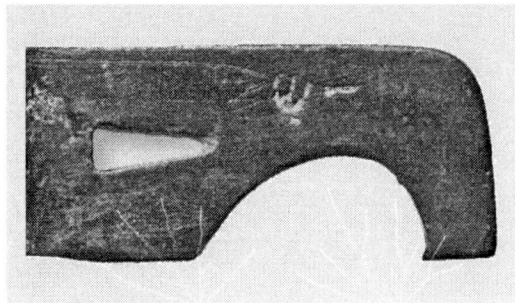

1085. 獸頭銎內戈

【時　　代】戰國時期。

【收 藏 者】某收藏家。

【形制紋飾】援扁平,前鋒作斧刃形,前部略寬,上脊呈弧形,下邊開刃,基下有短胡,銎內,銎頂有獸頭裝飾,銎筒下部有一道箍棱,緊貼箍棱有對穿釘孔。

【著　　録】未著録。

【銘文字數】援的正面有鳥篆銘文 2 字。

【銘文釋文】銘文不識。

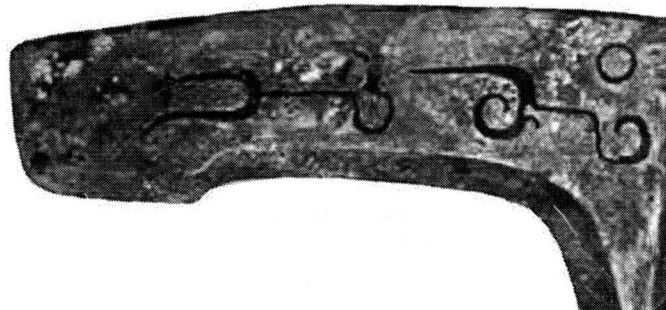

1086. 圁陽戈（㳽陽戈）

【時　　代】戰國晚期·魏。

【收 藏 者】某收藏家。

【尺　　度】通長 18.5 釐米。

【形制紋飾】直援有脊，鋒較鈍，長胡，闌下出齒，闌側三穿，長方形內，上有長三角形橫穿。

【著　　錄】未著錄。

【銘文字數】內部鑄銘文 2 字。

【銘文釋文】㳽（圁）陽。

1087. 帶戟（原稱太保戟）

【時　　代】西周早期。

【著　　錄】史徵 146。

【銘文字數】正面鑄銘文 1 字，背面 2 字，共 3 字。

【銘文釋文】正面：帶；背面：大（太）俘（保）。

正面　　　　　　　　　　背面

1088. 左戈

【時　　代】商代晚期。

【出土時地】1956 年入藏。

【收　藏　者】故宮博物院。

【尺度重量】通長 21.5、寬 9.4 釐米,重 0.4 公斤。

【形制紋飾】寬體銎內,銎後有一段長方形內,三角形尖鋒,闌上下出齒,二穿。援部
　　　　　　上下及鋒刃均經銼改而呈現狀,花紋均係偽刻。

【著　　錄】辨偽 76 頁圖 58。

【銘文字數】內正面鑄銘文 1 字,背面 2 字。

【銘文釋文】左,□辛。

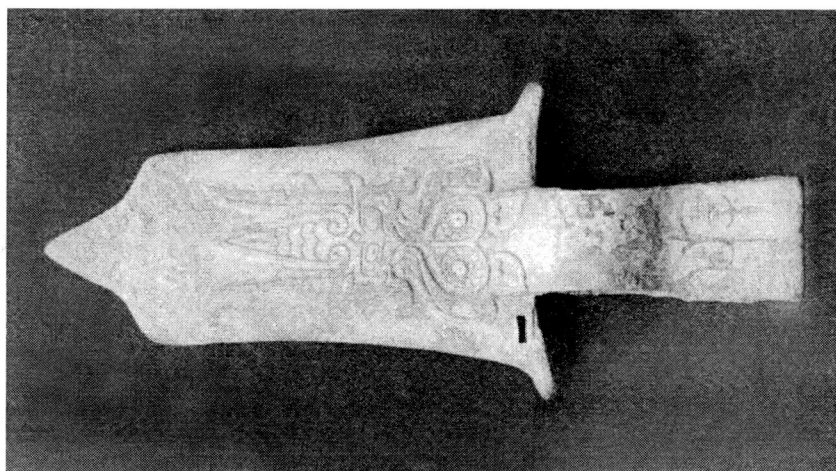

正面

背面

1089. 笝公戈（簞公戈）

【時　　代】春秋早期。

【收 藏 者】某收藏家。

【形制紋飾】直援尖鋒，援後部寬綽而胡下部狹窄，闌下出齒，闌側二長穿一小穿，內寬而長，上有一橫穿，後上角圓下角尖。

【著　　錄】未著錄。

【銘文字數】內部鑄銘文 3 字。

【銘文釋文】笝（簞）公戈。

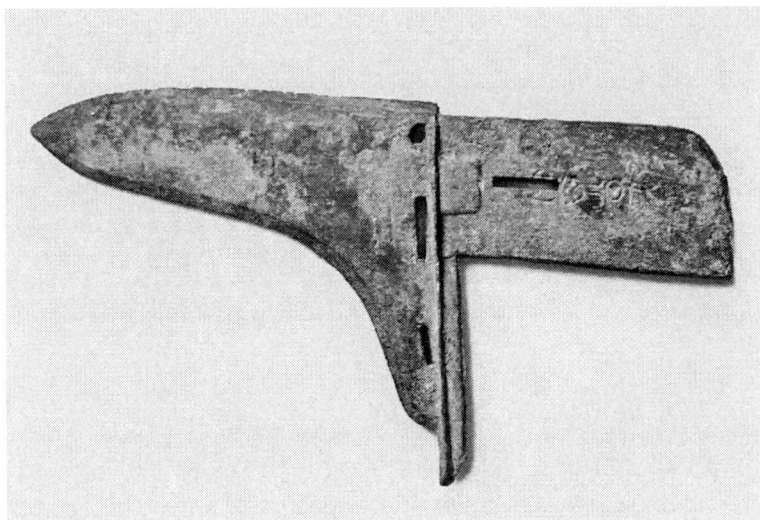

1090. 陳釱人戈

【時　　代】春秋早期。

【收　藏　者】某收藏家。

【形制紋飾】直援,尖鋒,中胡,闌側二長穿一小穿,闌下出齒,長方形內,中部有一橫穿。

【著　　録】未著録。

【銘文字數】胡的正面鑄陽文 3 字(銘文反書)。

【銘文釋文】墜(陳)釱人。

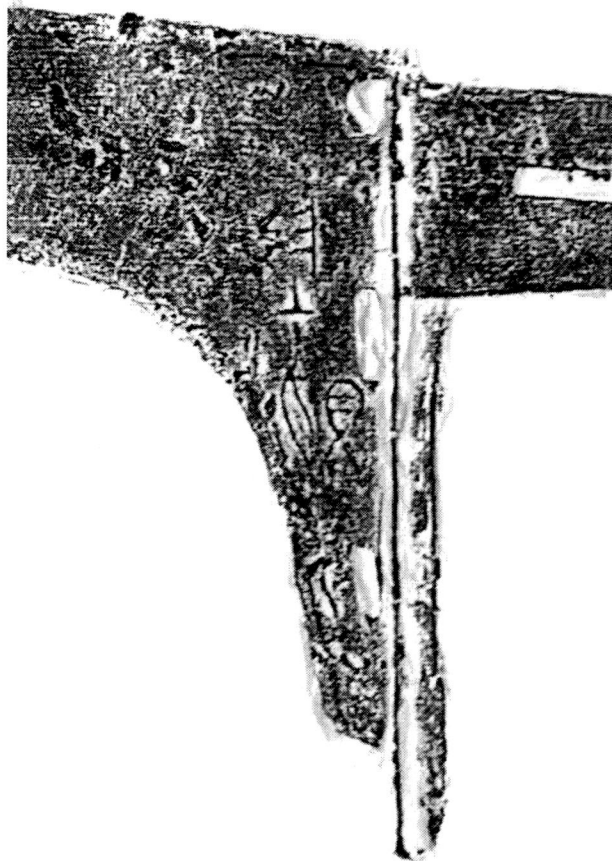

1091. 鄅戈

【時　　代】春秋早期。

【收　藏　者】某收藏家。

【形制紋飾】寬直援,尖鋒,脊平緩,中胡下部收窄,闌側三穿,闌下出齒,内亦較寬,中部有一三角形穿。

【著　　録】未著録。

【銘文字數】胡部鑄銘文3字。

【銘文釋文】鄅鋯(造)戈。

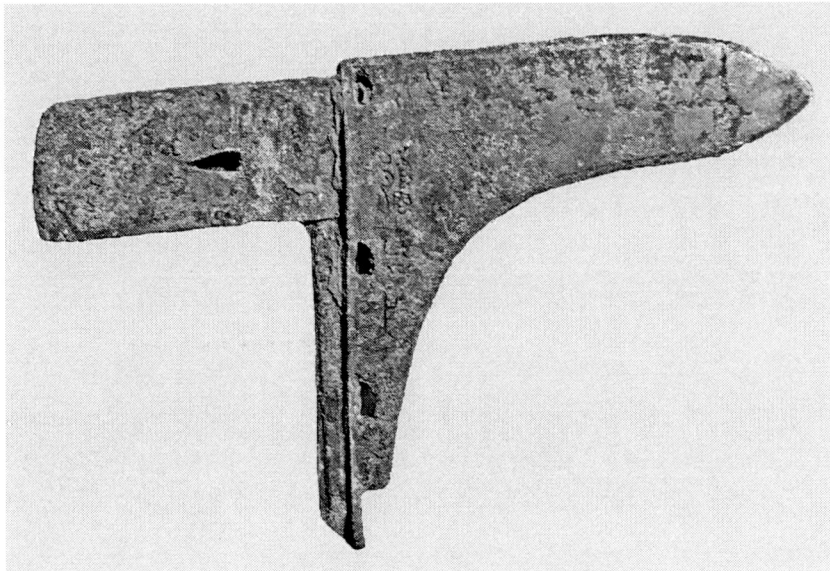

1092. 元高戈

【時　　代】春秋中期。

【收 藏 者】蘇州博物館。

【尺　　度】通長 19.7、闌高 11.3
釐米。

【形制紋飾】直援上揚，前鋒尖
銳，脊部鼓起，長胡，
闌下出齒，闌側二長
穿一小穿，長方形
內，原本後部和內中
部各有一個耳形孔。
耳形孔以金片夾嵌，
內部的金片脫落。

【著　　録】吳鈎 22 頁。

【銘文字數】胡的一面鑄銘文 3 字。

【銘文釋文】元高戈。

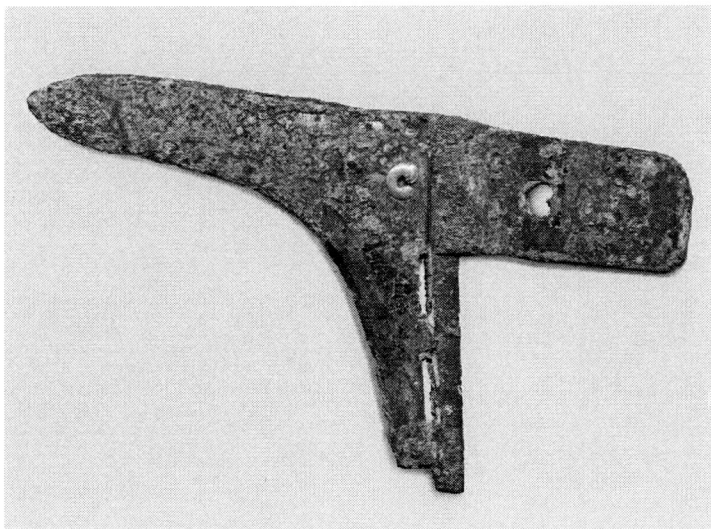

1093. 許峀戈（鄦峀戈）

【時　　代】戰國早期。

【收藏者】浙江杭州市止水齋。

【尺　　度】通長 26.9、援長 16.6、內長 10.3、闌高 11.8 釐米。

【形制紋飾】直援上揚，尖鋒，脊綫偏上，長胡，闌側二長穿一小穿，闌下出齒，長方形內，上有一橫穿，後部飾雙綫鳥首紋。

【著　　錄】蟲書增圖 354。

【銘文字數】援胡有錯金銘文 3 字。

【銘文釋文】鄦（許）峀戈。

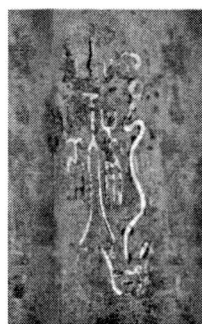 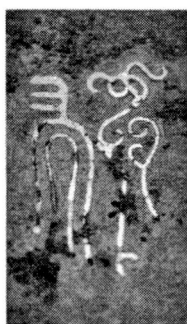 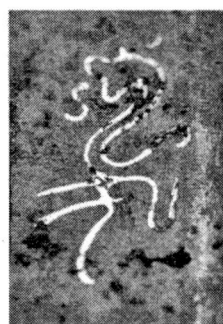

1094. 陳贎子戈

【時　　　代】戰國中期‧齊。
【收 藏 者】河南漯河市飛諾藝術品工作室。
【尺　　　度】通長 26.9、援長 16.6、內長 10.3、闌高 11.8 釐米。
【形制紋飾】直援上揚,有脊,長胡,闌側二長穿一小穿,闌下出齒,內較長,前部有一
　　　　　　横穿,尾部呈斜角刀刃形。
【著　　　録】飛諾 96 頁齊 2。
【銘文字數】內部鑄銘文 3 字。
【銘文釋文】墜(陳)贎(贖)子。

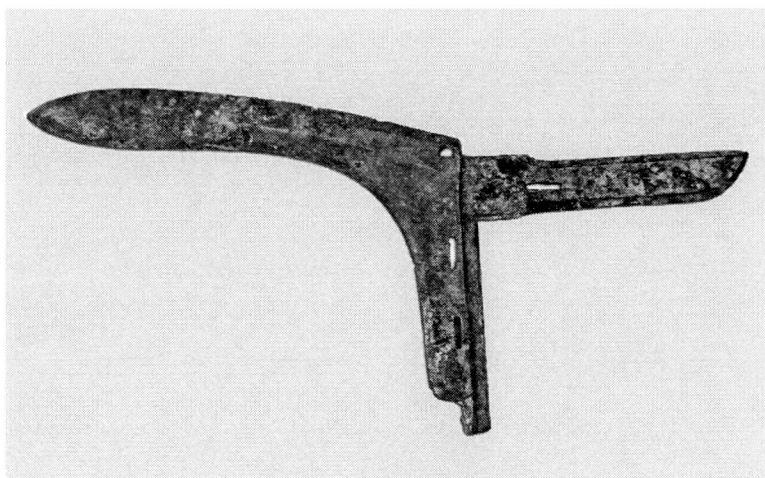

1095. 栗城戈

【時　　代】戰國晚期·齊。

【收 藏 者】山東淄博市某收藏家。

【尺　　度】通長 23.5、援長 14、援中寬 2.1、內長 9.9、內寬 2.5、闌殘高 9.2 釐米。

【形制紋飾】直援上揚，尖鋒無脊，長胡，半圓形三穿，內平直，上有一橫穿，後部作刀
形，三邊開刃。

【著　　錄】國博館刊 2012 年 9 期 84 頁圖 1。

【銘文字數】內正面鑄銘文 3 字。

【銘文釋文】栗成（城）左。

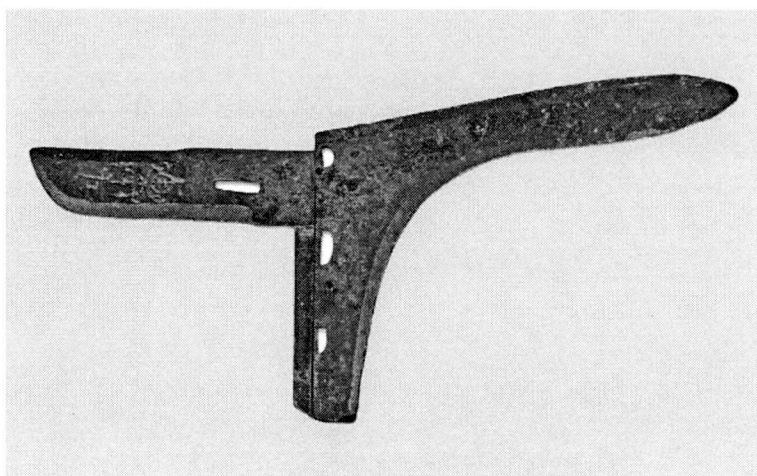

1096. 齊城右戈

【時　　代】戰國晚期·齊。

【收 藏 者】某收藏家。

【形制紋飾】直援上揚，長胡，闌側
　　　　　二長穿一小穿，闌下出
　　　　　齒，內較長，前部有橫
　　　　　三角形穿，後部三邊
　　　　　開刃。

【著　　録】未著録。

【銘文字數】內部鑄銘文3字。

【銘文釋文】齊城右。

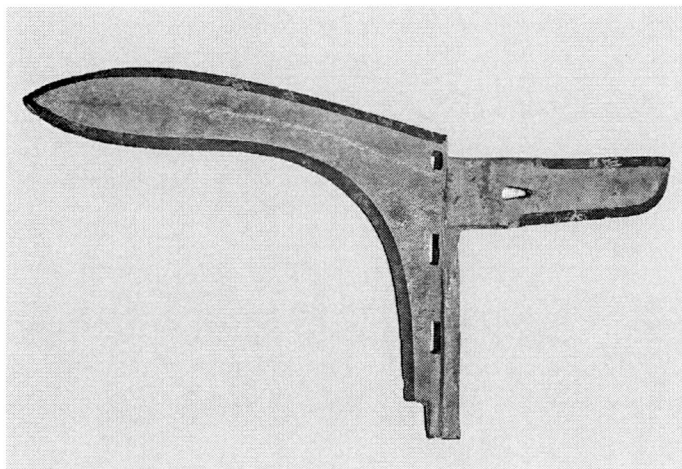

1097. 壽戈

【時　　代】戰國晚期。

【出土時地】1980年10月安徽合肥市物資回收公司揀選。

【收　藏　者】合肥市文物管理處。

【尺　　度】通長18.3、援長11.6、內長8.2、胡長8.2釐米。

【形制紋飾】長援尖鋒,微上揚,有脊,長胡,闌側二長穿一小穿,內上有一橫穿,後部
　　　　　飾雙綫鳥頭紋及圓圈紋。

【著　　錄】安徽銘文295頁圖203.1。

【銘文字數】胡正面鑄銘文3字。

【銘文釋文】𤯍(壽)之行。

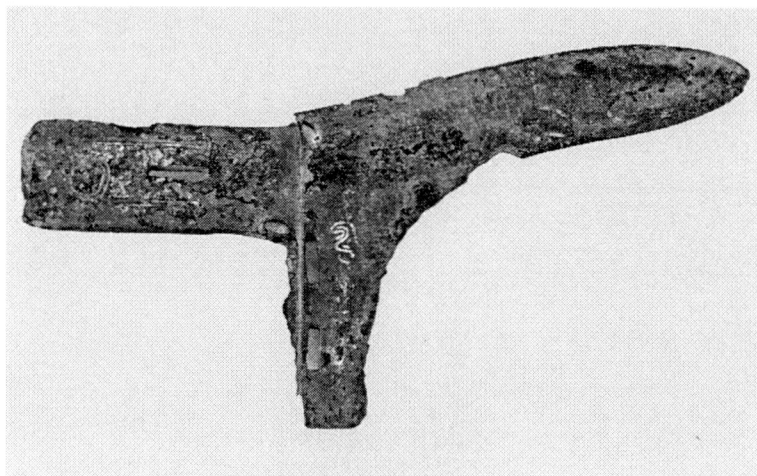

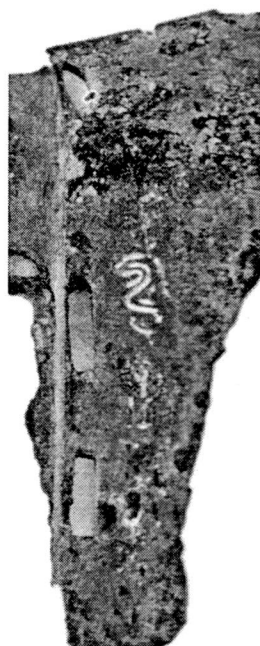

1098. 巴蜀戈

【時　　代】戰國時期

【出土時地】2015 年 9 月 出 現 在
　　　　　北京。

【收 藏 者】某收藏家。

【形制紋飾】援平伸上揚，尖鋒，鋒
　　　　　寬大，援中有脊，中胡
　　　　　較寬，闌側有一小穿二
　　　　　長穿，闌下出齒，內上
　　　　　一橫穿，上飾蛇紋。

【著　　錄】未著錄。

【銘文字數】胡正面鑄銘文 3 字。

【銘文釋文】銘文不識。

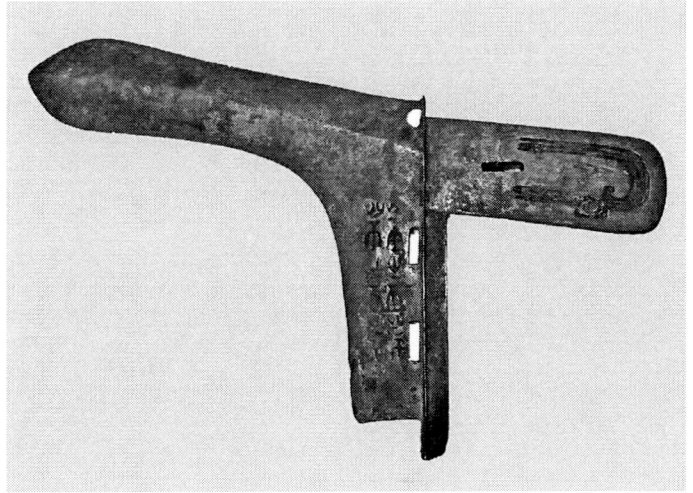

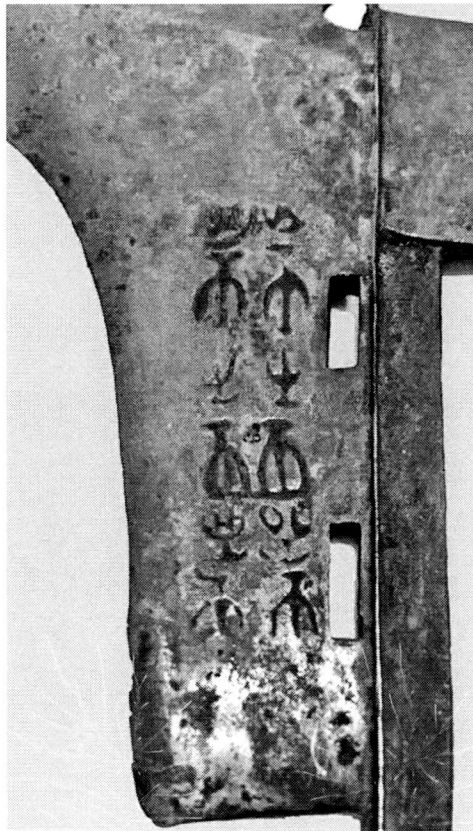

1099. 鄸遮戈（夢旅戈）

【時　　代】西周晚期或春秋早期。

【收　藏　者】某收藏家。

【形制紋飾】直援尖鋒，中胡，無脊，闌側三穿，闌下出齒，長方形內，後角較圓，上有一横穿。

【著　　録】未著録。

【銘文字數】內部鑄銘文 4 字。

【銘文釋文】鄸（夢）遮（旅）之戔（戈）。

【備　　注】銘文反書。

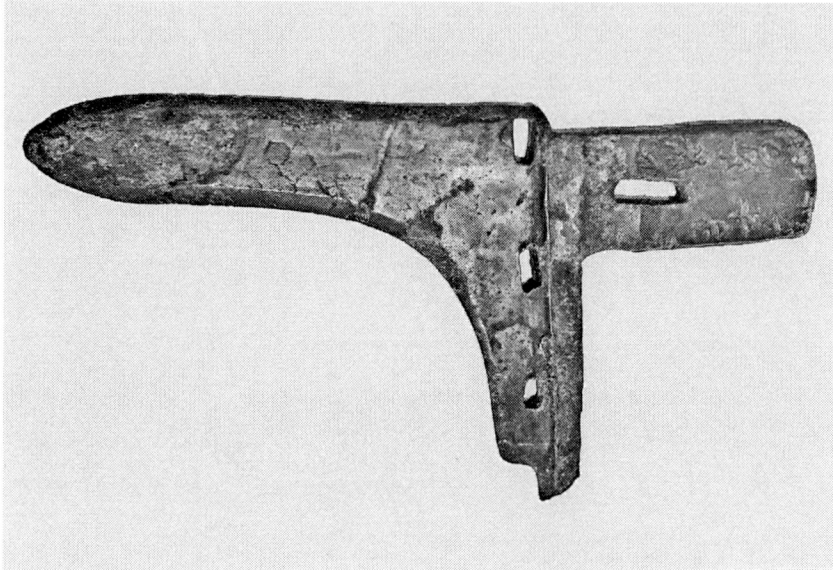

1100. 晉侯戈甲

【時　　代】春秋早期。

【收 藏 者】某收藏家。

【形制紋飾】直援呈圭形,尖鋒,長胡,闌側二穿,闌下出齒,援基的頂部有一小橫穿,長方形内,中部有一橫穿。

【著　　録】未著録。

【銘文字數】胡部鑄銘文 4 字。

【銘文釋文】晉(晉)厌(侯)車戈。

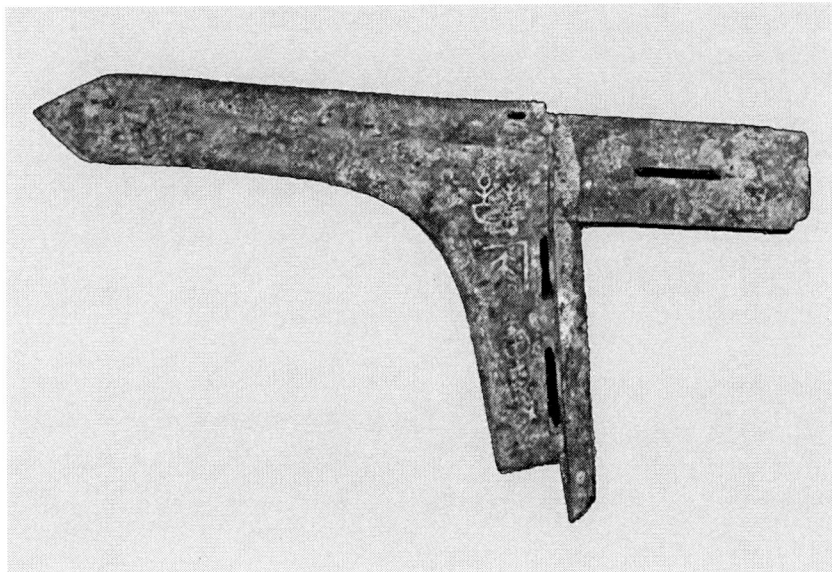

1101. 晉侯戈乙

【時　　代】春秋早期。

【收　藏　者】某收藏家。

【形制紋飾】直援呈圭形,尖鋒,長胡,闌側二穿,闌下出
　　　　　　齒,援基的頂部有一小橫穿,長方形內,中部
　　　　　　有一橫穿。

【著　　録】未著録。

【銘文字數】內部鑄銘文4字。

【銘文釋文】晉(晉)医(侯)車戈。

【備　　注】未提供戈的全形照片。

1102. 晉侯戈丙

【時　　代】春秋早期。

【收　藏　者】某收藏家。

【形制紋飾】直援呈圭形,尖鋒,長胡,闌側二穿,闌下出
　　　　　　齒,援基的頂部有一小橫穿,長方形內,中部
　　　　　　有一橫穿。

【著　　録】未著録。

【銘文字數】內部鑄銘文4字。

【銘文釋文】晉(晉)医(侯)車戈。

【備　　注】未提供戈的全形照片。

1103.　上都戟

【時　　　代】春秋早期。

【出土時地】2015 年 3 月出現在北京。

【收　藏　者】某收藏家。

【形制紋飾】直援上揚，尖鋒，中脊偏上，中胡較寬，闌側三長穿一小穿，闌下出齒，長
　　　　　　方形內，上有一橫穿，內前部有三道陽綫，後部飾雙綫鳥首紋。

【著　　　録】未著録。

【銘文字數】胡部有銘文 4 字。

【銘文釋文】上都之戈（戟）。

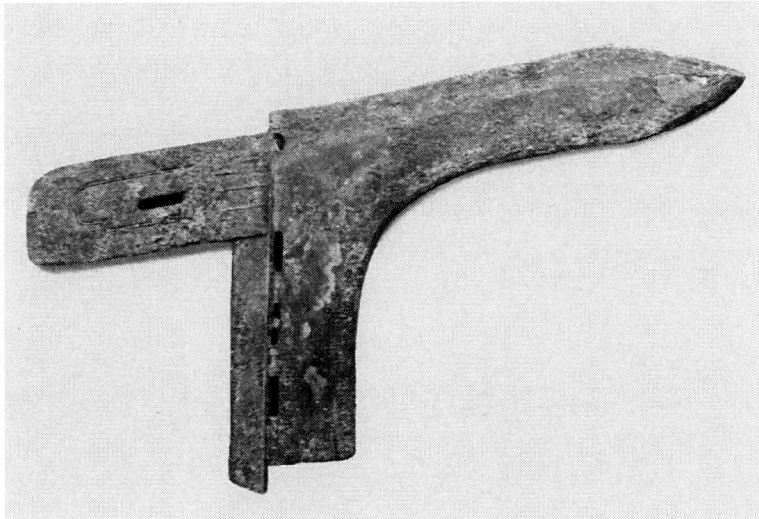

1104. 津戈

【時　　代】春秋時期。

【收 藏 者】某收藏家。

【尺　　度】通長 24.6 釐米。

【形制紋飾】直援尖鋒,中脊明顯,中胡較寬,闌下出齒,闌側三穿,長方形內,上有一
橫穿。

【著　　録】未著録。

【銘文字數】胡部有鳥篆銘文 4 字。

【銘文釋文】津之用戈。

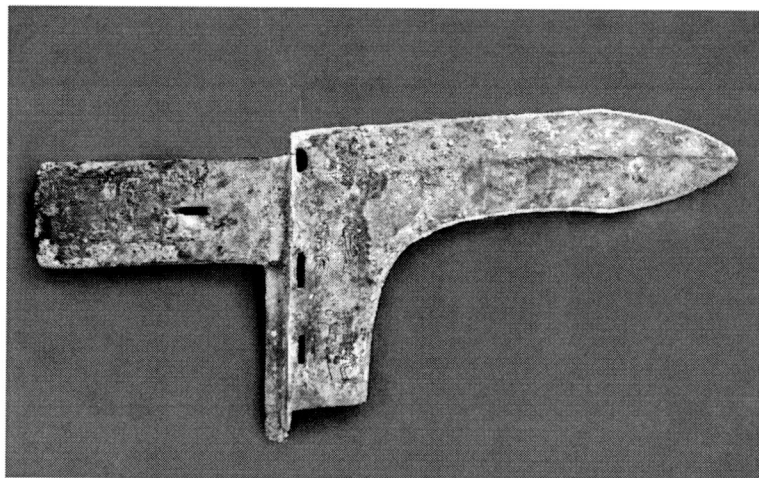

1105. 毀戈

【時　　代】春秋晚期。

【收 藏 者】某收藏家。

【尺　　度】通長 25、闌高 11 釐米。

【形制紋飾】直援尖鋒，中脊起綫，寬胡，闌側二長穿一小穿，闌下出齒，長方形内，上有一橫穿，後緣下有缺，内飾雙綫鳥首紋。

【著　　録】未著録。

【銘文字數】胡部鑄銘文 4 字。

【銘文釋文】毀之用戈。

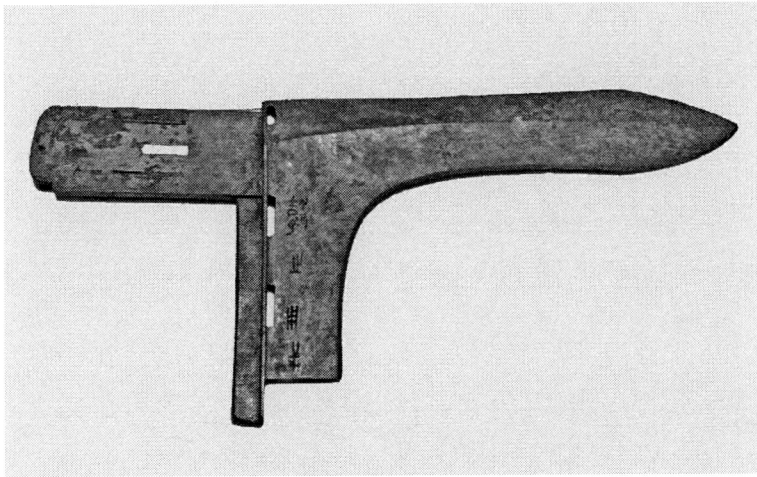

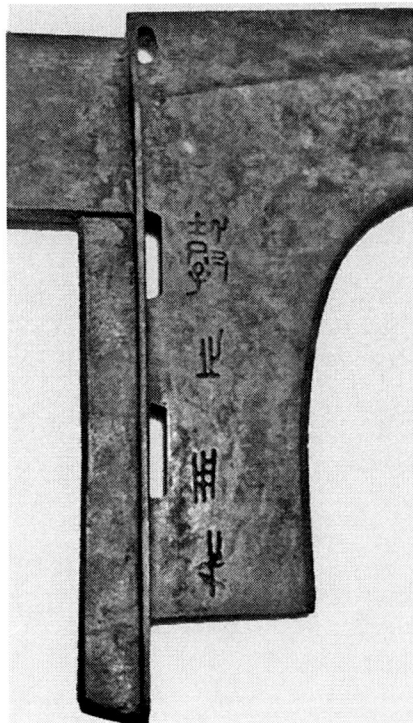

1106. 甌公戈

【時　　代】春秋晚期。
【收　藏　者】浙江紹興市越文化博物館。
【形制紋飾】直援尖鋒，無脊，長胡，闌側二長穿一小穿，闌下出齒，長方形內，後角較圓，上有一橫穿。
【著　　錄】蟲書增圖 389。
【銘文字數】胡部鑄銘文 4 字。
【銘文釋文】甌公之用。

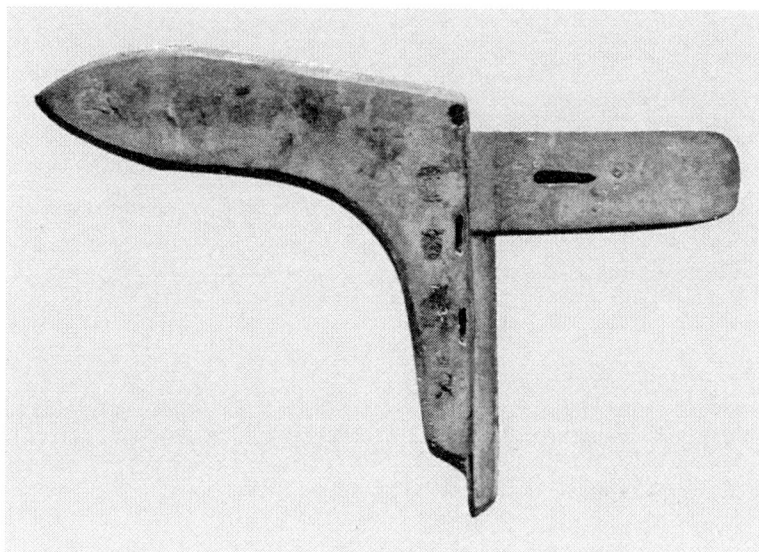

1107. 鴋公戈

【時　　代】春秋晚期。

【收　藏　者】某收藏家。

【形制紋飾】援上揚,尖鋒平脊,中長胡,闌側二長穿一小穿,闌下出齒,長方形内,後端圓角,上有一橫穿。

【著　　錄】未著録。

【銘文字數】胡部鑄銘文 4 字。

【銘文釋文】鴋公之賷(造)。

1108. 弢氏仲履戈

【時　　代】春秋晚期。

【收 藏 者】某收藏家。

【尺　　度】通長 26.1、闌高 11.6 釐米。

【形制紋飾】直援尖鋒，援前部略寬，中長胡，闌側二長穿一小穿，內後端作刀形，三邊開刃。

【著　　錄】未著錄。

【銘文字數】胡部鑄銘文 4 字。

【銘文釋文】弢氏中（仲）履（履）。

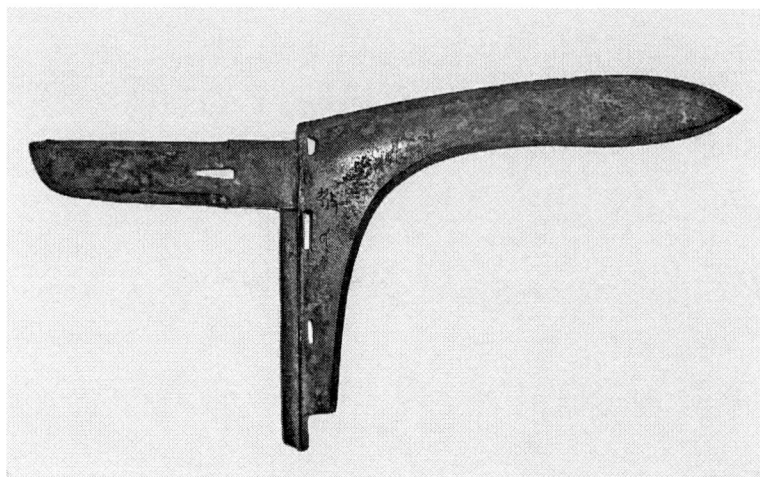

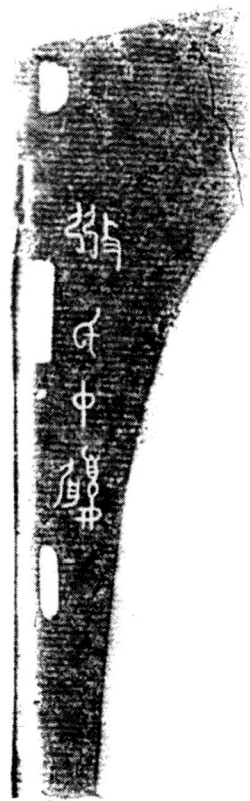

1109. 莊之無咎戈（臧之無咎戈）

【時　　代】春秋晚期·楚。

【出土時地】2002 年湖北武漢市新洲區李集鎮三善灣楚墓（M1）。

【收　藏　者】武漢市博物館。

【形制紋飾】窄長援，微向下彎，援與胡的夾角小於九十度，尖鋒稍殘，有中脊，長胡，
　　　　　　闌側三長穿，援本有一小穿，長方形內前部有一橫穿，後端圓綬。

【著　　錄】楚金 658 頁補 18。

【銘文字數】胡部鑄銘文 4 字。

【銘文釋文】臧（莊）之無佫（咎）。

【備　　注】銘文反書。楚莊王後裔，以莊王謚號"莊"爲氏，名無咎。"之"爲結構助詞。

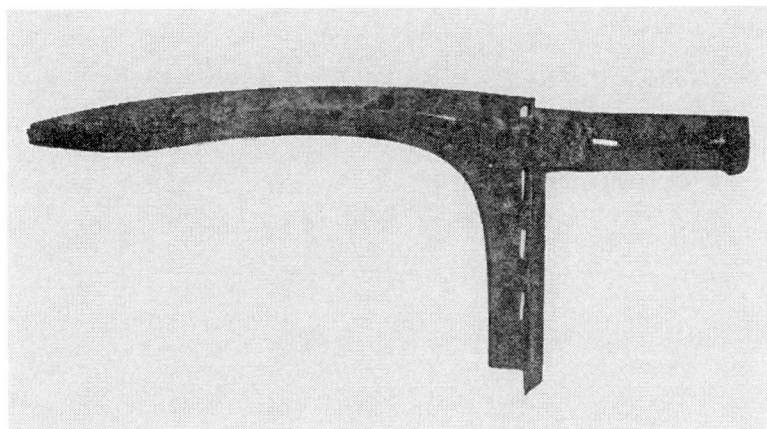

1110. 戠之王戈(戴之王戈)

【時　　代】春秋晚期。

【收 藏 者】某收藏家。

【尺　　度】通長 19.8、闌高 11.2
　　　　　　釐米。

【形制紋飾】援寬短,尖鋒有脊,
　　　　　　長胡,闌側二長穿
　　　　　　一小穿,闌下出齒,
　　　　　　長方形內,上有一
　　　　　　橫穿。

【著　　錄】楚金 655 頁補 15。

【銘文字數】胡部鑄銘文 4 字。

【銘文釋文】戠(戴)之王偌(造)。

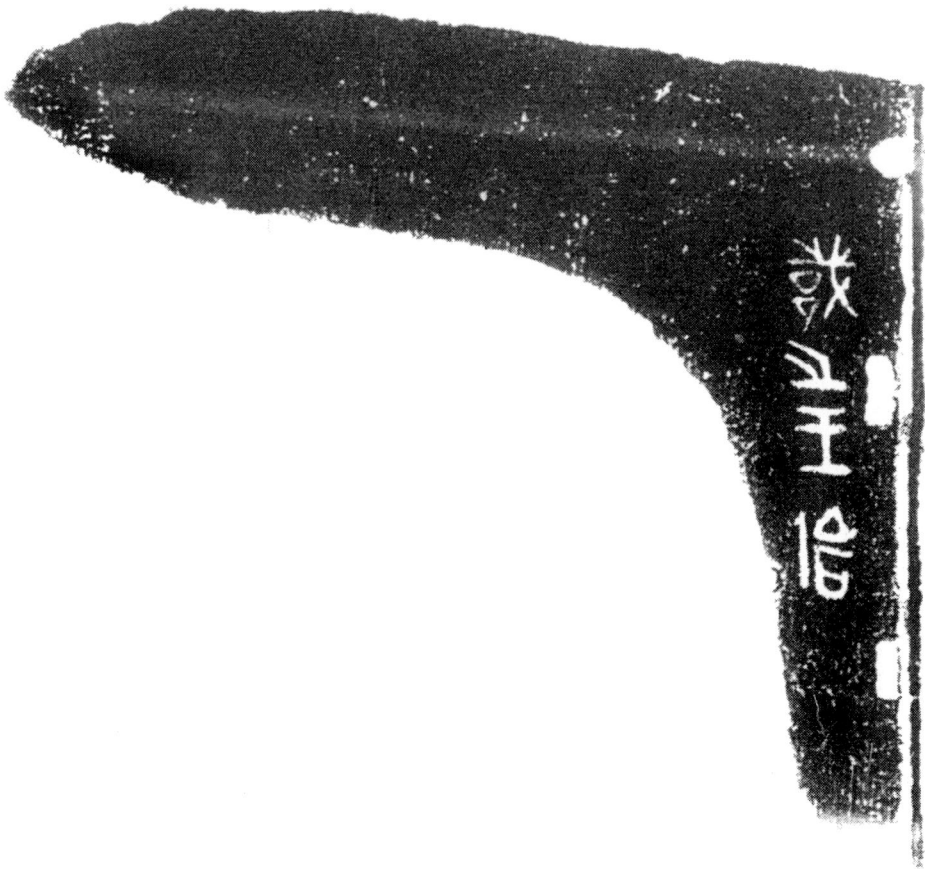

1111. 者梁戈

【時　　代】春秋晚期。

【收　藏　者】某收藏家。

【形制紋飾】直援略上揚,前鋒十分尖銳,有中脊,長胡,闌側二長穿一小穿,闌下出
齒,長方形內,上有一橫穿。內後部飾錯金雙綫鳥頭紋和雲紋。

【著　　録】蟲書增圖 376。

【銘文字數】援胡正面鑄銘文 4 字。

【銘文釋文】者梁之用。

1112. 郱噪戈

【時　　代】春秋晚期。

【出土時地】2015 年 9 月出現在南京。

【收　藏　者】某收藏家。

【形制紋飾】直援尖鋒，中脊偏上，中胡，闌側二長穿一小穿，闌下出齒，長方形內，上有一三角形橫穿。

【著　　錄】未著錄。

【銘文字數】胡部有錯金銘文 4 字。

【銘文釋文】郱噪之賠（造）。

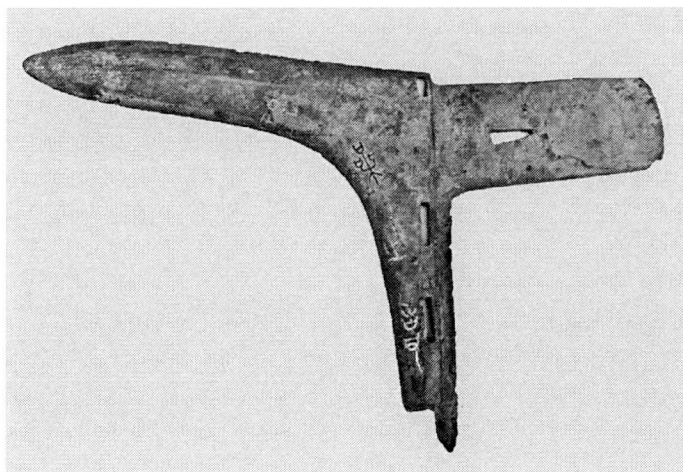

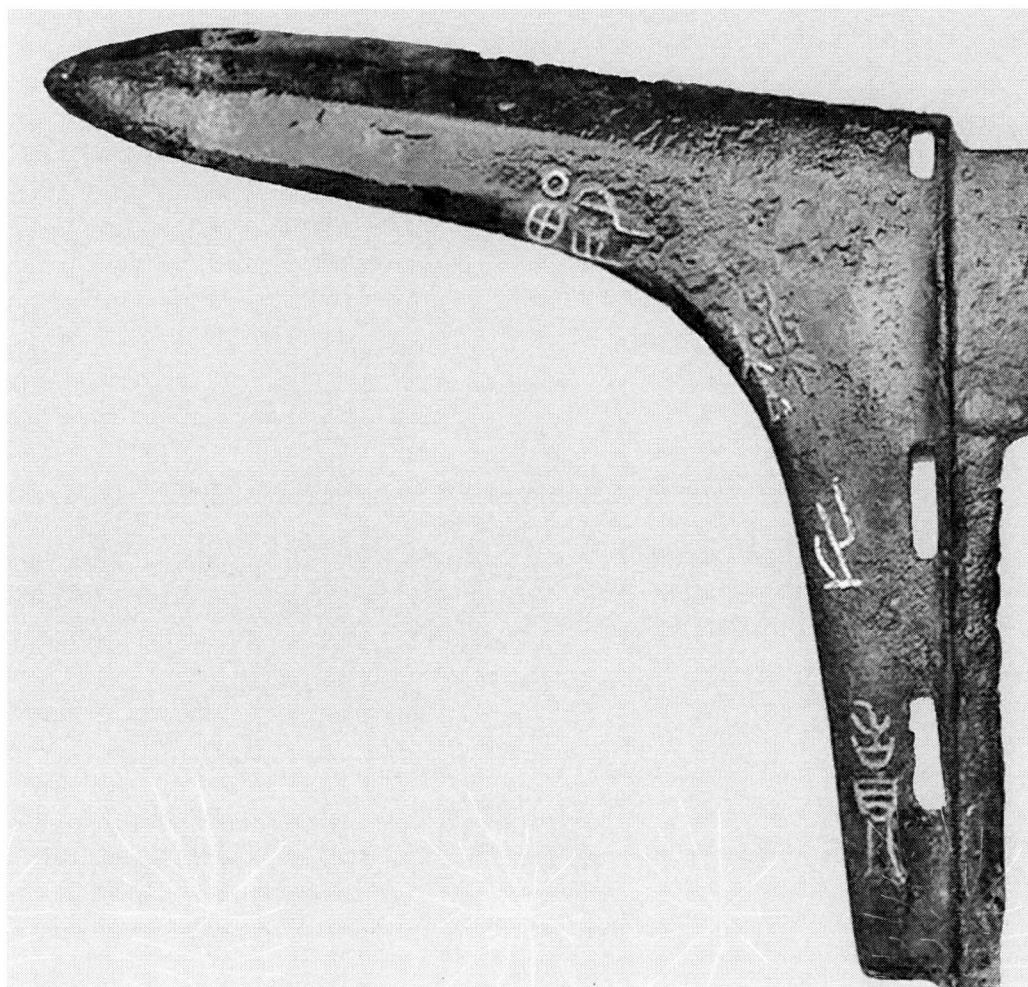

1113. 瘳有戟

【時　　代】戰國時期。

【收　藏　者】某收藏家。

【形制紋飾】援前部殘斷，長胡，闌側三長穿一小穿，闌下出齒，長方形內，上有一橫穿。

【著　　錄】未著錄。

【銘文字數】胡部鑄銘文 4 字。

【銘文釋文】瘳有之戲（戟）。

1114. 玄鏐之戈

【時　　代】春秋晚期。

【收　藏　者】某收藏家。

【形制紋飾】援上揚,有中脊,中胡較寬,闌側二長穿一小穿,長方形内,後端圓角,上有一橫穿。

【著　　録】未著録。

【銘文字數】胡部有錯金銘文 4 字。

【銘文釋文】幺(玄) 鏐之戈。

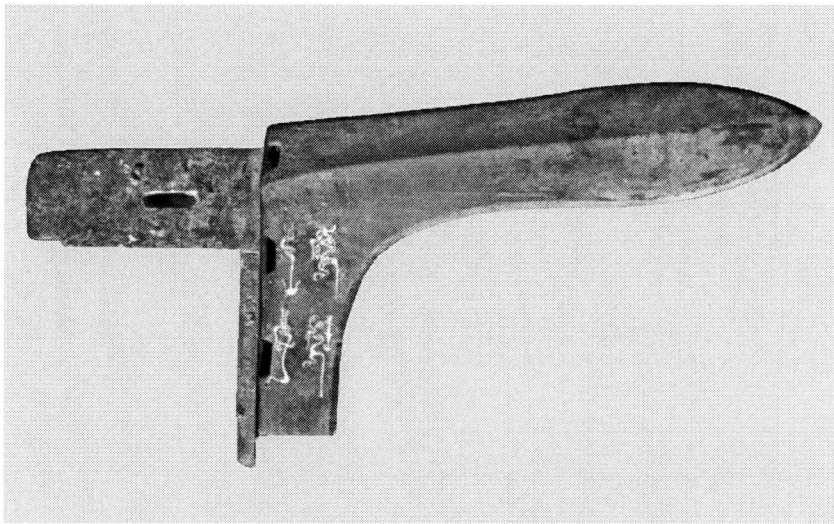

1115. 玄膚之用戈(玄鏽之用戈)

【時　　代】戰國早期。

【收　藏　者】某收藏家。

【形制紋飾】援向下弧曲,前部略寬,前鋒尖銳,長胡,闌側二長穿一小穿,內後部及闌的下齒殘斷,同出有蟠螭紋鐓。

【著　　錄】未著錄。

【銘文字數】援及胡部有鳥篆銘文 4 字。

【銘文釋文】玄膚(鏽)之用。

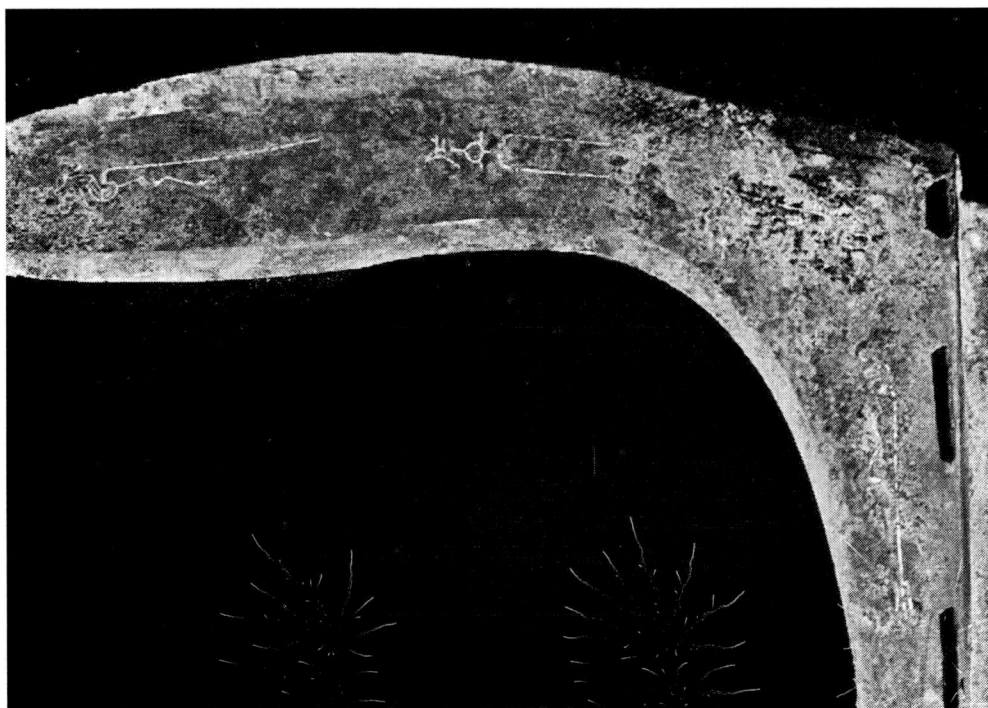

1116. 玄膚之用戈（玄鏽之用戈）

【時　　代】戰國早期。

【出土時地】1993 年於湖南湘鄉鋁廠揀選。

【收　藏　者】湖南省博物館。

【形制紋飾】援向下弧曲，前部肥大，前鋒尖銳，脊鼓起，長胡，內後部及闌的下齒
殘斷。

【著　　録】楚金 660 頁補 19。

【銘文字數】援及胡部有鳥篆銘文 4 字。

【銘文釋文】玄膚（鏽）之用。

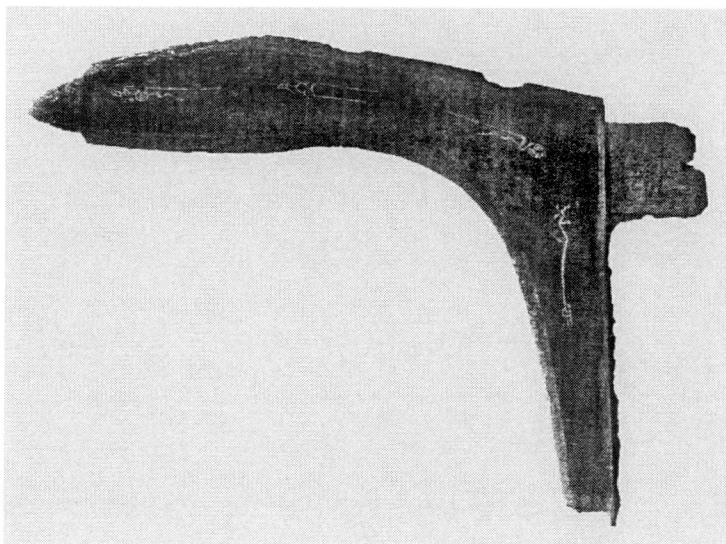

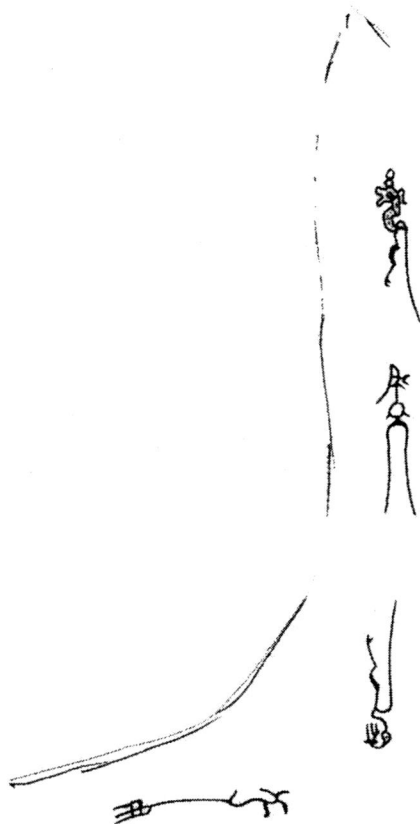

1117. 趙城黑戈（肖城黑戈）

【時　　代】戰國早期。

【收　藏　者】某收藏家。

【形制紋飾】直援上揚，闌側二長穿一小穿，闌下出齒，長方形內，上有一橫穿，後部飾雙綫幾何紋。

【著　　錄】未著錄。

【銘文字數】胡部刻銘文4字。

【銘文釋文】肖（趙）城黑用。

【備　　注】戈的全形未拍全照。

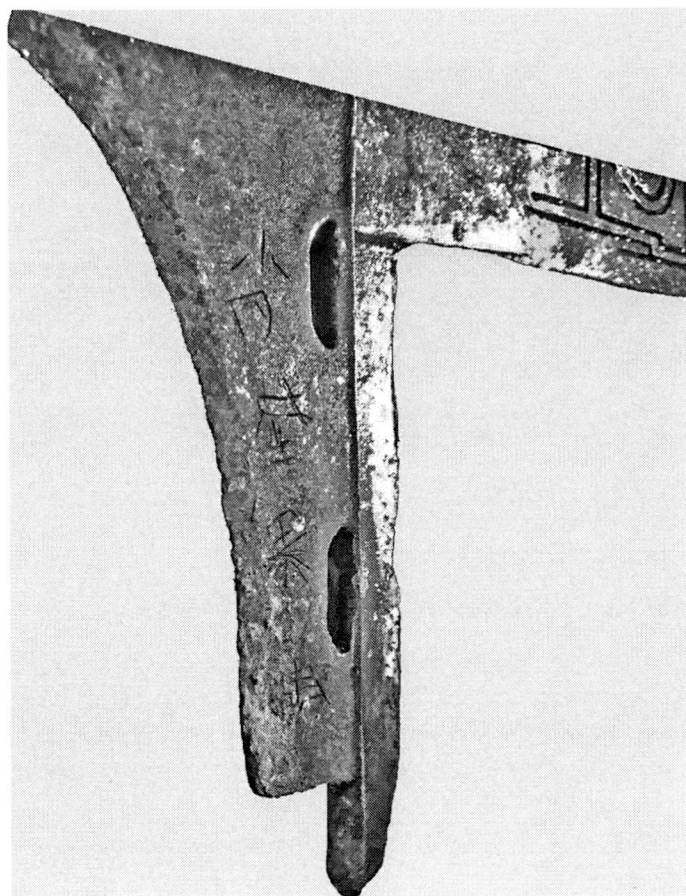

1118. 東陽王戈（東殤王戈）

【時　　代】戰國早期。

【收　藏　者】臺北震榮堂（陳鴻榮、王亞玲夫婦）。

【尺　　度】通長 22、闌高 11 釐米。

【形制紋飾】直援尖鋒，長胡，闌下出齒，闌側二長穿一小穿，長方形內較長，上有一橫穿。

【著　　錄】金銅器 309 頁兵器 04。

【銘文字數】胡部刻銘文 4 字。

【銘文釋文】東瘍（殤－陽）王戈。

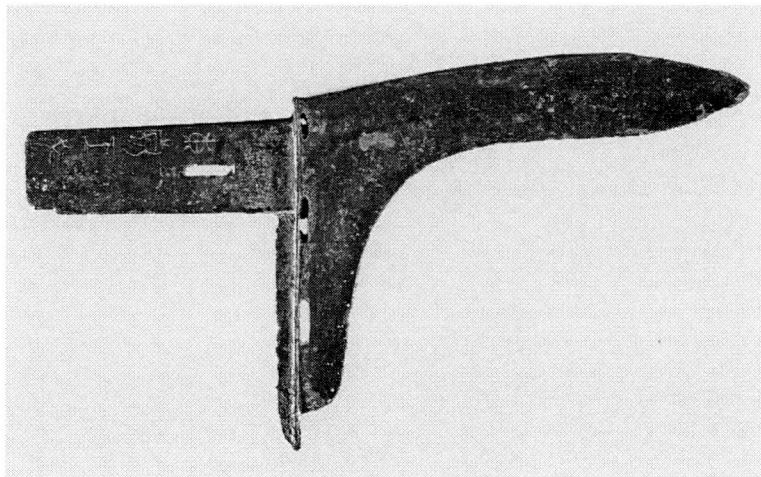

1119. 許戈（鄦戈）

【時　　代】戰國早期。

【出土時地】2013 年 11 月見於北京古玩城。

【收 藏 者】某收藏家。

【尺　　度】通長 19.5、闌高 10.6 釐米。

【形制紋飾】援上揚，有中脊，中長胡，闌下出齒，闌側三長穿一小穿，内上一橫穿，後部飾雙綫勾連鳥首紋。

【著　　録】未著録。

【銘文字數】援與胡部共有錯金銘文 4 字。

【銘文釋文】鄦（許）之敔（造）戈。

援部　　　　　　　　　　　　　　胡部

1120. 平阿右戟

【時　　代】戰國晚期。

【出土時地】1996 年 1 月安徽壽縣八公山鄉珍珠泉。

【收 藏 者】壽縣博物館。

【尺　　度】通長 26.7、胡高 6 釐米。

【形制紋飾】長援尖鋒，援向下彎，前端肥碩，後部瘦細，脊綫明顯，長胡四穿，闌下有
　　　　　　長齒，内上有一橫穿，後部三邊開刃。

【著　　録】安徽銘文 272 頁圖 188.1。

【銘文字數】内正面鑄銘文 4 字。

【銘文釋文】平壄(阿) 右戢(戟)。

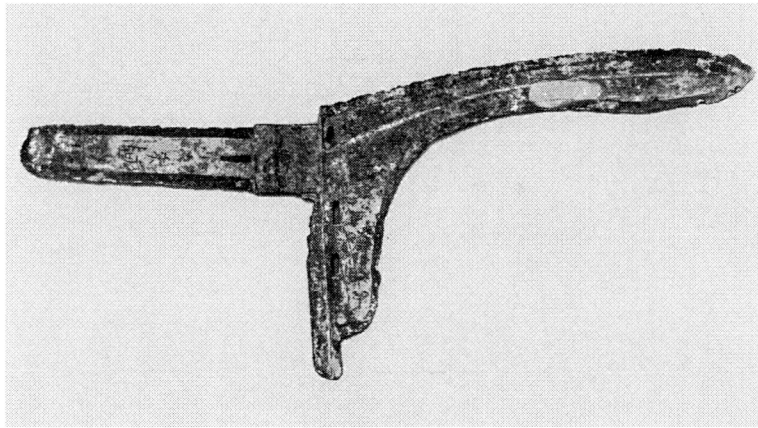

1121. 武陽右庫戈

【時　　代】戰國晚期。

【收　藏　者】某收藏家。

【尺　　度】通長 21 釐米。

【形制紋飾】直援尖鋒,援較短,胡較寬長,闌下出齒,闌側二穿,內甚長,上有長三角形橫穿。

【著　　錄】未著錄。

【銘文字數】內部鑄銘文 4 字。

【銘文釋文】武陽右庫。

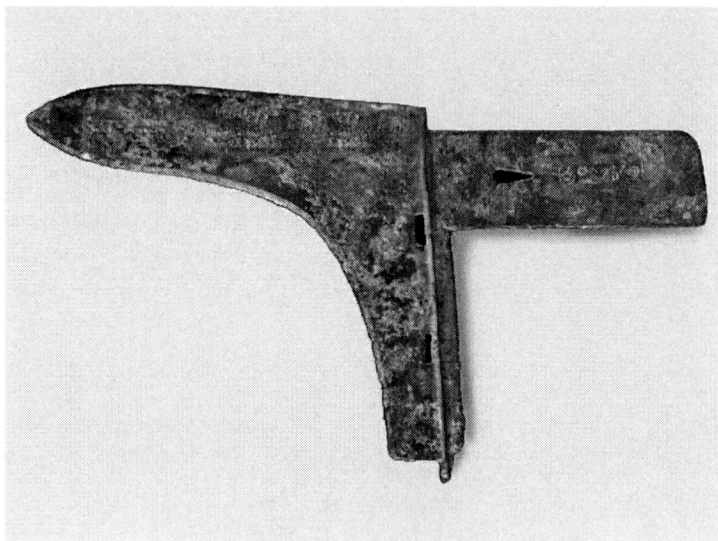

1122. 淳于仲豕戈

【時　　代】春秋早期。

【收 藏 者】某收藏家。

【形制紋飾】寬短援,尖鋒,中胡,闌側三穿,闌下部殘,長方內,中部有三角形橫穿,後部下角殘。援基背面飾龍紋,內的兩面凹字形框內飾蟠螭紋。

【著　　錄】未著錄。

【銘文字數】援基部與胡的正面鑄銘文5字。

【銘文釋文】臺(淳)于中(仲)豕䑣(造)。

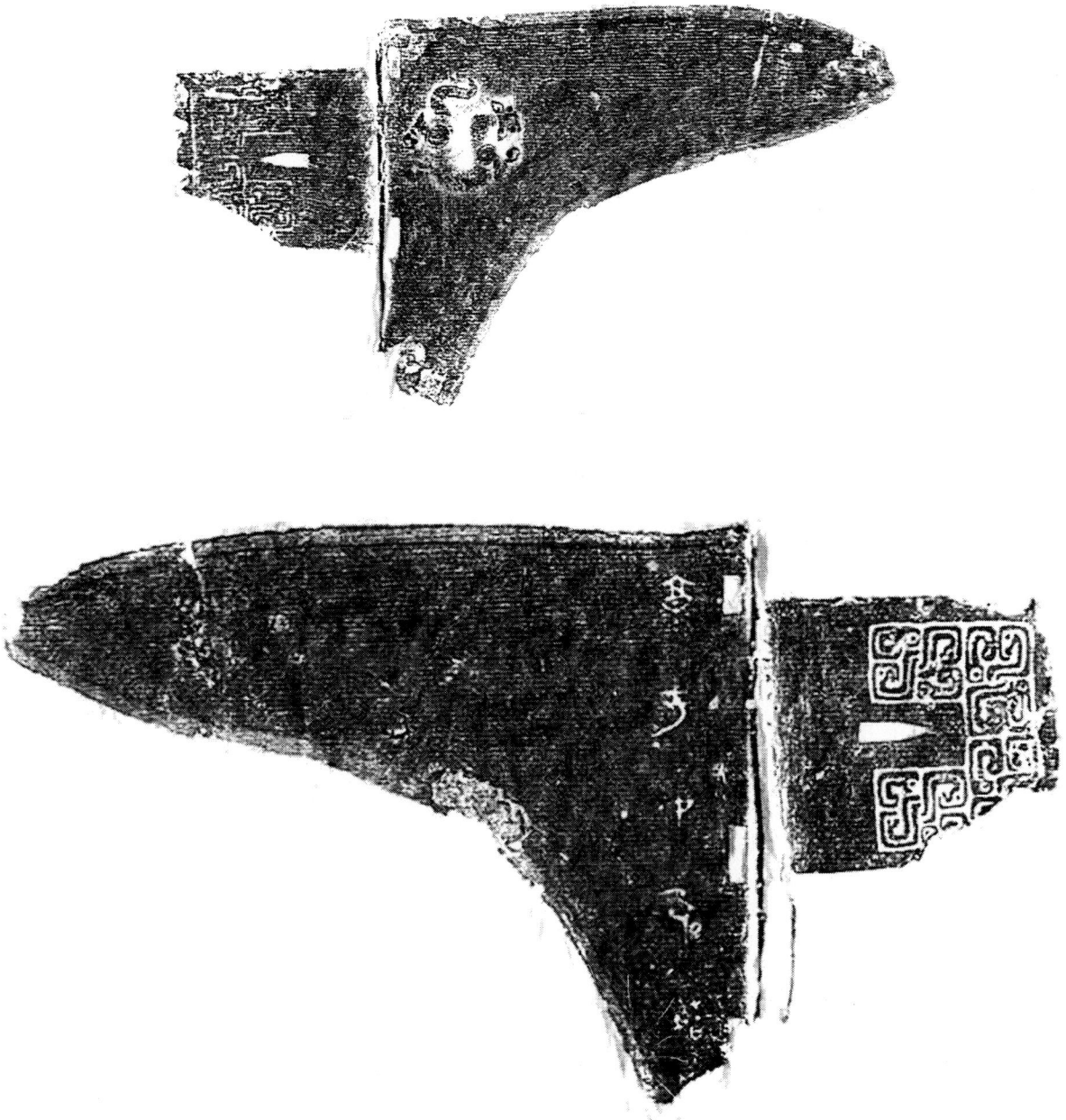

1123. 鄧子妝戈

【時　　代】春秋中期·楚。

【出土時地】2009 年 5 月山東棗莊市嶧城區徐樓村東周墓（M2.61）。

【收 藏 者】棗莊市博物館。

【尺　　度】通長 29、援寬 3.8、闌高 11.2 釐米。

【形制紋飾】援身較長，援稍上揚，兩面開刃，無脊，中胡，闌側二長穿一小穿，長方形
　　　　　　內，中部有一橫穿。內後部飾雙緀紋。

【著　　錄】文物 2014 年 1 期 24 頁圖 69。

【銘文字數】胡部鑄銘文 5 字。

【銘文釋文】鄧子妝之用。

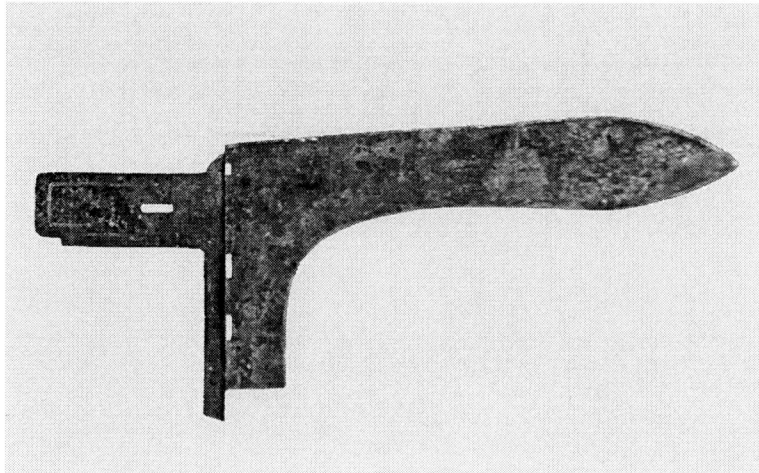

1124. 楚王戟(原稱楚王戈)

【時　　代】春秋晚期。

【收　藏　者】臺北震榮堂(陳鴻榮、王亞玲夫婦)。

【尺　　度】通長 27.5、闌高 10 釐米。

【形制紋飾】直援尖鋒,中胡較寬,闌側二長穿一小穿,長方形內上有一橫穿,後部飾
雙綫鳥首紋。

【著　　錄】金銅器 309 頁兵器 03。

【銘文字數】胡部刻銘文 5 字。

【銘文釋文】楚王之行戡(戟)。

1125. 王武戈甲

【時　　代】春秋晚期。

【出土時地】2002 年山東新泰市青雲街道辦事處周家莊東周墓地（M1.25）。

【收　藏　者】新泰市博物館。

【尺　　度】殘長 24.4、內殘長 4.1、援寬 3.1 釐米。

【形制紋飾】直援尖鋒，有脊，中胡，闌側二長穿一小穿，闌下部殘，長方形內，上有一
　　　　　長三角橫穿，後部殘。

【著　　錄】新泰墓 66 頁圖 36.2。

【銘文字數】胡部鑄銘文 5 字。

【銘文釋文】王武之車戈。

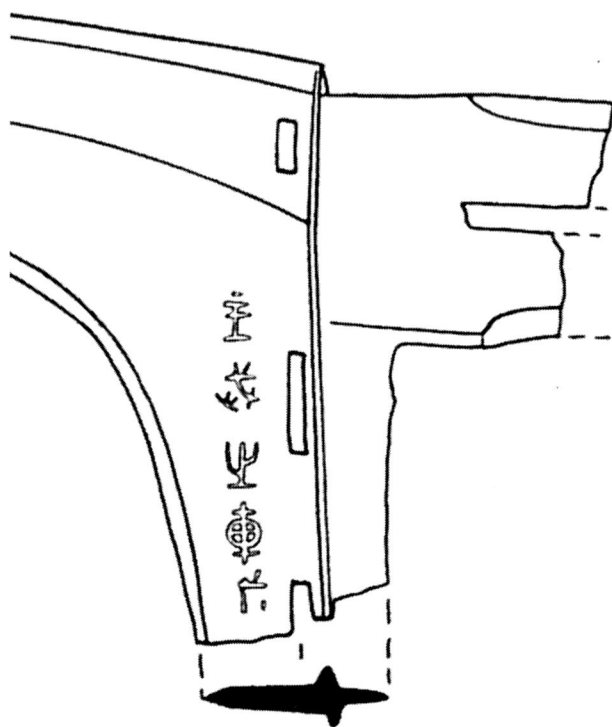

1126. 王武戈乙

【時　　代】春秋晚期。

【出土時地】2002 年山東新泰市青雲街道辦事處周家莊東周墓地（M1.24）。

【收　藏　者】新泰市博物館。

【尺　　度】殘長 14.4、內殘長 3.3、援寬 2.8 釐米。

【形制紋飾】直援尖鋒殘斷，有脊，中胡，闌側二長穿一小穿，闌下部殘，長方形內，上
　　　　　　有一長三角橫穿，後部殘。

【著　　錄】新泰墓 66 頁圖 36.1。

【銘文字數】胡部鑄銘文 5 字。

【銘文釋文】王武之車戈。

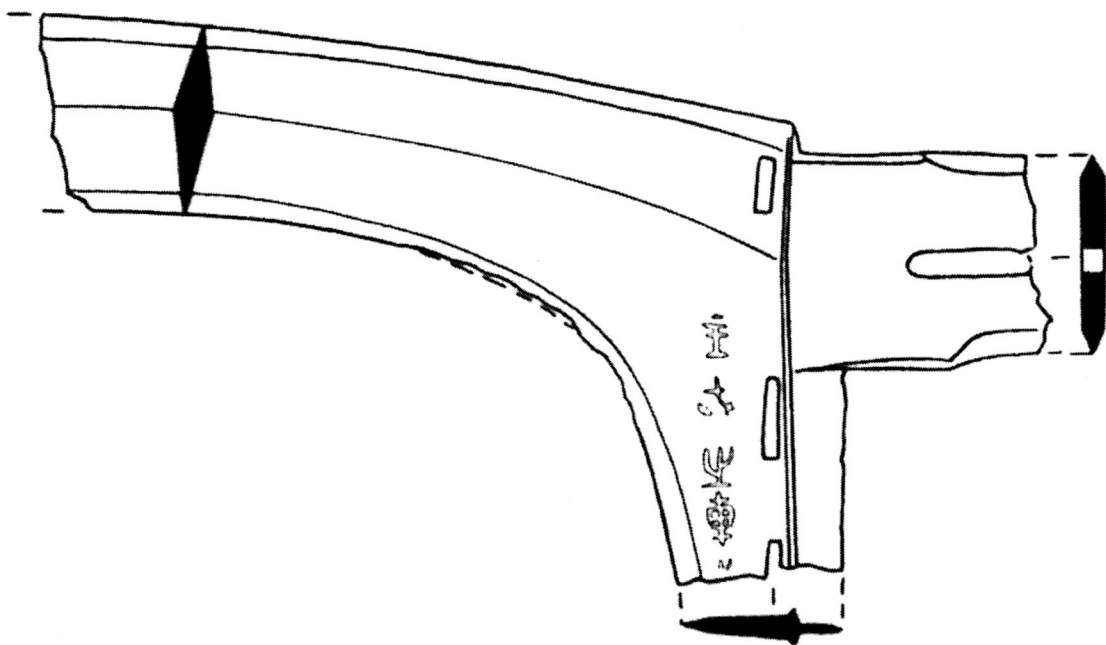

1127. 郾公戈

【時　　代】春秋晚期。

【收　藏　者】河南漯河市飛諾藝術品工作室。

【尺　　度】通長20、援長12、內長8、闌高10.7釐米。

【形制紋飾】直援微上揚,扁平無脊,長胡,闌側二長穿一小穿,闌下出齒,內較長,前部有一橫穿,尾部呈斜角形。

【著　　録】飛諾92頁齊1。

【銘文字數】內部鑄銘文5字。

【銘文釋文】郾公之郜(造)鈛(戈)。

1128. 郘氏戟

【時　　代】春秋晚期。

【收 藏 者】某收藏家。

【形制紋飾】直援長胡，闌側三穿，闌下出齒，長方形內，上有一橫穿。

【著　　錄】未著錄。

【銘文字數】胡部鑄銘文 5 字。

【銘文釋文】郘氏之造鈼（戟）。

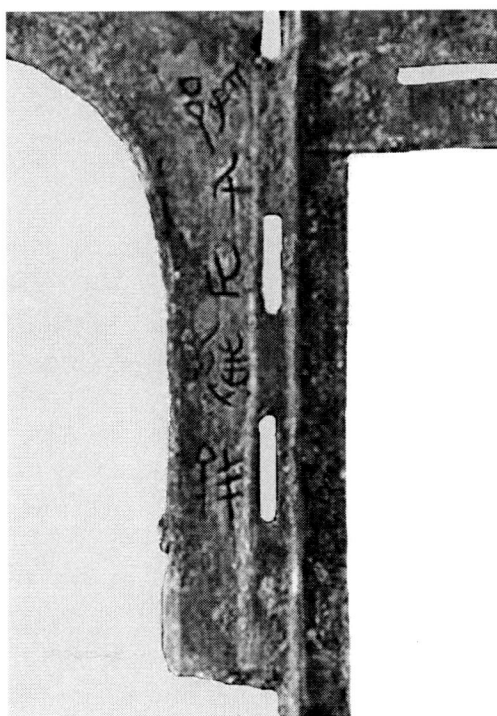

1129. 大府戟（大廥戈）

【時　　　代】春秋晚期·楚。

【收 藏 者】河南漯河市飛諾藝術品工作室。

【尺　　　度】通長 20.2、援長 12、内長 8.2、闌高 10.8 釐米。

【形制紋飾】直援尖鋒，援窄長，且上揚，闌側二長穿一小穿，闌下出齒，長方形内，上
有一橫穿。

【著　　　録】飛諾 38 頁楚 4。

【銘文字數】援及胡部鑄銘文 5 字。

【銘文釋文】大廥（府）之行戠（戟）。

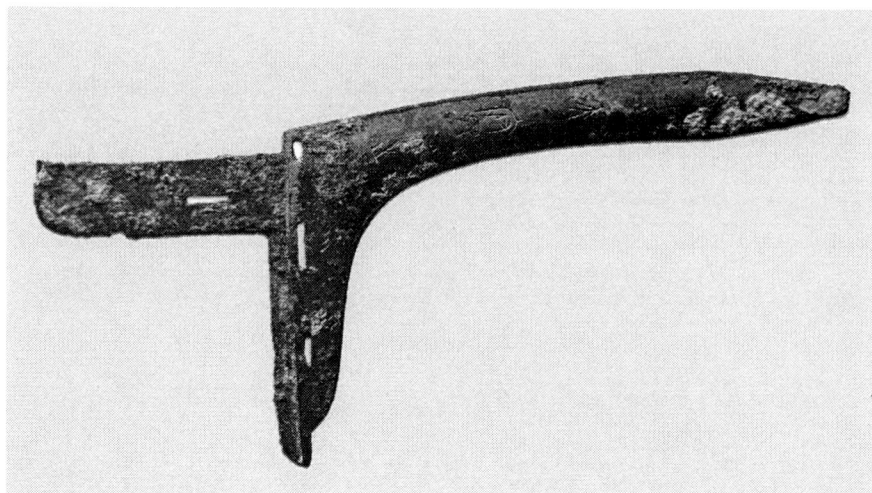

1130. 右府戈（右廥戈）

【時　　代】春秋晚期・楚。

【收 藏 者】某收藏家。

【形制紋飾】直援上揚，前部殘段，胡下部亦殘，中脊綫偏上，闌側現存一長穿一小穿，
　　　　　　長方形內。

【著　　錄】未著錄。

【銘文字數】援及胡部鑄銘文 5 字。

【銘文釋文】右廥（府）之用錢（戈）。

1131. 裔宵敦年戟

【時　　代】春秋晚期。

【出土時地】2003-2004年山東新泰市青雲街道辦事處周家莊東周墓地（M32.9、10）。

【收　藏　者】新泰市博物館。

【尺　　度】戈通長27.5、內長9.6、援寬2.5釐米；刺長12.9、銎徑1.3×1.6釐米。

【形制紋飾】該戟由戈矛組成。戈呈窄援上揚，前端稍寬，尖鋒有脊，中胡，闌側二長
　　　　　　穿一小穿，內呈刀形，三邊開刃，前部有一橫穿。刺呈矛形，脊突起，兩側
　　　　　　有血槽，兩葉窄長，銎口呈橢圓形，下端有缺角，與戈闌頂相合。

【著　　錄】新泰墓231頁圖164.5、6。

【銘文字數】內部鑄銘文5字。

【銘文釋文】裔宵敦（敦）年戟（戟）。

1132. 君臣戈

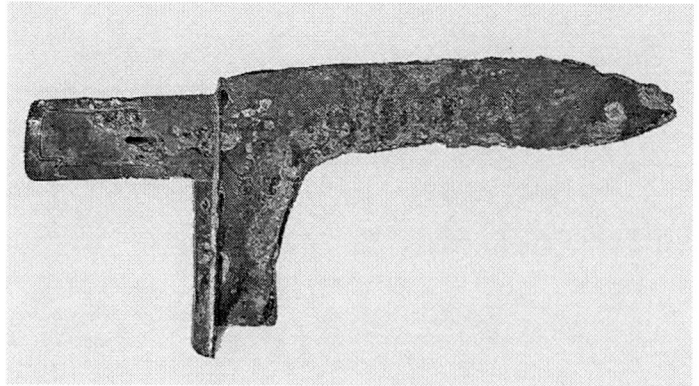

【時　　代】春秋晚期。
【出土時地】2005 年 3 月河南南
　　　　　　陽市宛城區獨山大道
　　　　　　華鑫苑小區春秋墓
　　　　　　（M124.14）。
【收 藏 者】南陽市文物考古研
　　　　　　究所。
【尺　　度】通長 23.5 釐米。
【形制紋飾】直援尖鋒，中胡較寬，闌側二長穿一小穿，闌下出齒，長方形內，中部有一
　　　　　　橫穿。後部飾雙綫鳥首紋。
【著　　錄】華夏考古 2015 年 3 期 26 頁圖 5.3。
【銘文字數】胡部鑄銘文 5 字。
【銘文釋文】君臣之用戈。

1133. 令尹自用戈

【時　　代】戰國早期。

【出土時地】2004 年徵集。

【收　藏　者】中國國家博物館。

【尺　　度】通長 26 釐米。

【形制紋飾】直援上揚，前鋒尖銳，中脊起綫，長胡，闌側二長穿一小穿，闌下出齒，長
方形内。上有一橫穿。

【著　　録】百年 174 頁 84。

【銘文字數】援及胡部有錯金鳥篆銘文 5 字。

【銘文釋文】令尹自用戈。

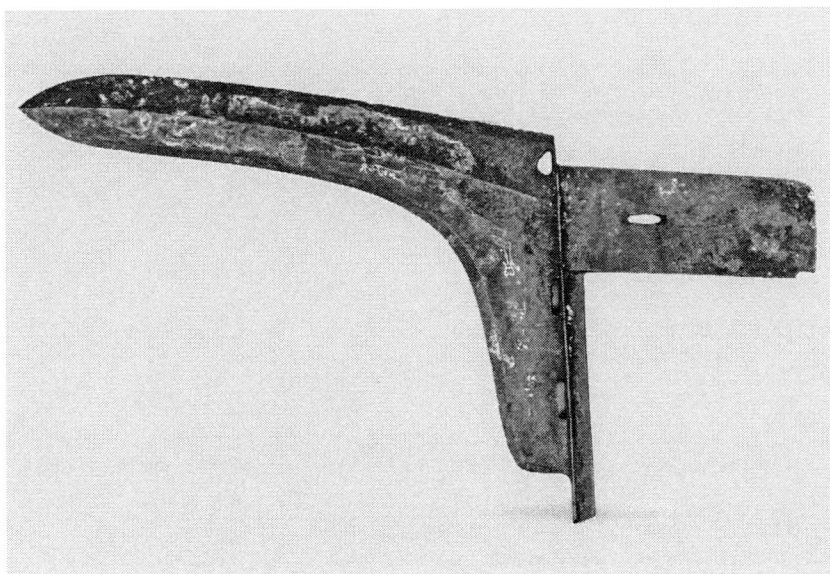

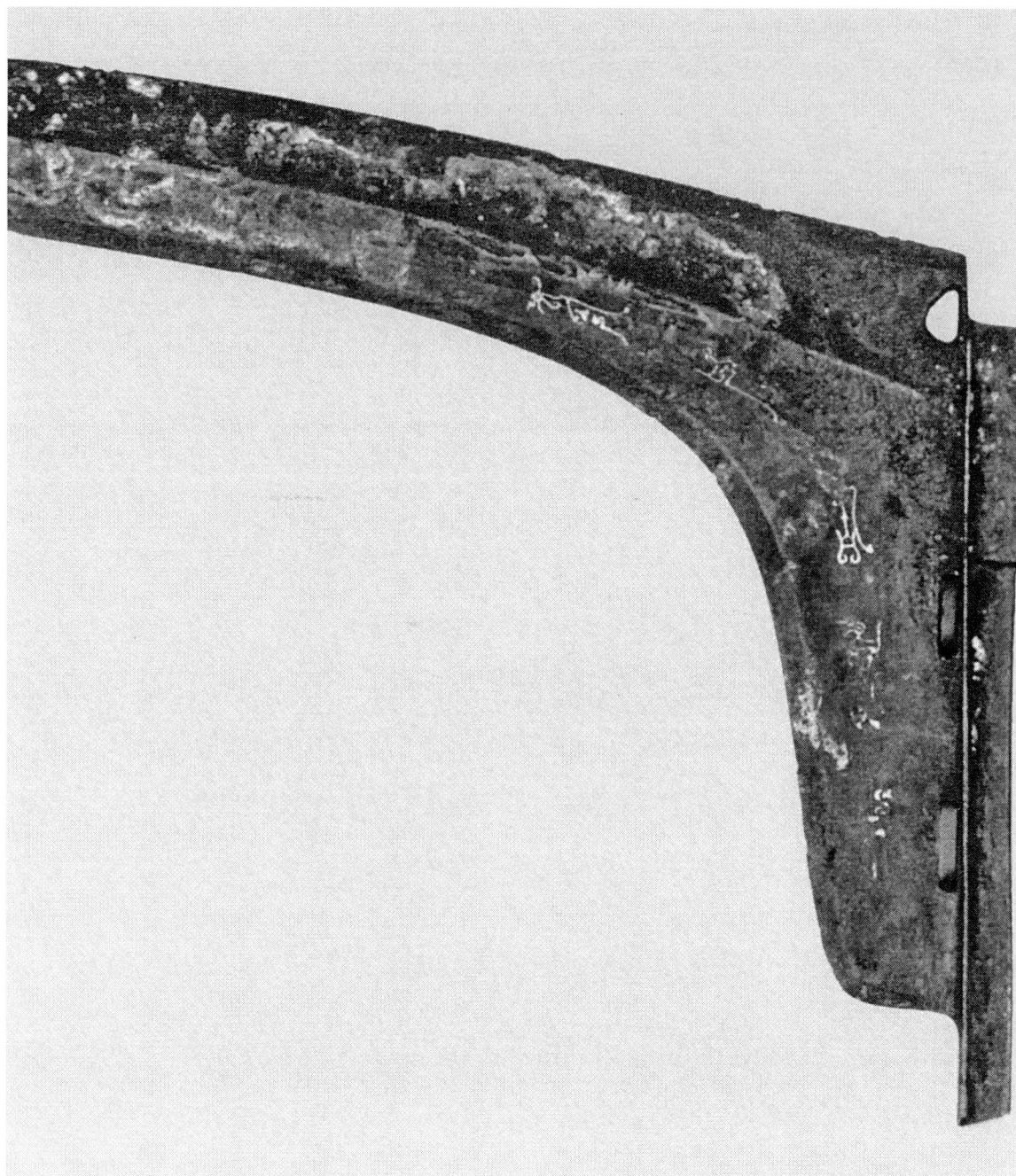

1134. 魯陽公戟

【時　　代】戰國早期·楚。

【收 藏 者】河南漯河市飛諾藝術品工作室。

【尺度重量】第一戈通長 29.7、援長 21、内長 5.7、闌高 9.9 釐米；第二戈通長 21.8、
援長 20.4、闌高 8 釐米；戟刺通長 12.6 釐米。

【形制紋飾】帶刺的雙戈戟。戈均爲窄長援，前鋒甚尖銳，脊圓鼓，中胡，闌側二長穿
一小穿，第一戈有長方形内，上有一橫穿；第二戈無内，胡部稍殘。

【著　　録】飛諾 46 頁楚 6。

【銘文字數】每個戈援及胡部各鑄銘文 5 字，内容相同。

【銘文釋文】魯昜（陽）公乍（作）寺（持）。

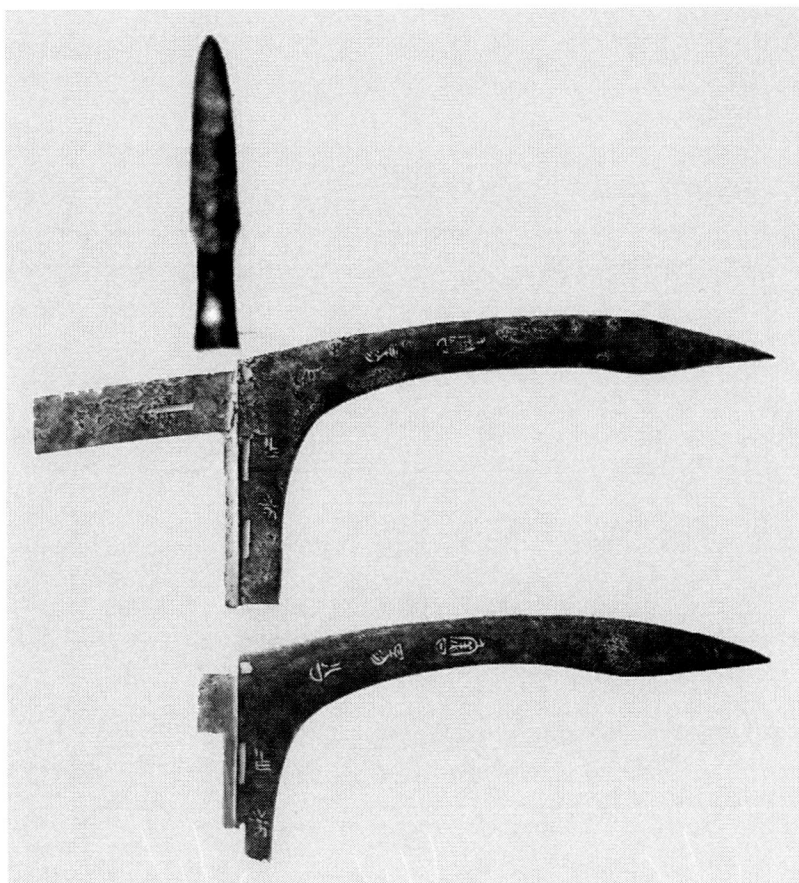

第一戈

第二戈

1135. 軩殻戟（範殻戟）

【時　　代】戰國早期。

【收　藏　者】某收藏家。

【形制紋飾】直援尖鋒,中脊偏上,
長胡,闌側三長穿一小
穿,闌下出齒,長方形
内,中部有一橫穿。内
兩面飾錯金鳥紋和人
形紋,並鑲嵌綠松石。

【著　　録】未著録。

【銘文字數】胡部有錯金銘文 5 字。

【銘文釋文】軩（範）殻之戠（用）弎（戟）。

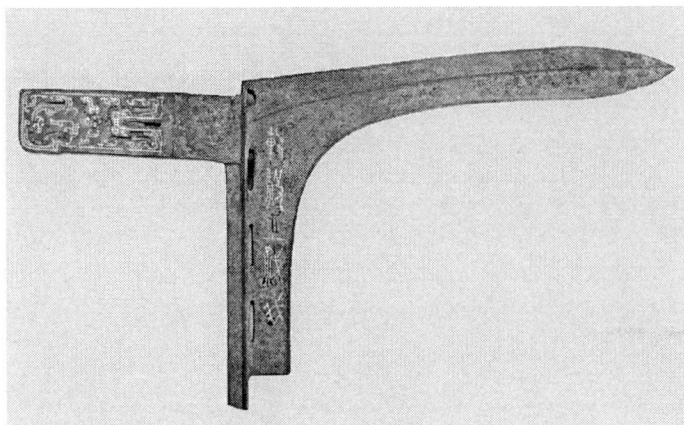

1136. 陰晉右庫戈

【時　　代】戰國中期·魏。

【出土時地】2006 年徵集。

【收 藏 者】中國國家博物館。

【尺　　度】通長 21.7、援長 13.2、闌高 11、內長 7.4 釐米。

【形制紋飾】援上揚，前部肥大，前鋒尖銳，中脊起綫，長胡，闌側二長穿一小穿，闌下
　　　　　出齒。長方形內，上有一橫穿。

【著　　録】百年 183 頁 90。

【銘文字數】內部鑄銘文 5 字。

【銘文釋文】陰晉（晉）右庫信。

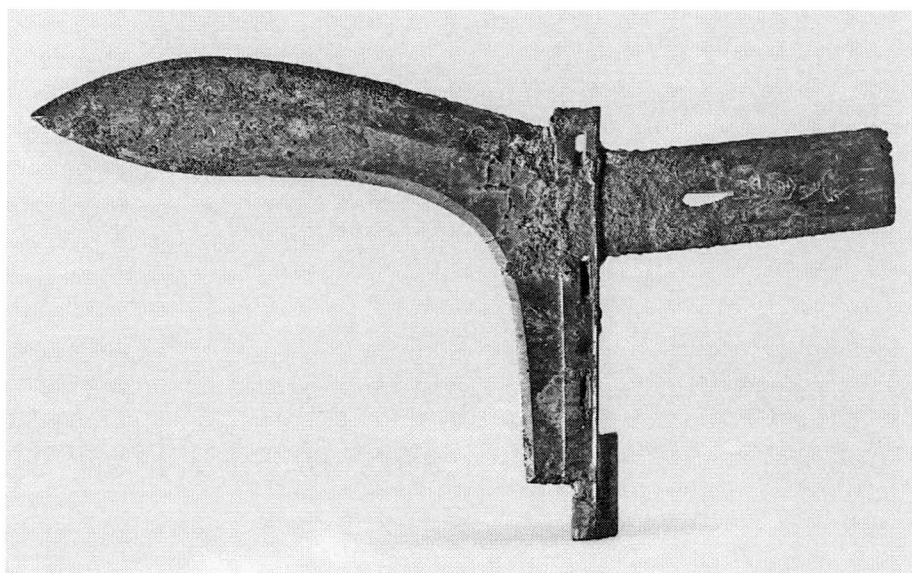

1137. 武王之童蒢戈

【時　　代】戰國晚期·楚。

【收 藏 者】某收藏家。

【形制紋飾】通體呈墨綠色,窄長援,尖鋒長胡,中脊起綫,闌下端出齒,闌側三長穿,援本一小穿,內上一橫穿,後端三邊開刃。出土時秘的末端帶有圓筒形戈鐏。

【著　　錄】未著錄。

【銘文字數】內的一面刻銘文 5 字。

【銘文釋文】武王之童蒢(胡)。

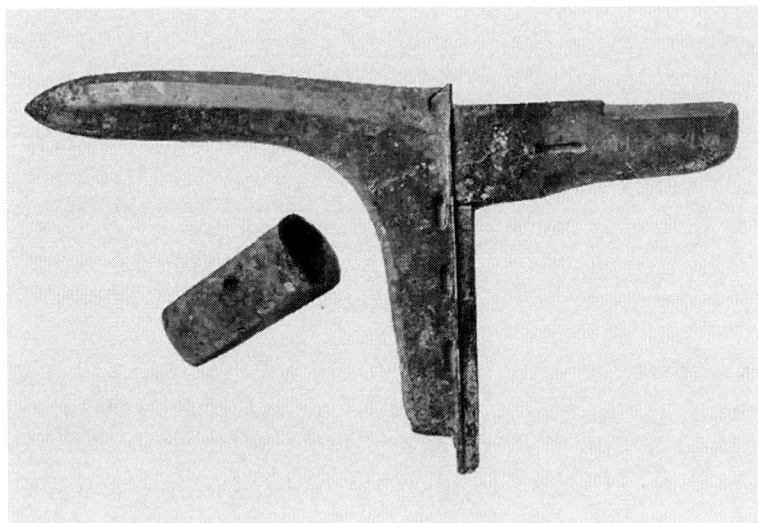

1138. 石邑戈

【時　　代】戰國晚期·秦。

【收 藏 者】某收藏家。

【形制紋飾】尖鋒直援,前部肥碩,有中脊。長胡,胡上近闌處上下均勻分列三個半圓
形穿。內亦上翹,下角略收,三邊有刃,內中有一窄長條形橫向穿。

【著　　錄】未著錄。

【銘文字數】胡部刻銘文2字;內部正面2字,背面1字,共5字。

【銘文釋文】石邑;頻陽;頻。

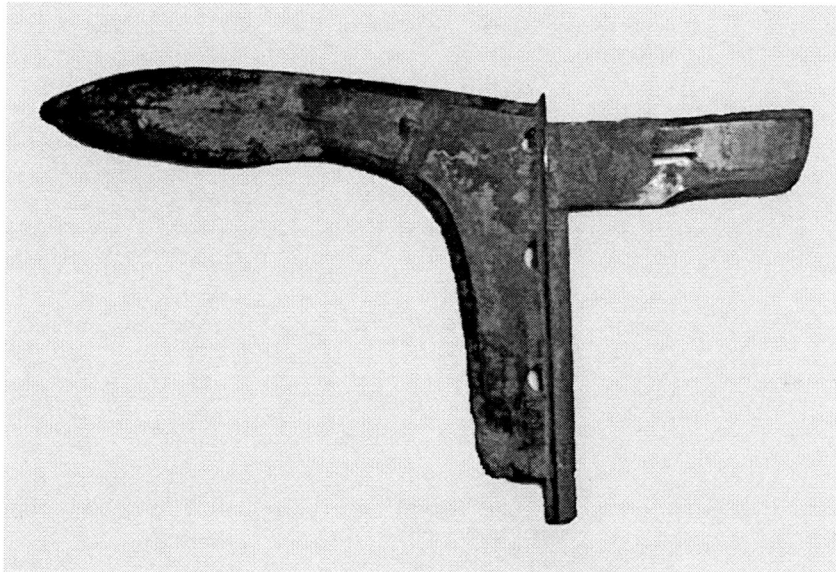

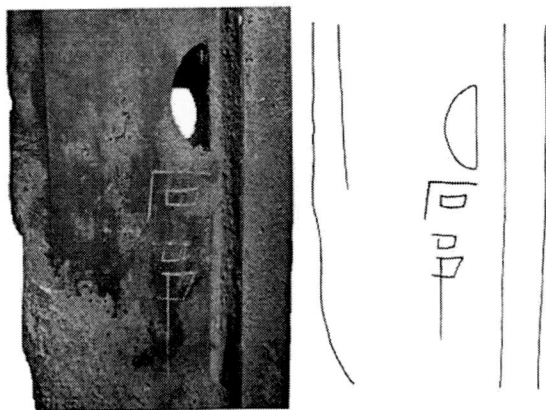

胡部

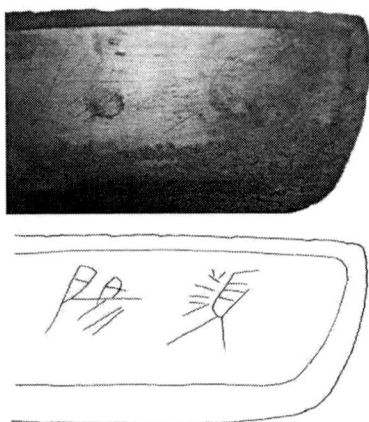

内部正面

内部背面

1139. 者禺每戈

【時　　代】春秋早期。

【收 藏 者】某收藏家。

【形制紋飾】直援上揚,三角形前鋒尖銳,中脊偏上,長胡,闌側三長穿一小穿,闌下出齒,長方形內,上有一橫穿,後緣呈弧形。

【著　　錄】未著錄。

【銘文字數】胡部鑄銘文 6 字。

【銘文釋文】者禺每乍(作)戚戈。

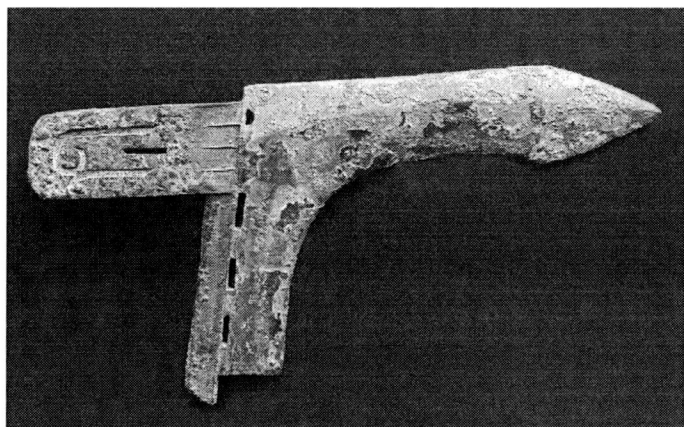

（放大）

1140. 雍子前彝戈（雔子歬彝戈）

【時　　代】春秋早期。

【出土時地】2014 年 11 月出現在北京。

【收　藏　者】某收藏家。

【形制紋飾】圭形援，中胡，闌側二長穿一小穿，闌下出齒，長方形内，上有一橫穿。

【著　　錄】未著錄。

【銘文字數】内上鑄銘文 6 字。

【銘文釋文】雔（雍）子歬（前）彝用戈。

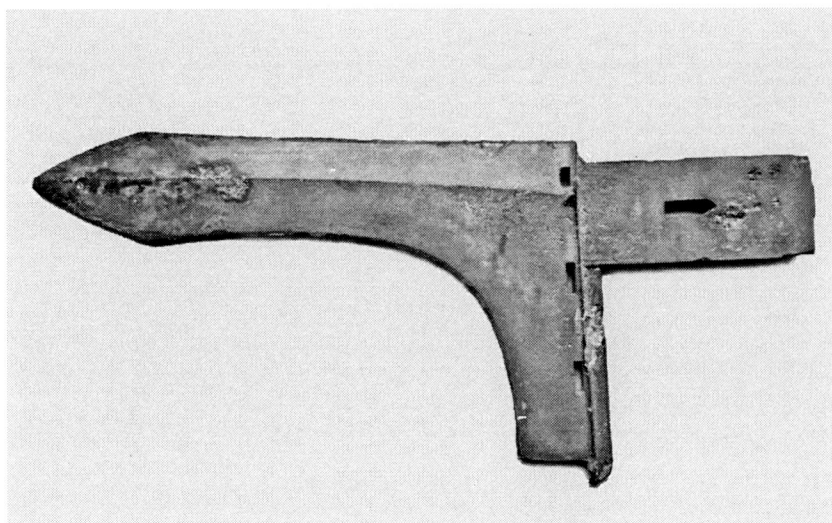

1141. 都大史□戈

【時　　代】春秋早期。

【收 藏 者】某收藏家。

【形制紋飾】直援，鋒甚尖銳，兩面開刃，平脊，寬長胡，闌側三長穿一小穿，長方形內，
　　　　　　中部有一橫穿，後部圓角，飾∪形雙綫陰紋。

【著　　錄】未著錄。

【銘文字數】胡部鑄銘文 6 字。

【銘文釋文】都大史□乍（作）戜（戟）。

（放大）

1142. 襄戈

【時　　代】春秋時期。

【收 藏 者】某收藏家。

【尺　　度】通長18釐米。

【形制紋飾】短寬援,尖鋒,援下刃
與胡以寬弧形相連,闌
下出齒,闌側二穿,内
甚寬,上有一圓穿。

【著　　錄】未著錄。

【銘文字數】胡部鑄銘文6字。

【銘文釋文】襄罍(鑄)索𫓧水□。

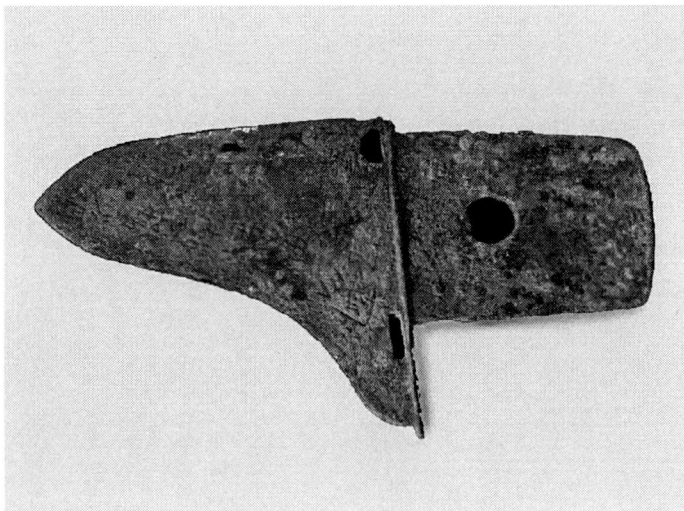

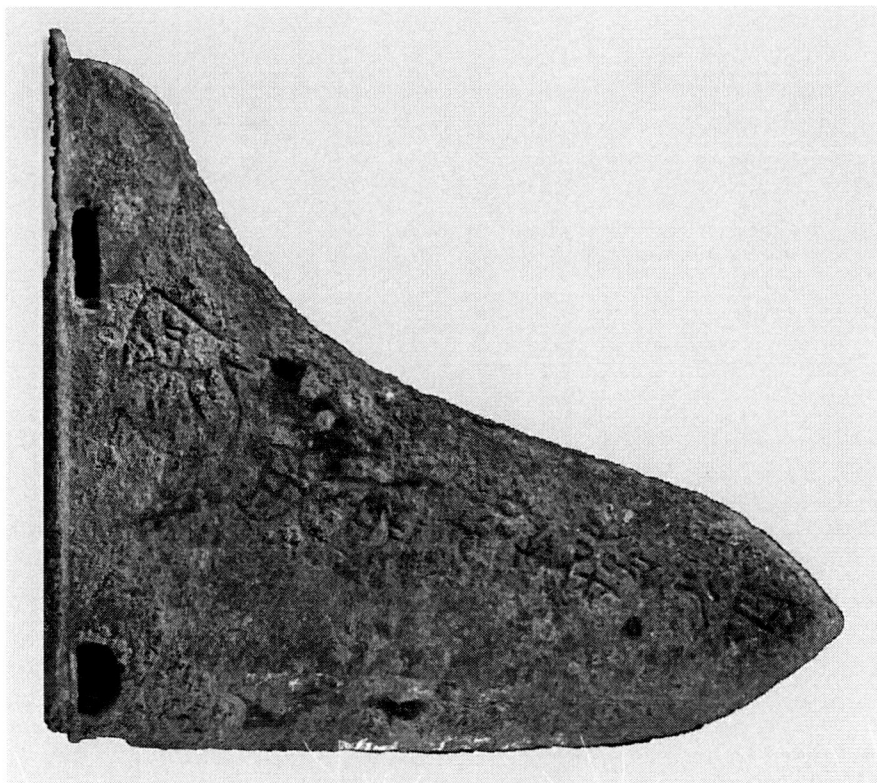

1143. 黃子桀戈（黃子桀戈）

【時　　代】春秋早期。

【出土時地】2015 年 3 月 出 現 在
　　　　　北京。

【收 藏 者】某收藏家。

【形制紋飾】直援尖鋒，中脊清晰，
　　　　　援的中部較窄，中胡，
　　　　　闌側二長穿一小穿，闌
　　　　　下出齒，長方形内，上
　　　　　有一橫穿，後部裝飾雙
　　　　　綫鳥首紋。

【著　　録】未著録。

【銘文字數】胡部鑄銘文 6 字。

【銘文釋文】黃子桀（桀）之戈用。

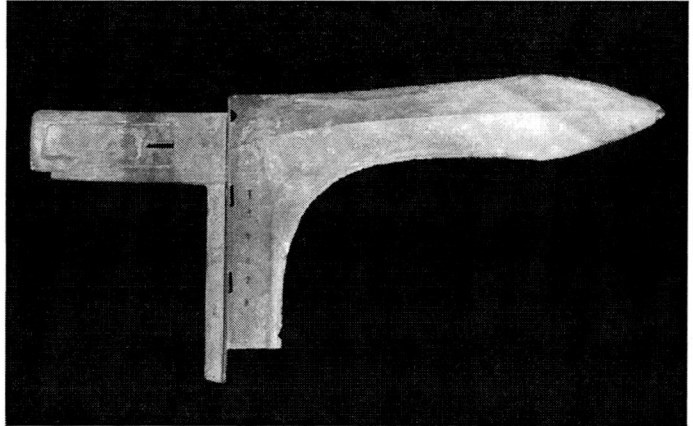

（放大）

1144. 鍾離公柏戟甲

【時　　代】春秋中期。

【出土時地】2008 年 6 月安徽蚌埠市淮上區小蚌埠鎮雙墩村春秋墓（M1.397）。

【收 藏 者】蚌埠市博物館。

【尺　　度】通長 28.7、援長 20.5、闌高 12、內長 8、內寬 2.8、矛長 12、矛寬 2.1、骹
徑 2 釐米。

【形制紋飾】直援尖鋒，援的前部肥大，中胡，闌側二長穿一小穿，闌下出齒，長方形
內，上有一橫穿，矛刺窄葉，有脊。

【著　　錄】鍾離君 141 頁圖 90.1。

【銘文字數】胡部鑄銘文 6 字。

【銘文釋文】童（鍾）麗（離）君柏用矬（戟）。

1145. 鍾離公柏戟乙

【時　　代】春秋中期。

【出土時地】2008 年 6 月安徽蚌埠市淮上區小蚌埠鎮雙墩村春秋墓（M1.383）。

【收　藏　者】蚌埠市博物館。

【尺　　度】通長 29.4、援長 21、闌高 11.3、內長 8.2、內寬 2.4、矛長 12、矛寬 2.3、骹徑 1.3 釐米。

【形制紋飾】直援尖鋒，援的前部肥大，中胡，闌側二長穿一小穿，闌下出齒，長方形內，上有一橫穿，矛刺窄葉，有脊。

【著　　錄】鍾離君 140 頁圖 88。

【銘文字數】胡部鑄銘文 6 字。

【銘文釋文】童（鍾）麗（離）君柏用鈛（戟）。

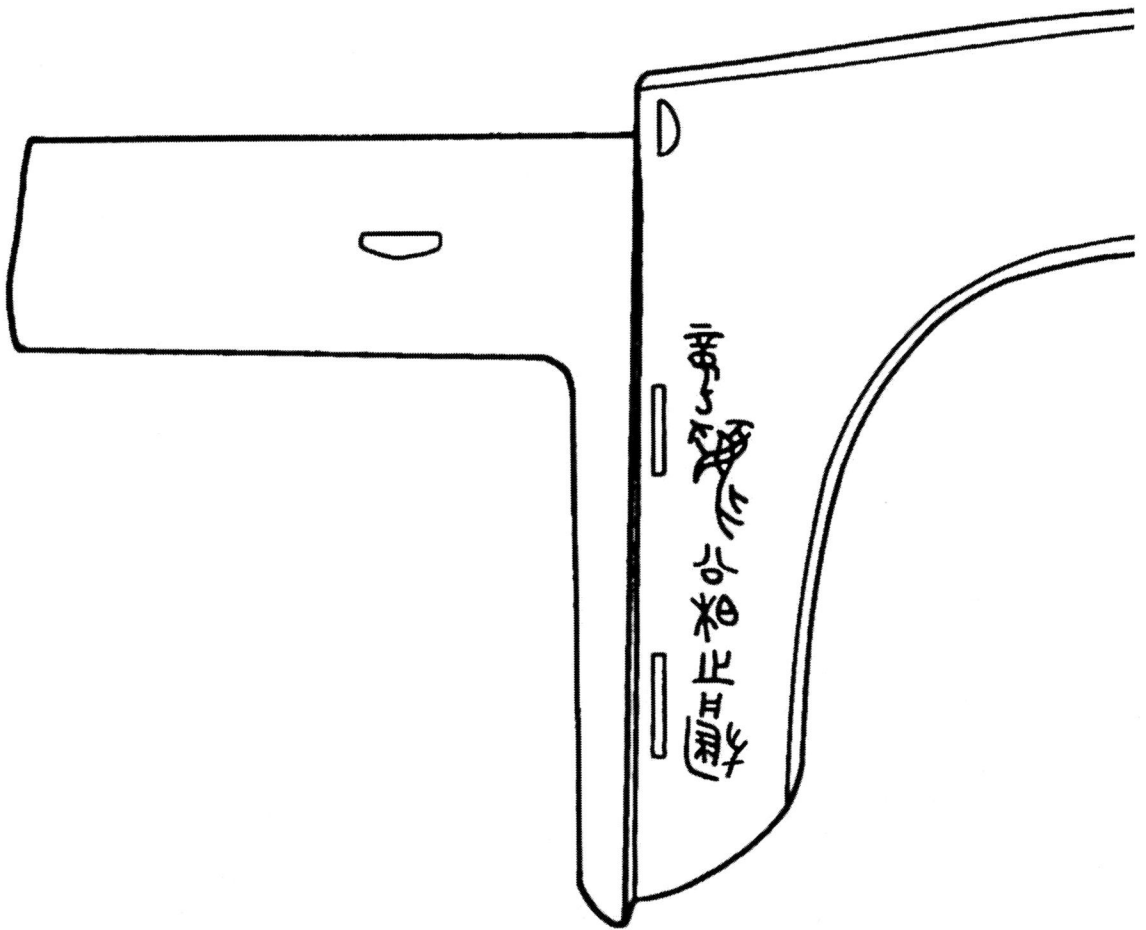

1146. 郻叔義行戈

【時　　代】春秋中期。
【出土時地】湖南汨羅市司法局院内春秋墓（M1）。
【收 藏 者】長沙市博物館。
【形制紋飾】直援尖鋒，中脊突起，中胡，闌下出齒，長方形内，上有一横穿。
【著　　録】楚金 701 頁補 57 上。
【銘文字數】胡部鑄銘文 6 字。
【銘文釋文】郻（蓼）弔（叔）義行之用。

1147. 楚王卲戟（原稱楚王卲戈）

【時　　代】春秋晚期。

【收 藏 者】某收藏家。

【尺　　度】通長 27 釐米。

【形制紋飾】直援，前鋒尖鋭，有中脊，中胡，闌側二長穿一小穿，闌下出齒，長方形內，
　　　　　　上有一橫穿。後部飾雙綫鳥首紋。

【著　　録】未著録。

【銘文字數】胡部鑄銘文 6 字。

【銘文釋文】楚王卲之行媜（戟）。

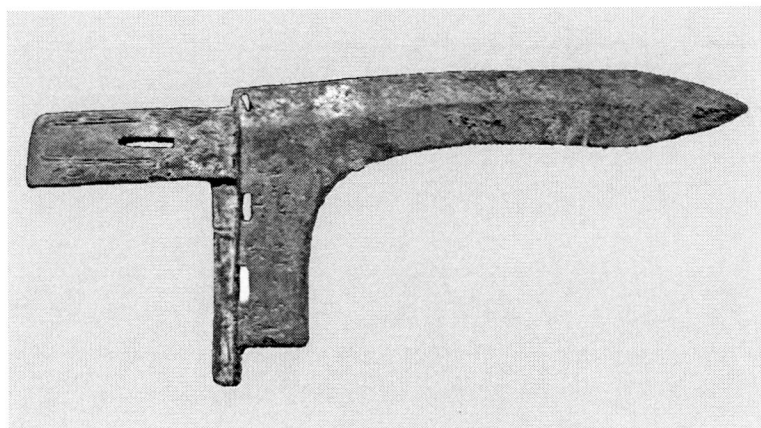

1148. 余欨平加戈（徐欨平加戈）

【時　　代】春秋晚期。

【收　藏　者】某收藏家。

【形制紋飾】長胡三穿。

【著　　録】未著録。

【銘文字數】胡部有銘文 6 字。

【銘文釋文】余（徐）欨平加之用。

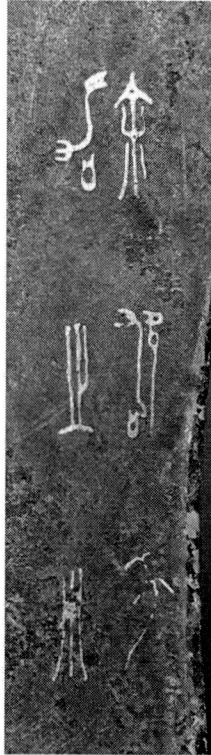

1149. 淺公粢戈(濫公粢戈)

【時　　代】春秋晚期。

【收 藏 者】某收藏家。

【形制紋飾】直援稍向上揚,兩面開刃,有中脊,長胡,闌側二長穿一小穿,長方形内,中部有一横穿,後部下緣有一圓凸。

【著　　録】未著録。

【銘文字數】胡部鑄銘文 6 字。

【銘文釋文】淺(瀸-濫)公粢之告(造)戈。

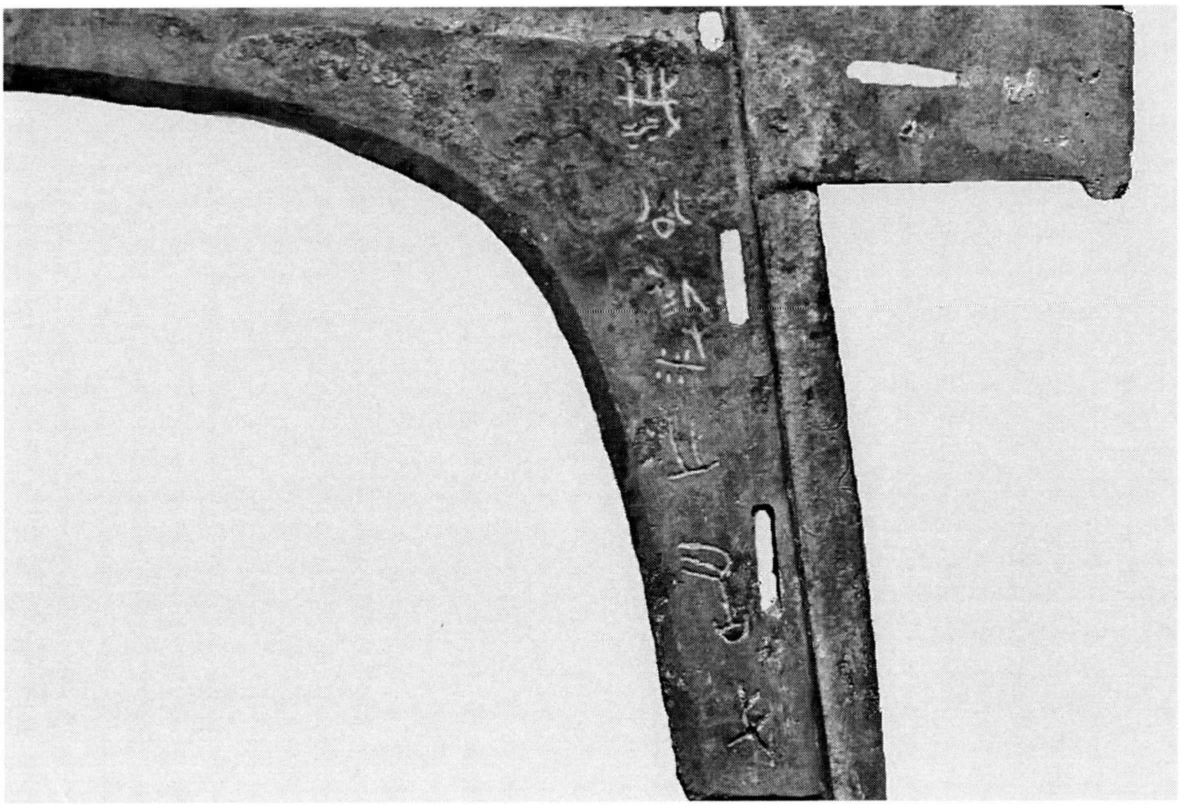

1150. 雩婁公佗戈（虎鄝公佗戈）

【時　　代】春秋晚期・楚
【收　藏　者】安徽阜陽市某收藏家。
【形制紋飾】直援尖鋒，有脊，長胡，闌側二長穿一小穿，闌下出齒，長方形內，上有一橫穿和一圓孔，飾雙綫鳥首紋。
【著　　錄】蟲書增圖 328。
【銘文字數】胡部鑄鳥篆銘文 6 字。
【銘文釋文】虎（雩）鄝（婁）公佗之用。

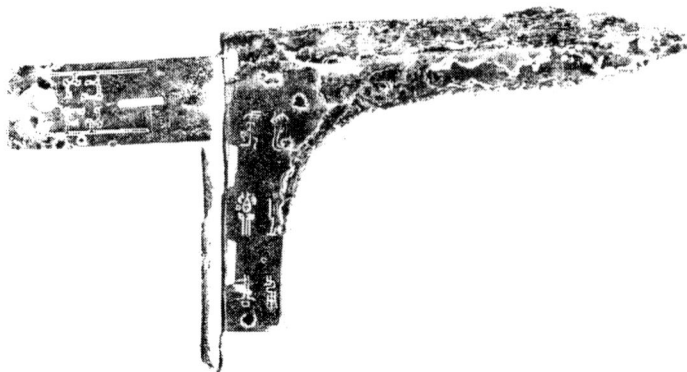

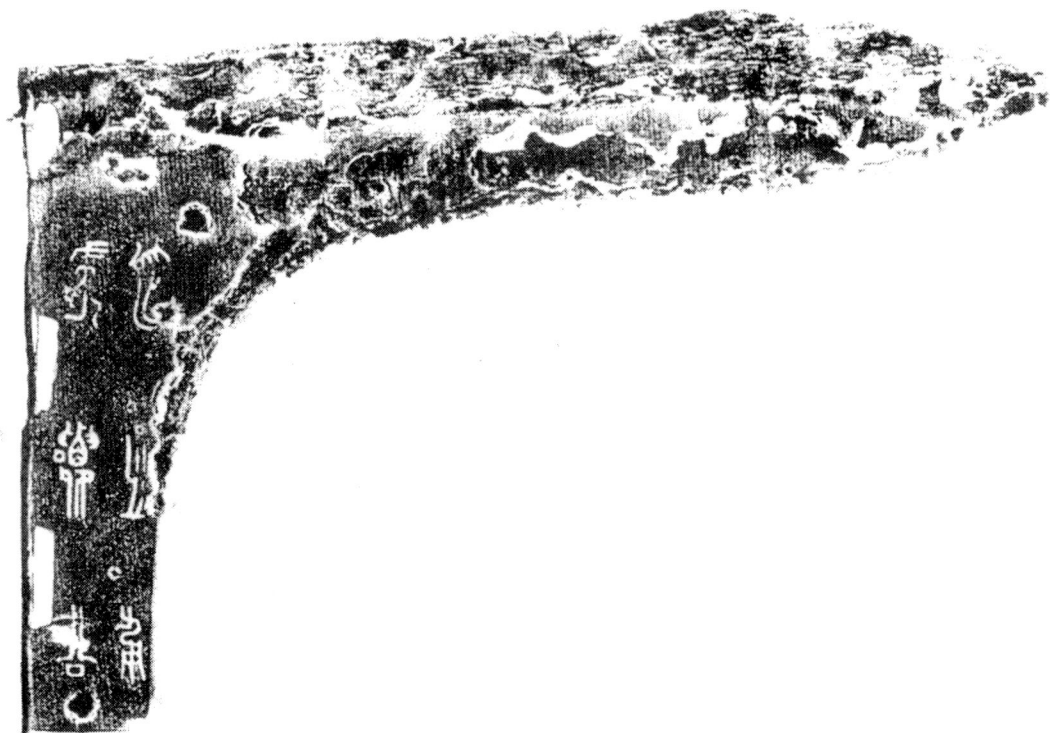

1151. 公孫亦戈

【時　　代】春秋晚期。

【收　藏　者】某收藏家。

【形制紋飾】直援，中長胡，闌下出齒，闌側二長穿一小穿，長方形内，上有一橫穿。

【著　　録】未著録。

【銘文字數】胡部有銘文6字。

【銘文釋文】蔡（？）公孫亦之用。

1152. 鄧子僕戈（鄭子僕戈）

【時　　代】春秋晚期。

【收　藏　者】某收藏家。

【尺　　度】通長 25、闌高 12 釐米。

【形制紋飾】直援上揚，尖鋒，中脊偏上，中長胡較寬，闌下出齒，闌側二長穿一小穿，長方形內，上有一橫穿。內兩面裝飾雙綫紋和雲頭紋。

【著　　録】未著録。

【銘文字數】胡部有錯金鳥篆銘文 6 字。

【銘文釋文】鄭（鄧）子僕（僕）之用戈。

1153. 王子玖戈（王子于戈）

【時　　　代】春秋晚期（公元前 526 年以前）。

【收　藏　者】某收藏家。

【尺　　　度】通長 24 釐米左右。

【形制紋飾】援上揚，尖鋒，中有脊，中長胡，胡下部殘缺一小塊，闌側二長穿一小穿，長方形內，上有一橫穿，上角圓殺，內兩面均飾錯金卷雲紋。

【著　　　錄】未著錄。

【銘文字數】援胡正面有錯金鳥篆銘文 6 字。

【銘文釋文】王子玖（于）之用戈。

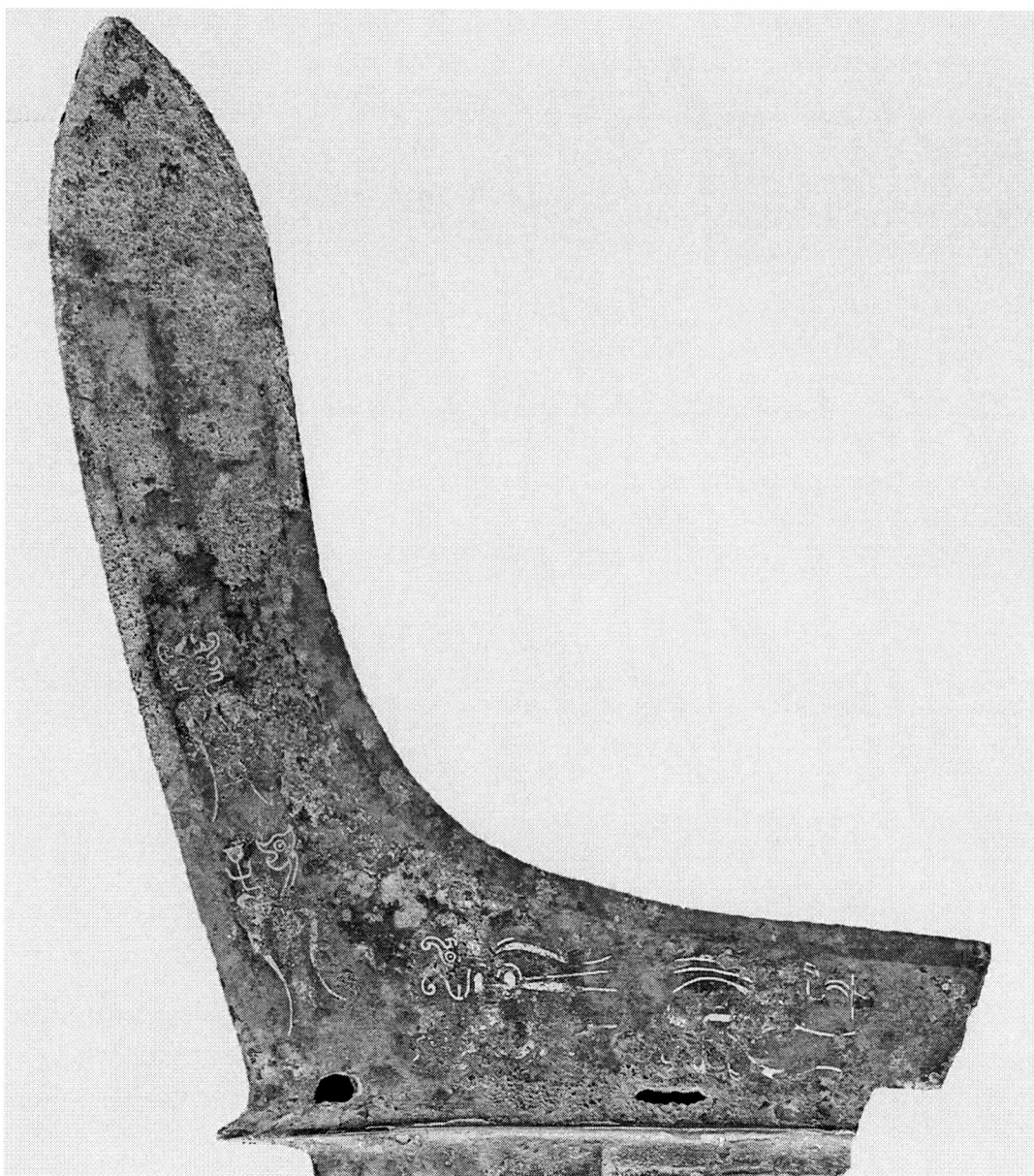

1154. 王子要戟

【時　　代】春秋晚期。

【收　藏　者】某收藏家。

【形制紋飾】直援尖鋒，中脊鼓起，中胡較寬，闌側二長穿一小穿，闌下出齒，内上有一橫穿，後部裝飾雙綫鳥首紋。

【著　　録】未著録。

【銘文字數】胡部有銘文 6 字。

【銘文釋文】王子要之行鍴（戟）。

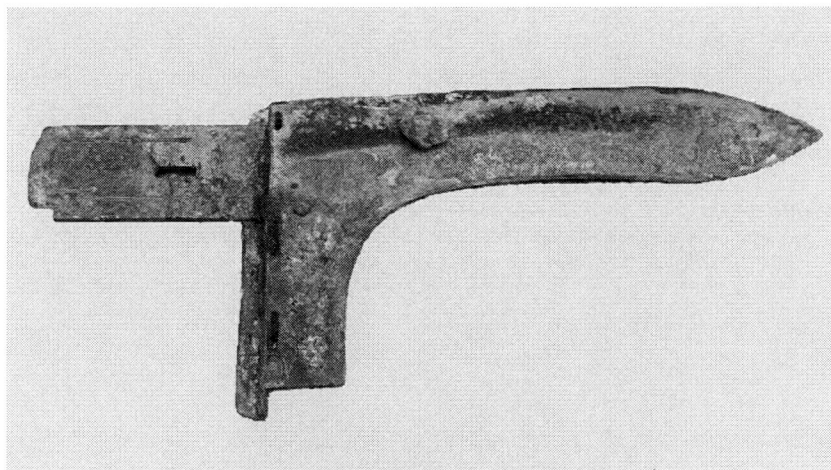

（放大）

1155. 楚子黑臀戈

【時　　代】春秋晚期。

【出土時地】2014 年 11 月出現在北京。

【收　藏　者】某收藏家。

【形制紋飾】直援上揚,尖鋒,寬胡,闌側二長穿一小穿,長方形内,上有一橫穿。

【著　　錄】未著錄。

【銘文字數】胡部鑄銘文 6 字。

【銘文釋文】楚子黑臀之用。

1156. 楚子壽戈

【時　　代】春秋晚期。

【收　藏　者】河南漯河市飛諾藝術品工作室。

【尺　　度】通長 25.6、援長 18.5、內長 7.1、闌高 10.4 釐米。

【形制紋飾】直援三角鋒,脊綫明顯,中胡,闌側二長穿一小穿,闌下出齒,長方形內,上有一橫穿。

【著　　録】飛諾 24 頁楚 1。

【銘文字數】內的正面刻銘文,殘存 5 字。

【銘文釋文】楚子㝬(壽)爲其……

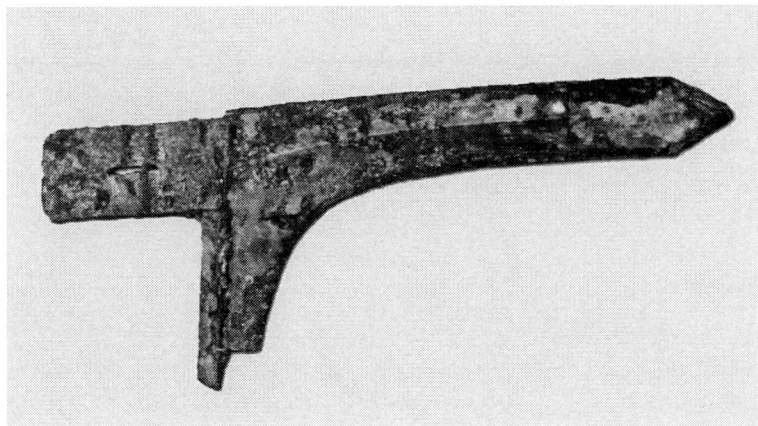

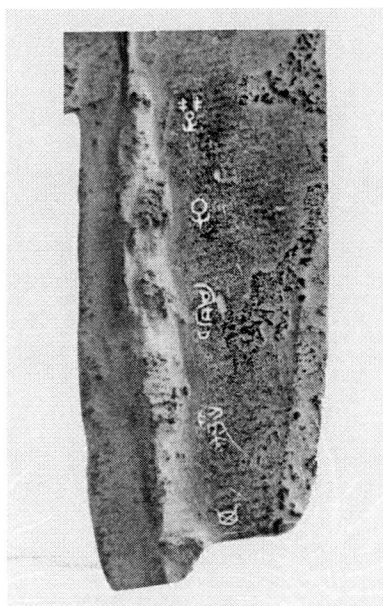

1157. 曾子虡戈

【時　　代】春秋晚期。

【出土時地】2013年1月湖北隨州市曾都區東城文峰塔墓地（M34.12）。

【收　藏　者】湖北省文物考古研究所。

【形制紋飾】直援尖鋒，鋒尖殘斷，援的前部略顯肥大，中脊稍偏上，中胡較寬，闌側二
　　　　　　長穿一小穿，長方形内，内上有一橫穿。

【著　　錄】考古2014年7期30頁圖39。

【銘文字數】胡正面鑄銘文6字。

【銘文釋文】曾子虡之用戈。

1158. 曾子斿戟

【時　　代】春秋晚期。

【出土時地】2013 年 1 月湖北隨州市曾都區東城文峰塔墓地（M35.23）。

【收　藏　者】湖北省文物考古研究所。

【形制紋飾】直援較長，前鋒尖銳，中脊偏上，中胡較寬，闌側二長穿一小穿，闌下出
　　　　　　齒，長方形內，內上有一橫穿。矛刺呈葉形，長骹，圓筒形銎，上細下粗。

【著　　錄】考古 2014 年 7 期 30 頁圖 39。

【銘文字數】胡正面鑄銘文 6 字。

【銘文釋文】曾子斿之用戠（戟）。

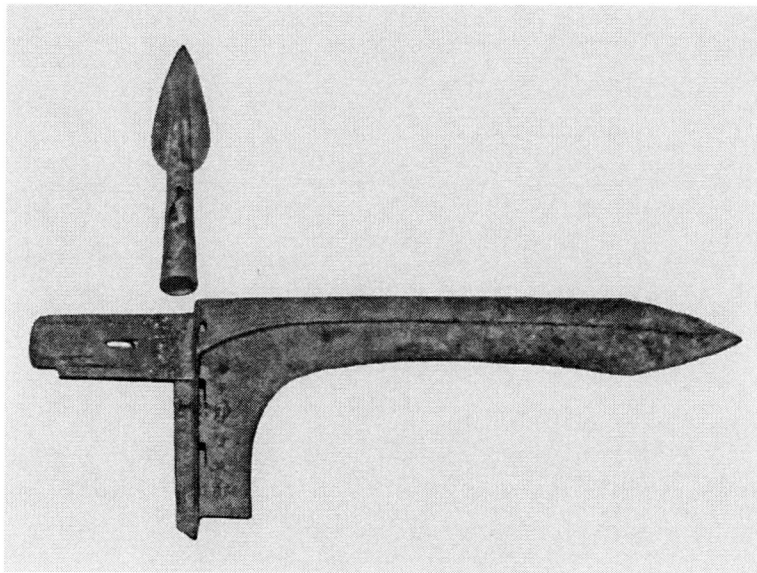

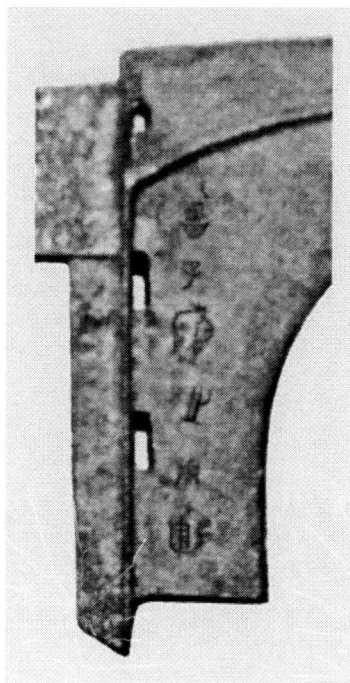

1159. 王孫冡戈

【時　　代】春秋晚期・楚。

【收　藏　者】香港某收藏家。

【形制紋飾】直援尖鋒，中長胡，
　　　　　　闌側二長穿一小穿，
　　　　　　闌下出齒，內上有一
　　　　　　圓孔。

【著　　錄】蟲書增圖 320。

【銘文字數】援、胡有鳥篆銘文
　　　　　　6 字。

【銘文釋文】王孫冡（蒙）之用戈。

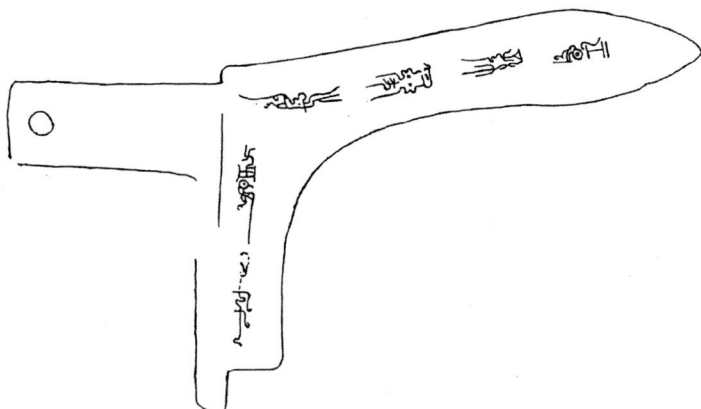

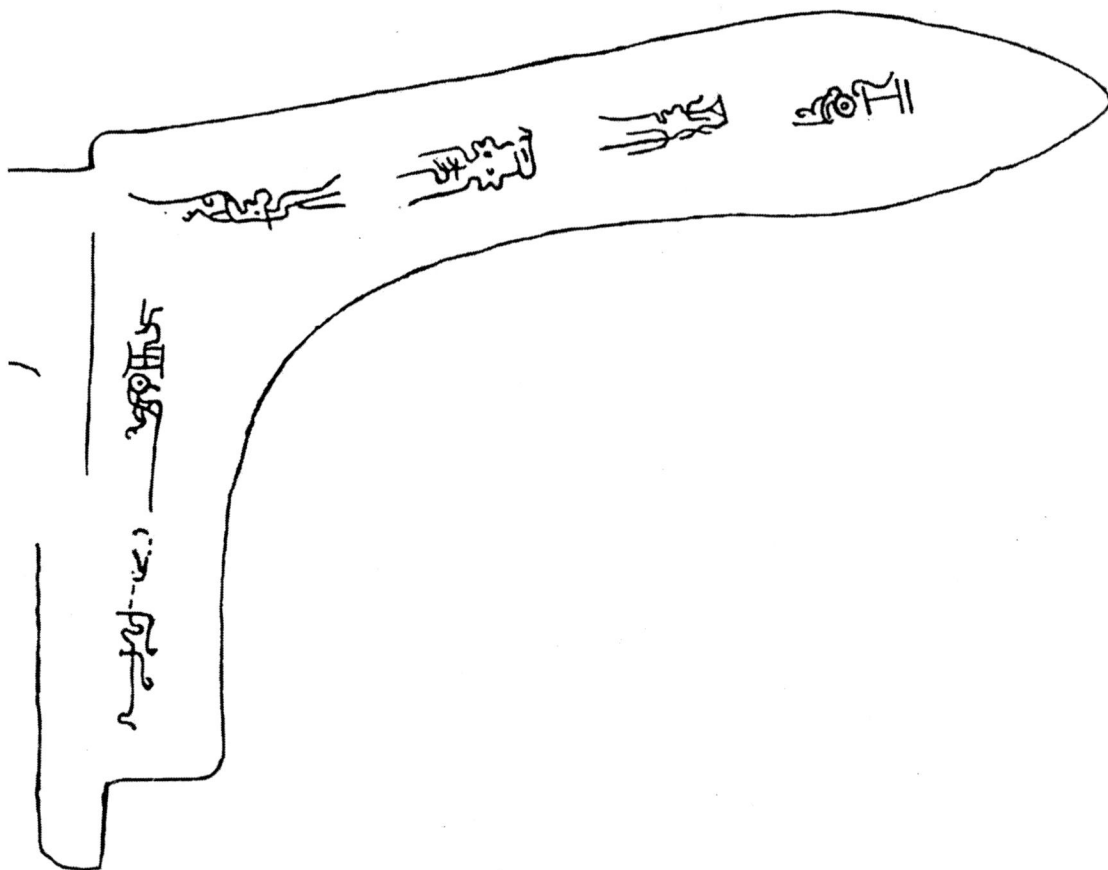

1160. 應侯啟戟

【時　　代】春秋晚期。

【出土時地】2003 年河南平頂山市新華區滍陽鎮應國墓地 321 號墓。

【收　藏　者】平頂山博物館。

【形制紋飾】窄直援，前鋒尖銳，長胡，闌側三長穿一小穿，闌下出齒，長方形內，上有
　　　　　　一橫穿和一圓孔。

【著　　録】蟲書增圖 356。

【銘文字數】胡部鑄鳥篆銘文 6 字。

【銘文釋文】雁（應）厌（侯）啟之用戠（戟）。

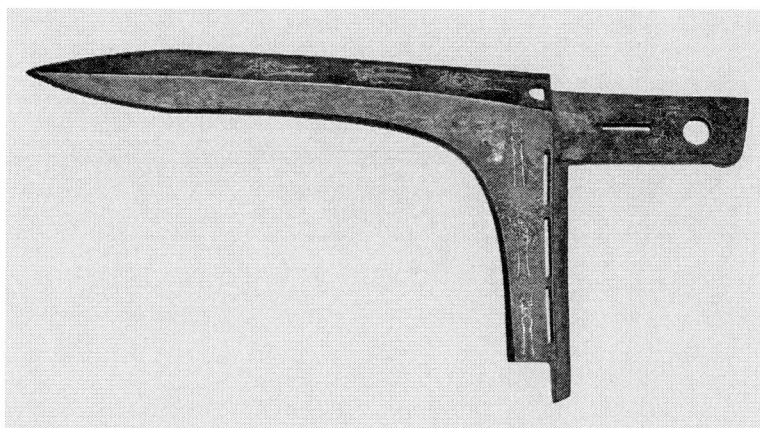

1161. 蔡侯朔戟

【時　　　代】春秋晚期。

【出土時地】2008年春天浙江紹興。

【收　藏　者】某收藏家。

【尺　　　度】通長2、高11釐米。

【形制紋飾】直援狹長,前鋒尖銳,中胡有脊,胡部較寬,闌下出齒,闌側二長穿,長方
形內,上有一橫穿,飾雙綫鳥首紋。

【著　　　録】考古會(14)曹文圖3。

【銘文字數】援後部及胡部有錯金鳥篆銘文6字。

【銘文釋文】市(蔡)厌(侯)朔之用戠(戟)。

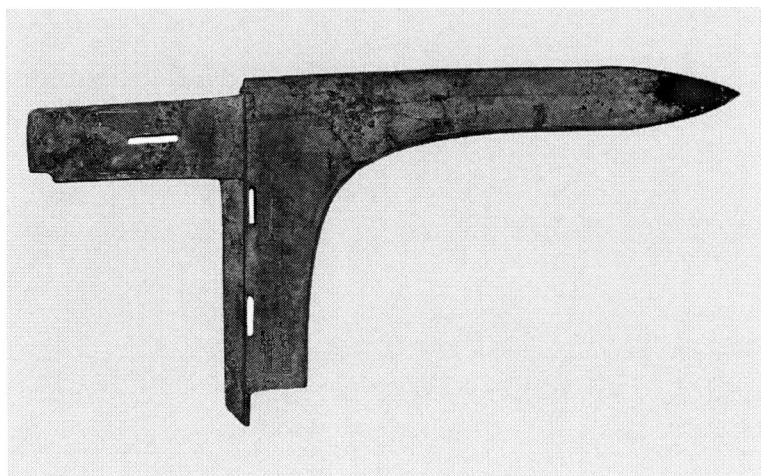

1162. 蔡侯朔戈

【時　　代】春秋晚期。

【出土時地】2012 年 12 月出現在西安。

【收 藏 者】某收藏家。

【尺　　度】通長 20、闌高 11 釐米。

【形制紋飾】直援尖鋒，有脊，長胡，闌側二長穿一小穿，闌下出齒，長方形內，內上有
一橫穿，後部有一圓孔。內兩面飾錯金雙綫鳥頭紋。

【著　　録】未著録。

【銘文字數】胡正面有錯金銘文 6 字。

【銘文釋文】希（蔡）厌（侯）朔之用戈。

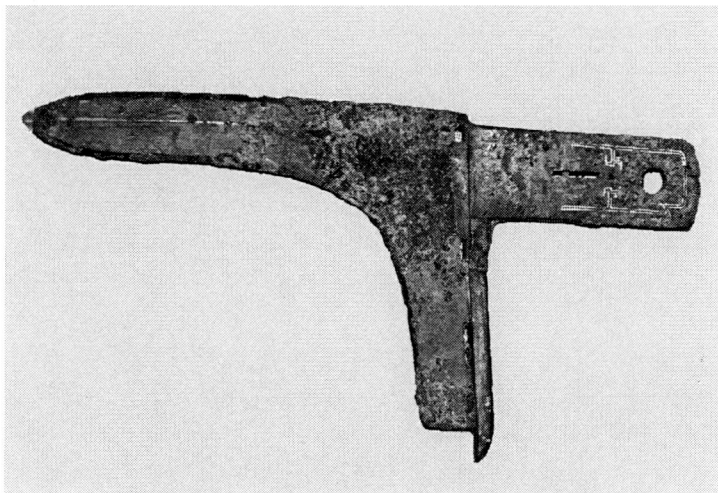

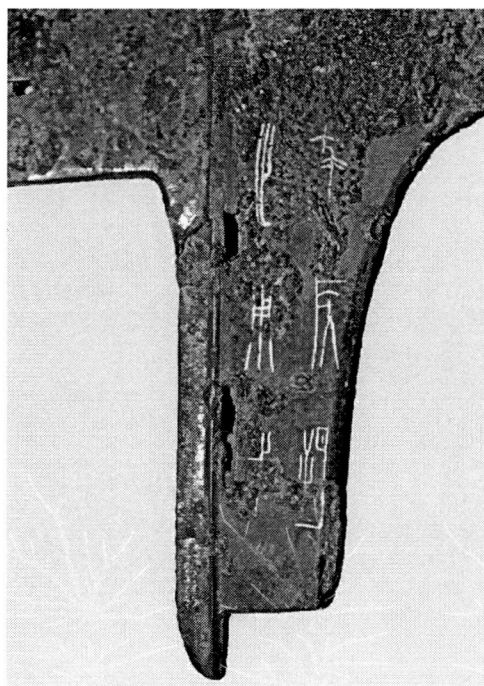

1163. 蔡侯班戈

【時　　代】春秋晚期。
【出土時地】河南南陽市。
【收　藏　者】南阳市文物考古研究所。
【形制紋飾】直援，中胡二穿。
【著　　録】考古會（14）曹文圖 1。
【銘文字數】胡部有錯金銘文 6 字。
【銘文釋文】希（蔡）庚（侯）班之用戈。
【備　　注】圖像未公布。

1164. 蔡侯▨戈（蔡侯申用戈）

【時　　代】春秋晚期。
【出土時地】1955 年 5 月安徽壽縣西門內春秋蔡侯墓。
【收　藏　者】安徽博物院。
【尺　　度】通長 22、闌高 10 釐米。
【形制紋飾】直援尖鋒，中胡較寬，闌側三穿，長方形内，内上一橫穿。
【著　　録】安徽銘文 247 頁圖 181.2。
【銘文字數】胡上鑄銘文 6 字。
【銘文釋文】［希（蔡）］庚（侯）▨（申）［之］用戈。

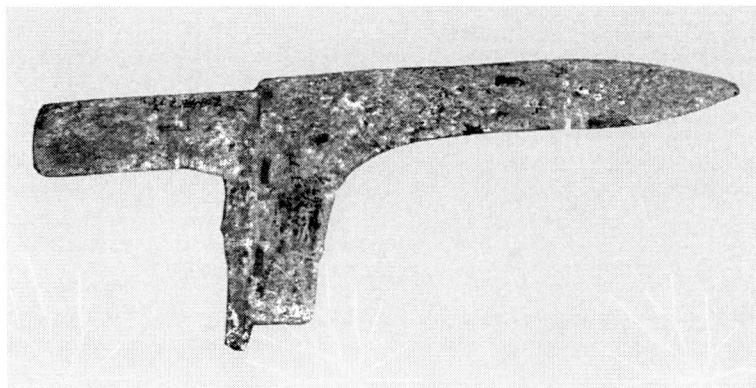

1165. 蔡侯𦙦戈(蔡侯申用戈)

【時　　代】春秋晚期。

【收 藏 者】臺灣某收藏家。

【形制紋飾】直援尖鋒,中胡二
穿,内上一橫穿一圓
孔,内後端圓角,裝
飾雙綫紋。附有圓
雕立鳥柲冒。

【著　　録】雪齋(二)18,鳥蟲
書增圖255。

【銘文字數】胡正面鑄銘文6字。

【銘文釋文】希(蔡)　厌(侯)　𦙦
(申)之用戈。

1166. 蔡侯產戈甲

【時　　代】戰國早期。

【出土時地】二十世紀九十年
代浙江紹興地區。

【收 藏 者】紹興市越文化博
物館。

【尺　　度】通長 20.2、援長
13.7、內長 6.5、寬
2.4 釐米。

【形制紋飾】直援尖鋒，脊綫偏
上，中長胡，闌側二長穿一小穿，闌下出齒，內上一橫穿一圓孔，內後端圓
角，裝飾雙綫鳥頭紋。

【著　　録】鳥蟲書增圖 258。

【銘文字數】胡正面鑄銘文 6 字。

【銘文釋文】希（蔡）厌（侯）產之用戈。

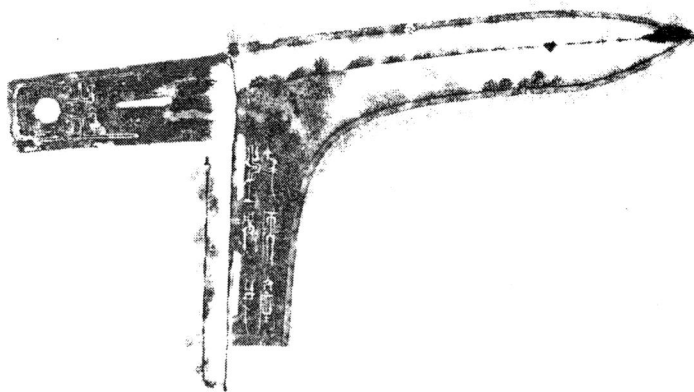

1167. 蔡侯產戈乙

【時　　代】戰國早期。

【出土時地】二十世紀九十年
　　　　　　代浙江紹興地區。

【收　藏　者】紹興市越文化博
　　　　　　物館。

【尺　　度】通長 20.2、援長
　　　　　　13.7、內長 6.5、寬
　　　　　　2.4 釐米。

【形制紋飾】直援尖鋒，脊綫偏
　　　　　　上，中長胡，闌側二長穿一小穿，闌下出齒，內上一橫穿一圓孔，內後端圓
　　　　　　角。裝飾雙綫鳥頭紋。

【著　　錄】鳥蟲書增圖 259。

【銘文字數】胡正面鑄銘文 6 字。

【銘文釋文】希（蔡）厌（侯）產之用戈。

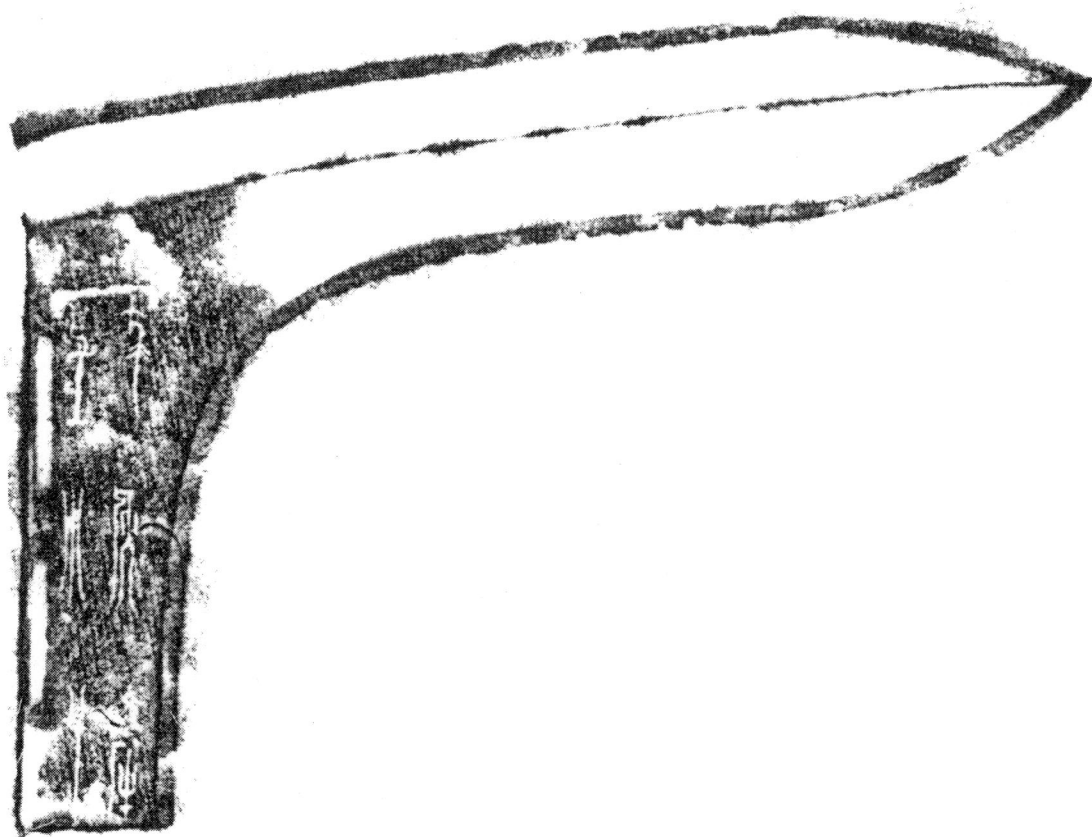

1168. 蔡侯產戈

【時　　代】戰國早期。

【出土時地】安徽壽縣。

【收 藏 者】原藏劉體智，後歸
　　　　　　南京中央博物院，
　　　　　　現藏臺北故宮博
　　　　　　物院。

【形制紋飾】直援尖鋒，脊綫偏
　　　　　　上，長胡，闌側二
　　　　　　長穿一小穿，闌下出齒，內上一橫穿。內部裝飾雙綫鳥首紋及圓渦紋。

【著　　錄】善齋 10.25，鳥蟲書增圖 260。

【銘文字數】胡正面鑄銘文 6 字。

【銘文釋文】希（蔡）厌（侯）產之用戈。

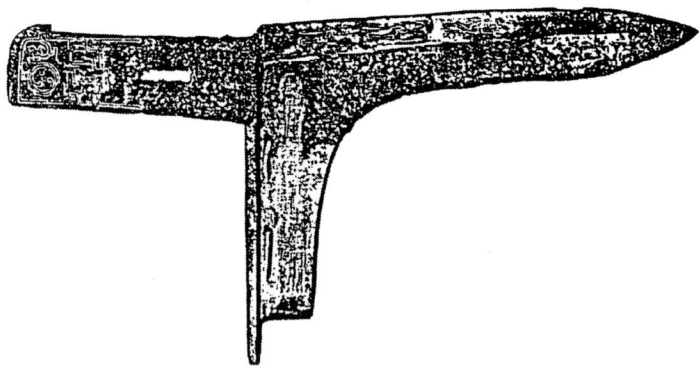

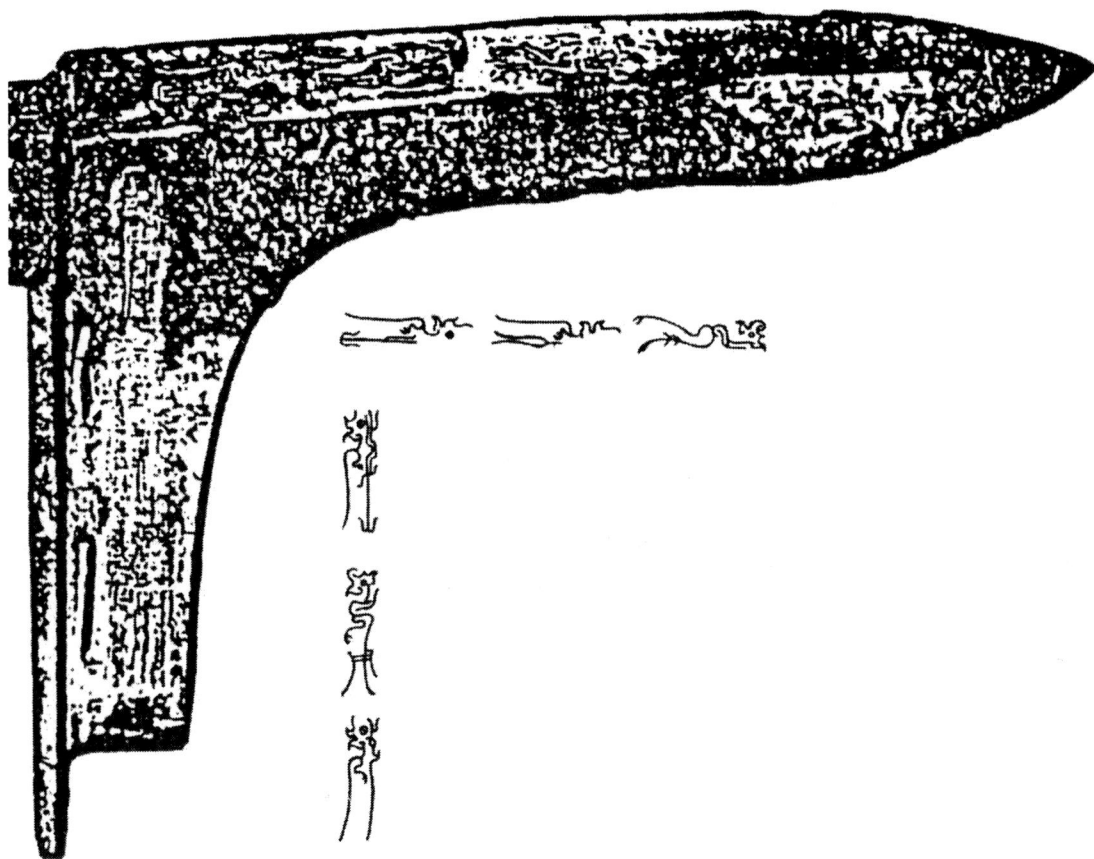

1169. 蔡侯產戟

【時　　代】戰國早期。

【出土時地】安徽出土。

【收　藏　者】江蘇徐州市李氏。

【形制紋飾】直援尖鋒,脊綫偏
上,中長胡,闌側
二長穿一小穿,闌
下出齒,内上一橫
穿。後部飾雙綫鳥
首紋及圓渦紋。

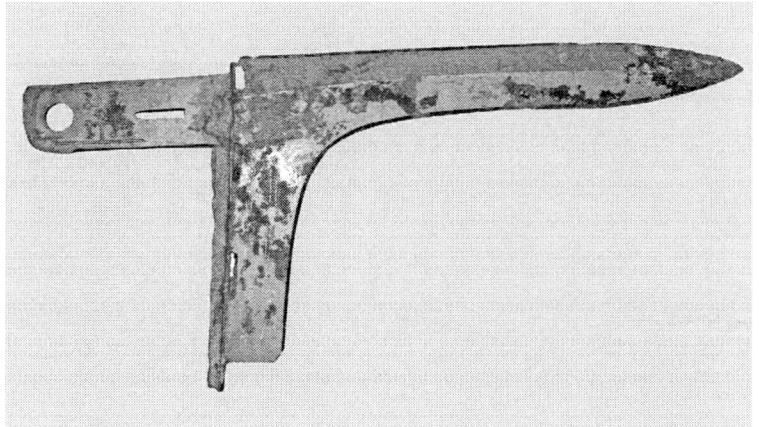

【著　　録】蟲書增圖 261。

【銘文字數】胡部有錯金銘文 6 字。

【銘文釋文】希(蔡)厌(侯)產之用戠(戟)。

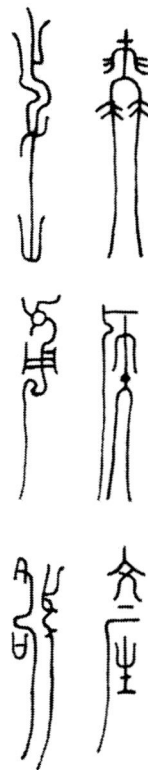

1170. 蔡叔膚敔戟

【時　　代】春秋晚期。

【出土時地】1996 年 1 月安徽壽縣
　　　　　壽春鎮南關村西圈墓
　　　　　地 4 號墓。

【收 藏 者】壽縣博物館。

【尺　　度】第一戈通長 25.2、寬
　　　　　2.4 釐米，第二戈通長
　　　　　17.3、寬 2.8 釐米。

【形制紋飾】這是一件雙戈戟，直援
　　　　　尖鋒，長胡，闌側三穿，
　　　　　闌下出齒，第一戈有長
　　　　　方形內，內上一橫穿一
　　　　　圓孔，第二戈無內。

【著　　錄】安徽銘文 269 頁圖 186.1。

【銘文字數】第一戈援與胡有鳥蟲篆銘文 6 字。

【銘文釋文】宋（蔡）弔（叔）膚敔之行。

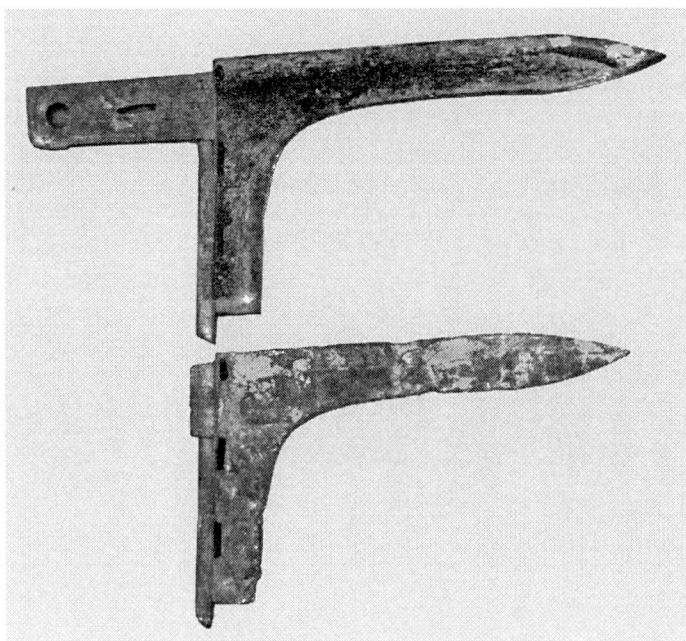

胡部

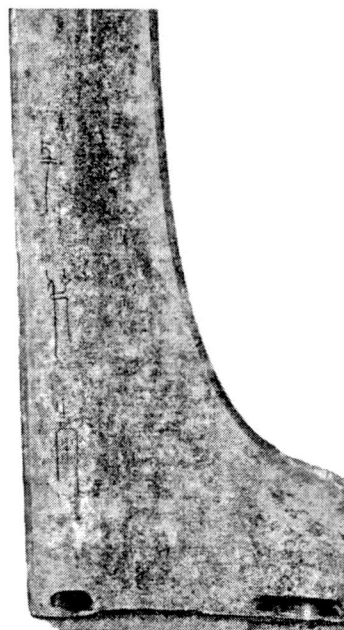

援部

1171. 蔡叔子宴戈

【時　　代】春秋晚期。

【收　藏　者】江蘇徐州市李氏。

【形制紋飾】直援尖鋒,脊綫偏上,中長胡,闌側二長穿一小穿,闌下出齒,內上一橫
　　　　　　穿。後部飾雙綫鳥頭紋及圓渦紋。

【著　　録】蟲書增圖 261。

【銘文字數】胡部有錯金銘文 6 字。

【銘文釋文】𣄰(蔡)弔(叔)子宴之用。

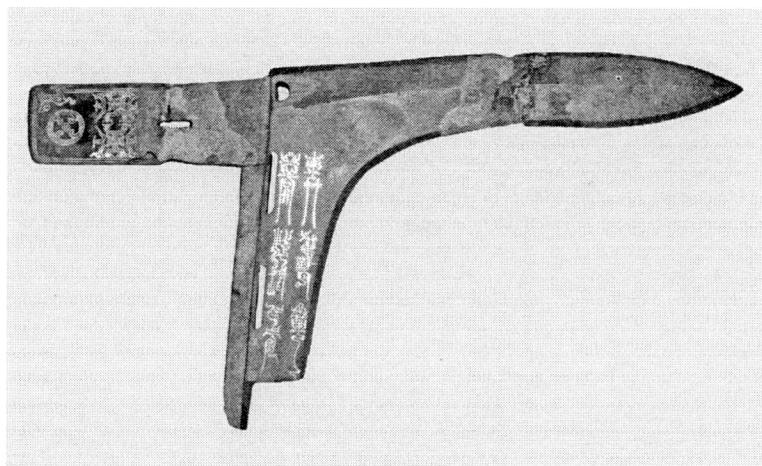

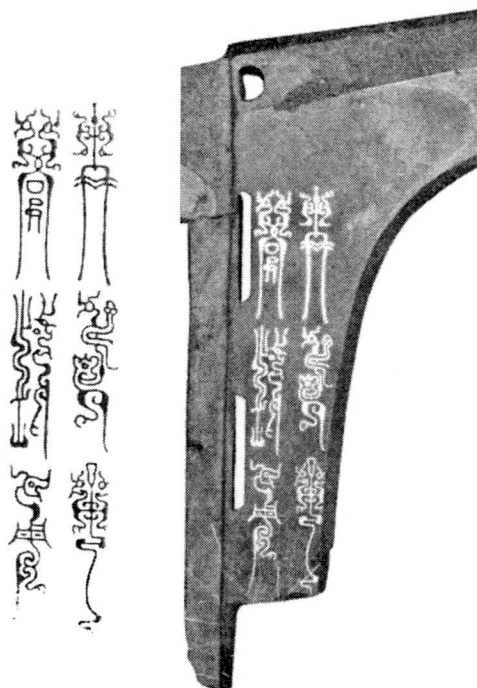

1172. 蔡公子宴戈

【時　　代】春秋晚期。

【收 藏 者】安徽池州市秀山門博物館。

【尺　　度】通長 24、援長 16.4、援中寬 3.1、闌高 10.6、內長 7.6、寬 2.4 釐米。

【形制紋飾】直援尖鋒，有中脊，中胡，闌側二長穿一小穿，長方形內，上有一橫穿。銹蝕較嚴重，一字殘。

【著　　錄】中原文物 2014 年 2 期 64 頁圖一。

【銘文字數】胡部有錯金銘文 6 字，現存 5 字。

【銘文釋文】希（蔡）公［子］宴之用。

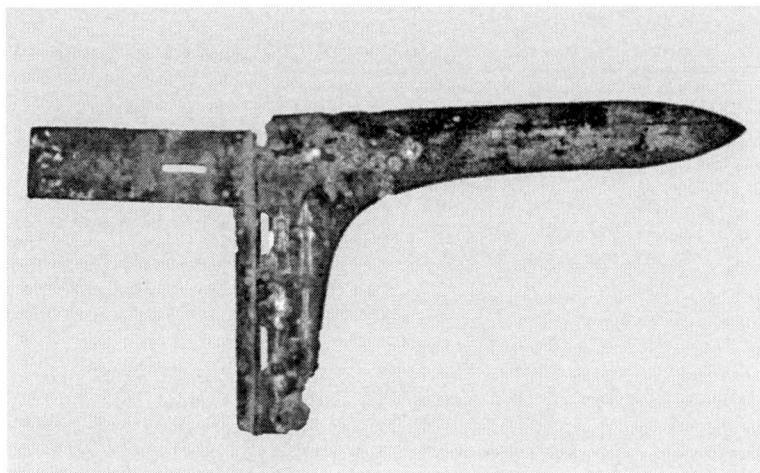

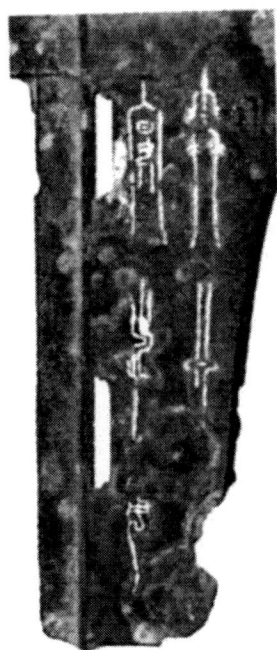

1173. 蔡公子戈

【時　　代】春秋晚期。

【收 藏 者】某收藏家。

【形制紋飾】直援尖鋒,有中脊,長胡,闌側二長穿一小穿,闌下出齒,長方形內,上有一長三角形穿,後部殘斷。

【著　　録】楚金 641 頁補 8。

【銘文字數】胡部一面有銘文 6 字。

【銘文釋文】希(蔡)公子口之用。

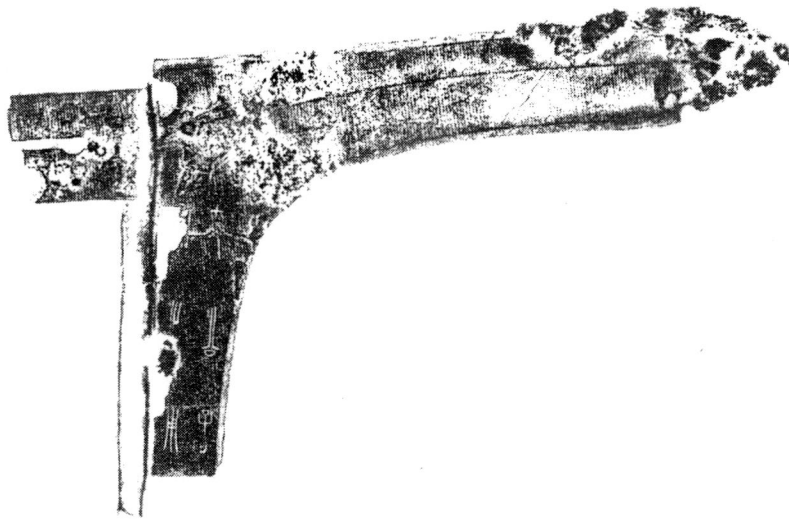

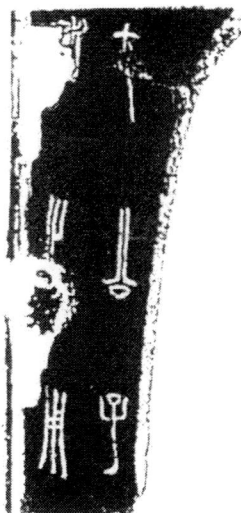

1174. 蔡公子果戈

【時　　代】春秋晚期。

【出土時地】安徽壽縣。

【尺　　度】殘長 17.4、援寬 2、闌高 10.4、內長 7.5、寬 2.2 釐米。

【形制紋飾】窄長援，有中脊，前段殘，長胡，闌側二長穿一小穿，內後部殘。

【著　　錄】安徽金石 16.5.1，安徽銘文 79 頁圖 54.1。

【銘文字數】胡部鑄鳥篆銘文 6 字。

【銘文釋文】希（蔡）公子果之用。

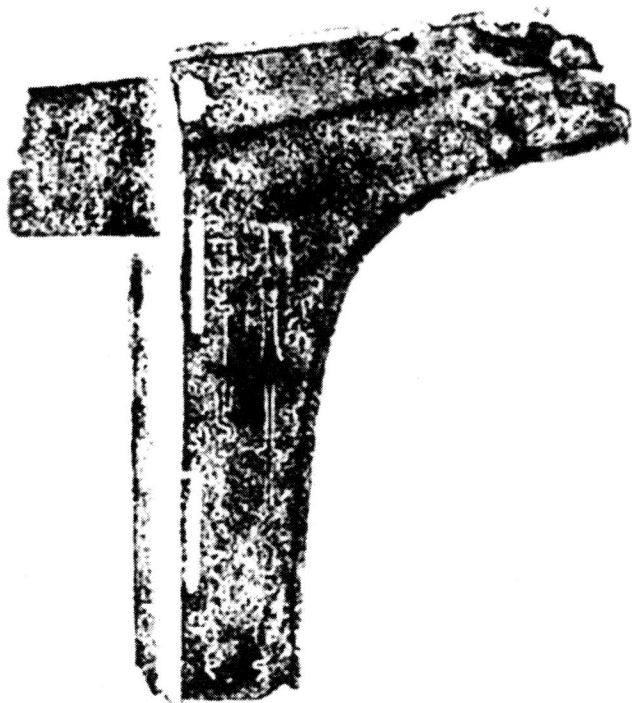

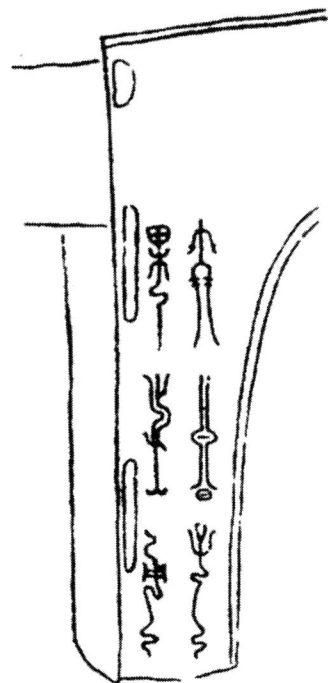

1175. 蔡公子頒戈

【時　　代】春秋晚期。

【出土時地】1991 年 4 月出現於香港古玩市場。

【收 藏 者】某收藏家。

【形制紋飾】直援窄長，中長胡，闌下出齒，闌側二長穿一小穿，長方形内，内上有一圓
　　　　　　孔，飾雙綫鳥首紋。出土時附有回首臥鳥形柲帽，鳥身飾羽鱗紋。

【著　　録】考古會（14）曹文圖 2。

【銘文字數】援後部及胡部有錯金鳥篆銘文 6 字。

【銘文釋文】㠱（蔡）公子頒之用。

【備　　注】圖像未公布。

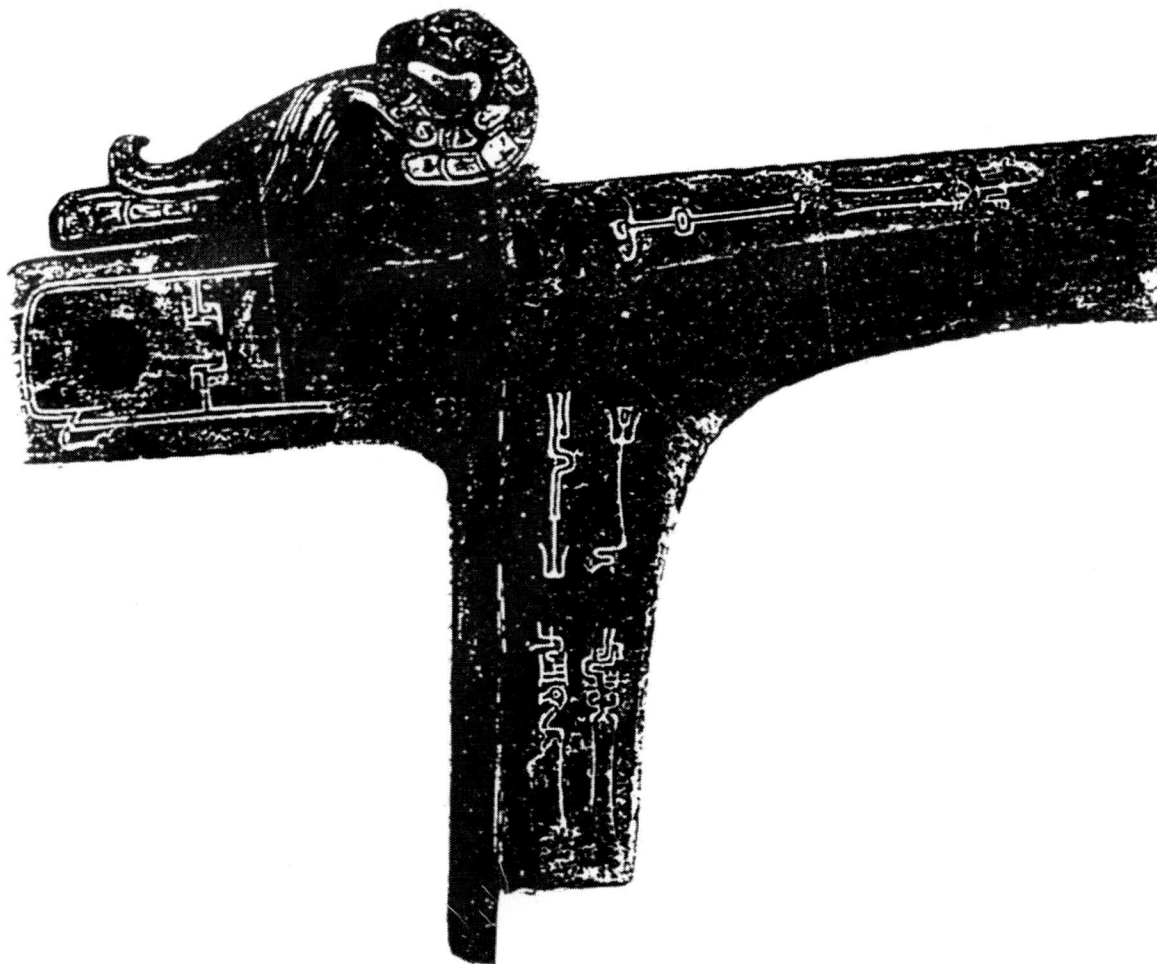

1176. 蔡公子纉戈

【時　　代】戰國中期。

【出土時地】2013 年夏浙江紹興地區。

【收 藏 者】紹興某收藏家。

【形制紋飾】直援尖鋒，援中起脊，中胡，闌側二長穿一小穿，長方形内，上有一橫穿，
下角圓殺。内的後部飾雙綫鳥首紋。

【著　　録】古文字 30 輯 176 頁圖 1、2。

【銘文字數】胡部鑄銘文 6 字。

【銘文釋文】秭（蔡）公子䜌（纉）之用。

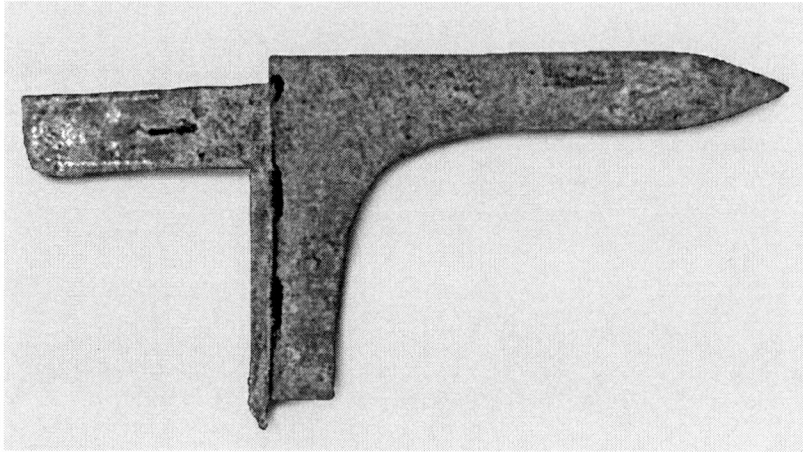

1177. 曾侯吳戈（曾侯㠭戈）

【時　　代】戰國早期。

【收 藏 者】某收藏家。

【形制紋飾】直援尖鋒，中脊明顯，長胡，闌下出齒，闌側三長穿一小穿，內上一窄長穿一圓穿，飾雙綫紋。

【著　　錄】未著錄。

【銘文字數】援部與胡部有錯金鳥篆銘文6字。

【銘文釋文】曾厌（侯）吳（㠭）之用戈。

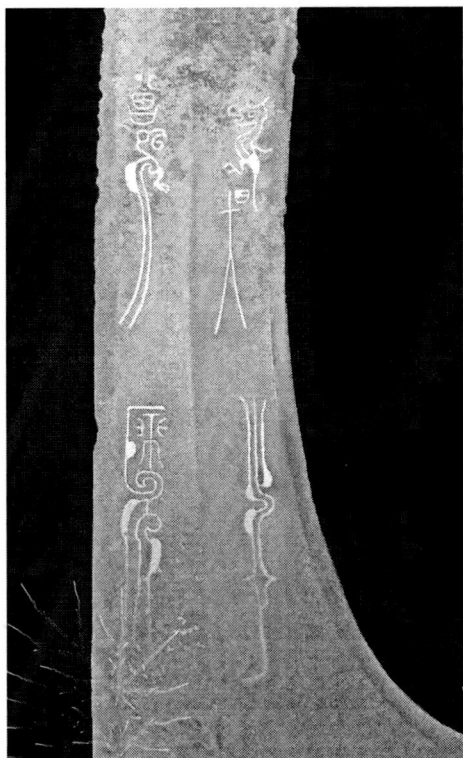

1178. 之用戈

【時　　代】春秋晚期。

【收　藏　者】蘇州博物館。

【尺　　度】通長 23.5、闌高 12.7 釐米。

【形制紋飾】直援上揚,前鋒尖銳,脊部鼓起,中胡,闌下出齒,闌側二長穿一小穿,長方形內,上有一橫穿,後緣圓角。

【著　　錄】吳鈎 26 頁。

【銘文字數】援胡兩面鑄鳥篆銘文 6 字。

【銘文釋文】□□丘□之用。

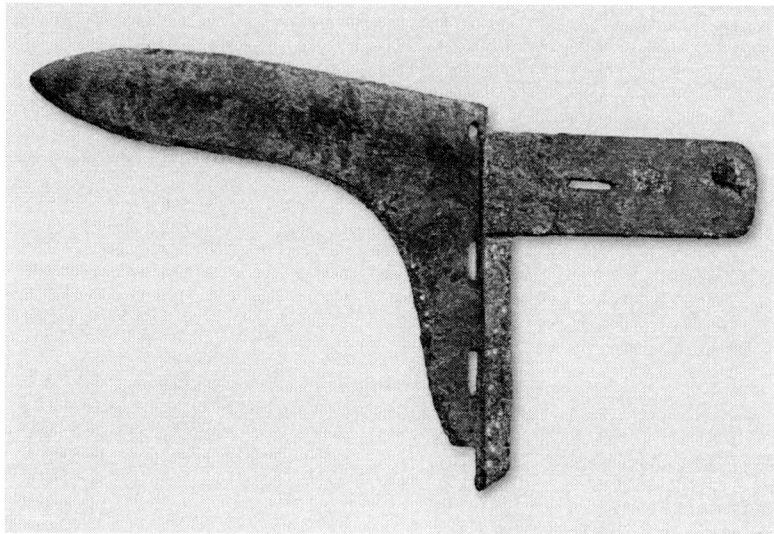

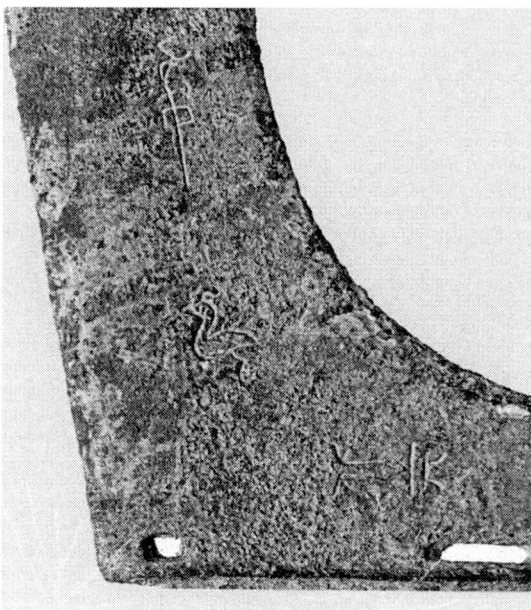

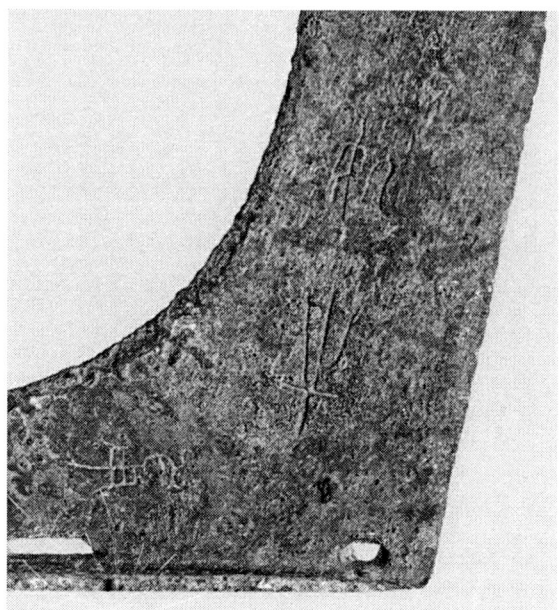

正面　　　　　　　　　　背面

1179. 玄鏐鏽鋁戈（玄翏夫鋁戈）

【時　　代】春秋晚期。

【收　藏　者】某收藏家。

【尺　　度】通長20釐米左右。

【形制紋飾】援上揚，中胡，闌側三
　　　　　　長穿，闌下出齒，內較
　　　　　　長，內上一橫穿。

【著　　錄】未著錄。

【銘文字數】援部和胡部有鳥篆銘
　　　　　　文6字。

【銘文釋文】幺（玄）翏（鏐）夫（鏽）
　　　　　　鋁之用。

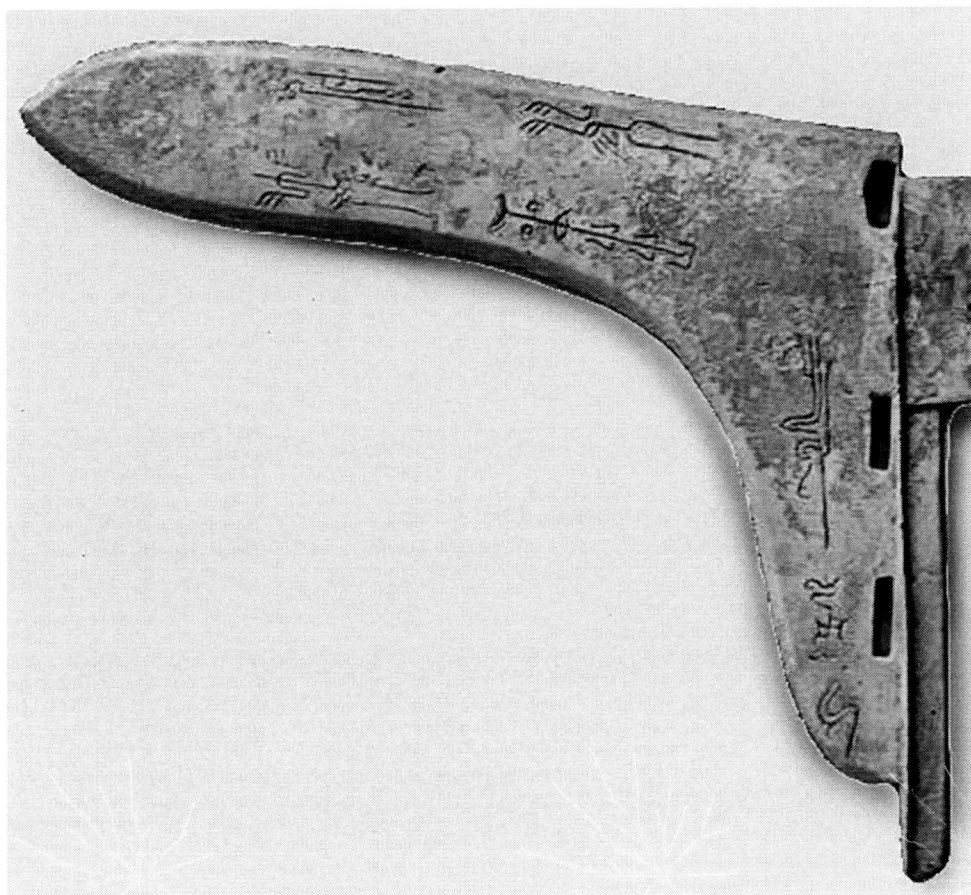

1180. 玄鏐鑄鋁戈（玄翏夫鋁戈）

【時　　代】春秋晚期。

【收 藏 者】某收藏家。

【形制紋飾】直援尖鋒，寬胡，闌側
一小穿三長穿，闌下出
齒，長方形內，前部有
一橫穿，後部飾雙綫鳥
獸紋和圓渦紋。

【著　　録】未著録。

【銘文字數】援部和胡部有鳥篆銘
文 6 字。

【銘文釋文】幺（玄）翏（鏐）夫（鑄）鋁之用。

1181. 玄鏐鐈鋁戈（玄翏夫吕戈）

【時　　代】春秋晚期。

【收 藏 者】河南漯河市飛諾藝術品工作室。

【尺　　度】通長 20.2、援長 12、內長 8.2、闌高 10.8 釐米。

【形制紋飾】直援上揚，援較短，長胡，闌側三長穿一小穿，闌下出齒，長方形內甚長，
上有一橫穿。出土時上帶錯銀鳥形秘帽，下帶戈鐏。

【著　　錄】飛諾 32 頁楚 3。

【銘文字數】援部和胡部有鳥篆銘文 6 字。

【銘文釋文】幺（玄）翏（鏐）夫（鐈）吕（鋁）之用。

援部

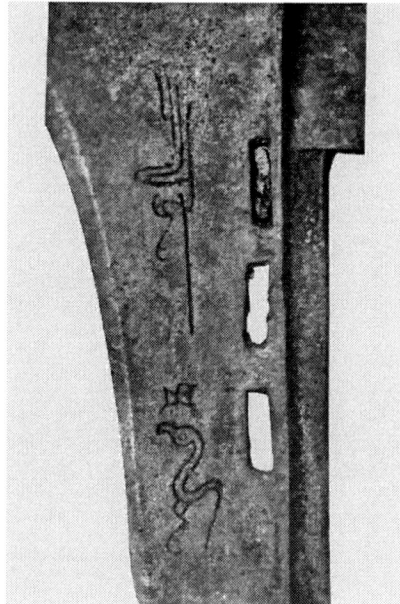

胡部

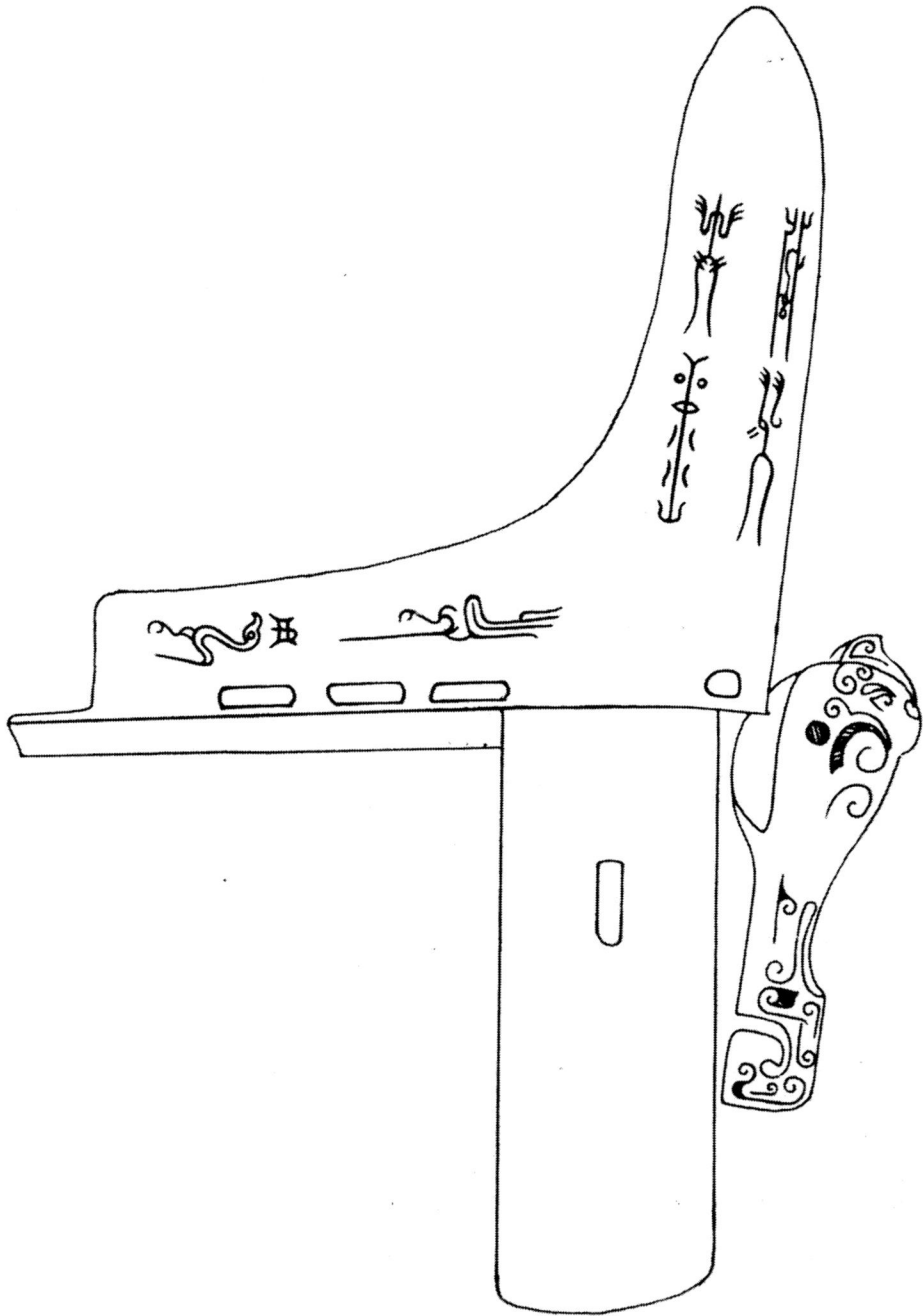

1182. 玄鏐鏽鋁戈（玄翏夫鋁戈）

【時　　代】戰國早期。

【收 藏 者】香港中文大學文
物館。

【形制紋飾】直援上揚，尖鋒
長胡，有中脊，闌
側 三 長 穿 一 小
穿，長方形內，上
有一橫穿。

【著　　錄】楚金661頁補20。

【銘文字數】援部和胡部有鳥
篆銘文6字。

【銘文釋文】玄翏（鏐）夫（鏽）鋁之用。

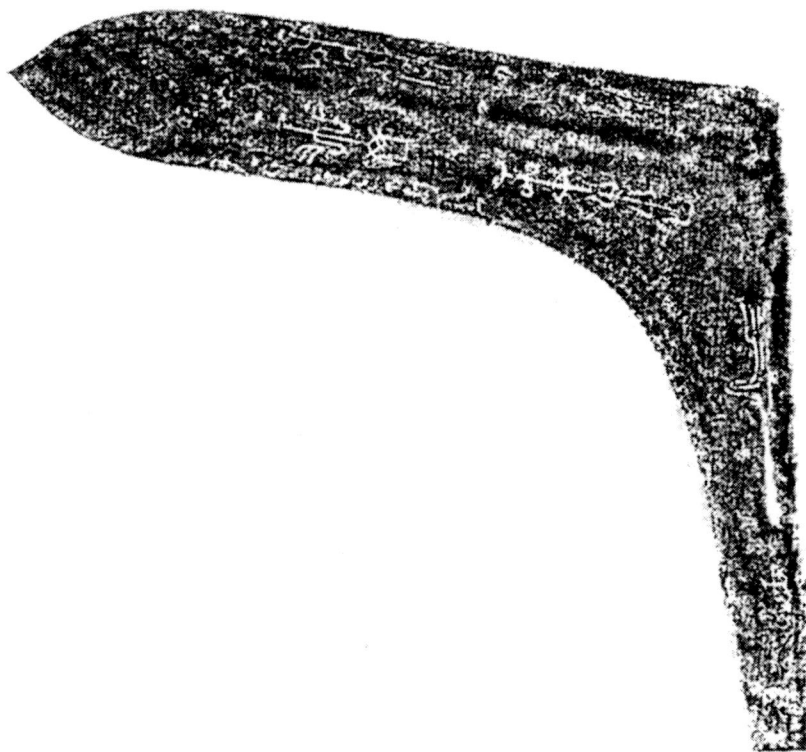

1183. 玄鏐鐯鋁戈（玄翏夫鋁戈）

【時　　　代】春秋晚期。

【收 藏 者】某收藏家。

【尺　　　度】通長 20.3 釐米。

【形制紋飾】直援尖鋒，寬胡，
闌側一小穿三長
穿，長方形內，前
部有一橫穿，穿
後飾圓渦紋及三
角紋。

【著　　　錄】雪齋（二）武陵 17，鳥蟲書增圖 22。

【銘文字數】援部和胡部有鳥蟲書銘文 6 字。

【銘文釋文】幺（玄）翏（鏐）夫（鐯）鋁之用。

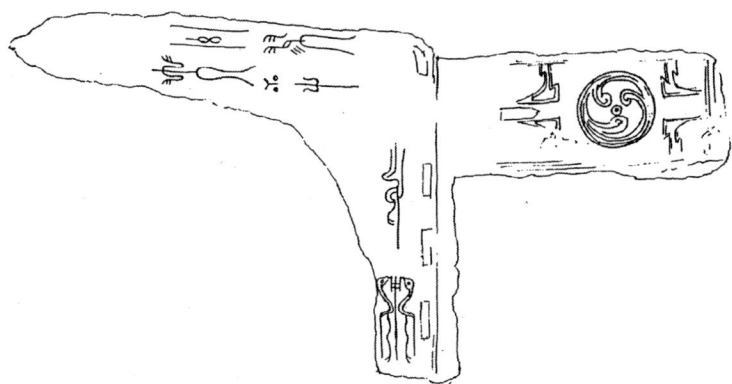

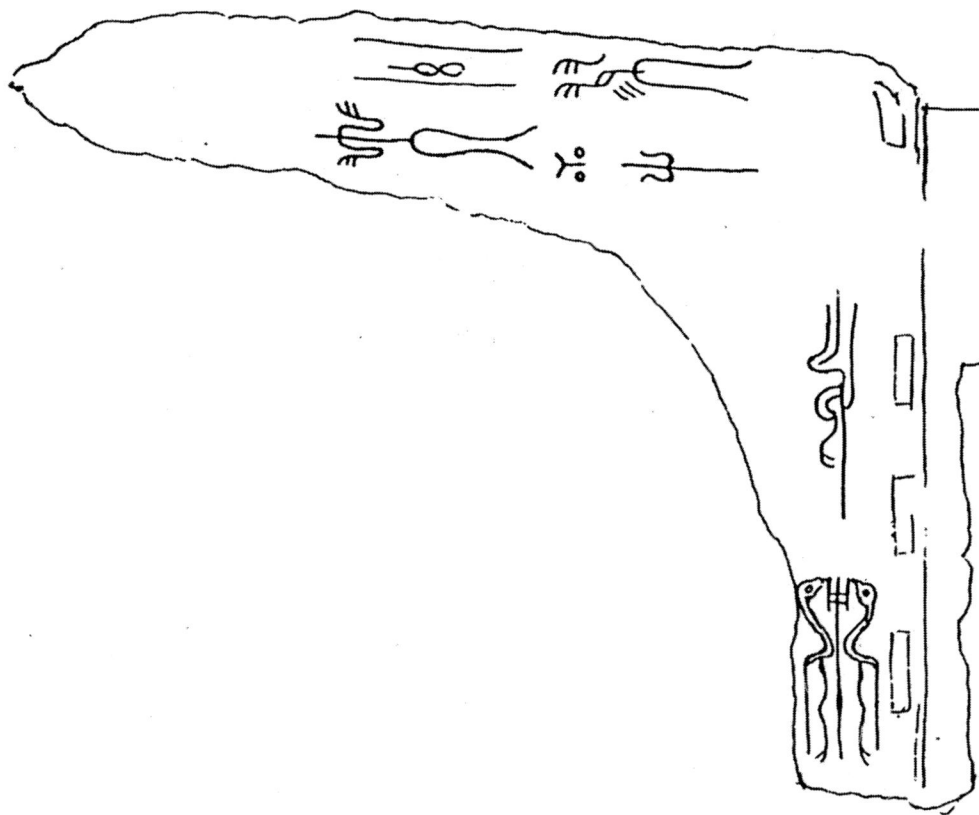

1184. 玄鏐鏽鋁戈（玄翏夫鋁戈）

【時　　代】春秋晚期。

【出土時地】湖南。

【收 藏 者】某收藏家。

【形制紋飾】直援尖鋒，有脊，
長胡，長方形內，
前部有一橫穿。

【著　　錄】鳥蟲書增圖 26。

【銘文字數】援部和胡部有鳥
蟲書銘文 6 字。

【銘文釋文】幺（玄）翏（鏐）夫（鏽）鋁之用。

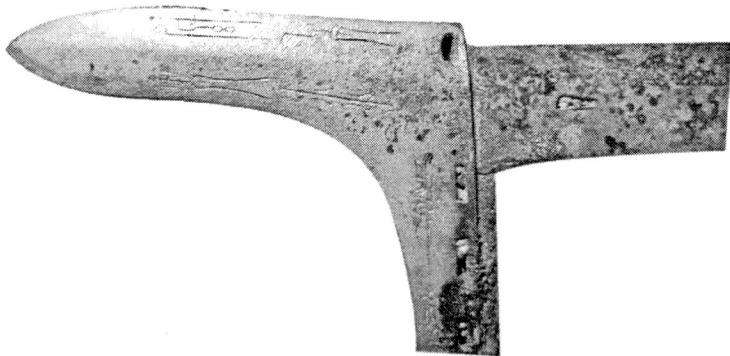

1185. 玄鏐鐠鋁戈（玄翏夫鋁戈）

【時　　代】春秋晚期。

【出土時地】湖南。

【收　藏　者】某收藏家。

【形制紋飾】直援尖鋒，援脊偏
上，中胡，闌側二
長穿一小穿，內較
長，前部有一橫
穿，胡下部殘。

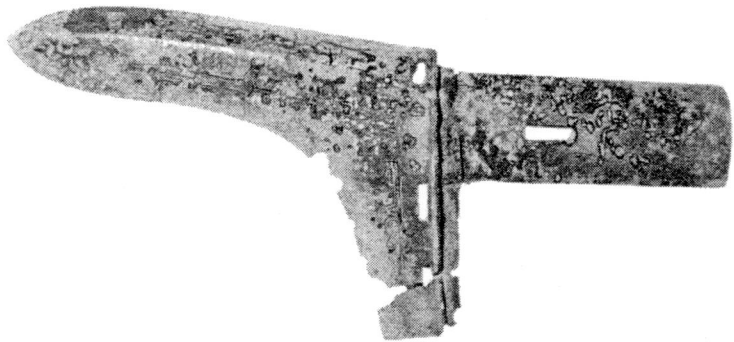

【著　　錄】鳥蟲書增圖 27。

【銘文字數】援部和胡部有鳥蟲書銘文 6 字。

【銘文釋文】幺（玄）翏（鏐）夫（鐠）鋁之用。

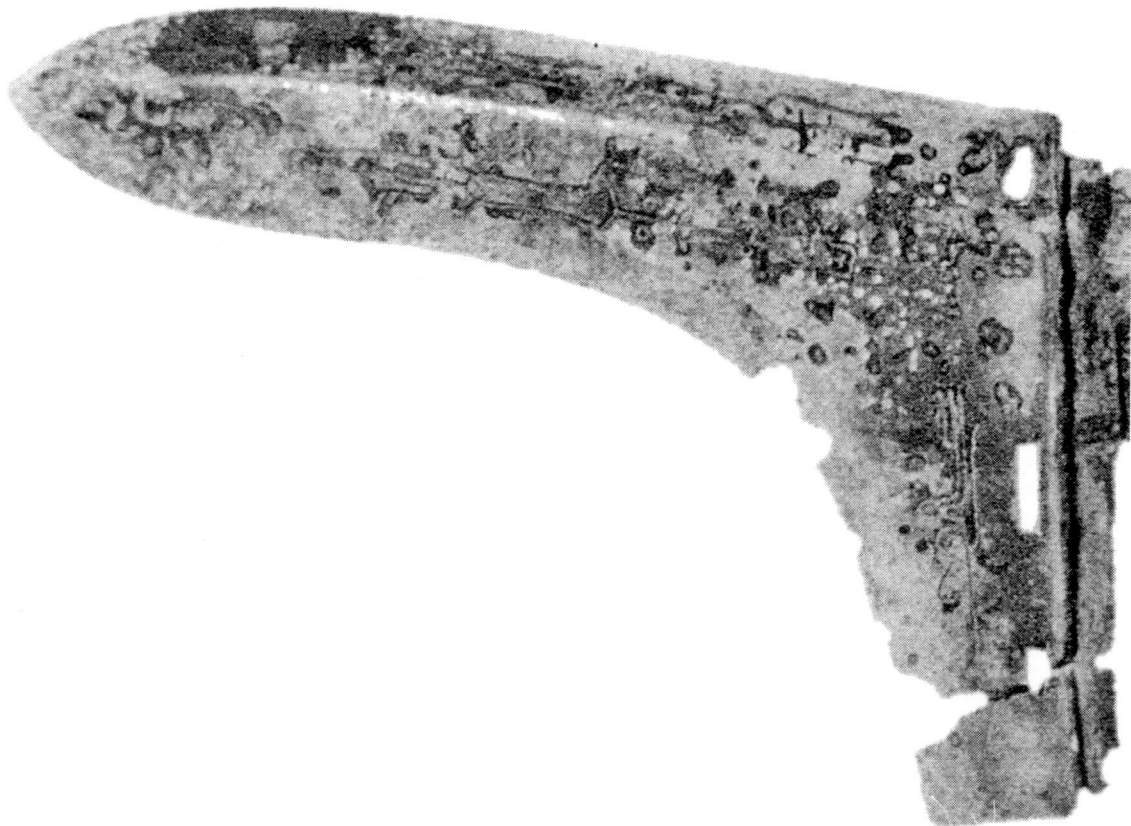

1186. 玄鏐鐈鋁戈（玄翏夫鋁戈）

【時　　代】春秋晚期。

【出土時地】湖南。

【收　藏　者】某收藏家。

【形制紋飾】直援尖鋒，無
　　　　　　脊，中胡，闌側
　　　　　　三穿，闌下出
　　　　　　齒，內較長，前
　　　　　　端有一橫穿。

【著　　録】鳥蟲書增圖28。

【銘文字數】援部和胡部有
　　　　　　鳥蟲書銘文6字。

【銘文釋文】幺（玄）翏（鏐）夫（鐈）鋁之用。

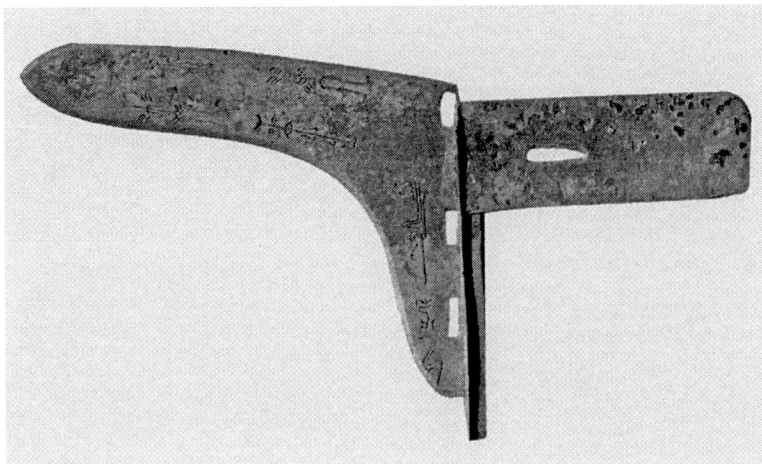

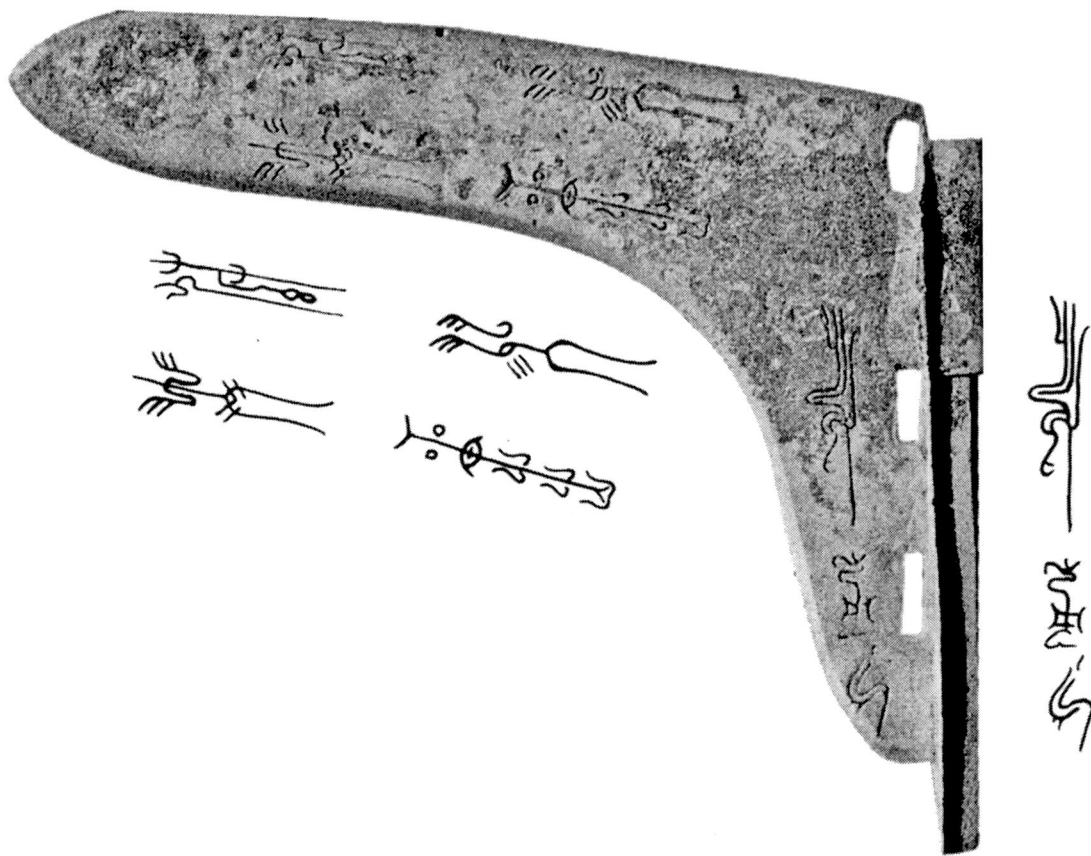

1187. 玄鏐鐈鋁戈（玄翏夫呂戈）

【時　　代】春秋晚期。

【收 藏 者】某收藏家。

【尺度重量】通長 28 釐米。

【形制紋飾】直援上揚，前鋒較圓，脊部鼓起，長胡，闌側三長穿一小穿，闌下出齒，內
寬長，上有一橫穿。

【著　　錄】未著錄。

【銘文字數】援部和胡部有鳥篆銘文 6 字。

【銘文釋文】幺（玄）翏（鏐）夫（鐈）呂（鋁）之用。

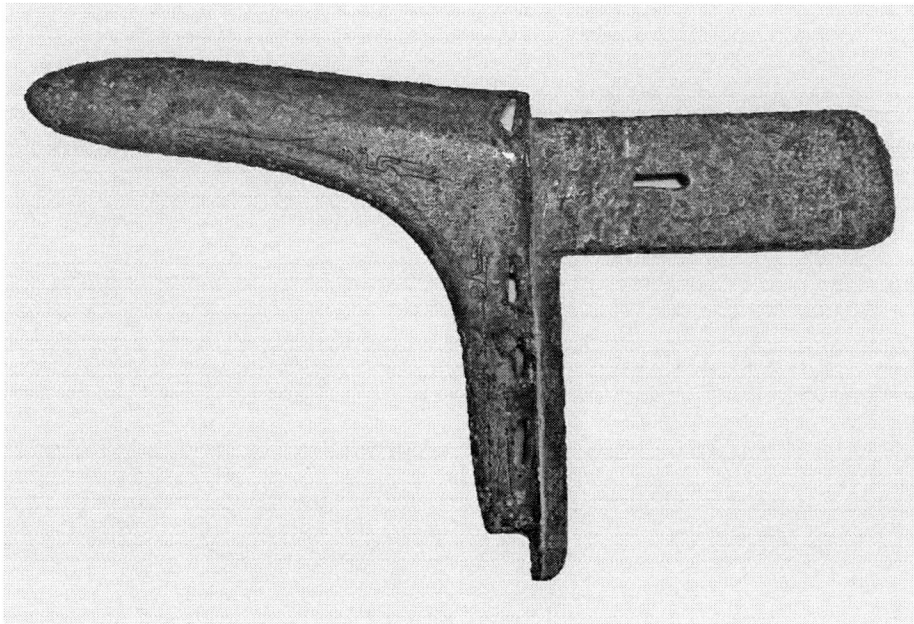

援部

胡部

1188. 滕侯昊戟（滕侯昃戈）

【時　　代】春秋晚期。

【收 藏 者】某收藏家。

【形制紋飾】窄長援,尖鋒微帶弧度,有脊,闌側二長穿一小穿,闌下出齒,長方形内,
　　　　　　中部有一橫穿,後端有斜刃。

【著　　録】未著録。

【銘文字數】援基及胡部的正面鑄銘文 6 字。

【銘文釋文】滕（滕）矦（侯）昊（昃）之醬（酷、造）戟（戟）。

【備　　注】“滕侯昃”即滕隱公。

1189. 玄鏐之玄戈

【時　　代】戰國早期。

【收　藏　者】某收藏家。

【形制紋飾】援上揚，尖鋒，長胡，闌下出齒，闌側三長穿一小穿，長方形內，後角圓殺，內上一橫穿，表面塗金。

【著　　録】未著録。

【銘文字數】援與胡部共有銘文6字。

【銘文釋文】玄翏（鏐）之玄戈用。

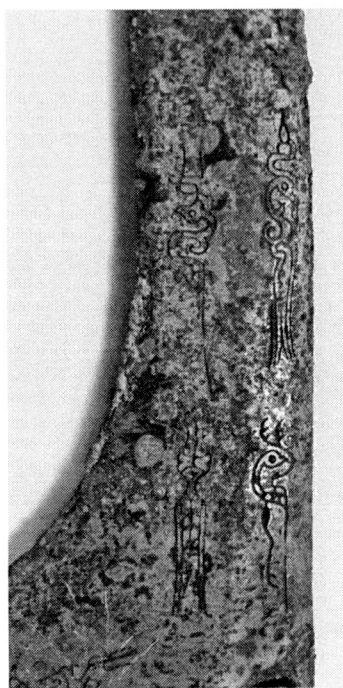　　　　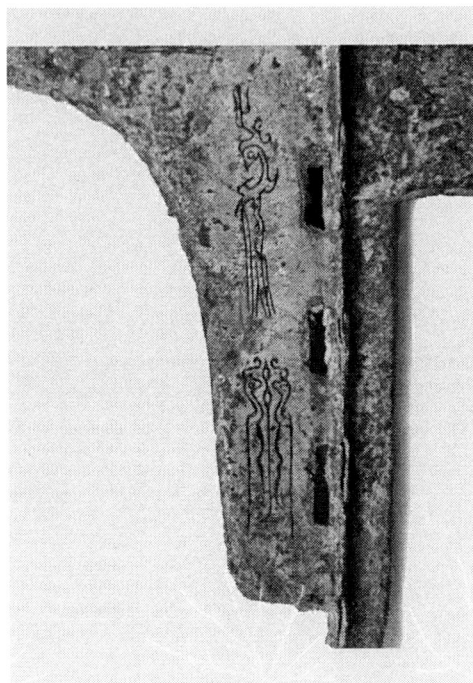

援部　　　　　　　　　　　　　胡部

1190. 西替繡戈

【時　　代】戰國早期。

【收 藏 者】某收藏家。

【形制紋飾】援微上揚,尖鋒,中胡,闌側二長穿一小穿,闌上下出齒,内上有一圓穿,
後緣呈弧形,下角出齒。

【著　　録】未著録。

【銘文字數】胡部鑄銘文 6 字。

【銘文釋文】西替繡之敓(造)戈。

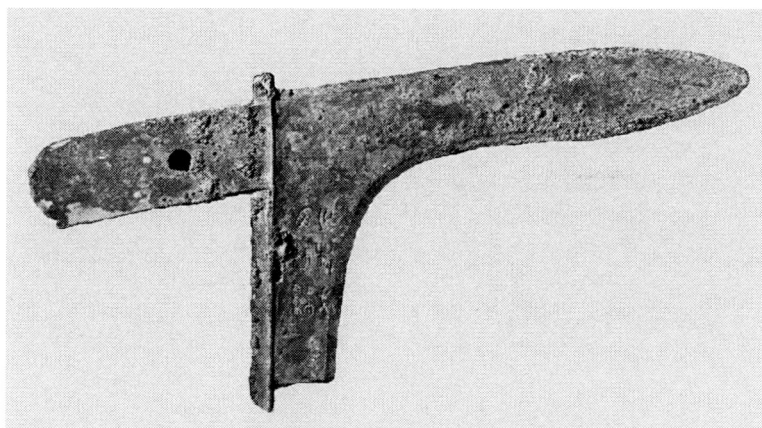

1191. 平阿右僕戈

【時　　　代】戰國中期。

【收　藏　者】某收藏家。

【形制紋飾】直援尖鋒,扁平無脊,中胡,闌側二長穿一小穿,闌下出齒,內上有一橫
穿,後下部有一半圓形缺,後上角作圓弧形。

【著　　　錄】出土文獻 184 頁。

【銘文字數】胡部正面鑄銘文 6 字。

【銘文釋文】平型(阿)右僕造戈。

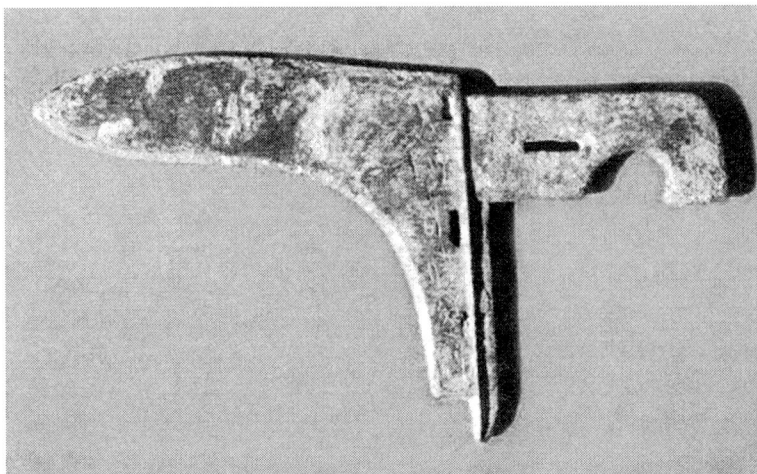

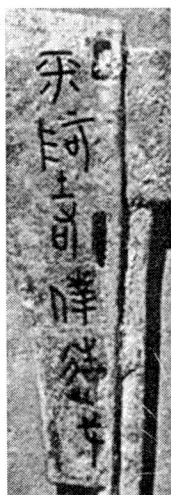

1192. 鄧冢樸戟

【時　　代】戰國時期·楚。
【收　藏　者】湖北某收藏家。
【形制紋飾】直援尖鋒,脊綫偏上,長胡,闌側二長穿一小穿,内上有一橫穿。
【著　　録】蟲書增圖 325。
【銘文字數】胡部有錯金鳥篆銘文 6 字。
【銘文釋文】鄧冢(蒙)躄(樸)之用戠(戟)。

正面　　　　　　　　　　　　　背面

1193. 雍戈(鄉戈)

【時　　代】戰國晚期·魏。
【尺　　度】殘長 4、殘寬 2.2 釐米。
【形制紋飾】僅爲殘段。
【著　　録】小校 10.47.2。
【銘文字數】銘文現存 6 字。
【銘文釋文】十八年,郮(鄉、雍)……左庫……

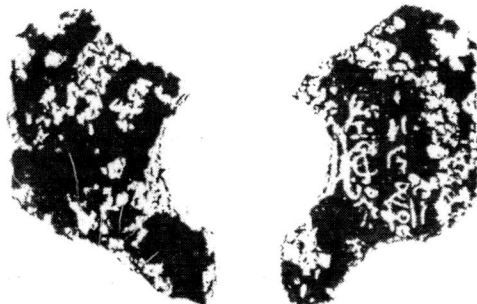

戈、戟

155

1194. 燕王喜戈(郾王喜戈)

【時　　代】戰國晚期。

【收藏者】某收藏家。

【形制紋飾】援微上揚,前部略肥大,尖鋒有脊,長胡上有一子刺,闌側三穿,闌下出
　　　　　齒,内上一横穿,後段三邊有刃,下刃作凹弧形。出土時附有雞首形柲帽。

【著　　録】未著録。

【銘文字數】内部鑄銘文 6 字。

【銘文釋文】郾(燕)王喜惡(愍、授)攻鋸(戳)。

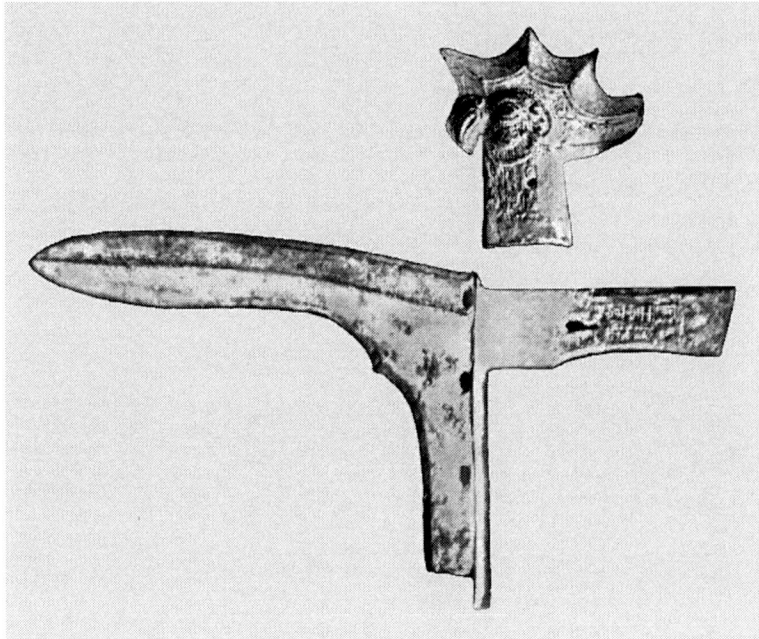

1195. 茲氏中官冢子戈

【時　　代】戰國晚期·趙。

【收 藏 者】某收藏家。

【尺　　度】通長 23.5、闌高 11.5 釐米。

【形制紋飾】直援微上揚，尖鋒平脊，中長胡，闌側有三個半月形穿，闌下出齒，内中部
有一橫穿，後部三邊開刃。

【著　　録】未著録。

【銘文字數】内部刻銘文 6 字（其中合文 1）。

【銘文釋文】壟（茲）氏中官冢子。

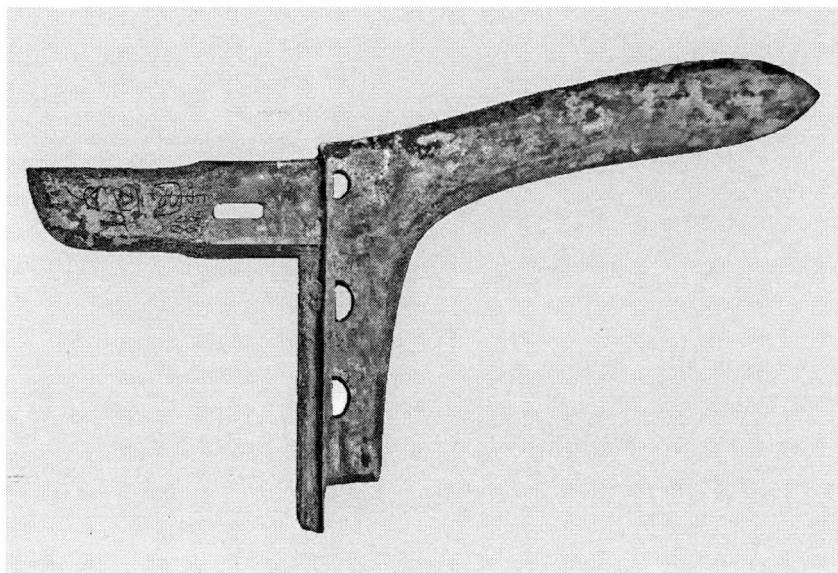

1196. 茲氏中官冢子戈

【時　　代】戰國晚期·趙。

【收　藏　者】河南漯河市飛諾藝術品工作室。

【尺　　度】通長 19.3、援長 12.2、內長 7.1、闌高 11 釐米。

【形制紋飾】直援上揚，尖鋒有脊，長胡三穿，闌下出齒，長方形內，前部有一橫穿。出土時帶有戈鐓。

【著　　錄】飛諾 72 頁晉 6。

【銘文字數】胡部刻銘文 6 字（其中合文 1）。

【銘文釋文】坙（茲）氏中官冢子。

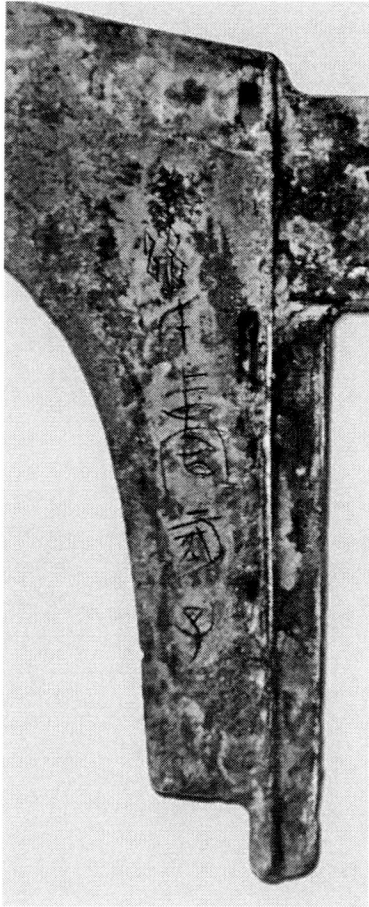

1197. 鄭之公庫戈

【時　　代】春秋早期。

【收　藏　者】某收藏家。

【形制紋飾】直援尖鋒,援較短,中胡,闌側二長穿一小穿,闌下出齒,長方形內,後角
　　　　　　圓殺。

【著　　錄】未著錄。

【銘文字數】內的一面鑄銘文7字。

【銘文釋文】鄭之公庫之實(造)戈。

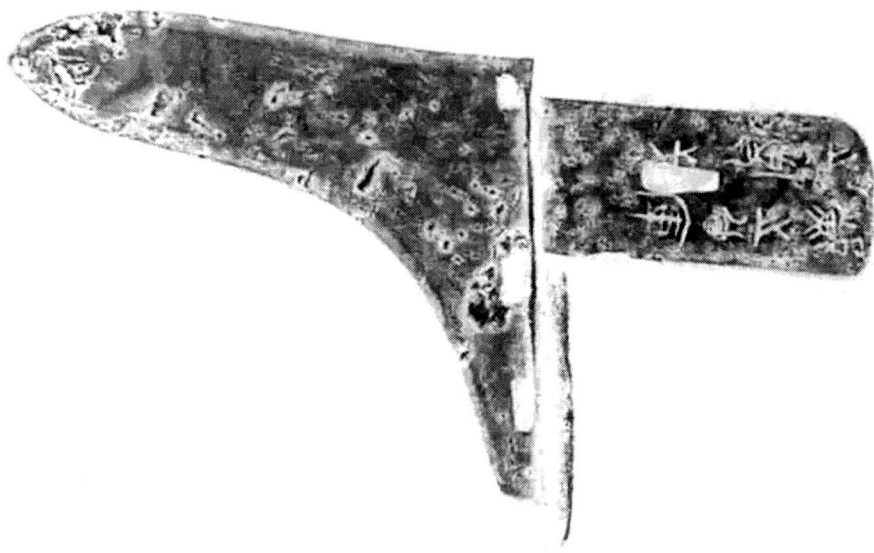

1198. 陳侯戈

【時　　代】春秋晚期。

【出土時地】浙江紹興地區。

【收 藏 者】紹興市古越閣。

【形制紋飾】直援尖鋒，長胡，闌側二長穿一小穿，闌下出齒，長方形内，上有一横穿。

【著　　録】蟲書增圖 355。

【銘文字數】援及胡部有錯金銘文 7 字。

【銘文釋文】敕（陳）厌（侯）口膚用敊（造）用。

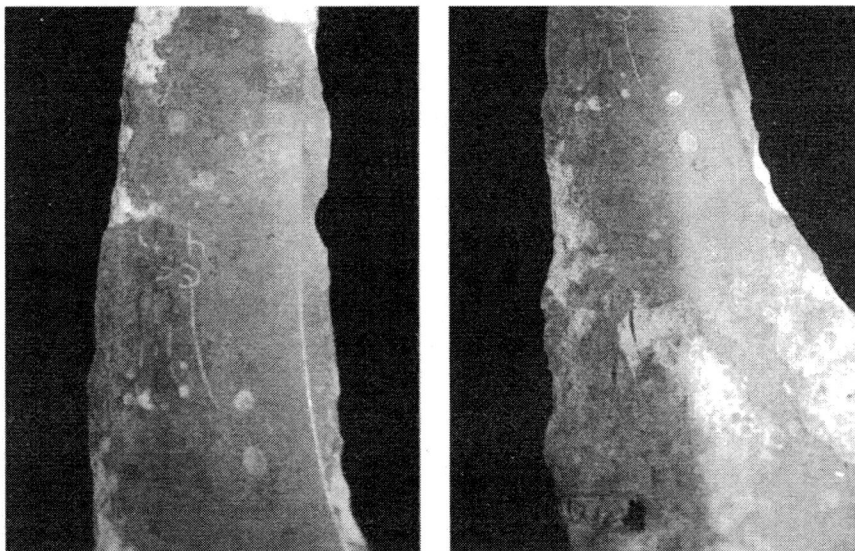

1199. 滕侯夫人戈

【時　　代】春秋晚期。

【收 藏 者】某收藏家。

【形制紋飾】窄長援，微帶弧度，有中脊，前鋒尖鋭，胡窄長，闌側二長穿一小穿，内甚長，上有一横穿。

【著　　録】未著録。

【銘文字數】援及胡部鑄銘文 7 字。

【銘文釋文】䲒（滕）医（侯）夫人妖之䑠（造）。

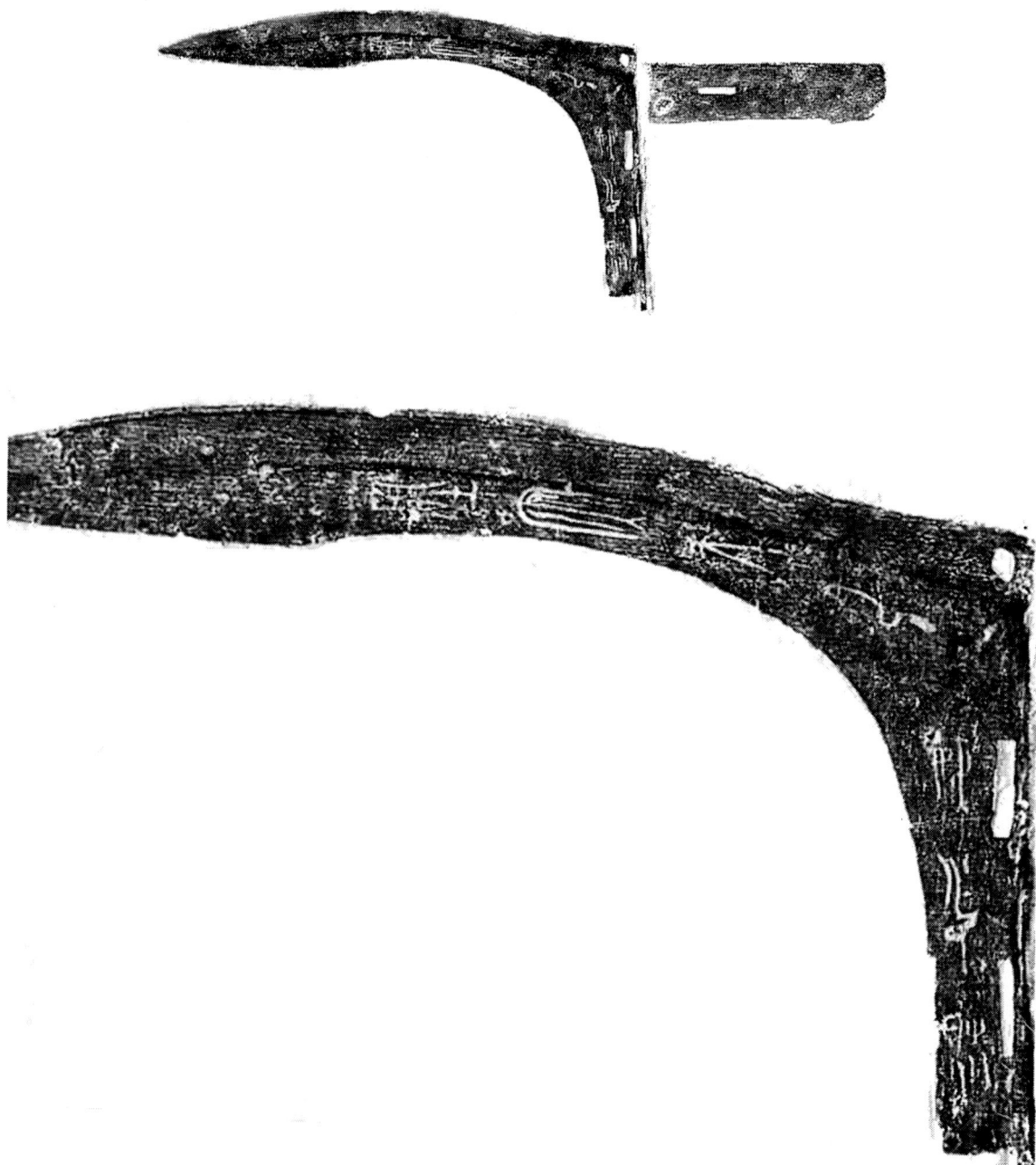

1200. 蔡公孫鱏戈

【時　　代】春秋晚期。

【出土時地】2006 年 12 月安徽六安市九里溝鄉第三窰塲土坑墓（M3283）。

【收　藏　者】安徽六安市文物局。

【尺　　度】通長 21.9、援長 14.8、寬 10.5、脊厚 0.7 釐米。

【形制紋飾】直援尖鋒,有中脊,中胡,闌側二長穿一小穿,闌下出齒,長方形内,上有
　　　　　　一橫穿和一圓孔,内飾雙綫鳥首紋。

【著　　録】文物 2014 年 5 期 72 頁圖 1,蟲書增圖 261。

【銘文字數】胡部鑄銘文 7 字。

【銘文釋文】希（蔡）公孫鱏之用戈。

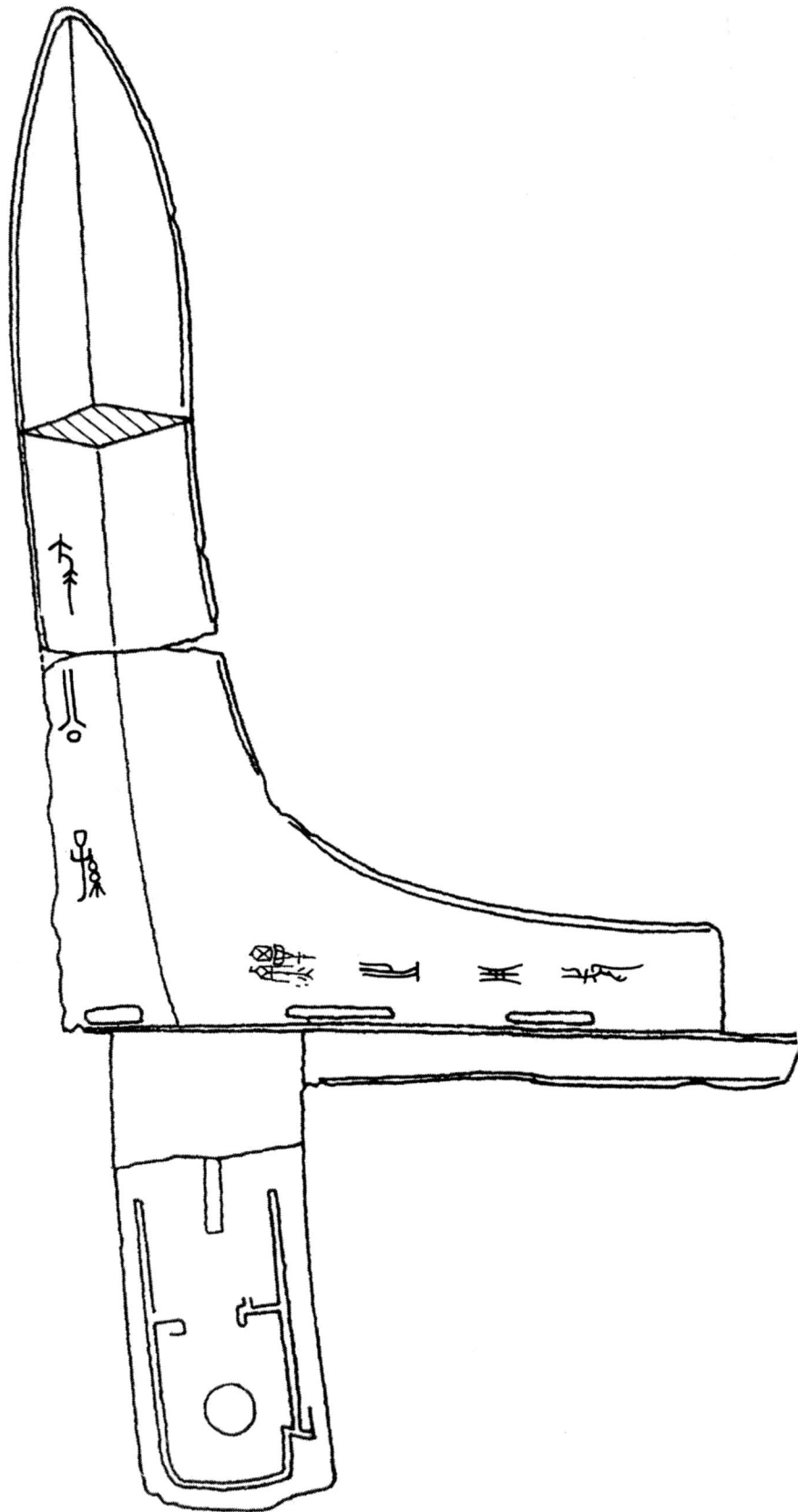

1201. 滕司徒毋卑戈

【時　　代】春秋晚期。

【出土時地】2015年3月出現在北京。

【收　藏　者】某收藏家。

【形制紋飾】直援尖鋒，中脊偏上，中長胡，闌側二長穿一小穿，闌下出齒，長方形内，
　　　　　　上有一橫穿。

【著　　錄】未著錄。

【銘文字數】胡部有銘文7字。

【銘文釋文】縢（滕）司徒母（毋）卑之𦨶（造）。

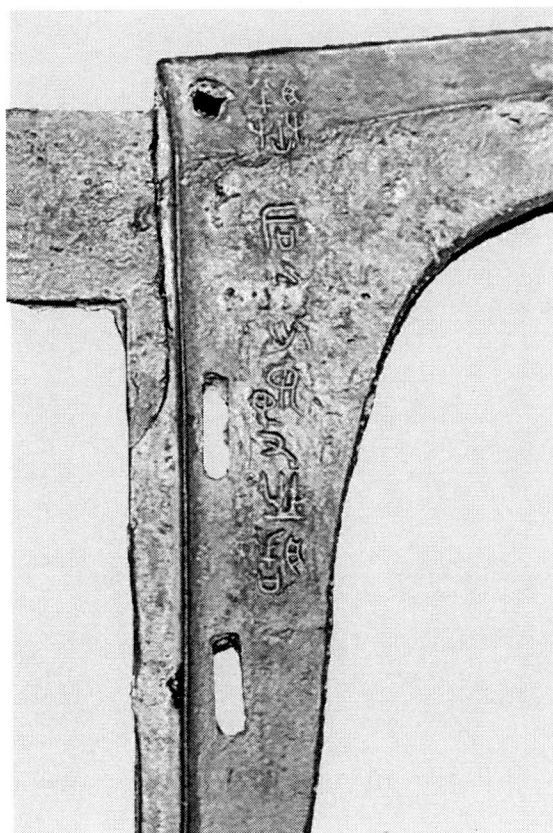

1202. 昭之瘠夫戈（邵之瘠夫戈）

【時　　代】春秋晚期·楚。

【收 藏 者】某收藏家。

【形制紋飾】寬援上揚，有中脊，長
　　　　　胡，闌側三穿，闌的下
　　　　　齒殘，直內上有一橫
　　　　　穿，後部圓角，飾雙綫
　　　　　勾連鳥首紋。

【著　　錄】未著錄。

【銘文字數】援和胡部鑄鳥篆銘文
　　　　　7字。

【銘文釋文】邵（昭）之瘠夫之行戈。

1203. 西替踦戈

【時　　代】戰國早期。
【收 藏 者】某收藏家。
【形制紋飾】援微上揚，尖鋒，脊部鼓起，中胡較寬，闌側二長穿一小穿，闌下出齒，長
　　　　　　方形內，上有一橫穿。
【著　　錄】未著錄。
【銘文字數】胡部鑄銘文 7 字。
【銘文釋文】宋西替踦之族戈。

1204. 燕侯載戈（燕侯軍戈、郾侯載戈）

【時　　代】戰國早期。

【出土時地】2014 年 11 月出現在北京。

【收 藏 者】某收藏家。

【形制紋飾】援略向上揚，呈弧形，中脊隆起，援的前部較寬大，近闌處有山字形凸起，
　　　　　　長胡，闌側三穿，胡刃有波狀子刺，内上一横穿和一繫綏的小方孔，下緣
　　　　　　有凹刃。

【著　　録】未著録。

【銘文字數】内部鑄銘文 7 字。

【銘文釋文】郾（燕）厌（侯）軍（載）乍（作）帀（師）萃鋸（戳）。

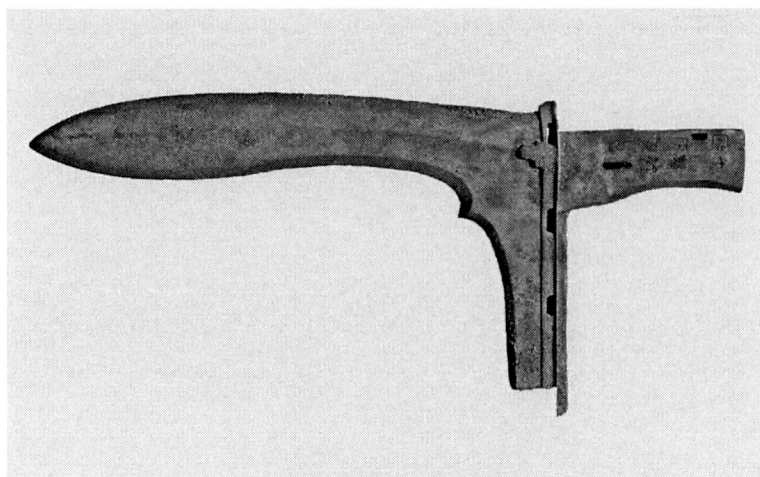

1205. 卅一年上庫戈

【時　　代】戰國晚期。

【出土時地】2010 年徵集。

【收 藏 者】陝西歷史博物館。

【尺　　度】通長 21.5、闌高 16.1 釐米。

【形制紋飾】直援尖鋒，中腰略窄，中脊凸起，長胡三穿，闌下出齒，直内，前部有一橫
　　　　　　穿，後部呈刀形，三邊開刃。

【著　　錄】新入 37 頁。

【銘文字數】胡部正面刻銘文 7 字。

【銘文釋文】卅一年上庫弨(冶)鑄。

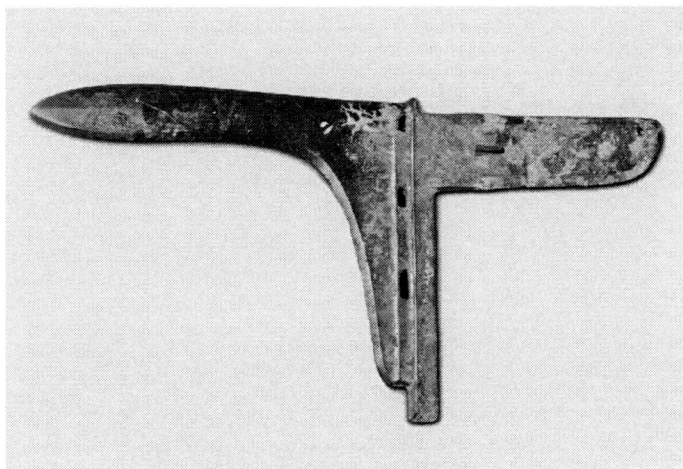

1206. 滕司城裘戈

【時　　代】春秋早期。

【收 藏 者】某收藏家。

【形制紋飾】直援尖鋒,脊偏上,長胡,闌下出齒,闌側二長穿一小穿,長方形內,上有一橫穿。

【著　　錄】未著錄。

【銘文字數】胡部鑄銘文 8 字。

【銘文釋文】𦛗(滕)嗣(司)𩧭(城)夋(裘)之仕(?)用戈。

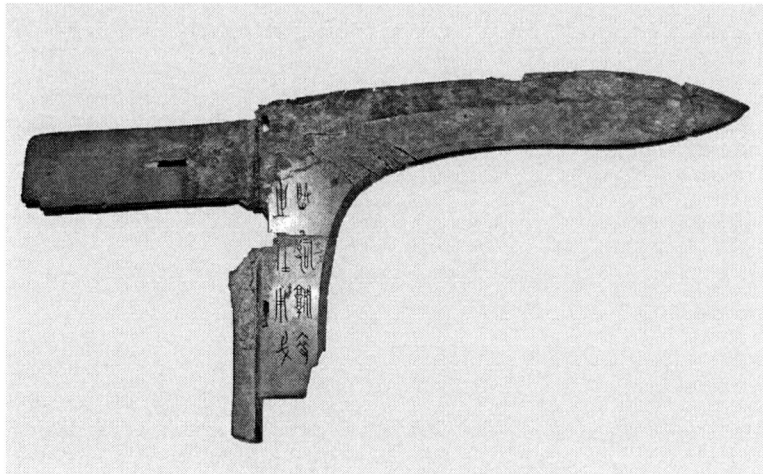

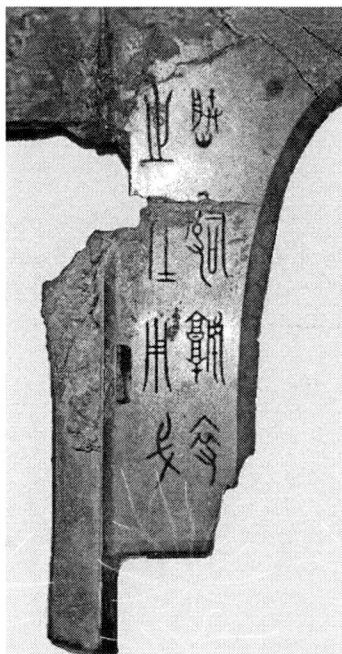

1207. 逨各戈

【時　　代】春秋早期。
【收藏者】某收藏家。
【形制紋飾】直援，前鋒尖銳，中脊
明顯，胡較寬，闌側二
長穿一小穿，闌下出
齒，長方形內，上飾雙
綫雷紋。
【著　　録】未著録。
【銘文字數】援及胡部鑄銘文 8 字。
【銘文釋文】逨各爲士紋斝（鑄）用戈。

1208. 攻吳王光戈（攻敔王光戈）

【時　　代】春秋晚期（闔閭元年至十九年，前 514 – 前 496 年）。

【出土時地】2014 年出現在北京。

【收 藏 者】某收藏家。

【形制紋飾】直援上揚，援較寬，尖鋒平脊，長胡，闌側二長穿一小穿，闌下出齒，長方形內，中前部有一橫穿。

【著　　錄】未著錄。

【銘文字數】內部鑄銘文 8 字。

【銘文釋文】攻敔（敔、吳）王光自乍（作）用戈。

1209. 武王攻郞戈

【時　　代】春秋晚期。

【收 藏 者】某收藏家。

【尺　　度】通長 18、闌高 10 釐米。

【形制紋飾】直援中胡,尖鋒有脊,闌側有二穿,闌下出齒,長方形内,上有一橫穿,末
端上下角較圓。

【著　　錄】未著錄。

【銘文字數】内部有銘文 8 字。

【銘文釋文】武王攻郞乍(作) 爲用戈。

【備　　注】《銘圖》17096 戈與此同銘。

1210. 䢵公卲傈戈（六公昭傈戈）

【時　　代】春秋晚期。

【收 藏 者】某收藏家。

【形制紋飾】窄長援，長胡，闌側二長穿一小穿，援前部和闌下端殘，窄長方形內，上有
一橫穿，後部圓角。

【著　　録】楚金 654 頁補 14。

【銘文字數】援與胡部鑄銘文，現存 8 字。

【銘文釋文】䢵（邖－六）公卲（昭）傈匜（爲）䢵（邖－六）貽（造）王□。

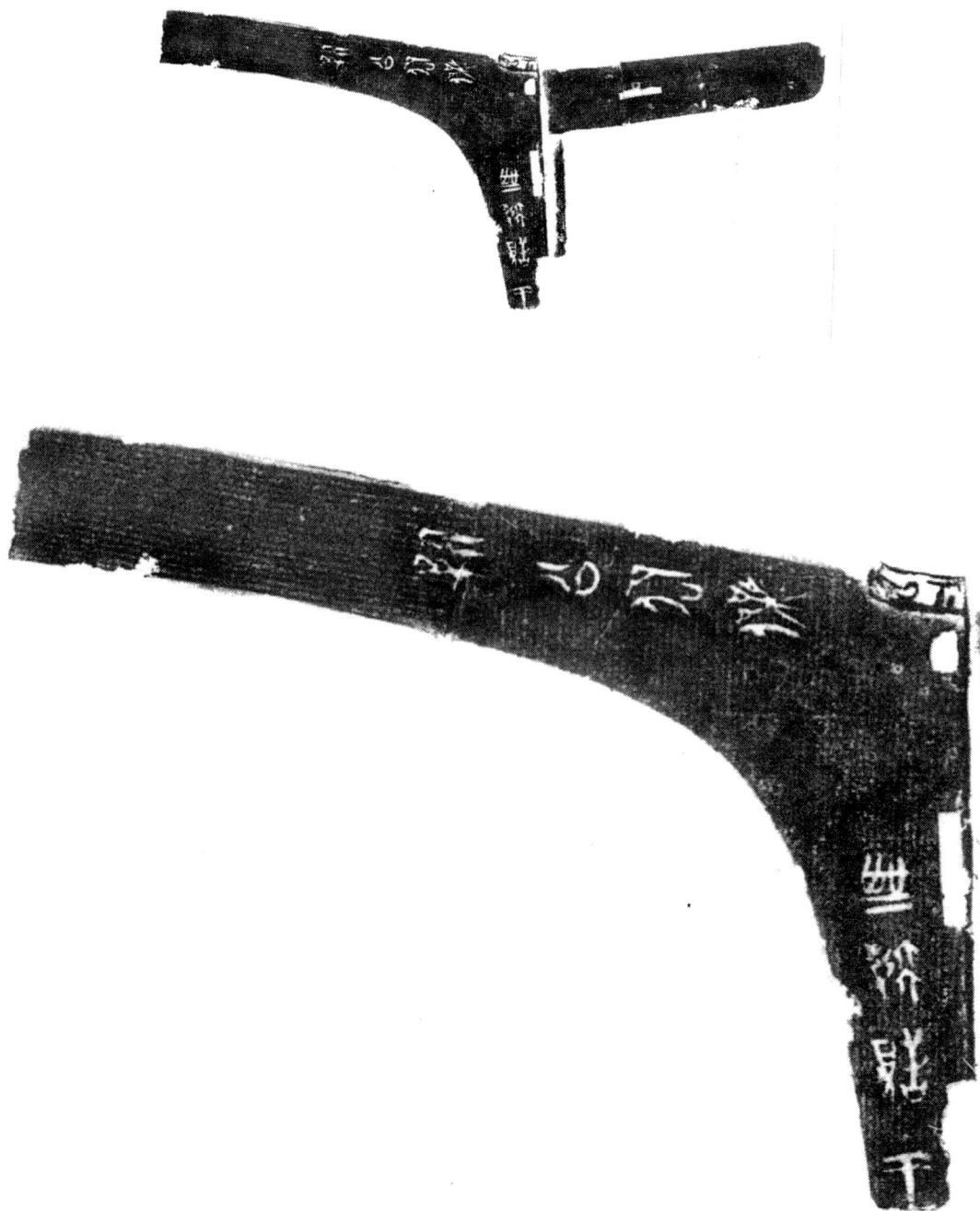

1211. 任戝戈

【時　　代】戰國時期。

【出土時地】1996年浙江寧波市鎮海區長石九龍湖。

【收　藏　者】寧波市鎮海區文物管理委員會。

【形制紋飾】直援,鋒較圓鈍,胡部殘,長方内。

【著　　録】鳥蟲書增圖148。

【銘文字數】援上鑄銘文8字。

【銘文釋文】□□任戝,自乍(作)用戈。

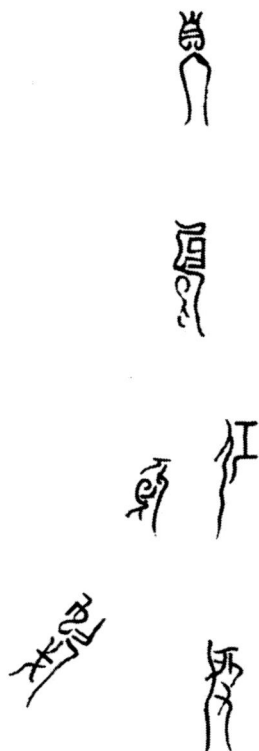

1212. 陳往戈（墜眭戈）

【時　　代】戰國時期·齊。

【形制紋飾】窄援尖鋒，闌下出齒，
　　　　　　長胡，闌側三長穿一小
　　　　　　穿，長方形内，上有一
　　　　　　長三角形穿。

【著　　録】楚金 411 頁 112.2。

【銘文字數】胡部一面有銘文 8 字。

【銘文釋文】墜（陳）眭之歲佀（造）
　　　　　　賸（府）之戟。

1213. 自作用戟

【時　　代】戰國晚期。

【收 藏 者】某收藏家。

【形制紋飾】雙戈戟。上戈直援尖鋒，援的前部肥大，中脊略帶弧度，長胡，闌側二長穿一小穿，闌下出齒，内窄長，上有一橫穿，三邊開刃。下戈與上戈形制相同，唯内極短。

【著　　錄】未著錄。

【銘文字數】每個戈援及胡部鑄銘文，各 4 字，共 8 字，似爲連讀，惜上戈銘文已銹蝕不清。

【銘文釋文】□□□□，自乍（作）甬（用）戠（戟）。

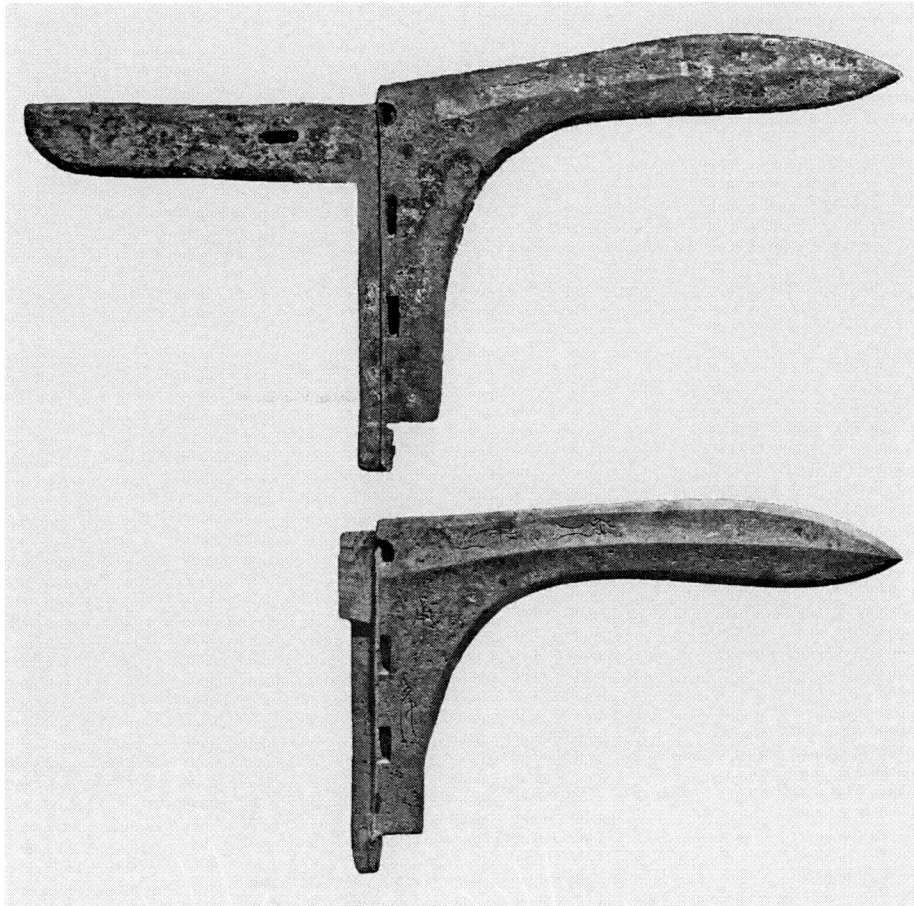

1214. 鄀公遂戈

【時　　代】春秋早期。

【收 藏 者】某收藏家。

【形制紋飾】直援上揚，前鋒圓鈍，中脊偏上，中胡，闌側二長穿一小穿，闌下出齒，內
　　　　　上有一橫穿。

【著　　録】未著録。

【銘文字數】內部鑄銘文 9 字。

【銘文釋文】鄀公遂□宮徒□□戈。

1215. 隨大司馬戲有戈（隨大司馬嘉有戈）

【時　　代】春秋中期。

【出土時地】2013 年 1 月湖北隨州市曾都區東城文峰塔墓地（M18）。

【收　藏　者】隨州市博物館。

【尺　　度】通長 21、闌高 15 釐米。

【形制紋飾】直援尖鋒，援的前部肥大，脊偏上，中胡較寬，闌側二長穿一小穿，長方形
　　　　　　內，闌下出齒，內上一橫穿。

【著　　録】未著録。

【銘文字數】援和胡部正面鑄銘文 9 字。

【銘文釋文】𨺅（隋－隨）大司馬𢧑（勮－戲）有之行戈。

【備　　注】"𢧑（勮－戲）"有人釋爲"嘉"。

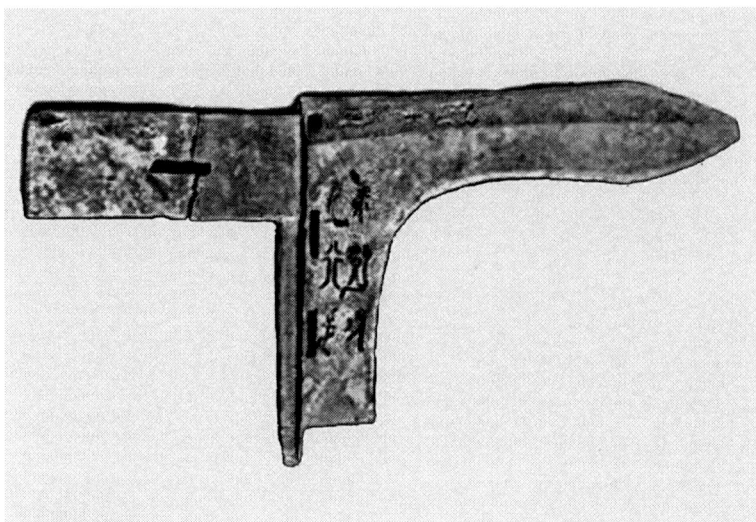

援部

胡部

1216. 宋公差戈

【時　　代】春秋晚期。

【出土時地】2015 年 1 月見於西安。

【收 藏 者】某收藏家。

【尺　　度】通長 21 釐米。

【形制紋飾】援微上揚，尖鋒，脊偏上，中胡較寬，闌側二長穿一小穿，闌下出齒，長方形內，中前部有一橫穿。

【著　　錄】未著錄。

【銘文字數】胡部鑄銘文 9 字。

【銘文釋文】宋公差（佐）之所貼（造）茆族戈。

1217. 曾侯邲戟

【時　　代】戰國早期。

【收　藏　者】某收藏家。

【形制紋飾】援向下弧曲，前部肥碩，中脊凸起，前鋒尖銳，長胡，闌側二長穿一小穿，內呈長方角刀形，三邊開刃，中部一橫穿，上戴橢圓筒形柲帽，帽頂作臥鳥形。

【著　　錄】未著錄。

【銘文字數】內部鑄銘文 9 字。

【銘文釋文】曾厌（侯）邲之戜（戟），而去斤所。

1218. 焦夠戈

【時　　代】春秋中期。

【出土時地】傳河南盧氏縣出土，2011年徵集入藏。

【收　藏　者】河南洛陽收藏學會。

【尺　　度】通長21.8、援長13.2、援中寬2.4、闌高14.4、內長7.6、寬3釐米。

【形制紋飾】直援上揚，援頭呈圭形，脊部略隆起，中胡，闌側二長穿一小穿，闌下出
　　　　　　齒，長方形內，後端圓角，上有一橫穿。

【著　　錄】中原文物2014年2期69頁圖一。

【銘文字數】胡部鑄銘文10字。

【銘文釋文】趙氏孫夒（焦）夠乍（作）寶（造）戈三全（百）。

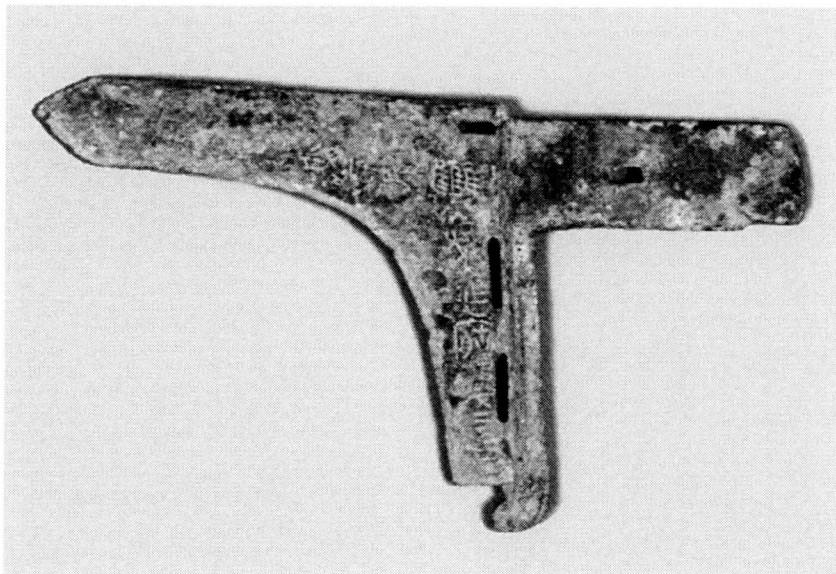

1219. 夻令均戈

【時　　　代】戰國中期·魏。
【收　藏　者】河南漯河市飛諾藝術品工作室。
【尺　　　度】通長 24.1、援長 15.8、內長 8.3、闌高 10.3 釐米。
【形制紋飾】直援尖鋒，平脊，援後部收窄，長胡，闌側三穿，闌右側上部空缺，長方形內，前部有一橫穿，後部三邊開刃。
【著　　　錄】飛諾 56 頁晉 2。
【銘文字數】內的一面鑄銘文 10 字（其中合文 1）。
【銘文釋文】四（？）年，夻命（令）均，工帀（師）攲，坒（冶）舊。

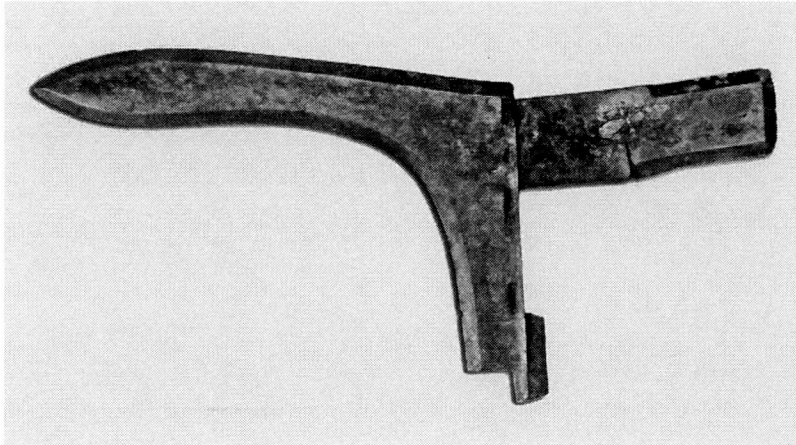

1220. 訧談公之不子戈

【時　　代】戰國中期。

【出土時地】山東南部。

【收　藏　者】浙江某收藏家。

【尺　　度】通長 32、闌高 12 釐米。

【形制紋飾】直援上揚，前鋒甚尖銳，有脊，中胡，闌下出齒，闌側三長穿一小穿，內上有一長三角形橫穿，後部作刀形，三邊開刃。

【著　　錄】未著錄。

【銘文字數】胡部鑄銘文 10 字。

【銘文釋文】訧談公之不子乍（作）其元用。

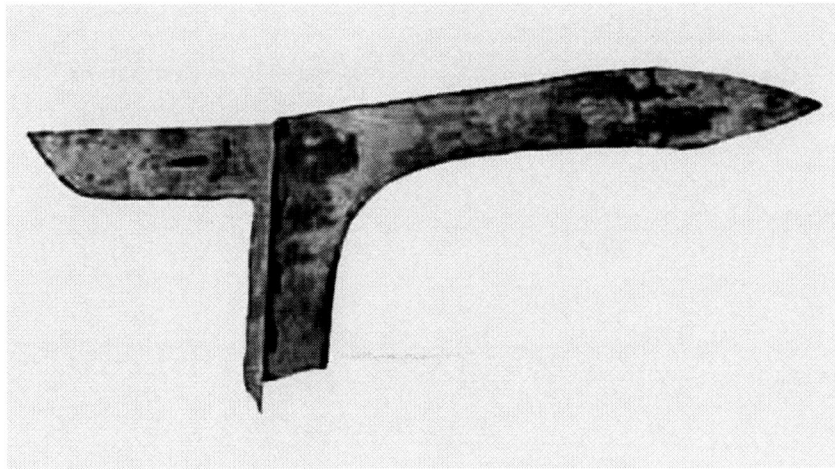

1221. 許戈

【時　　代】春秋早期。

【收 藏 者】某收藏家。

【形制紋飾】直援尖鋒，中脊略偏上，中胡，闌側二長穿一小穿，闌下出齒，内上一横穿，下角内收。

【著　　録】未著録。

【銘文字數】内部鑄銘文 11 字。

【銘文釋文】䜌(許) □□舍(舍) 昏□金，用爲長戈。

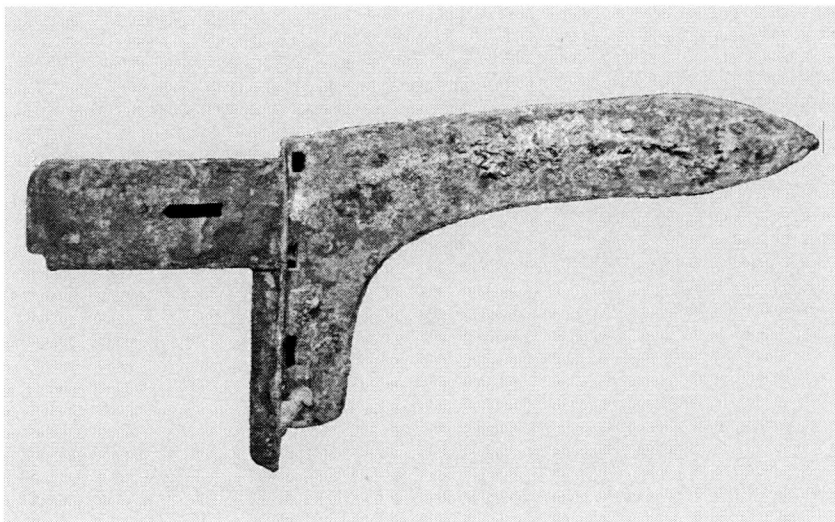

（約爲原大的 1 倍）

1222. 上郡守匽氏戈

【時　　代】戰國中期·秦。
【收 藏 者】河南漯河市飛諾藝術品工作室。
【尺　　度】通長 22.1、援長 13.8、內長 8.3、闌高 10.9 釐米。
【形制紋飾】直援尖鋒，有脊，援較窄，胡部較寬，闌下出齒，闌側三穿，內後部三邊開刃。
【著　　錄】飛諾 6 頁秦 1。
【銘文字數】內部刻銘文 11 字。
【銘文釋文】十四年，上郡守匽氏造，工㹂（甀）。

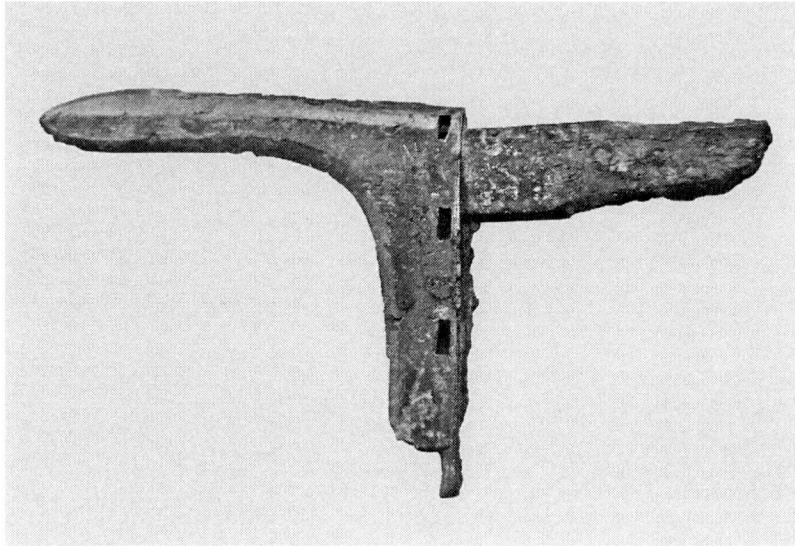

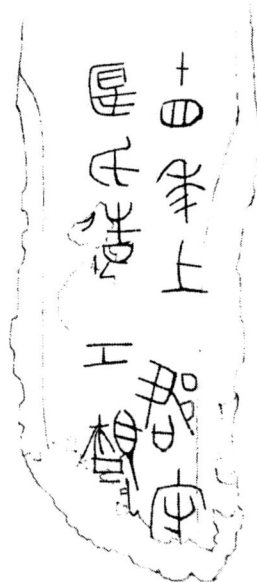

1223. 上郡守疾戈

【時　　代】戰國中期·秦（秦惠文王後元七年，前318年）。

【出土時地】2006年徵集。

【收　藏　者】中國國家博物館。

【尺　　度】通長22.2、援長13.4、内長8.7釐米。

【形制紋飾】援前寬後窄，兩邊有刃，中胡，闌側三穿，内上一橫穿，後部作刀形，三邊
　　　　　　有刃。

【著　　録】百年184頁91。

【銘文字數】内部刻銘文11字。

【銘文釋文】王七年，上郡守疾之造，[笝]豊（禮）。

1224. 丞相冉戈

【時　　　代】戰國中期·秦（秦昭襄王時期）。

【收 藏 者】河南漯河市飛諾藝術品工作室。

【尺　　　度】通長 21.9、援長 13.8、内長 8.1、闌高 12.4 釐米。

【形制紋飾】直援尖鋒，有脊，援微上揚，長胡三穿，闌下出齒，内作刀形，三邊開刃，前部有一橫穿。

【著　　　録】飛諾 14 頁秦 3。

【銘文字數】内的一面刻銘文，現存 11 字。

【銘文釋文】……年，丞相冉……，雝工師廣，□隸臣鶱。

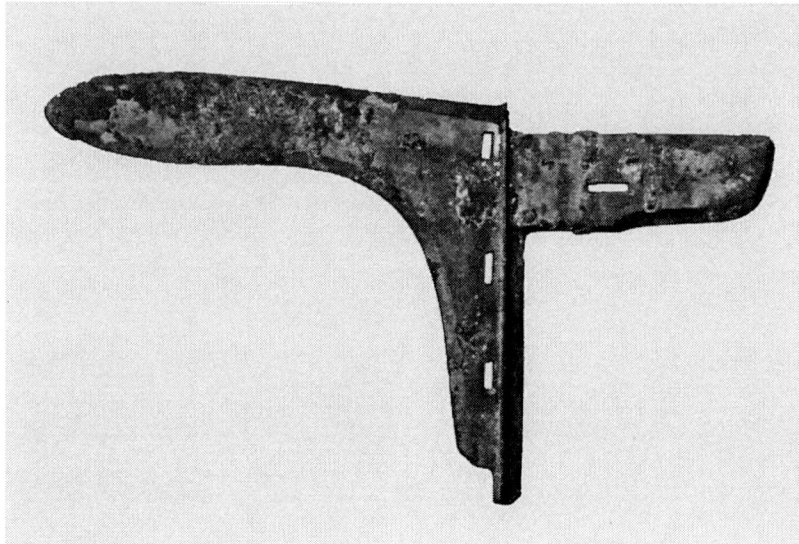

1225. 相邦義戈

【時　　代】戰國中期·秦（惠文王後元二年，即前 323 年）。

【出土時地】2010 年洛陽文物收藏學會徵集。

【收 藏 者】洛陽文物收藏學會。

【尺　　度】通長 21.8、援長 13.2、援中寬 12.4、闌高 7.6、內長 7.6、內寬 3 釐米。

【形制紋飾】直援尖鋒，中脊突起，援身細長，中腰略窄，長胡較寬，闌部厚於胡部，闌
　　　　　側二長穿一小穿，穿斜置，直內甚長，前部有一橫穿，後部呈刀形，三邊
　　　　　開刃。

【著　　錄】文物 2012 年 8 期 64 頁圖 3、4。

【銘文字數】內正面刻銘文 11 字。

【銘文釋文】王二年，相邦義之造，西工封。

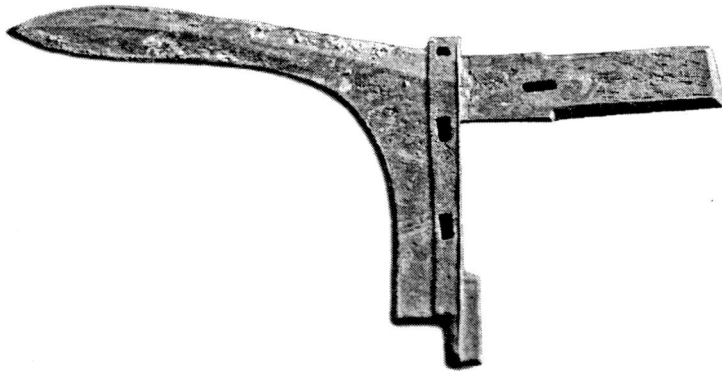

1226. 樂工右庫戈(䜌工右庫戈)

【時　　代】戰國晚期。

【收　藏　者】某收藏家。

【形制紋飾】直援微上揚,前部略肥大,尖鋒,中脊偏上,中長胡,闌側二長穿一小穿,
　　　　　　闌下出齒。內上有一橫穿,後部三邊開刃。

【著　　錄】未著錄。

【銘文字數】胡部刻銘文 11 字(其中合文 1)。

【銘文釋文】䜌(樂)工右庫工帀(師)□□脜(冶)□敗(造)。

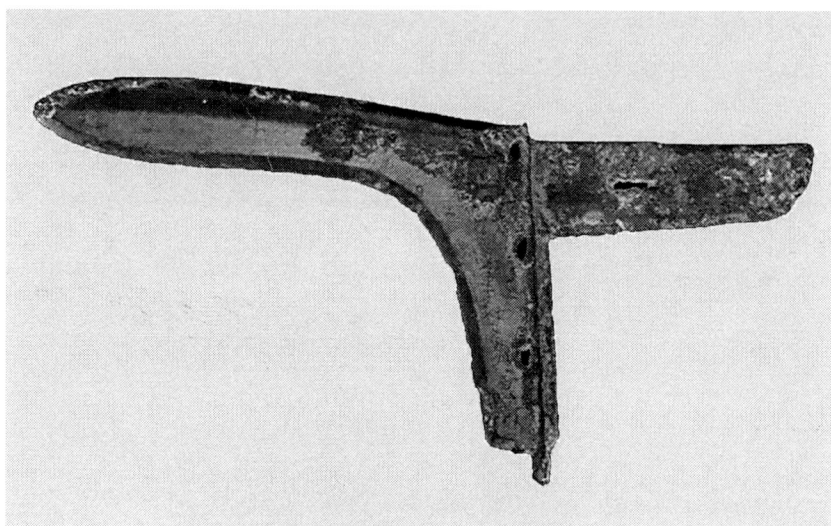

1227. 卅三年戈

【時　　代】戰國晚期。

【收 藏 者】某收藏家。

【形制紋飾】直援上揚，前鋒尖鋭，援前部肥大，後部漸窄，中脊明顯，中長胡，闌側二長穿，援本一小穿，闌下出齒，内較長，内前部一横穿。

【著　　録】未著録。

【銘文字數】内部鑄銘文 11 字。

【銘文釋文】卅三年奠（鄭）□庫工帀（師）□恴（冶）□。

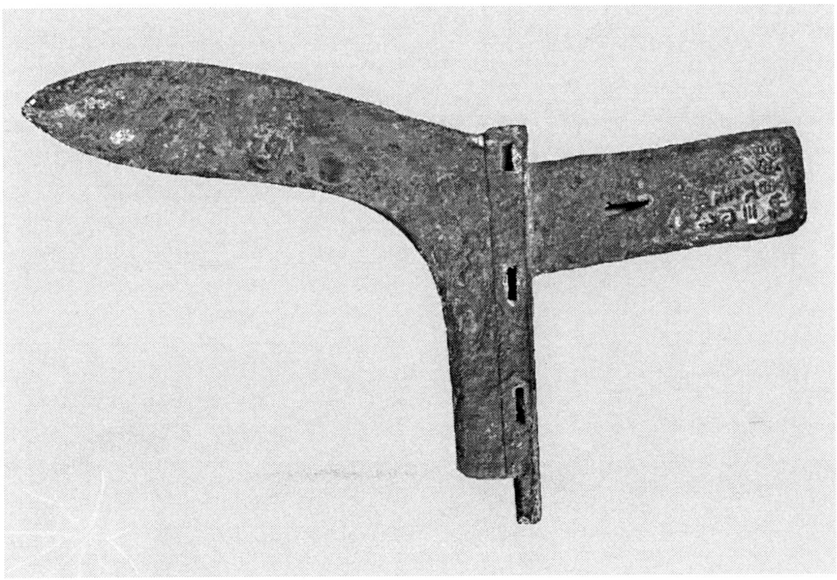

1228. 晉公戈

【時　　代】春秋早期。

【收　藏　者】某收藏家。

【形制紋飾】圭形援,中胡,闌側二
　　　　　　長穿一小穿,闌下出
　　　　　　齒,長方形内,上有一
　　　　　　横穿。

【著　　録】未著録。

【銘文字數】胡部鑄銘文 12 字(其
　　　　　　中合文 1)。

【銘文釋文】晉(晉)公畢(擇)丼(其)吉金,□□車戈三千。

【備　　注】"三千"爲合文。

（放大）

1229. 魏叔子戟

【時　　代】春秋早期。

【收　藏　者】某收藏家。

【形制紋飾】直援尖鋒,中部鼓起,中胡,闌下出齒,闌側二長穿一小穿,長方形內,上
　　　　　　有一橫穿。

【著　　錄】未著錄。

【銘文字數】胡部鑄銘文 12 字。

【銘文釋文】畾(魏)弔(叔)子之左軷(車)搒(篷)輅徒戟五百。

【備　　注】商承祚先生曾藏有一件魏叔子戟拓本(見《金文編》器目表),銘文與此
　　　　　　相同。

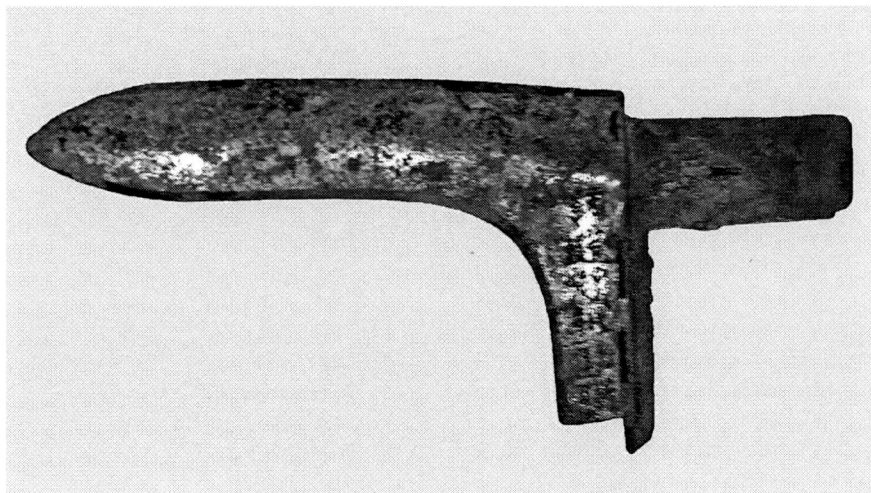

1230. 徐王容巨戟(余王容巨戈)

【時　　代】春秋中期。

【出土時地】2008 年 6 月安徽蚌埠
市淮上區小蚌埠鎮雙
墩村春秋墓(M1.382)。

【收　藏　者】蚌埠市博物館。

【尺度重量】通長 28.5、援長 22、闌
高 11.5、內長 6.4、內
寬 3.4、矛通長 12.5、
骹徑 2 釐米。

【形制紋飾】銹蝕嚴重。直援尖鋒,
有中脊,胡較寬,闌側三長穿一小穿,長方形內,中部有一橫穿。窄葉式
矛,有脊,翼面有凹槽,骹上有箍棱。

【著　　錄】安徽銘文 37 頁圖 28 頁 1-3,文物 2013 年 3 期 79 頁圖 6.3,鍾離君 141
頁圖 90.2。

【銘文字數】內正面鑄銘文 12 字。

【銘文釋文】余(徐)王容巨［用］金自乍(作)元其□戈。

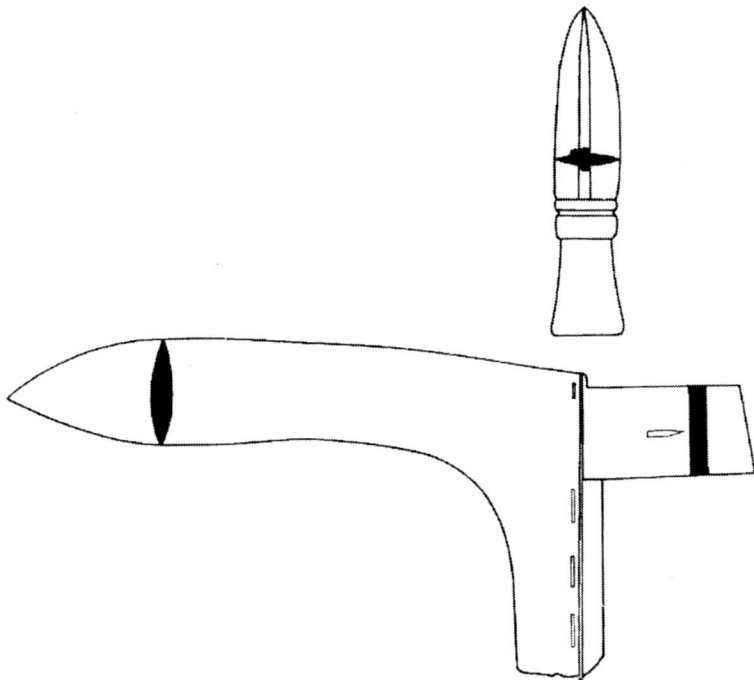

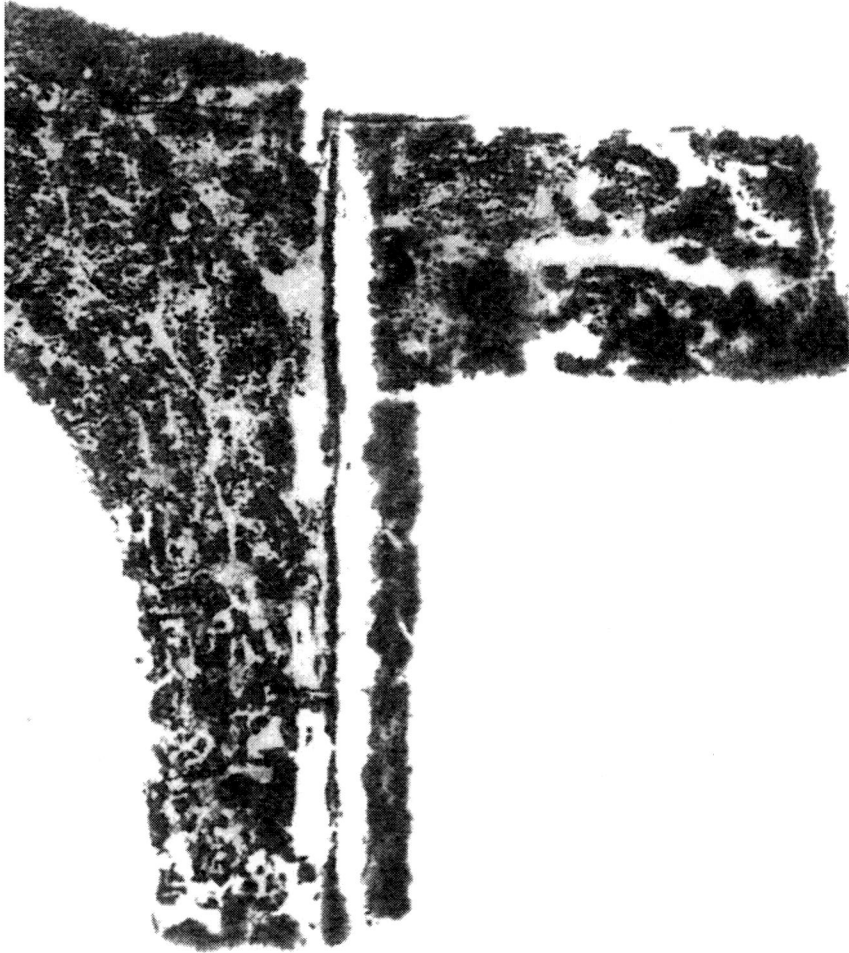

余王間正其金
造此元其
戈

1231. 向令敁戈（王之一年戈）

【時　　代】戰國中期·楚。

【收 藏 者】河南漯河市飛諾藝術品工作室。

【尺　　度】通長 25.8、援長 16、內長 9.8、闌高 11 釐米。

【形制紋飾】直援尖鋒,扁平無脊,援後部收窄,長胡,闌側三穿,闌右側上部空缺,長方形內,前部有一橫穿,後部三邊開刃。出土時帶有戈鐓。

【著　　錄】飛諾 52 頁晉 1。

【銘文字數】內的一面鑄銘文 12 字（其中合文 1）。

【銘文釋文】王之一年,向命（令）敁,工帀（師）覎,坓（冶）釜。

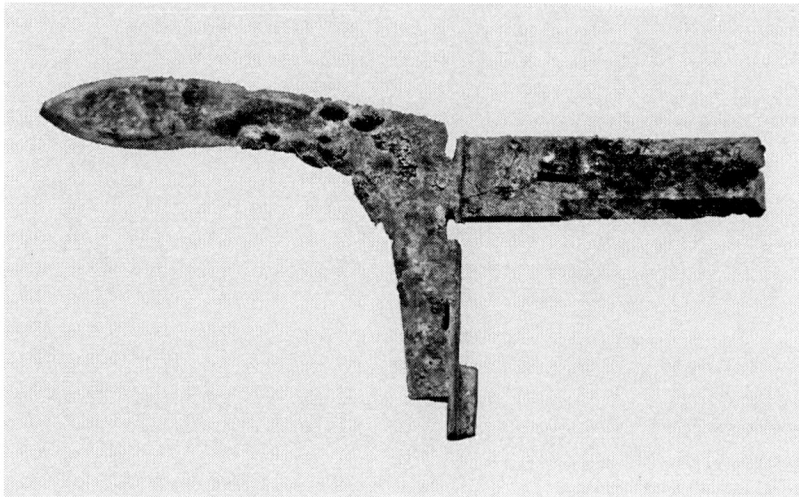

1232. 州令慶□戈

【時　　代】戰國晚期。

【收　藏　者】某收藏家。

【形制紋飾】長方形内,上有一三角形橫穿,後部三邊開刃。穿上下各有一朵卷雲紋。

【著　　録】未著録。

【銘文字數】内部鑄銘文 12 字。

【銘文釋文】廿三(四)年州命(令)麿(慶)□工帀(師)□坓(冶)固。

1233. 公孫疕戈

【時　　代】春秋晚期。

【收 藏 者】北京市某收藏家。

【形制紋飾】直援尖鋒,有脊,
長胡,闌側二長
穿一小穿,闌下出
齒,長方形内,上
有一橫穿,飾鏤空
卷雲紋。

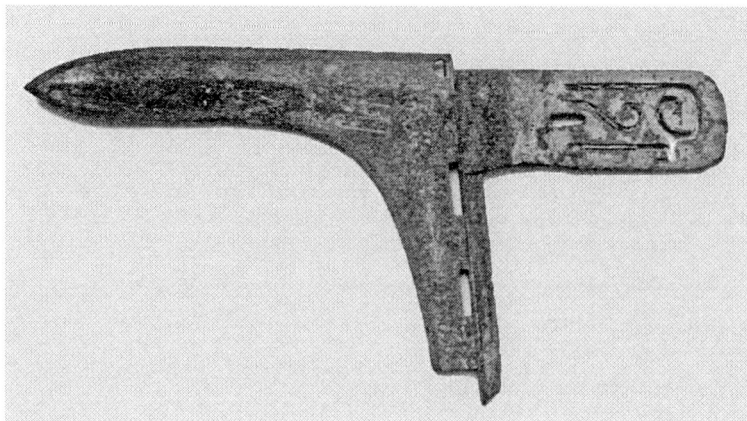

【著　　録】蟲書增圖 375。

【銘文字數】援胡正背面有錯金銘文 13 字。

【銘文釋文】隹(唯)王正月,公孫疕之玄翏(鏐)鑄用戈。

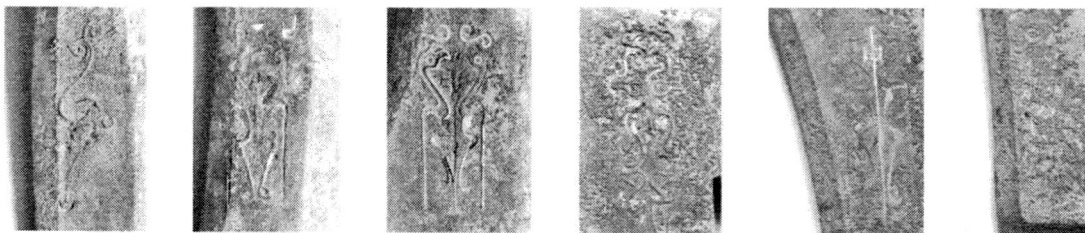

1234. 廿八年公乘戈

【時　　代】戰國晚期。

【收　藏　者】北京某收藏家。

【尺　　度】通長 24.6 釐米。

【形制紋飾】直援微上揚，前鋒尖銳，平脊長胡，闌側三穿，闌的上下出齒，長方形内，上有一橫穿，後部三邊開刃。

【著　　録】未著録。

【銘文字數】内部鑄銘文 13 字（其中合文 1）。

【銘文釋文】廿八年公乘嗇夫兒、工帀（師）書、但（冶）□。

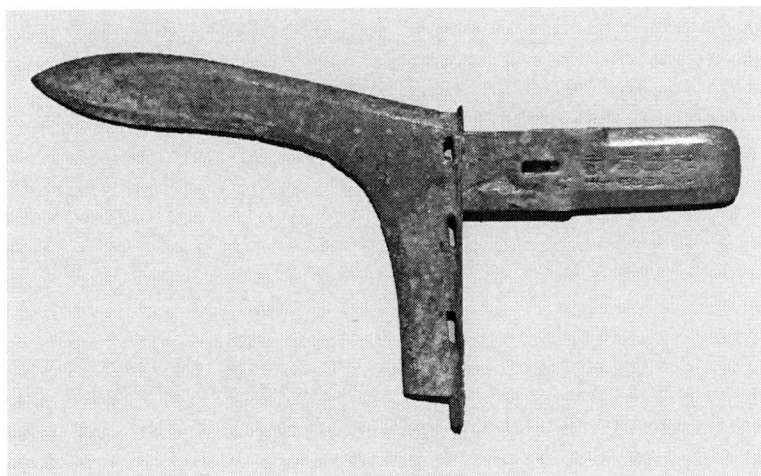

1235. 共令齊戈（共斾郿戈）

【時　　代】戰國晚期・韓。

【收 藏 者】某收藏家。

【形制紋飾】直援上揚，前部肥大，尖鋒，有中脊，二曲長胡，中部有子齒，闌側四穿，闌上下出齒，長方形內，前部有一橫穿。

【著　　録】未著録。

【銘文字數】內的一面刻銘文 13 字（其中合文 1）。

【銘文釋文】三（四）年，共斾（令）郿（齊）、工帀（師）瘟、吏涅、斫（冶）眊尖。

1236. 强丘令稅異戈（弜𢀈令稅異戈）

【時　　代】戰國晚期·魏。

【收　藏　者】某收藏家。

【形制紋飾】直援上揚，尖鋒平脊，長胡，闌側二長穿一小穿，闌下出齒，中部省卻。內較長，中部有一橫穿。

【著　　錄】未著錄。

【銘文字數】內部鑄銘文 13 字（其中合文 1）。

【銘文釋文】七年弜（强）𢀈（丘）命（令）稅異、工帀（師）䏌（尹）罘、坓（冶）沽。

【備　　注】"七"字係刻銘。

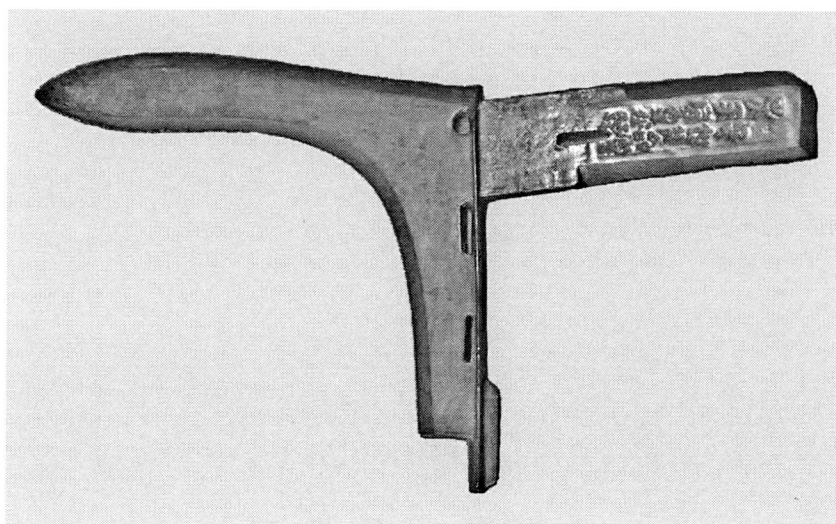

1237. 子邦令戈

【時　　代】戰國晚期・魏。

【收 藏 者】某收藏家。

【形制紋飾】窄直援上揚,尖鋒平脊,長胡三穿,闌下出齒,内上一横穿,後部呈刀形,
三邊開刃。同出有圓筒形戈鐏。

【著　　録】未著録。

【銘文字數】内部刻銘文 13 字。

【銘文釋文】十（？）年,子邦命（令）應□,□□□□,斩（冶）因。

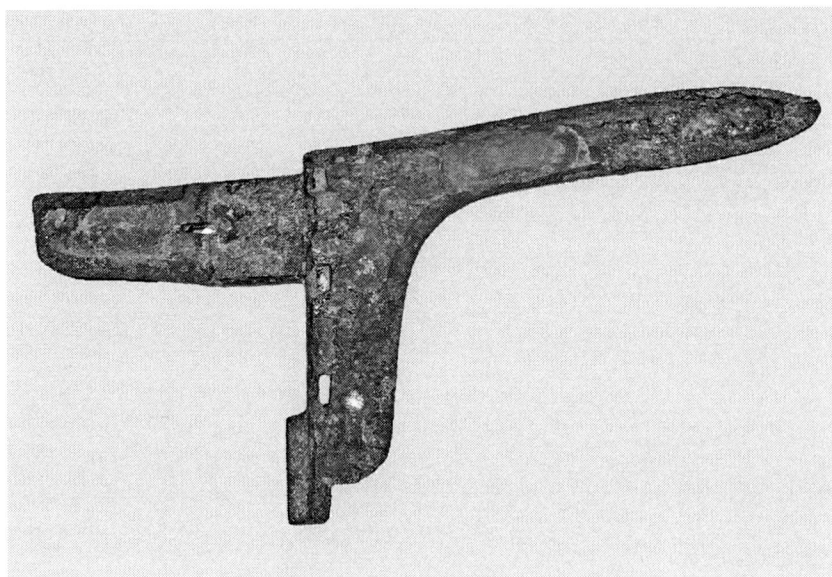

1238. 秦公戈

【時　　代】春秋中期。

【出土時地】2015 年甘肅甘谷縣毛家坪春秋墓。

【收　藏　者】甘肅省文物考古研究所。

【形制紋飾】直援上揚，圓鋒，中胡，闌側二長穿一小穿，小穿呈橫向處於援本頂端，闌下出齒，内甚長，上有一橫穿。

【著　　錄】未著錄。

【銘文字數】胡部有銘文 14 字。

【銘文釋文】霖（秦）公乍（作）子車用廄（廠）戕武霝（靈）戮畏不廷。

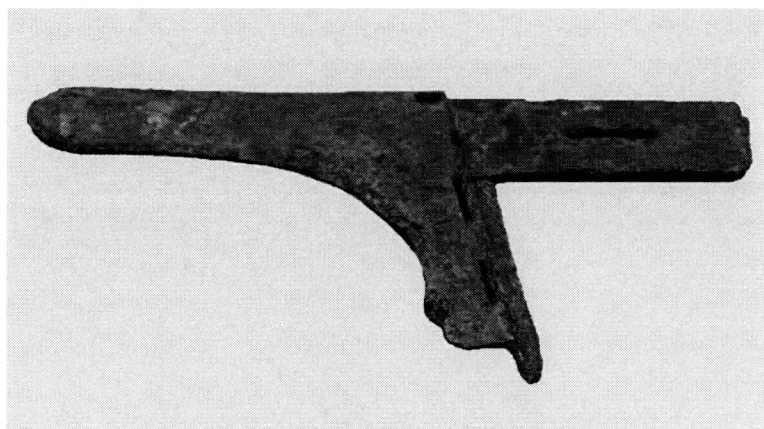

1239. 内史操戈

【時　　　代】戰國中期·秦（秦惠文王後元八年，前 317 年）。

【收 藏 者】河南漯河市飛諾藝術品工作室。

【尺　　　度】通長 32.2、援長 14.1、內長 9.2 釐米。

【形制紋飾】直援尖鋒，援微上揚，後部略窄，長胡三穿，有闌，胡下部殘斷，內作刀形，三邊有刃，前部有一橫穿。

【著　　　録】飛諾 10 頁秦 2。

【銘文字數】內的一面刻銘文 14 字。

【銘文釋文】王八年，內史操□之造，咸陽工帀（師）芇。

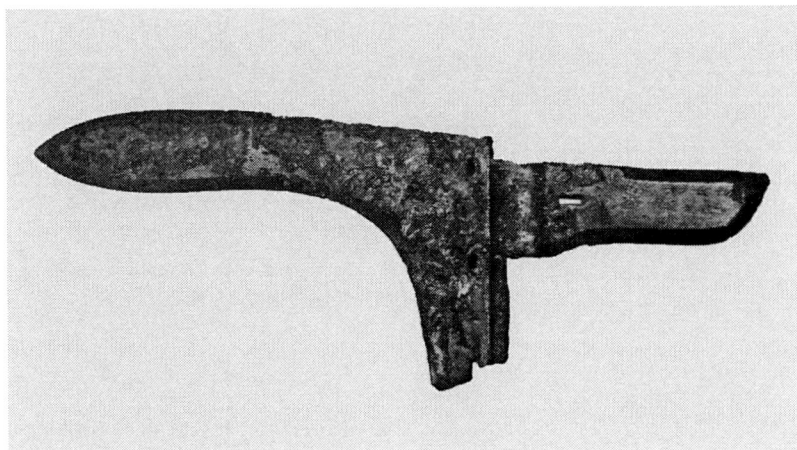

1240. 茅阪大令趙瘣戈（茅反大令趙瘣戈）

【時　　代】戰國晚期·趙。
【收 藏 者】河南漯河市飛諾藝術品工作室。
【尺　　度】通長 19.3、援長 12.2、內長 7.1、闌高 11 釐米。
【形制紋飾】直援尖鋒，有脊，援後部收窄，長胡三穿，闌下出齒，內前部有一橫穿，後部作刀形，三邊開刃。
【著　　錄】飛諾 80 頁晉 8。
【銘文字數】胡部刻銘文 14 字（其中合文 1）。
【銘文釋文】五年，茅反（阪）大命（令）肖（趙）瘣，工帀（師）釱（韓）郫，巸（冶）亢（疢）。

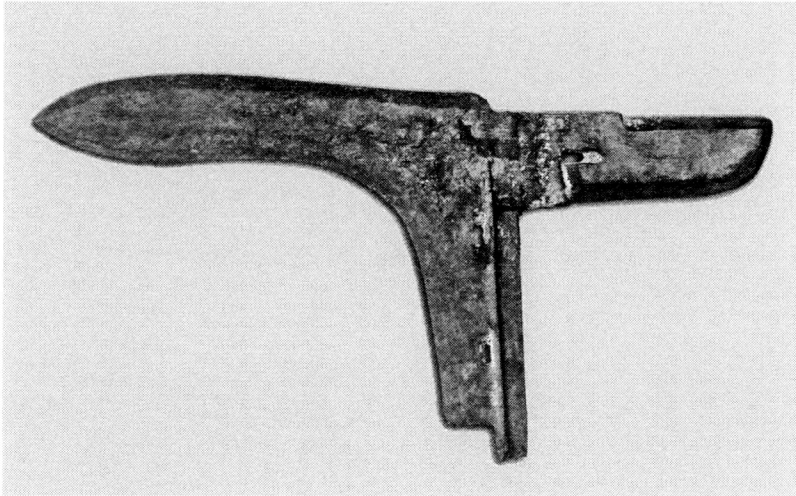

1241. 冢子戈

【時　　　代】戰國晚期·韓。

【收　藏　者】河南漯河市飛諾藝術品工作室。

【尺　　　度】通長 24.4、援長 15、内長 9.4、闌高 12.5 釐米。

【形制紋飾】直援上揚,脊綫明顯,援後部收窄,長胡三穿,闌下出齒,内前部有一橫穿,後部作刀形,三邊開刃。

【著　　　録】飛諾 86 頁晉 10。

【銘文字數】内部刻銘文,現存 14 字。

【銘文釋文】三(四)年冢子市□□□□,庫嗇夫□□□□,庫嗇□□□賈庫□□□□散(造)□□刃。

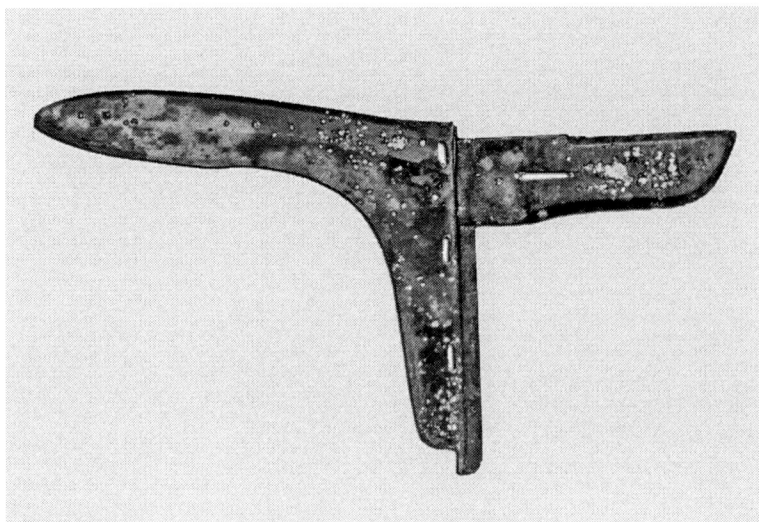

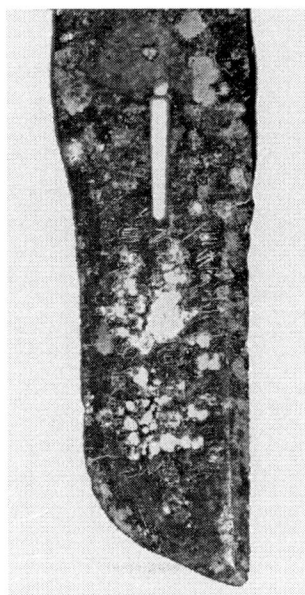

1242. 秦子戈甲

【時　　代】春秋早期。

【收　藏　者】某收藏家。

【形制紋飾】直援,脊部鼓起,三角形鋒,中胡,闌側鑄有兩翼,闌下出齒,二長穿一圓穿,内呈長方形,中部有一橫穿。

【著　　錄】未著錄。

【銘文字數】胡部鑄銘文 15 字。

【銘文釋文】𣎏(秦)子乍(作)䢼(造),公族元用,左右市鮭,用逸䧹(宜)。

1243. 秦子戈乙

【時　　代】春秋早期。

【收 藏 者】某收藏家。

【形制紋飾】直援，脊部鼓起，三角形鋒，中胡，闌側鑄有兩翼，闌下出齒（已殘），二長穿一圓穿，内呈長方形，中部一横穿。

【著　　録】未著録。

【銘文字數】胡部鑄銘文 15 字，内部 2 字。

【銘文釋文】胡部：龕（秦）子乍（作）窹（造），公族元用，左右市鮏，用逸宣（宜）。内部：西囗。

胡部

内部

1244. □俎戟

【時　　代】春秋時期。

【出土時地】2012 年 10 月出現在
西安。

【收　藏　者】某收藏家。

【尺　　度】通長 19.6、闌高 12.3、
內長7.2、內寬3.5釐米。

【形制紋飾】圭形援，三角形前鋒，
中脊突起，偏向上刃，
長胡較寬，闌側三長穿
一小穿，直內後角圓
鈍，前部有一橫穿，後
部有一牛首形鏤孔。

【著　　録】未著録。

【銘文字數】胡部刻銘文 15 字。

【銘文釋文】□俎煛（鑄）其玄戝（戟），用伐高奴虎，用禽（擒）用隻（獲）。

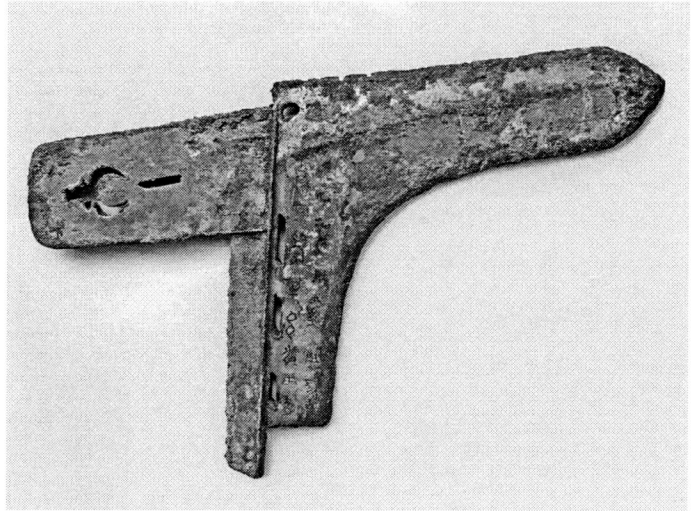

1245. 芒令戈(盲令戈)

【時　　　代】戰國晚期。

【收　藏　者】某收藏家。

【尺　　　度】通長 22.5 釐米。

【形制紋飾】援上揚,尖鋒長胡,中脊偏上,闌下出齒,闌側三穿,内甚長,上有一横穿。

【著　　　錄】未著錄。

【銘文字數】内部鑄銘文 15 字(其中合文 1)。

【銘文釋文】十五年盲(芒)命(令)□所,右庫工帀(師)周□、坙(冶)𡑉。

【備　　　注】"盲"字周波釋爲"許"。

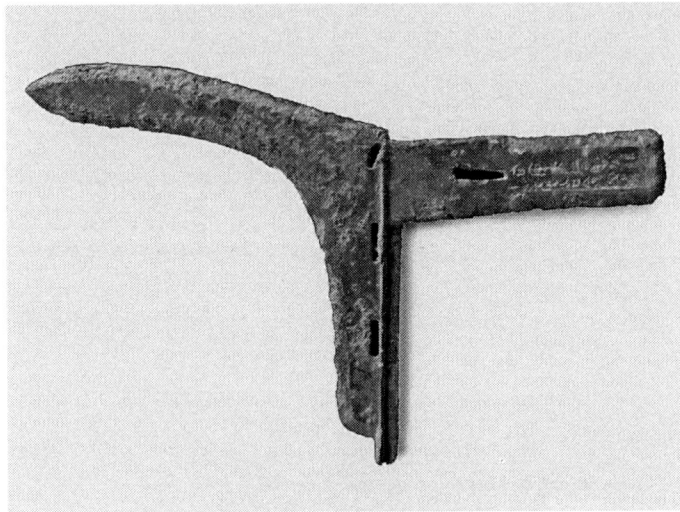

1246. 陽人令卒止戈(易人令卒止戈)

【時　　　代】戰國晚期·韓。

【尺　　　度】通長 24.4、闌高 12.3、內長 9.2、內寬 3 釐米。

【形制紋飾】直援尖鋒,援後部較窄,長胡,闌下出齒,闌側三穿,內上一橫穿,後部作
　　　　　　刀形,三邊開刃。

【著　　　錄】小校 10.53.1,善齋古兵上 33。

【銘文字數】內上刻銘文 15 字。

【銘文釋文】三年易(陽)人命(令)卒止,左庫工〔帀(師)〕□命□□。

1247. 相邦呂不韋戈

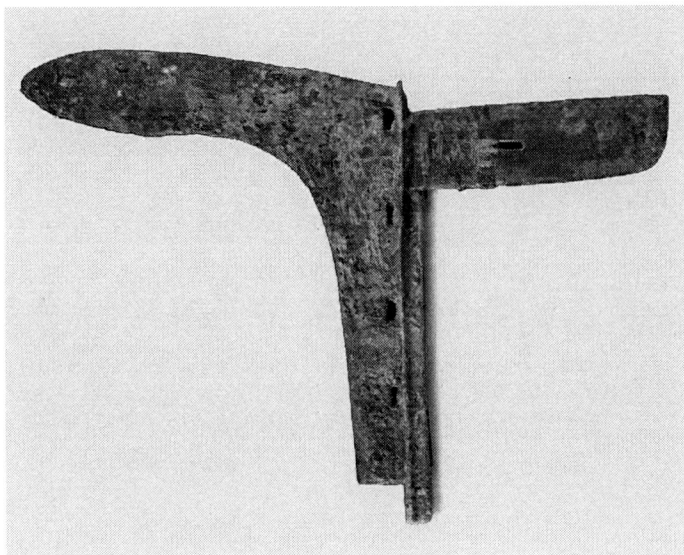

【時　　代】戰國晚期・秦（秦王政
　　　　　四年，前 243 年）。

【收 藏 者】某收藏家。

【尺　　度】通長 27 釐米。

【形制紋飾】直援尖鋒，胡長於援，
　　　　　闌下出齒，闌側四穿，
　　　　　內上一橫穿，後部呈刀
　　　　　形，三邊開刃。

【著　　錄】未著錄。

【銘文字數】內部正面鑄銘文 15 字。

【銘文釋文】四年，相［邦］呂［不
　　　　　韋］造，寺工詟，丞義，
　　　　　工［可］。

【備　　注】內背面據說有字，因朋友未傳送，暫缺。

1248. 徐子伯匜此戈（鍾離公柏戈、童麗公柏戈）

【時　　代】春秋中期。

【出土時地】2008年6月安徽蚌埠市淮上區小蚌埠鎮雙墩村春秋墓（M1.47）。

【收　藏　者】蚌埠市博物館。

【尺　　度】通長20、援長14、內長5.6、內寬2.7釐米。

【形制紋飾】直援尖鋒，援上揚，有脊，長胡，闌側三長穿一小穿，闌下出齒，長方形內，
　　　　　　中部有一橫穿。

【著　　錄】安徽銘文37頁圖29.1-3，考古學報2013年2期260頁圖30.2、3，鍾離
　　　　　　君143頁圖92。

【銘文字數】胡部正面鑄銘文9字，內部背面7字，共16字。

【銘文釋文】胡部：童（鍾）麗（離）公柏擭（獲）邻（徐）人。內部：余（徐）子白（伯）
　　　　　　匜此之元［用］戈。

胡部正面

内部背面

1249. 公乘斯戈（三年邦司寇戈）

【時　　代】戰國中期。

【收　藏　者】河南漯河市飛諾藝術品工作室。

【尺　　度】通長 22.4、援長 13.7、內長 8.7、闌高 12.5 釐米。

【形制紋飾】直援上揚，有脊，長胡，闌側三穿，闌下出齒，長方形內，前部有一橫穿。

【著　　錄】飛諾 60 頁晉 3。

【銘文字數】內的一面刻銘文 16 字（其中合文 1）。

【銘文釋文】三年，邦司寇（寇）公乘斯，上庫工帀（師）口議，冶（冶）疾。

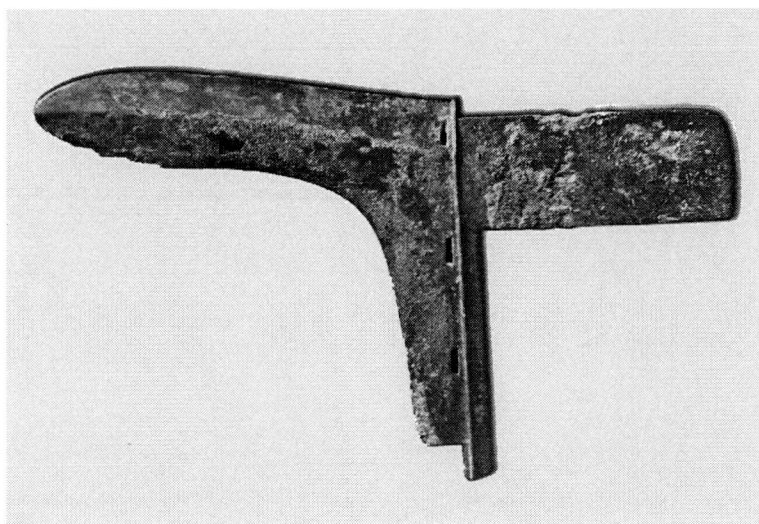

1250. 相邦瘄戈

【時　　代】戰國晚期。

【出土時地】2007 年 10 月陝西西安市未央區譚家村香客林小鎮戰國墓（M38.6）。

【收　藏　者】陝西省考古研究院。

【尺　　度】戈通長 27.9、援長 15、內長 9.7、寬 2.6-3 釐米。祕帽通長 6.1、通高 5.2
　　　　　　釐米。

【形制紋飾】窄長援上揚，尖鋒有脊，長胡，胡中部有一孑刺，闌側三長穿一小穿，闌下
　　　　　　出齒，內上一橫穿，內前部有圓雕鳥形祕帽，鳥回首，雙翅收攏，長尾下
　　　　　　勾，體飾錯銀羽毛紋。

【著　　錄】文博 2012 年 6 期 50 頁圖 2。

【銘文字數】內正面鑄銘文 16 字。

【銘文釋文】十九年相邦瘄，攻（工）室厔，右（左）乍（作）攻（工）暲，抯（冶）斈（觸）敆
　　　　　　（造）。

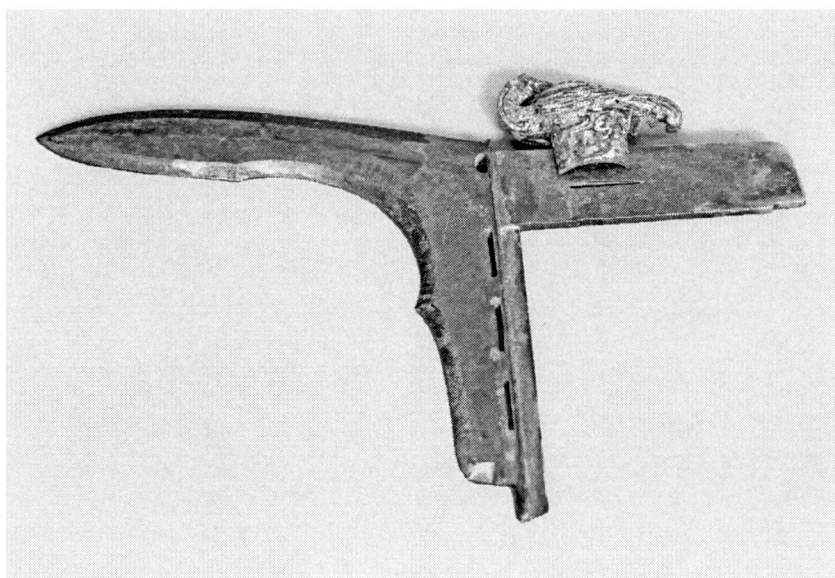

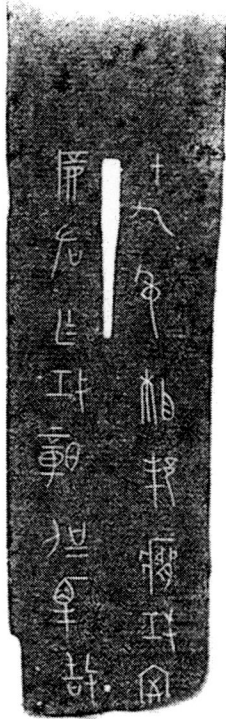

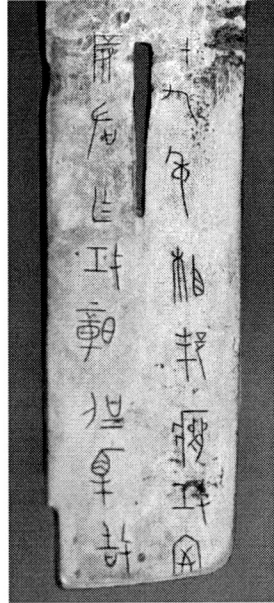

1251. 鉅鹿令張密戈（邸菉令張密戈）

【時　　　代】戰國晚期·趙惠文王卅年（前 269 年）。

【出土時地】2015 年 9 月日本東京中央拍賣會。

【收　藏　者】某收藏家。

【尺　　　度】通長 25.5、高 18.5 釐米。

【形制紋飾】窄援上揚，尖鋒，中脊鼓起，長胡，闌側二長穿一小穿，闌下出齒，内前部有一三角形橫穿，後部三邊開刃，出土時帶有鳥首長筒形祕帽。

【著　　　録】未著録。

【銘文字數】内上刻銘文 16 字（其中重文 1、合文 1）。

【銘文釋文】卅=（三十）年邸（鉅）菉（鹿）倫（令）長（張）密，工帀（師）王宜、耑（冶）雩敄（執）齋（劑）。

【備　　　注】"邸菉"即"鉅鹿"，戰國時期趙邑，故址在今河北平鄉縣（乞村鎮）西南平鄉鎮。

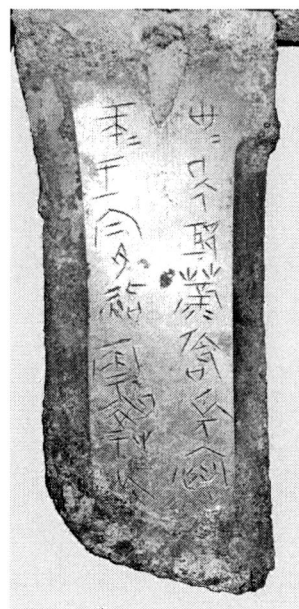

1252. 上郡守壽戈

【時　　　代】戰國晚期·秦（秦昭襄王十三年，前 294 年）。

【收　藏　者】湖北隨州市公安局。

【尺　　　度】殘長 13.8、闌高 10.8 釐米。

【形制紋飾】窄長援，中長胡，闌側三穿，闌下出齒，内無穿，後部呈刀形，三邊有刃。

【著　　　錄】未著錄。

【銘文字數】内正面刻銘文 17 字。

【銘文釋文】十三年，上郡守畫（壽）造，高奴工師帀，工鬼薪枭（渠）。

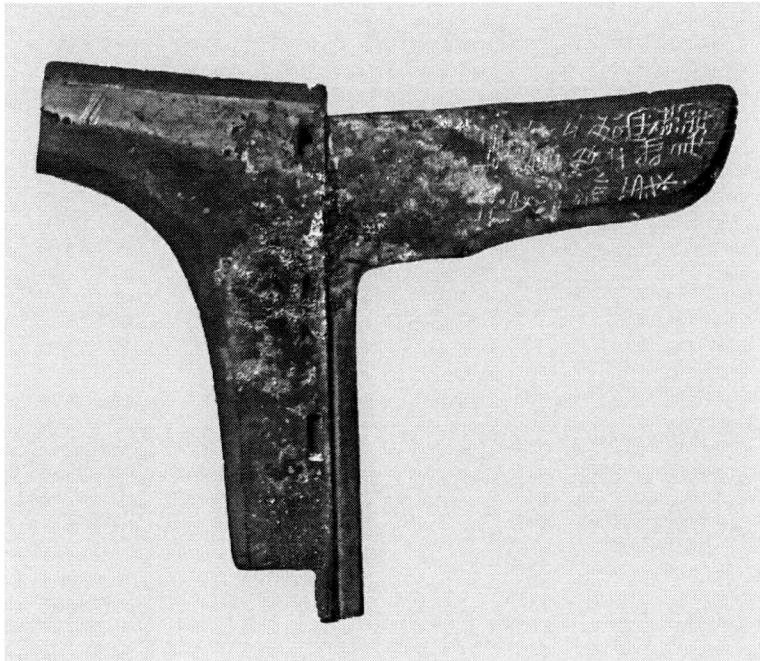

1253. 蜀守頓戈

【時　　代】戰國晚期·秦（秦王政十三年，前234年）。

【收 藏 者】河南漯河市飛諾藝術品工作室。

【尺　　度】通長26.3、援長16.1、內長10.2、闌高16.2釐米。

【形制紋飾】直援尖鋒，援微上揚，前部肥大，援後部收窄，中脊偏上，長胡四穿，胡與援基本等長，闌下出齒，內作刀形，三邊開刃，前部有一橫穿。

【著　　録】飛諾18頁秦4。

【銘文字數】內正面刻銘文14字，背面鑄銘文3字，共17字。

【銘文釋文】正面：十三年，蜀守頓造，西工昌，丞間，工是。背面：蜀西工。

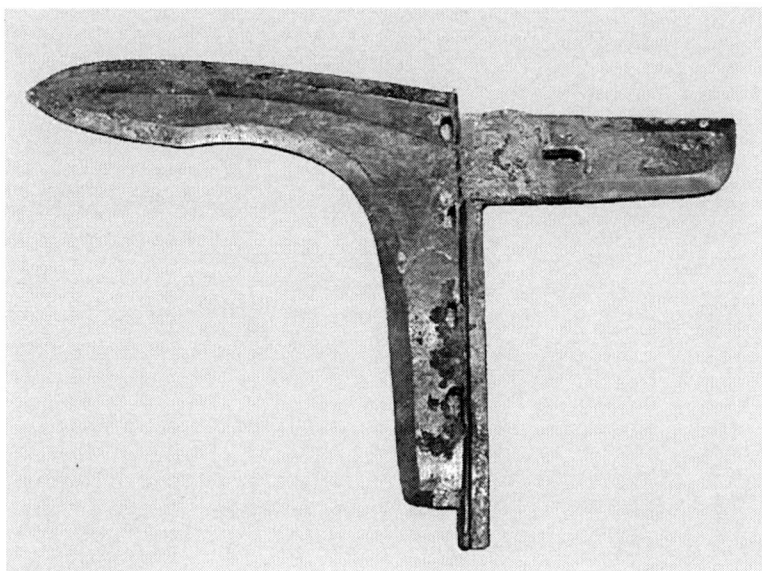

内部正面1

内部正面2　　　　内部背面

1254. 榆次令弟羔戈(榆即令弟羔戈)

【時　　代】戰國晚期·魏。

【收　藏　者】某收藏家。

【形制紋飾】直援尖鋒,前部較肥大,長胡三穿,闌下出齒,長方形內較寬,上角成弧形,內上有一橫穿。同出有圓筒形戈鐏。

【著　　錄】未著錄。

【銘文字數】內部刻銘文 17 字(其中合文 2)。

【銘文釋文】廿＝(二十)年,榆即(次)命(令)弟羔,工庫工帀(師)欺明,冶(冶)千九。

(放大)

1255. 者兒戈

【時　　代】春秋晚期。

【收　藏　者】上海博物館。

【尺度重量】通長 22.5、援長 14.6、內長 7.9、內寬 3.1 釐米,重 230 克。

【形制紋飾】直援略上揚,前鋒十分尖銳,有中脊,長胡,闌側三穿,闌下出齒,直內的
　　　　　　長度約占全長的三分之一強,內上一橫穿。

【著　　録】古文字 23 輯 98 頁圖 2。

【銘文字數】胡正面鑄銘文 18 字。

【銘文釋文】滕(滕)帀(師)公之孫,呑弔(叔)之子,者兒爲其酋戈。尃邑,□。

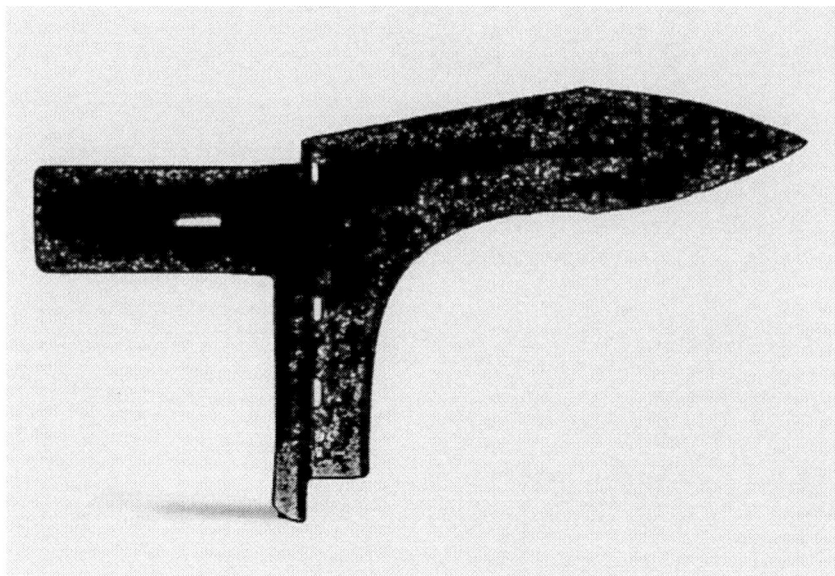

1256. 武城相邦畋戈

【時　　代】戰國中期。

【收 藏 者】蘇州博物館。

【尺　　度】通長 26、闌高 14 釐米。

【形制紋飾】直援微曲，尖鋒，中脊鼓起，長胡，闌下出齒，闌側二長穿一小穿，內前部一橫穿，後部呈刀形，三邊開刃。

【著　　錄】吳鈞 38 頁。

【銘文字數】內部刻銘文 18 字。

【銘文釋文】七年武城相邦畋，工帀（師）□、嗇夫□□、峀（冶）章敦（執）齋（劑）。

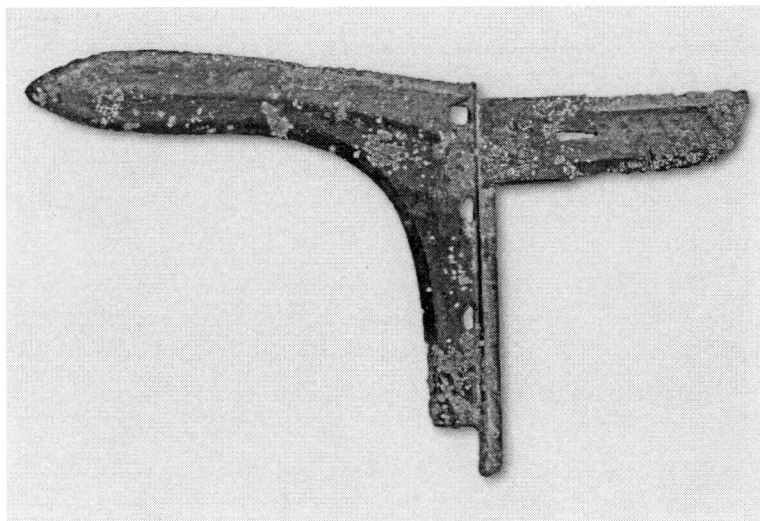

1257. 介令艇䛷戈

【時　　代】戰國晚期·韓。

【收　藏　者】某收藏家。

【著　　錄】未著錄。

【銘文字數】內的正面刻銘文約 18 字。

【銘文釋文】十二年，介命（令）艇䛷，司寇□，左庫［工帀（師）］章、冶□□。

【備　　注】圖像未提供。

（放大）

1258. 四年戈

【時　　代】戰國晚期·秦。

【收　藏　者】某收藏家。

【形制紋飾】窄直援,有脊,尖鋒,長胡,胡比援寬,闌側二長穿一小穿,闌下出齒,內上一橫穿,後部三邊開刃。

【著　　錄】未著錄。

【銘文字數】內正面刻銘文 18 字,背面 1 字,共 19 字。

【銘文釋文】正面銘: 四年□□□之造,咸陽工帀(師)□、丞嘉、工大人□。背面銘: 咸。

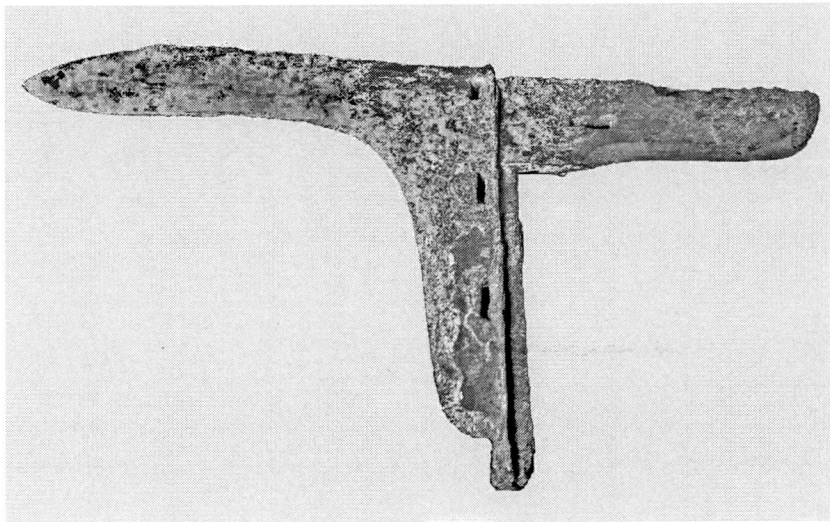

1259. 趙氏余戈一

【時　　代】春秋中期。

【出土時地】2014 年 11 月 出 現 在
　　　　　晉南。

【收 藏 者】某收藏家。

【形制紋飾】圭形援，中胡無脊，闌
　　　　　側二長穿一小穿，闌下
　　　　　出齒，長方形內，上有
　　　　　一橫穿。

【著　　錄】未著錄。

【銘文字數】胡部鑄銘文 18 字（其
　　　　　中合文 1）。

【銘文釋文】趙氏余毅鑿塦用元鎬乍（作）鑘（鑄）戈三百，子孫用之。

【備　　注】同坑出土 3 件。

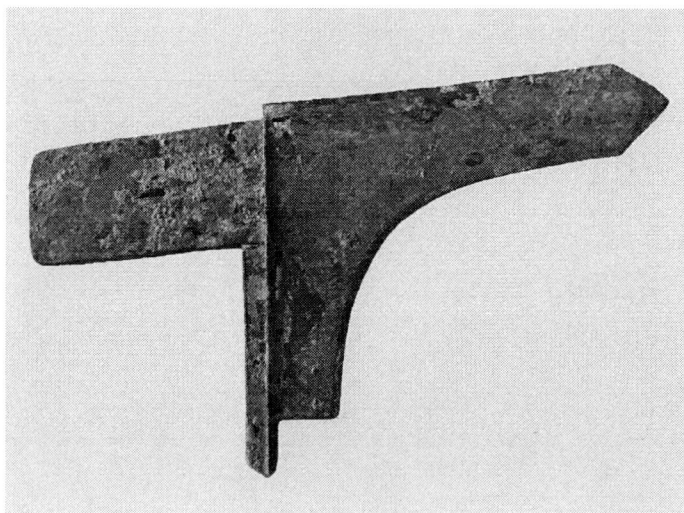

1260. 趙氏余戈二

【時　　代】春秋中期。

【出土時地】2014 年 11 月出現在晉南。

【收 藏 者】某收藏家。

【形制紋飾】圭形援,中胡無脊,闌側二長穿一小穿,闌下出齒,長方形内,上有一橫穿。

【著　　録】未著録。

【銘文字數】胡部鑄銘文 27 字(其中重文 2)。

【銘文釋文】吳王之母弟是謂徲䈁塞趙氏余之兵,鬻(鑄)鎬三全(百),子₌(子子)孫₌(孫孫)永寶用之。

【備　　注】第一字是"大"還是"吳",不敢遽定,待考。

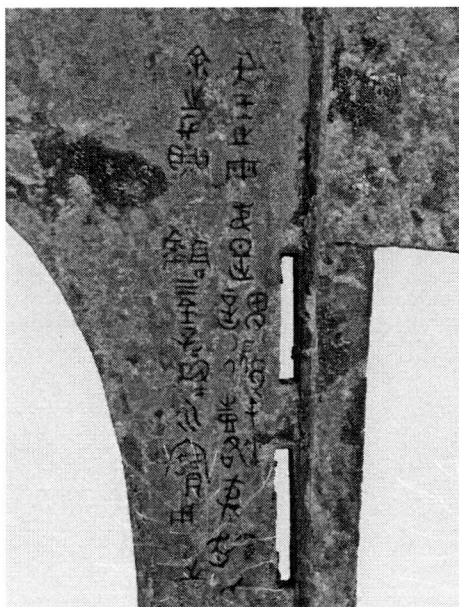

1261. 趙氏余戈三

【時　　代】春秋中期。

【出土時地】2014 年 11 月 出 現 在晉南。

【收 藏 者】某收藏家。

【形制紋飾】圭形援,中胡無脊,闌側二長穿一小穿,闌下出齒,長方形內,上有一橫穿。

【著　　錄】未著錄。

【銘文字數】胡部鑄銘文 27 字(其中重文 2)。

【銘文釋文】吳王之母弟是謂徫鼕墨趙氏余之兵,盞(鑄)鎬三全(百),子＿(子子)孫＿(孫孫)永寶用之。

【備　　注】第一字是"大"還是"吳",不敢遽定,待考。

1262. 趙氏余戈四

【時　　代】春秋中期。

【出土時地】2014 年 11 月出現在晉南。

【收　藏　者】某收藏家。

【形制紋飾】圭形援,中胡無脊,闌側二長穿一小穿,闌下出齒,長方形内,上有一
　　　　　　橫穿。

【著　　録】未著録。

【銘文字數】胡部鑄銘文 27 字(其中重文 2)。

【銘文釋文】吳王之母弟是謂御嚭塦趙氏余之兵,鼗(鑄)鎬三全(百),子=(子子)孫
　　　　　　=(孫孫)永寶用之。

【備　　注】第一字是"大"還是"吳",不敢遽定,待考。

1263. 大陰令鄋𩵋戈

【時　　　代】戰國晚期·魏。

【收　藏　者】河南漯河市飛諾藝術品工作室。

【尺　　　度】通長21.9、援長13.7、內長8.2、闌高10.8釐米。

【形制紋飾】直援微上揚，尖鋒平脊，長胡三穿，闌下出齒，內前部一橫穿，後部作刀
形，三邊開刃。

【著　　　錄】飛諾68頁晉5。

【銘文字數】胡部刻銘文19字（其中合文1）。

【銘文釋文】□年，大陸（陰）命（令）鄋𩵋（𩵋），上庫工帀（師）公行迖（率）𦥑（冶）人
屠所爲。

【備　　　注】摹本中"□年"和"工帀（合文）"未摹出。

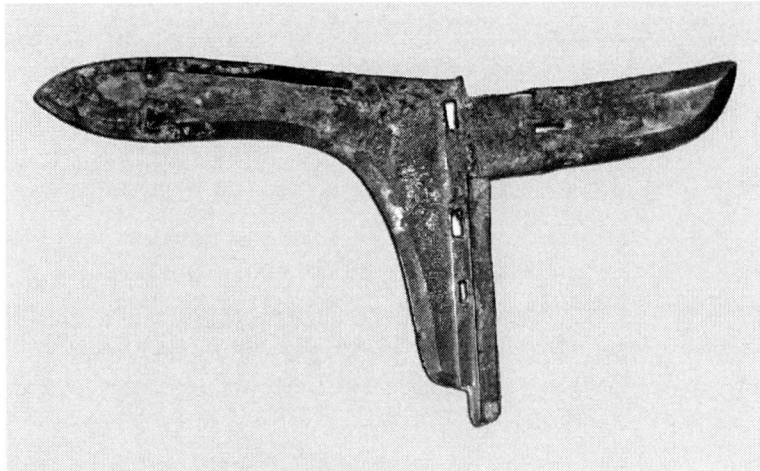

1264. 戱令解胡戈

【時　　代】戰國晚期·韓。

【收 藏 者】中國國家博物館。

【尺　　度】通長 21.3、闌高 11.7 釐米。

【形制紋飾】直援微上揚，援脊平緩，中長胡，闌下出齒，闌側三穿，長方形內，內上一橫穿。

【著　　錄】小校 10.59.5。

【銘文字數】內正面鑄銘文 20 字（其中合文 2）。

【銘文釋文】十七年，戱倫（令）解胡、司寇奠（鄭）害、左庫工帀（師）□較、胆（冶）□敚（敚－造）。

1265. 鼎卦戈

【時　　代】西周晚期或春秋早期。

【收 藏 者】杭州畫錦堂。

【尺　　度】通長 23、闌高 11.8、援至闌長 16、內長 6.8、內寬 3.4、援寬 3.5 釐米。

【形制紋飾】前鋒呈三角形，長援，援的上、下刃綫基本平行，中脊隆起，脊綫達於援本近闌處。中胡，闌側四長穿，側闌較寬，無上齒，下齒略呈斜角。長方形內，中前部有一圭形穿，內後緣下角有小缺，內近闌端有八條陽綫加强筋。

【著　　錄】復旦大學出土文獻與古文字研究中心網 2014 年 1 月 8 日董珊文圖 1-5。

【銘文字數】內正面鑄銘文 22 字（自內下緣起讀，經內後緣，轉至內上緣）。

【銘文釋文】一六一一一六，曰：鼎（鼎）止（趾）真（顚）；鼎（鼎）黄耳，奠止（趾）。五六一一五八，文（吝）。

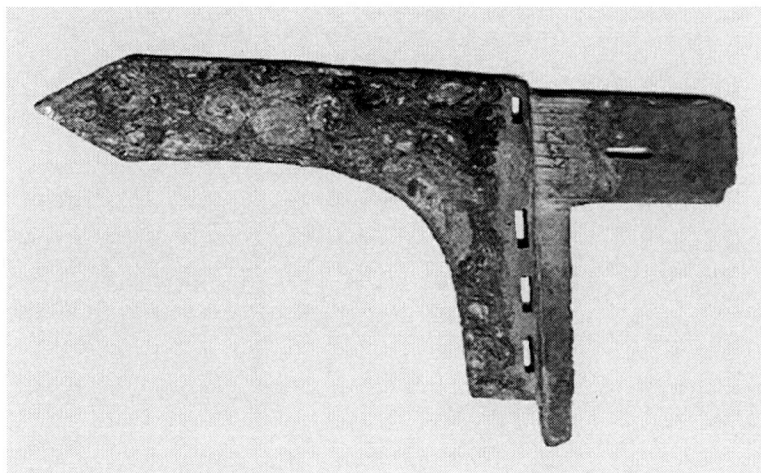

1266. 公族申戈

【時　　　代】戰國中期。

【收　藏　者】某收藏家。

【尺　　　度】通長 23 釐米。

【形制紋飾】直援尖鋒,有中脊,援的前部肥大,中部較窄,長胡三穿,闌下出齒,内上
　　　　　　一橫穿,後部作刀形,三邊開刃。

【著　　　録】未著録。

【銘文字數】援部有銘文 22 字。

【銘文釋文】五年公族申叓(作)陽城貣(造)乇(戟),吕(以)□□下大□□密君命□立。

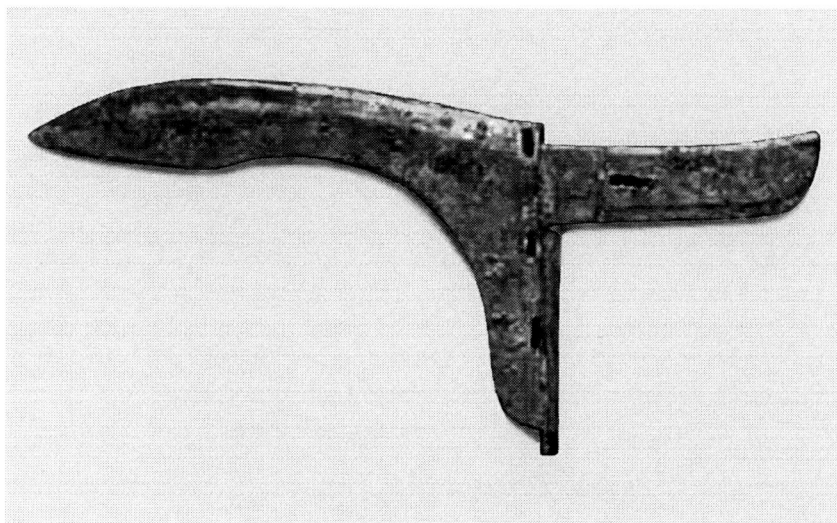

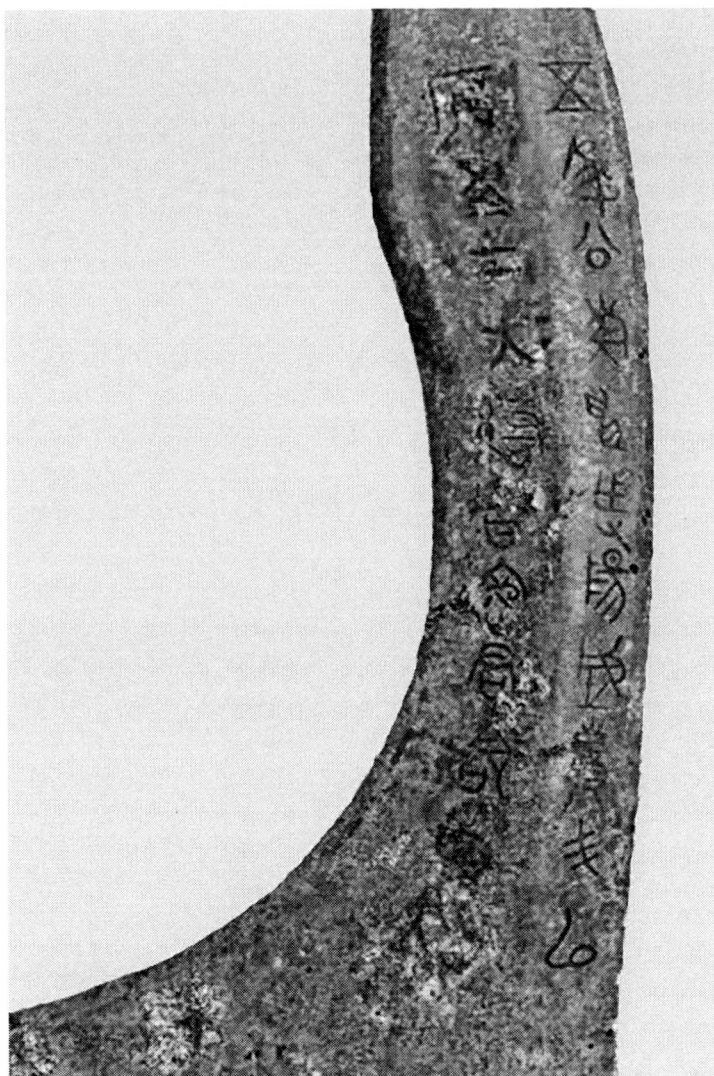

37. 矛

（1267－1289）

1267. ♡矛

【時　　代】商代晚期。

【收　藏　者】原藏明義士,現藏山東省博物館。

【尺　　度】通長 25、寬 6.9 釐米。

【形制紋飾】矛刺呈三角形,前鋒尖銳,橢圓形銎,銎兩旁有側翼,翼下端各有一穿繫孔。

【著　　録】明藏 285 頁圖版 20.2。

【銘文字數】骹上鑄銘文 1 字。

【銘文釋文】♡。

【備　　注】館藏號：6.61。

1268. 王矛一

【時　　代】春秋晚期。

【出土時地】2002 年山東新泰市青雲街道辦事處周家莊東周墓地（M2.10）。

【收 藏 者】新泰市博物館。

【尺　　度】通長 18、骹長 5.9、骹徑 2.1 釐米。

【形制紋飾】三片窄葉，尖鋒，圓筒形骹，銎孔通到矛身中腰。

【著　　錄】文物 2013 年 4 期 15 頁圖 25.2，新泰墓 85 頁圖 51.3。

【銘文字數】骹上鑄銘文 1 字。

【銘文釋文】王。

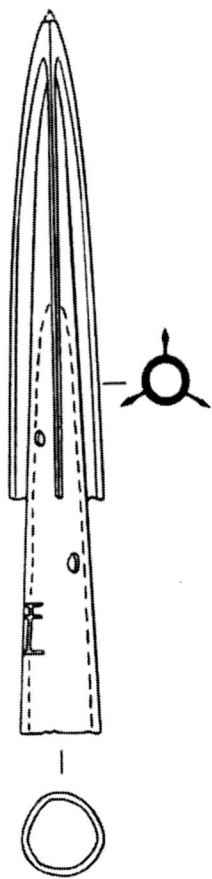

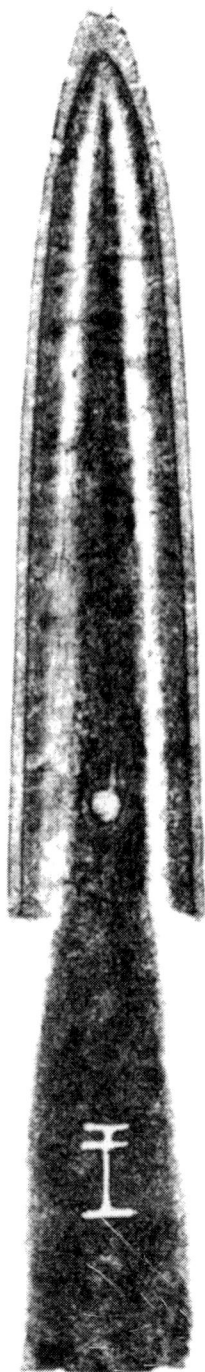

1269. 王矛二

【時　　　代】春秋晚期。

【出土時地】2002 年山東新泰市青雲街道辦事處周家莊東周墓地（M2.11）。

【收　藏　者】新泰市博物館。

【尺　　　度】通長 18.4、骹長 5.6、鋬徑 2.2 釐米。

【形制紋飾】三片窄葉，尖鋒，圓筒形骹，鋬孔通到矛身中腰。

【著　　　錄】文物 2013 年 4 期 15 頁圖 25.3，新泰墓 85 頁圖 51.4。

【銘文字數】骹上鑄銘文 1 字。

【銘文釋文】王。

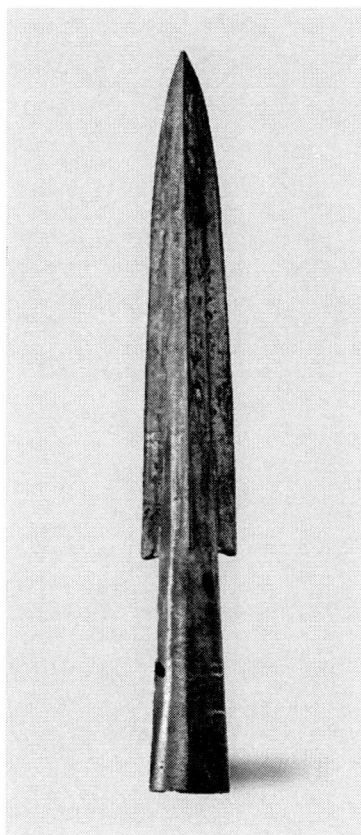

矛

1270. 王矛

【時　　代】戰國中期。

【出土時地】安徽繁昌縣孫村鎮犁山村。

【收　藏　者】繁昌縣博物館。

【尺　　度】通長 17.5 釐米。

【形制紋飾】尖鋒,中脊突起,葉向後漸寬,近骹處圜收,骹作長筒形,銎口作凹弧形。脊兩側飾魚鰭紋。

【著　　録】安徽銘文 302 頁圖 206.1。

【銘文字數】骹上鑄銘文 1 字。

【銘文釋文】王。

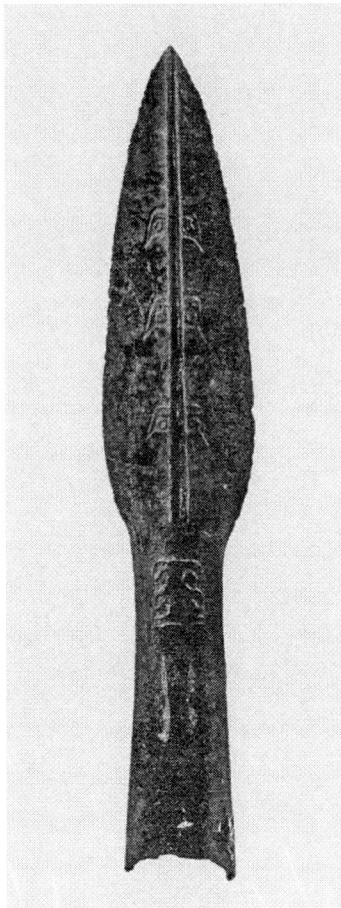
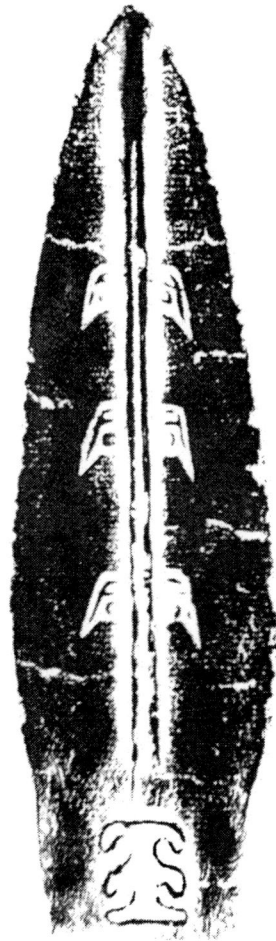

1271. 王矛

【時　　代】戰國中期。

【出土時地】1990年安徽安慶市大楓鄉黃華村戰國墓葬。

【收　藏　者】安慶市博物館。

【尺　　度】通長26、骹長5.7釐米。

【形制紋飾】尖鋒,中脊突起,葉向後漸寬,近骹處圓收,骹作長筒形。脊兩側飾雲雷紋。

【著　　録】安徽銘文308頁圖209.1。

【銘文字數】骹上鑄銘文1字。

【銘文釋文】王。

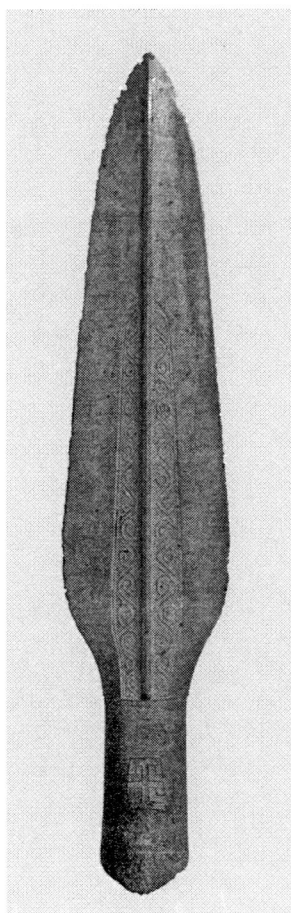

1272. 王矛

【時　　代】戰國中期。

【收 藏 者】蘇州博物館。

【尺　　度】通長 19.5、葉寬 2.8、銎徑 2.3 釐米。

【形制紋飾】長骹狹刃式。前鋒呈弧形,略殘,脊部凸起,中有凹槽,兩葉中部爲弧形
　　　　　凹面,圓筒形長骹,上細下粗,銎口呈凹弧形,骹下部有一半環形鈕。脊
　　　　　兩側飾三組鳥翼紋。

【著　　録】吳鈎 49 頁。

【銘文字數】骹上部鑄銘文 1 字。

【銘文釋文】王。

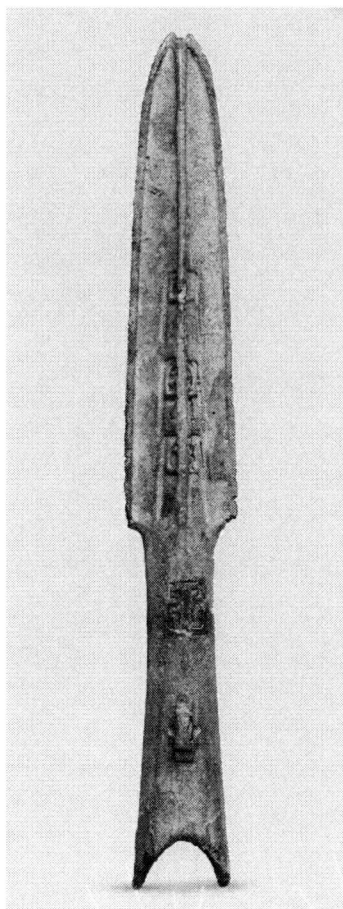

1273. 王矛

【時　　代】戰國中期。

【收 藏 者】蘇州博物館。

【尺　　度】通長 23.5、葉寬 6.5、骹徑 1.8 釐米。

【形制紋飾】長骹狹刃式。前鋒尖銳,脊部凸起,中有凹槽,兩葉向後漸寬,近本部收
　　　　　　狹,長骹中腰較細,銎口呈凹弧形。骹下部飾鋪首,其下有半環形鈕。

【著　　録】吳鈎 50 頁。

【銘文字數】骹上部鑄銘文 1 字。

【銘文釋文】王。

1274. 枸矛

【時　　代】戰國時期·秦。

【收 藏 者】某收藏家。

【形制紋飾】形體較細長，葉最寬處在基部。矛中脊隆起，
　　　　　　周邊有刃向内斜凸，邊刃與中脊凹下形成兩
　　　　　　道血槽。銎孔爲橢圓形。骹長約占總長的
　　　　　　三分之一强，基部略寬，有一圓穿。

【著　　録】未著録。

【銘文字數】骹部鑄銘文 1 字。

【銘文釋文】樳（枸）。

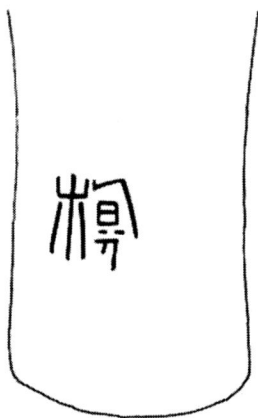

1275. 沙羨矛

【時　　代】戰國時期·秦。

【收 藏 者】某收藏家。

【著　　録】復旦大學出土文獻與古文字研究中心網 2009
　　　　　　年 4 月石繼承文。

【銘文字數】骹部刻銘文 2 字。

【銘文釋文】沙羨。

商周青銅器銘文暨圖像集成續編

1276. 詔矛

【時　　代】戰國晚期·秦。

【收　藏　者】某收藏家。

【形制紋飾】尖鋒,中有脊,脊兩旁有血槽,骹作束腰扁圓筒形,上有對穿釘孔。

【著　　録】未著録。

【銘文字數】骹上刻銘文 1 字。

【銘文釋文】詔。

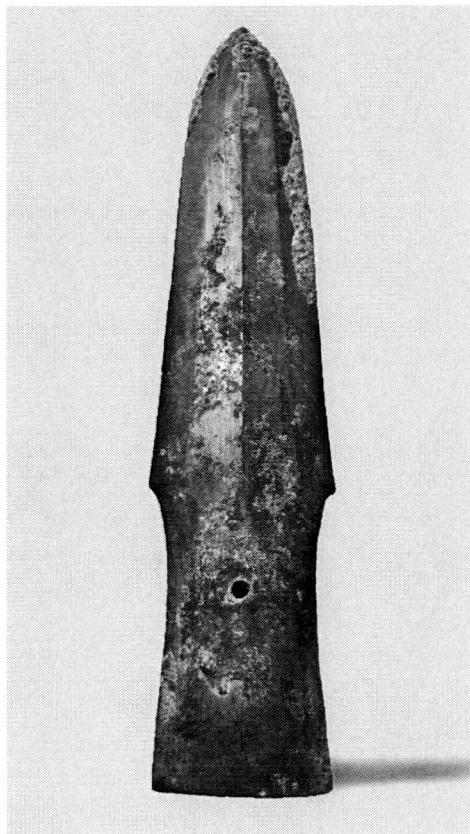

矛

1277. 亞龏矛（亞醜矛）

【時　　代】商代晚期。

【收 藏 者】某收藏家。

【形制紋飾】尖鋒寬葉，有脊，葉中部有尖桃形凹紋，兩翼作曲弧形下延，刃葉下孔爲
　　　　　　繫，圓筒形骹。

【著　　録】未著録。

【銘文字數】骹部鑄銘文 2 字。

【銘文釋文】亞龏。

【備　　注】一釋爲"亞醜"。

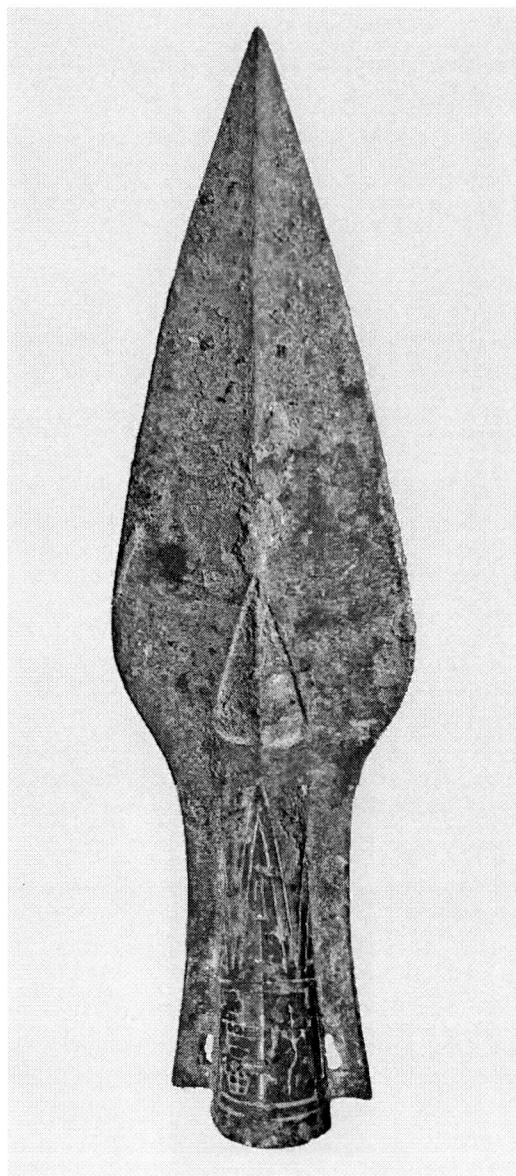

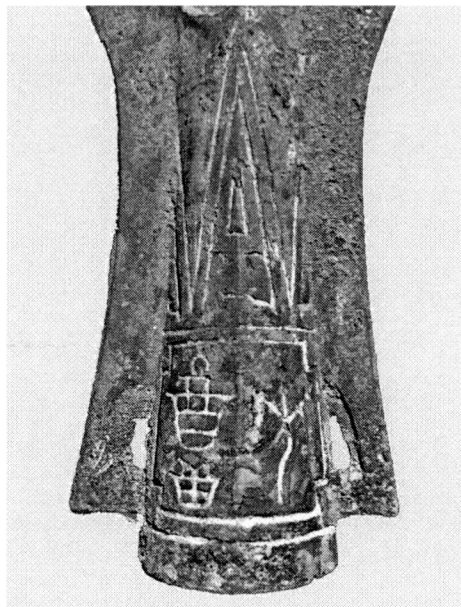

1278. 亞□矛

【時　　代】商代晚期。

【出土時地】2015 年 11 月破案繳獲。

【收 藏 者】西安市公安局。

【尺　　度】通長 23、葉寬 7.2 釐米。

【形制紋飾】刃葉尖而長，兩翼作曲弧形下延，葉刃下有繫纓孔，骹的橫截面近菱形。

【著　　錄】未著錄。

【銘文字數】骹部鑄銘文 2 字。

【銘文釋文】亞□。

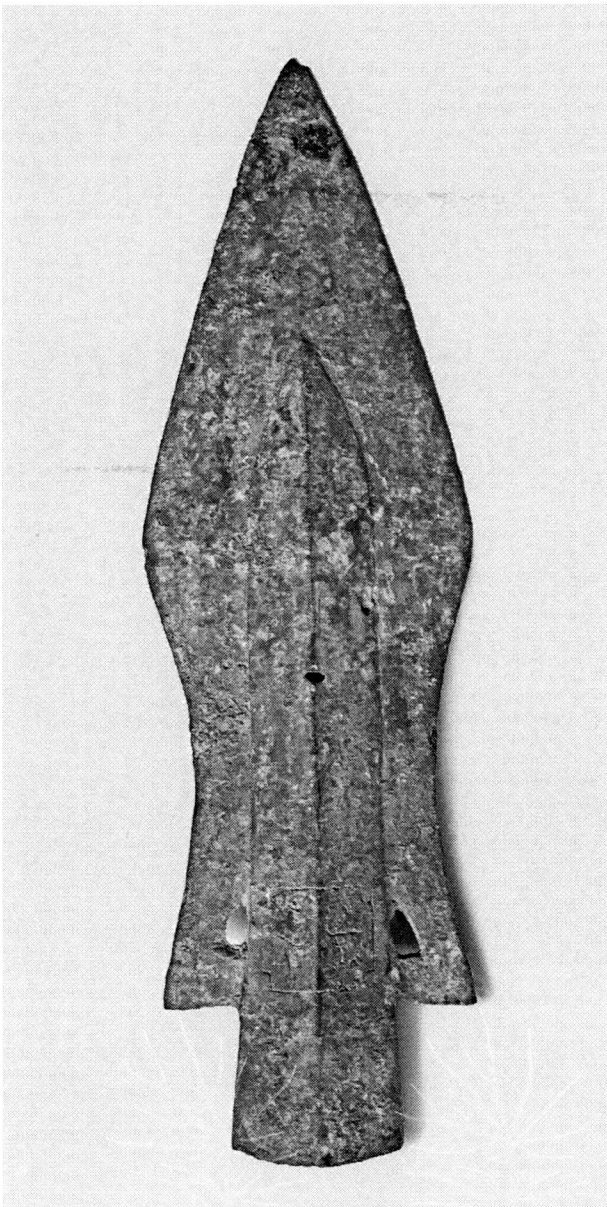

1279. 申右庫矛（邨右庫矛）

【時　　　代】戰國晚期・韓。

【收 藏 者】河南漯河市飛諾藝術品工作室。

【尺　　　度】通長 15.3、銎徑 2.5 釐米。

【形制紋飾】尖鋒，中部起脊，圓筒形骹，兩葉邊緣開刃。

【著　　　録】飛諾 84 頁 9。

【銘文字數】骹上鑄銘文 3 字。

【銘文釋文】邨（申）右庫。

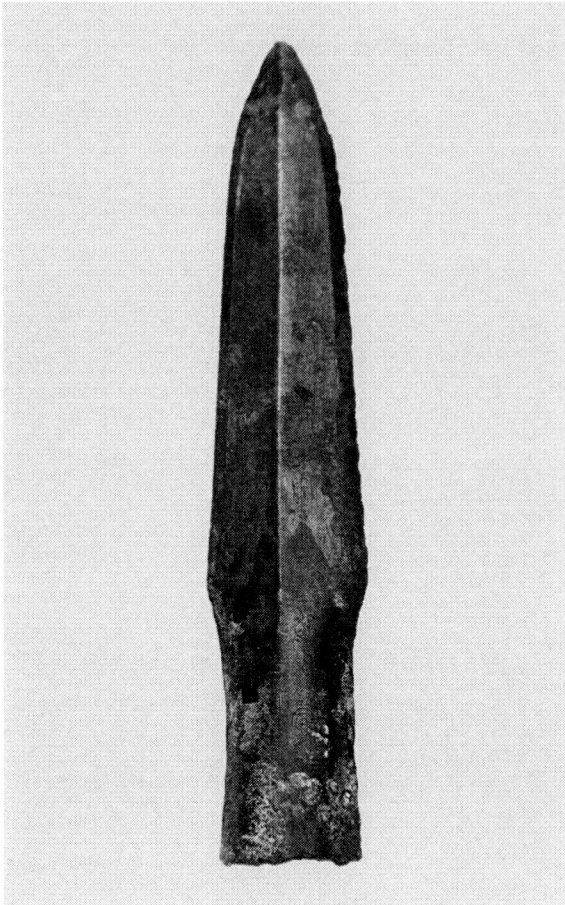 

1280. 越王諸稽於賜矛（戉王者旨於賜矛）

【時　　代】戰國早期（越王鼫與，前 464 - 前 459 年）。

【收 藏 者】浙江杭州市止水齋。

【形制紋飾】寬體狹刃，中脊較寬，兩側呈凹弧形面，然後形成狹長均勻的刃，骹口呈弧形，正背面各設一小鈕。骹部飾龍紋和三角紋。

【著　　録】鳥蟲書增圖 71。

【銘文字數】中脊兩側有錯金鳥篆銘文 6 字。

【銘文釋文】戉（越）王者（諸）旨（稽）於賜。

1281. 越王諸稽矛（戉王者旨矛）

【時　　　代】戰國早期（越王鼫與，前 464 – 前 459 年）。

【出土時地】1992 年購藏。

【收　藏　者】香港中文大學文物館。

【尺　　　度】通長約 12.8 釐米。

【形制紋飾】通體較短，寬體尖鋒，中脊粗壯，通向銎的中部，兩側刃向後漸寬，後部形成側翼，骹口呈弧形。

【著　　　錄】鳥蟲書增圖 74。

【銘文字數】中脊兩側有錯金鳥篆銘文 8 字。

【銘文釋文】戉（越）王者（諸）旨（稽），自乍（作）用矛。

1282. 燕王喜矛（郾王喜矛）

【時　　代】戰國晚期。

【收　藏　者】某收藏家。

【尺　　度】通長 27 釐米。

【形制紋飾】刺長葉窄，脊棱突起，斷面呈六邊形，脊旁有兩道血槽，圓骹前細後粗，後部有對穿釘孔。

【著　　録】盛世收藏網 2013 年 6 月 17 日。

【銘文字數】骹部鑄銘文 7 字。

【銘文釋文】郾（燕）王喜惡（愍、授）□□□。

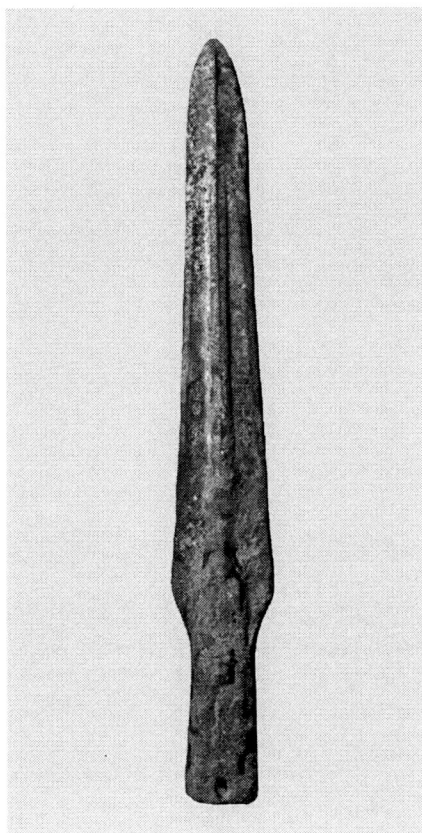

1283. 漆垣矛

【時　　代】戰國晚期·秦。

【收　藏　者】某收藏家。

【形制紋飾】尖鋒，中脊凸起，兩邊開刃，橢圓形銎孔，骸與兩葉相交處略細，向後漸粗，骸上有一對穿小孔，後部殘缺。

【著　　錄】未著錄。

【銘文字數】骸面刻銘文 2 處，兩葉後部 2 處，共 8 字。

【銘文釋文】桼（漆）垣，工□，高朢（望），□□。

1

2

3

（銘文照片均放大）

矛

1284. 所爲矛

【時　　代】戰國晚期。

【收 藏 者】2013年陝西鳳翔縣南指揮鄉戰國秦墓。

【收 藏 者】寶雞市秦公大墓博物館。

【尺　　度】通長18.8、銎徑2.3釐米。

【形制紋飾】體呈長葉形，尖鋒，中部起脊，兩葉邊緣開
　　　　　刃，下部圓收，圓筒形骹，上細下粗。

【著　　録】未著録。

【銘文字數】骹上鑄銘文10字。

【銘文釋文】□□□□□□所爲□矛。

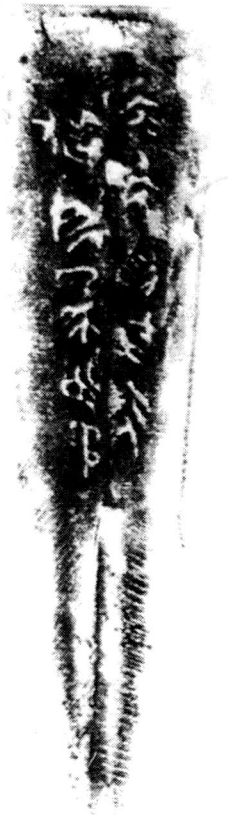

1285. 秦子矛

【時　　代】春秋早期。

【收　藏　者】某收藏家。

【尺　　度】通長 18 釐米左右。

【形制紋飾】窄葉，脊棱窄而且高，骹呈上細下粗的圓筒
形，鋬口有一道箍棱。

【著　　錄】未著録。

【銘文字數】骹兩側鑄銘文 14 字。

【銘文釋文】𥅕（秦）子乍（作），左辟元用，左右市觬，用
逸宣（宜）。

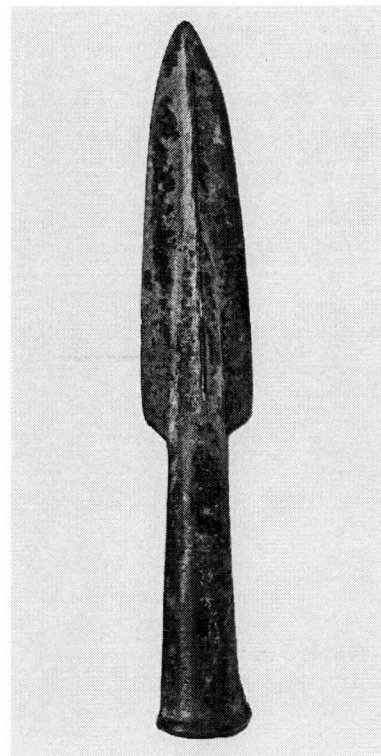

正面

背面

1286. 宅陽令隝登矛

【時　　代】戰國晚期·魏。

【收 藏 者】某收藏家。

【形制紋飾】窄葉尖鋒,脊兩側有血槽,骹作圓筒形,上部有一釘孔。

【著　　錄】未著錄。

【銘文字數】矛體一面刻銘文 15 字(其中合文 1)。

【銘文釋文】七年宅陽命(令)隝登,右庫工帀(師)夜疷(瘥)所□。

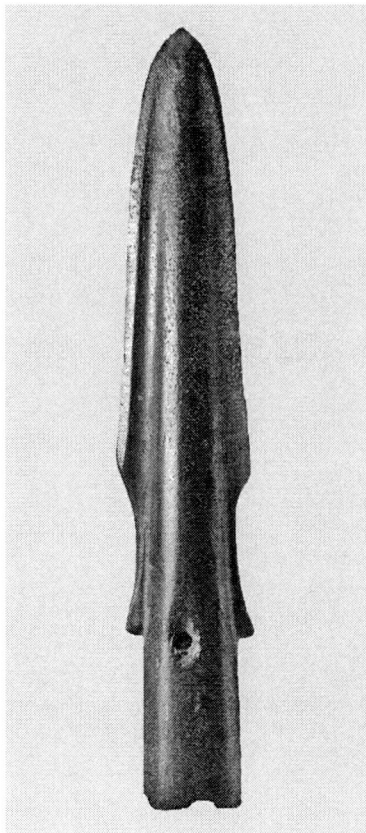

1287. 又矛

【時　　　代】戰國晚期。

【出土時地】2013 年陝西鳳翔縣南指揮鄉戰國秦墓。

【收　藏　者】寶雞市秦公大墓博物館。

【尺　　　度】通長 19.5、銎徑 2.4 釐米。

【形制紋飾】體呈長葉形，尖鋒，中部起脊，兩葉邊緣開
刃，下部圓收，圓筒形骹，上細下粗。

【著　　　録】未著録。

【銘文字數】骹上鑄銘文 17 字。

【銘文釋文】又□□□□□□□□□□□□□□□□。

a1

a2

a3   a4

b1   b2

1288. 新城令徒痼矛

【時　　代】戰國晚期·韓（桓惠王二十三年，前 250 年）。

【收 藏 者】某收藏家。

【著　　録】武漢大學簡帛研究中心網 2012 年 9 月 24 日。

【銘文字數】脊兩側刻銘文二處，韓國刻銘 25 字（其中合文 2、重文 1），秦國刻銘 2 字。

【銘文釋文】韓刻：貞壯（壯）王廿三年，新城倫（令）徒徒痼，司寇（寇）繘（續）巡（順）、
右庫工帀（師）樑郜、蚅（冶）寓（？）曹（造）。秦刻：武始（無摹本）。

【備　　注】圖像未提供。

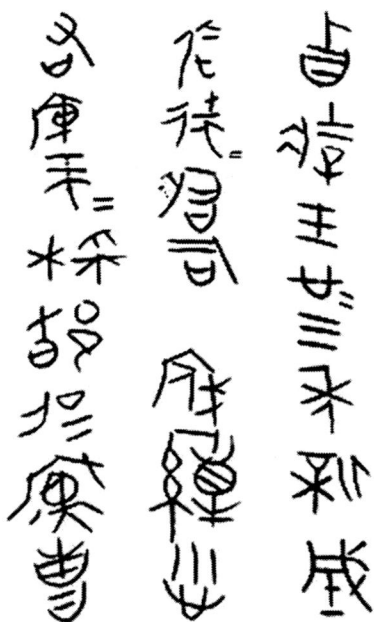

韓刻銘文摹本

1289. 冢子韓政戟刺

【時　　代】戰國晚期·韓。

【出土時地】2009 年 9 月江蘇宿遷市曉店鎮青墩村。

【收　藏　者】宿遷市博物館。

【尺　　度】通高 17.7、兩耳相距 18 釐米。

【形制紋飾】刺的橫截面呈菱形,前鋒尖銳,有中脊,骹呈橢圓形筒狀,中空,上有一釘孔。

【著　　録】文物 2015 年 2 期 63 頁圖 4。

【銘文字數】正面刻銘文 30 字,背面 2 字。

【銘文釋文】正面：六年,塚（冢）子旊（韓）政,邦庫嗇夫旊（韓）狐,大官上庫嗇夫狢賈,庫吏㘈,刏（冶）胻（尹）㸚㪣（造）端旊（戟）束（刺）。背面：潁陽。

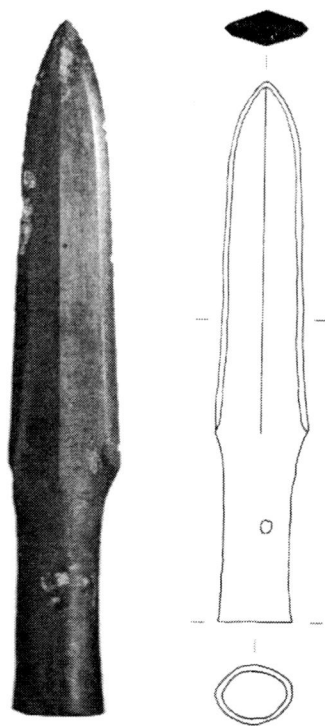

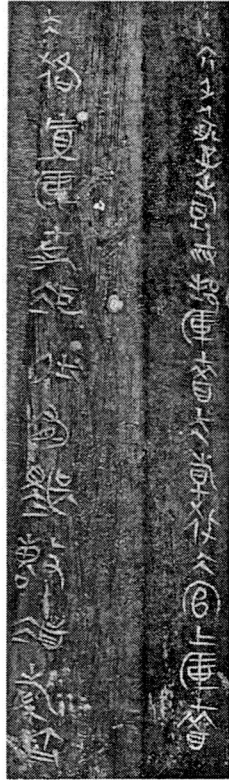

正面

背面

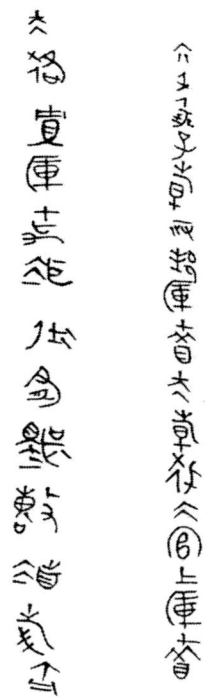

正面

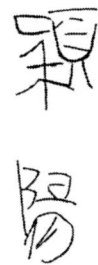

背面

矛

263

38．劍、鈹

（1290-1352）

1290. 姬劍

【時　　代】春秋晚期。

【出土時地】2002年山東新泰市青雲街道辦事處周家莊東周墓地（M1.57）。

【收 藏 者】新泰市博物館。

【尺　　度】殘長17.9、寬4.8釐米。

【形制紋飾】殘存劍身下段及莖，長條形，有中脊，扁莖無首，莖上部寬向下漸窄，上部
　　　　　　有一釘孔。

【著　　錄】新泰墓64頁圖35.5。

【銘文字數】殘存銘文2字。

【銘文釋文】姬劍。

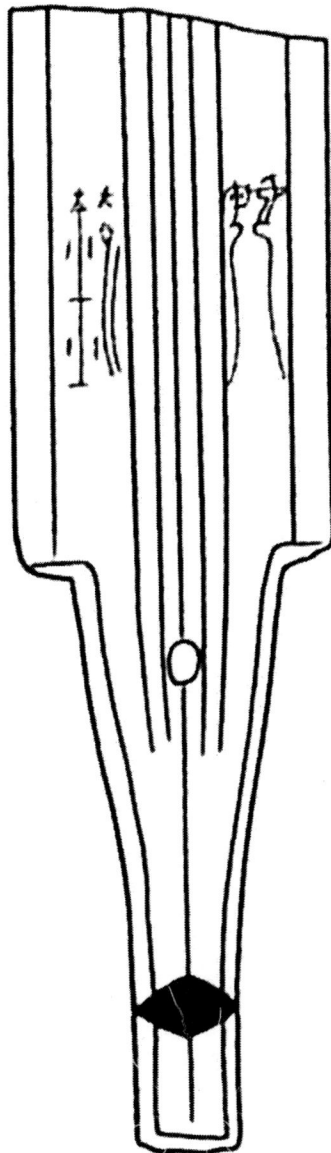

1291. 平陰劍

【時　　代】戰國晚期·齊。

【尺　　度】通長 40.6、寬 4.7 釐米。

【形制紋飾】窄長條,柳葉形,尖鋒圓脊,無格無首,後部有扁短莖。

【著　　錄】小校 10.95.3。

【銘文字數】劍身脊右側鑄陽文 2 字。

【銘文釋文】平陰(陰)。

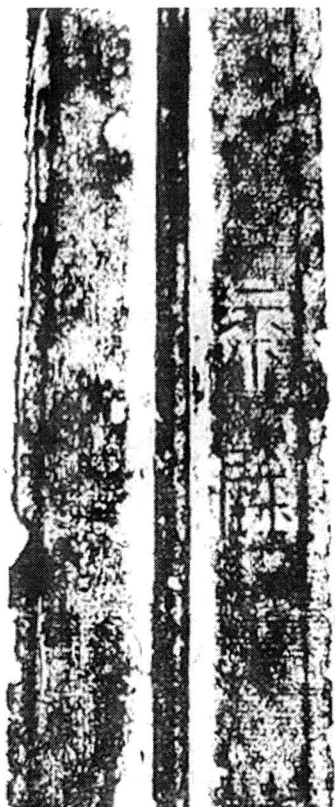

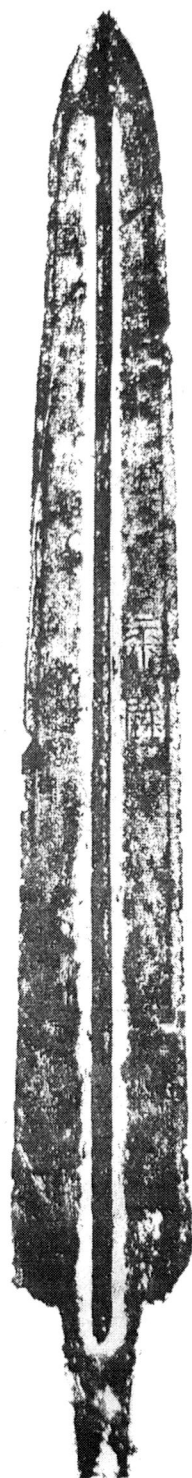

1292. 邳陽劍（不墬劍）

【時　　　代】戰國晚期·齊。

【尺　　　度】通長 44.7、寬 4.4 釐米。

【形制紋飾】窄長條,柳葉形,尖鋒有脊,無格無首,後部有窄扁莖。

【著　　　録】小校 10.95.2。

【銘文字數】劍身脊左側鑄陽文 2 字。

【銘文釋文】不（丕、邳）墬（陽）。

1293. 蒙劍

【時　　代】戰國晚期。

【出土時地】1974 年 6 月安徽潁上縣廢品倉庫揀選。

【收　藏　者】阜陽市博物館。

【尺　　度】殘長 13.3、寬 3.8-4.2 釐米。

【形制紋飾】僅存劍身，中脊凸起，斷面呈菱形。

【著　　錄】安徽銘文 33 頁圖 23.1，楚金 672 頁左，鳥蟲書增圖 346。

【銘文字數】劍脊一側鑄鳥篆銘文 1 字。

【銘文釋文】蒙。

【備　　注】圖像未公布。

1294. 𨟻左庫劍

【時　　代】戰國晚期。

【出土時地】安徽蚌埠。

【收　藏　者】安徽博物院。

【著　　錄】安徽銘文 40 頁圖 31.1。

【銘文字數】劍脊一側鑄銘文 3 字。

【銘文釋文】𨟻左庫。

1295. 陽人劍

【時　　　代】戰國晚期。

【收 藏 者】榆林市漢畫像博物館。

【尺　　　度】通長 41.8、寬 3.7 釐米。

【形制紋飾】長條形,尖鋒,前窄後寬,中脊明顯,凹字形劍格,圓筒形莖,玉璧形劍首。

【著　　　錄】未著錄。

【銘文字數】脊兩側鑄銘文 2 字。

【銘文釋文】易(陽)人。

【備　　　注】館藏號：143-142。

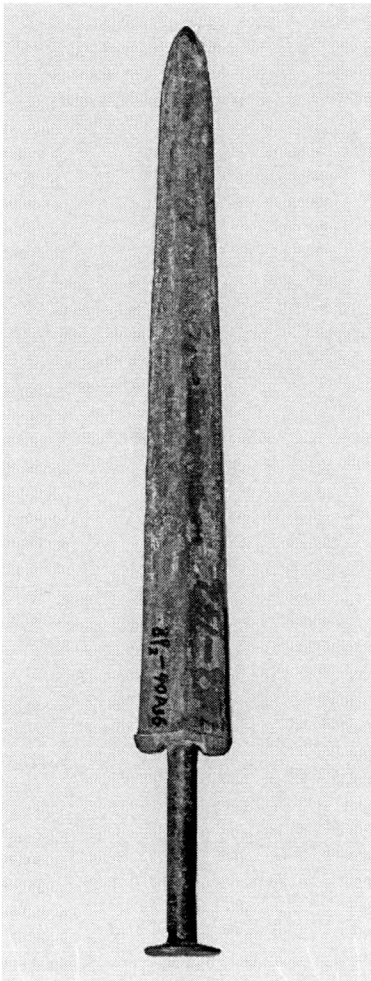

1296. 王劍

【時　　代】戰國中期·越。

【出土時地】1983年湖南湘潭縣第一中學校内。

【收 藏 者】湖南省博物館。

【形制紋飾】扁長條,尖鋒有脊,凹字型劍格,圓莖,上有兩道箍棱,圓形劍首。

【著　　録】鳥蟲書增圖140。

【銘文字數】劍身近格處有銘文4字。

【銘文釋文】王乍(作)□君。

【備　　注】"王"字倒置。

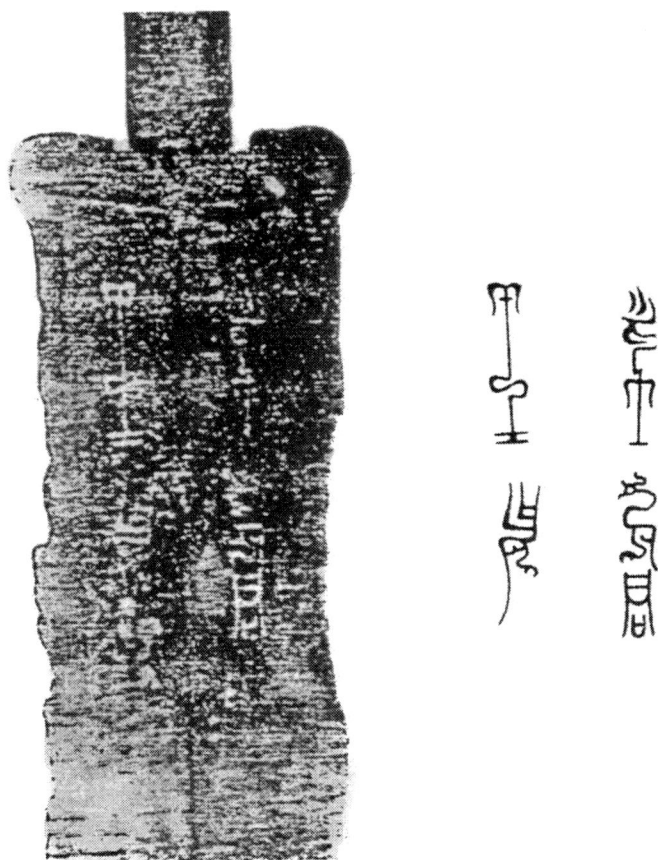

1297. 王劍

【時　　代】戰國晚期·越。

【收　藏　者】浙江紹興市某氏。

【形制紋飾】扁長條,尖鋒有脊,凹字型劍格,圓莖,上有兩道箍棱,圓形劍首。

【著　　録】鳥蟲書增圖 141。

【銘文字數】劍格正面有銘文 2 字,背面 4 字。

【銘文釋文】正面:王,王。背面:戉(越)之右,戉(越)。

正面

背面

1298. 王劍（王用劍）

【時　　代】戰國時期·越。

【收　藏　者】香港某收藏家。

【形制紋飾】扁長條，尖鋒有脊，兩縱向後漸寬，長方形劍格，喇叭形莖，上有螺旋形箍棱。

【著　　録】鳥蟲書增圖 142。

【銘文字數】脊兩側有錯金銘文 4 字。

【銘文釋文】自乍（作）王用。

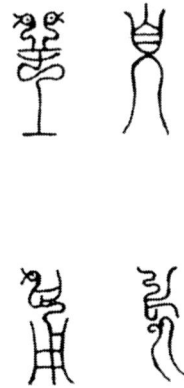

1299. 陽庶劍

【時　　代】戰國早期。

【收　藏　者】臺北某收藏家。

【形制紋飾】長條形，中有脊，兩邊有刃，窄格圓莖。

【著　　錄】楚金 683 頁補 39，蟲書增圖 330。

【銘文字數】劍格兩面各鑄銘文 4 字。

【銘文釋文】旟（陽）庶用僉（劍）。

【備　　注】圖像未公布。

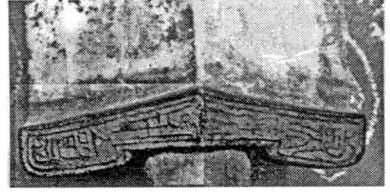

1300. 蔡侯產劍

【時　　代】戰國早期。

【收　藏　者】英國洛貝脫氏。

【形制紋飾】長條形，中有脊，兩邊有刃，窄格圓莖，莖上有兩道箍棱，圓餅形劍首，外側有同心圓紋，箍、格鑲嵌綠松石雲紋。

【著　　錄】楚金 182 頁 73.3。

【銘文字數】劍身鑄銘文 6 字。

【銘文釋文】希（蔡）厌（侯）產之用僉（劍）。

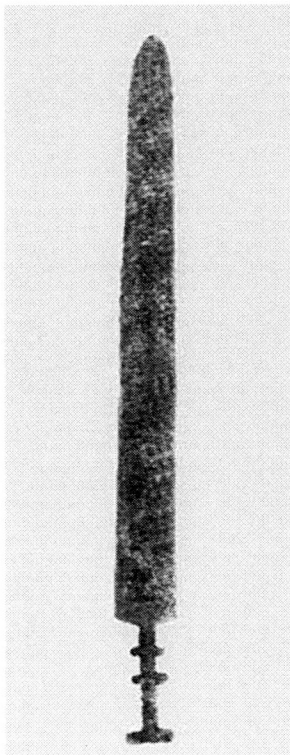

1301. 蔡侯朔劍

【時　　代】春秋晚期。

【出土時地】1999 年初冬湖北省丹江口市吉家院戰國楚墓（M19）。

【收 藏 者】丹江口市博物館。

【尺　　度】通長 56.6、劍身寬 4.9 釐米。

【形制紋飾】越式劍，尖鋒有脊，窄格圓莖，莖上有兩道箍棱，格飾獸面紋，鑲嵌綠
　　　　　松石。

【著　　錄】考古會（14）曹文圖 5。

【銘文字數】劍身近格處有錯金銘文 6 字。

【銘文釋文】希（蔡）厌（侯）朔之用鐱（劍）。

【備　　注】圖像未公布。

1302. 鄁王薝劍

【時　　代】春秋晚期。

【出土時地】傳出河南固始一帶。

【收 藏 者】某收藏家。

【尺　　度】通長 40 釐米。

【形制紋飾】扁條形,斷面呈菱形,前鋒尖銳,中有脊,菱形窄格,扁筒形莖,前細後粗,
中空圓首。出土時劍格、劍莖及劍首附着朽木和織物殘痕。

【著　　錄】未著錄。

【銘文字數】左從部有銘文 7 字。

【銘文釋文】鄁王薝自伐(作) 甬(用) 鑰(劍)。

1303. 燕王喜鈹

【時　　代】戰國晚期。

【收　藏　者】某收藏家。

【形制紋飾】尖鋒平脊,鈹身窄長,兩邊開刃,窄條莖。

【著　　録】未著録。

【銘文字數】中脊鑄銘文 7 字。

【銘文釋文】郾(燕)王喜愳(愵、授)某旅鈦。

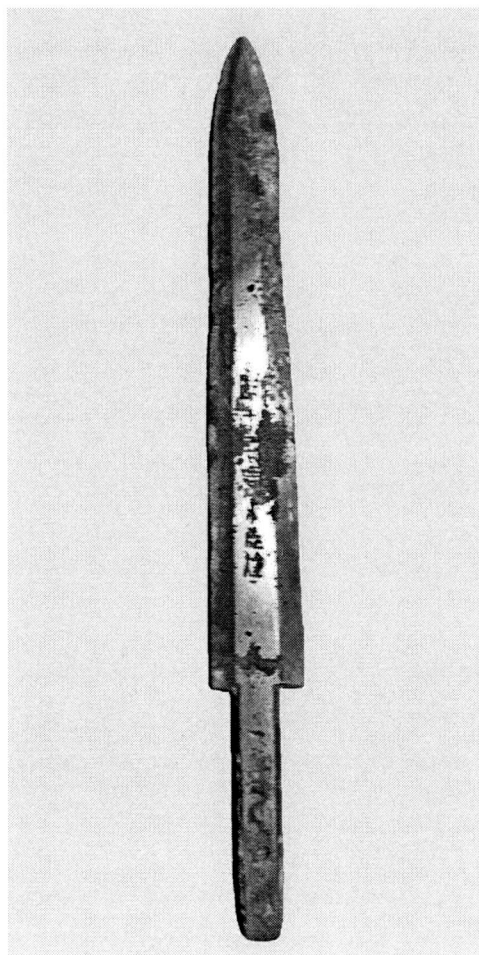

1304. 猷公子伐劍

【時　　代】春秋晚期。

【收 藏 者】某收藏家。

【尺　　度】通長 56 釐米。

【形制紋飾】窄長條，中有脊，尖鋒寬格，從的前部略有弧曲，莖作實心橢圓柱形，兩道
箍棱，劍首呈圓餅形。劍格飾獸面紋。

【著　　錄】未著錄。

【銘文字數】脊兩側有銘文 8 字。

【銘文釋文】猷公子伐自乍（作）用鐱（劍）。

1305. 令尹辛章劍

【時　　代】戰國早期。

【出土時地】2004 年徵集。

【收　藏　者】中國國家博物館。

【尺　　度】通長 54、刃寬 5.5 釐米。

【形制紋飾】寬從寬格式，劍身修长，中起脊綫，兩從斜弧，前部收狹，前鋒尖銳。圓盤
　　　　　　形劍首，圓莖中部有兩個箍棱。

【著　　錄】百年 175 頁 85，甲金粹 331 頁。

【銘文字數】脊兩側有錯金鳥篆銘文 8 字。

【銘文釋文】令尹辛章自乍（作）用僉（劍）。

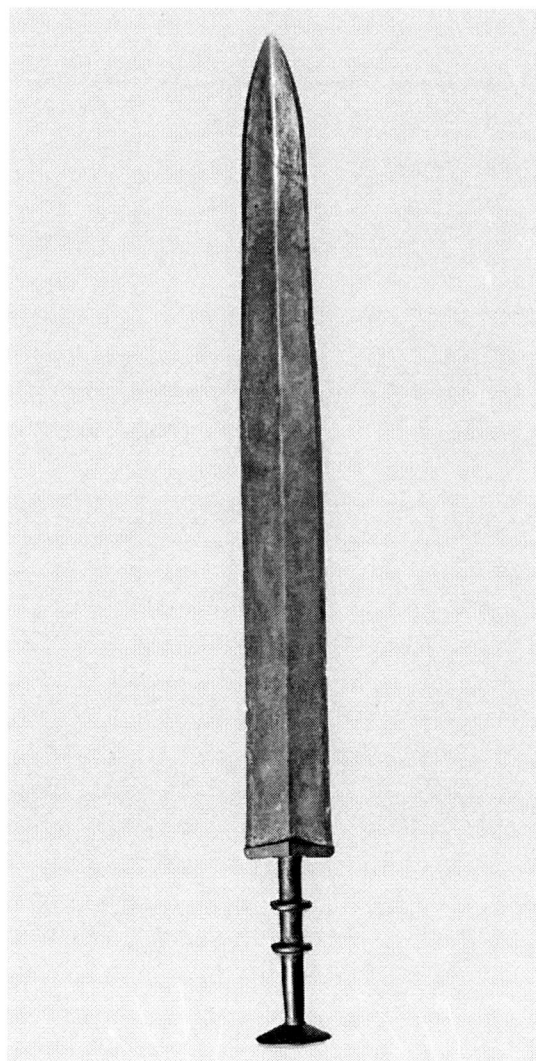

1306. 越王諸稽於睗劍（戉王者旨於睗劍）

【時　　代】戰國早期（越王鼫與，前 464－前 459 年）。

【收 藏 者】原藏日本中尾氏，現藏北京漢唐雅集藝術館。

【尺　　度】通長 59 釐米。

【形制紋飾】寬從寬格式，劍身修長，中起脊綫，兩從斜弧，前部收狹，前鋒尖銳。劍身裝飾着雙綫菱格暗紋與橢圓形圖案相結合的幾何紋樣；圓盤形劍首，內有九道粗細不等的同心圓紋；圓莖中部有兩個箍棱，其上各自鑲嵌三道綠松石，劍格上亦鑲嵌着蟬翼般的綠松石。

【著　　録】未著録。

【銘文字數】劍格兩面共鑄雙鈎鳥篆銘文 8 字。

【銘文釋文】正面：戉（越）王戉（越）王。背面：者（諸）旨（稽）於睗。

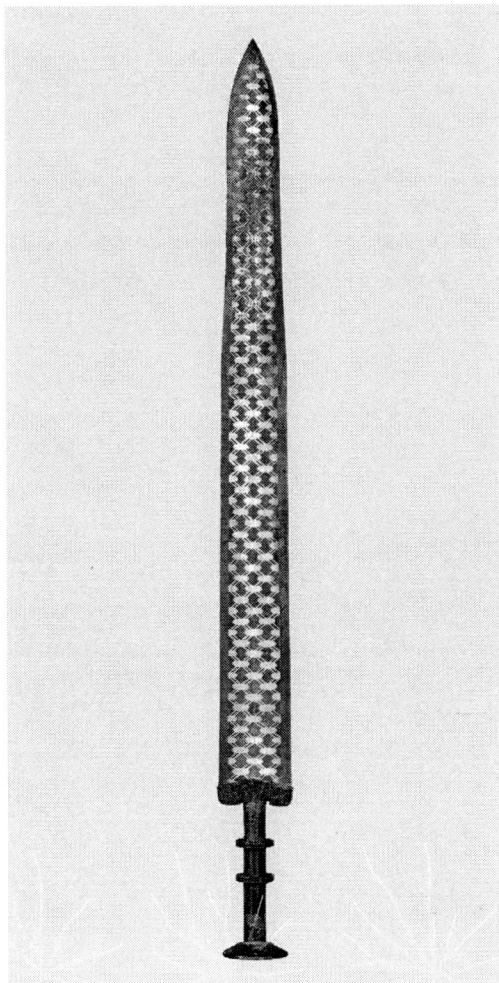

（放大）

1307. 越王諸稽於賜劍（戈王者旨於賜劍）

【時　　代】戰國早期（越王鼫與，前 464 – 前 459 年）。

【出土時地】傳出安徽壽縣。

【收 藏 者】原藏北京尊古齋。

【著　　錄】古文字 17 輯 97 頁，安徽銘文 92 頁圖 66.1。

【銘文字數】劍格兩面共有鳥篆銘文 8 字。

【銘文釋文】正面：戈（越）王戈（越）王。背面：者（諸）旨（稽）於賜。

【備　　注】圖像未公布。

正面

背面

1308. 越王諸稽於賜劍（戉王者旨於賜劍）

【時　　代】戰國早期（越王朱句，前 464 – 前 459 年）。

【出土時地】1996 年 1 月安徽壽縣壽春鎮南關村西圈墓地 4 號墓。

【收　藏　者】壽縣博物館。

【尺　　度】通長 54.5、莖長 8.6、刃寬 4.6、格寬 4.8 釐米。

【形制紋飾】寬格寬從式。尖鋒扁體，兩從寬平，中脊隆起，前鍔收窄，格作倒凹字形，
　　　　　　圓莖，莖上有兩道圓箍，箍上鑲嵌綠松石，圓盤形劍首，中心凹陷。

【著　　錄】安徽銘文 270 頁圖 187.1，鳥蟲書增圖 48。

【銘文字數】劍格兩面共有綠松石鑲嵌的銘文 8 字。

【銘文釋文】正面：戉（越）王戉（越）王。背面：者（諸）旨（稽）於賜。

正面

背面

1309. 越王諸稽於睗劍（戉王者旨於睗劍）

【時　　　代】戰國早期（越王鼫與，前 464 – 前 459 年）。

【收　藏　者】河南漯河市飛諾藝術品工作室。

【尺　　　度】通長 52、最寬 4.5、莖長 9.5、首徑 4 釐米。

【形制紋飾】斜寬從寬格式，中脊起綫，兩從斜弧，雙刃呈弧形，於近鋒處收狹，然後聚
　　　　　　成鋒，倒凹字形寬劍格，圓莖上有兩道箍棱，箍上飾陽綫勾雲紋，劍首呈
　　　　　　圓餅形，劍格文字鑲嵌綠松石。

【著　　　錄】飛諾 106 頁越 2，鳥蟲書增圖 62。

【銘文字數】劍格兩面共有鳥篆銘文 8 字。

【銘文釋文】正面：戉（越）王戉（越）王。背面：者（諸）旨（稽）於睗。

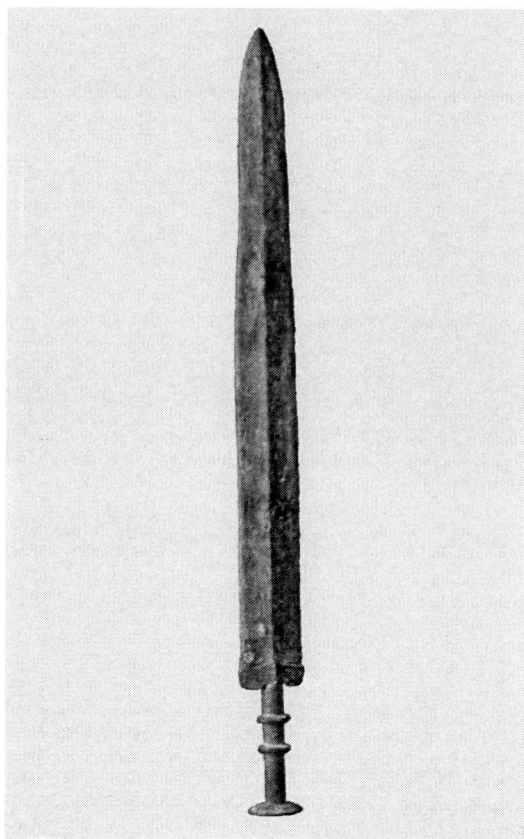

正面

背面

1310. 越王諸稽於睗劍（戉王者旨於睗劍）

【時　　　代】戰國早期（越王鼫與，前 464－前 459 年）。

【出土時地】2014 年 4 月出現在南京市。

【收　藏　者】某收藏家。

【尺　　　度】通長 54 釐米。

【形制紋飾】斜寬從寬格式，中脊起綾，兩從斜弧，雙刃呈弧形，於近鋒處收狹，然後聚
　　　　　　成鋒，倒凹字形寬劍格，圓莖上有兩道箍棱，箍上飾陽綾勾雲紋，劍首呈
　　　　　　圓餅形，劍格文字鑲嵌綠松石。

【著　　　錄】未著錄。

【銘文字數】劍格兩面共有鳥篆銘文 8 字。

【銘文釋文】正面：戉（越）王戉（越）王。背面：者（諸）旨（稽）於睗。

正面

背面

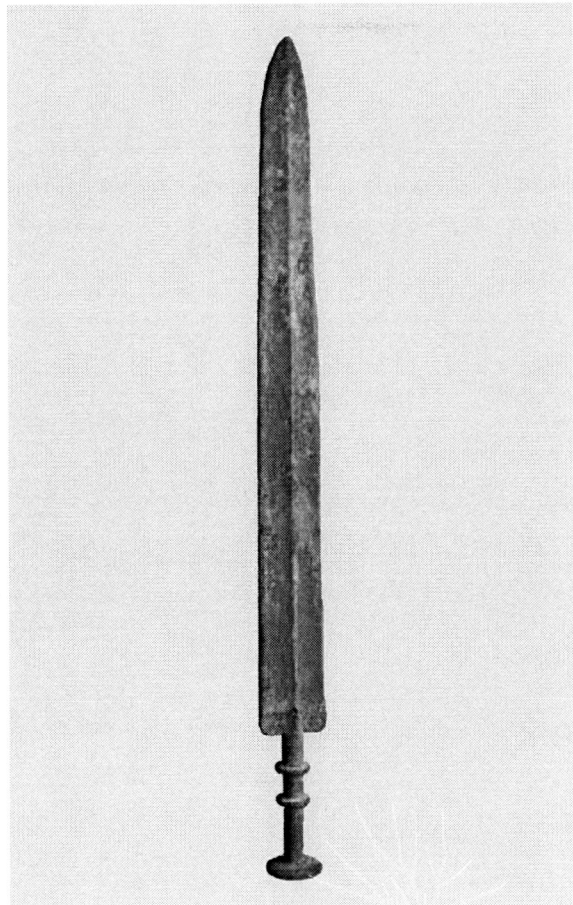

1311. 越王諸稽於睗劍（戉王者旨於睗劍）

【時 代】戰國早期（越王鼫與，前 464－前 459 年）。

【收 藏 者】江蘇徐州市李氏。

【著 録】鳥蟲書增圖 59。

【銘文字數】劍格兩面共有鳥篆銘文 8 字。

【銘文釋文】正面：戉（越）王戉（越）王。背面：者（諸）旨（稽）於睗。

正面

背面

1312. 越王諸稽於睗劍（戉王者旨於睗劍）

【時　　代】戰國早期（越王鼫與，前 464－前 459 年）。

【收 藏 者】北京市李氏。

【著　　録】鳥蟲書增圖 60。

【銘文字數】劍格兩面共有鳥篆銘文 8 字。

【銘文釋文】正面：戉（越）王戉（越）王。背面：者（諸）旨（稽）於睗。

正面

背面

1313. 越王諸稽於賜劍（戉王者旨於賜劍）

【時　　　代】戰國早期（越王鼫與，前 464－前 459 年）。

【出土時地】2012 年徵集。

【收　藏　者】浙江紹興市博物館。

【著　　　録】鳥蟲書增圖 61。

【銘文字數】劍格兩面共有鳥篆銘文 8 字。

【銘文釋文】正面：戉（越）王戉（越）王。背面：者（諸）旨（稽）於賜。

 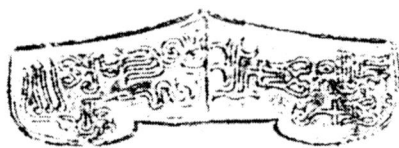

正面　　　　　　　　　　　　　　　背面

1314. 越王諸稽於賜劍（戉王者旨於賜劍）

【時　　　代】戰國早期（越王鼫與，前 464－前 459 年）。

【收　藏　者】江蘇蘇州市李氏。

【形制紋飾】本劍殘缺較多，蝕甚，劍格略殘。背面銘文未提供。

【著　　　録】鳥蟲書增圖 63。

【銘文字數】劍格兩面共有鳥篆銘文 8 字。

【銘文釋文】正面：戉（越）王戉（越）王。背面：［者（諸）旨（稽）於賜］。

【備　　　注】背面銘文照片未公布。

1315. 越王諸稽於睗劍（戉王者旨於睗劍）

【時　　代】戰國早期（越王鼫與，前 464 - 前 459 年）。

【出土時地】2009 年浙江紹興縣博物館在當地徵集。

【收 藏 者】紹興縣博物館。

【著　　錄】鳥蟲書增圖 65。

【銘文字數】劍格正面有鳥篆銘文 8 字，背面 8 字，共 16 字。

【銘文釋文】正面：戉（越）王者（諸）旨（稽），戉（越）王於睗。背面：自乍（作）用僉（劍），自乍（作）用僉（劍）。

正面

背面

1316. 越王州句劍（戉王州句劍）

【時　　代】戰國早期（越王朱句，前 448－前 412 年）。

【出土時地】2012 年 11 月出現在澳門大唐國際藝術品拍賣會。

【收 藏 者】某收藏家。

【尺　　度】通長 68 釐米。

【形制紋飾】長臘尖鋒，中脊凸起，凹字形格，細圓莖，首作圓餅形。

【著　　錄】大唐（2012）239。

【銘文字數】劍格正面鑄鳥篆銘文 6 字，背面 8 字，共 14 字。

【銘文釋文】正面：戉（越）王州句州句。背面：自乍（作）用僉（劍），自乍（作）用
　　　　　　僉（劍）。

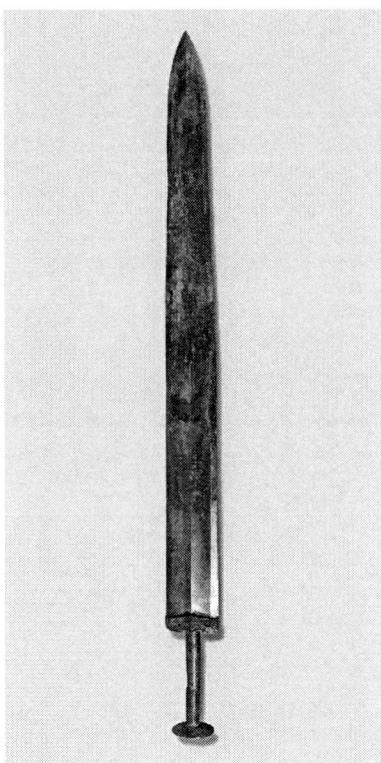

正面　　　　　　　　　　　　　　背面

1317. 越王州句劍（戉王州句劍）

【時　　代】戰國早期（越王朱句，前 448 – 前 412 年）。

【收 藏 者】浙江杭州市朱氏。

【著　　錄】鳥蟲書增圖 89。

【銘文字數】劍格正面鑄鳥篆銘文 6 字，背面 8 字，共 14 字。

【銘文釋文】正面：戉（越）王州句州句。背面：自乍（作）用僉（劍），自乍（作）用
　　　　　　僉（劍）。

正面　　　　　　　　　　　　　　　　　背面

1318. 越王州句劍（戉王州句劍）

【時　　代】戰國早期（越王朱句，前 448 – 前 412 年）。

【收 藏 者】某收藏家。

【著　　錄】鳥蟲書增圖 90。

【銘文字數】劍格正面鑄鳥篆銘文 6 字，背面 8 字，共 14 字。

【銘文釋文】正面：戉（越）王州句州句，背面：自乍（作）用僉（劍），自乍（作）用
　　　　　　僉（劍）。

正面　　　　　　　　　　　　　　　　　背面

劍、
鈹

1319. 越王州句劍（戉王州句劍）

【時　　代】戰國早期（越王朱句，前 448 – 前 412 年）。

【收 藏 者】江蘇徐州市徐氏。

【著　　録】鳥蟲書增圖 92。

【銘文字數】劍格正面鑄銘文 6 字，背面 8 字，共 14 字。

【銘文釋文】正面：戉（越）王州㣇（句），州㣇（句）。背面：自乍（作）用僉（劍），自乍（作）用僉（劍）。

正面

背面

1320. 越王州句劍（戉王州句劍）

【時　　代】戰國早期（越王朱句，前 448 – 前 412 年）。

【收 藏 者】北京市李氏。

【著　　録】鳥蟲書增圖 93。

【銘文字數】劍格正面鑄銘文 6 字，背面 8 字，共 14 字。

【銘文釋文】正面：戉（越）王州㣇（句），州㣇（句）。背面：自乍（作）用僉（劍），自乍（作）用僉（劍）。

正面

背面

1321. 越王州句劍（戉王州句劍）

【時　　代】戰國早期（越王朱句，前 448－前 412 年）。

【收　藏　者】湖南長沙市劉氏。

【著　　録】鳥蟲書增圖 97。

【銘文字數】劍格正面鑄銘文 6 字，背面 8 字，共 14 字。

【銘文釋文】正面：戉（越）王州丩（句），州丩（句）。背面：自乍（作）用僉（劍），自乍（作）用僉（劍）。

正面　　　　　　　　　　　　　　　　背面

1322. 越王州句劍（戉王州句劍）

【時　　代】戰國早期（越王朱句，前 448－前 412 年）。

【出土時地】二十世紀七十年代安徽壽縣出土。

【收　藏　者】原藏集雅堂。

【著　　録】鳥蟲書增圖 98。

【銘文字數】劍格正面鑄銘文 6 字，背面 8 字，共 14 字。

【銘文釋文】正面：戉（越）王州丩（句），州丩（句）。背面：自乍（作）用僉（劍），自乍（作）用僉（劍）。

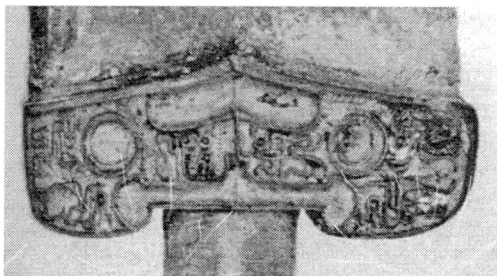

正面　　　　　　　　　　　　　　　　背面

劍、鈹

1323. 越王州句劍（戉王州句劍）

【時　　代】戰國早期（越王朱句，前 448 - 前 412 年）。

【出土時地】浙江紹興地區出土，2012 年紹興縣博物館徵集入藏。

【收　藏　者】紹興縣博物館。

【形制紋飾】斜寬從厚格式，中脊起綫，兩從斜弧，雙刃呈弧形於近鋒處收狹，圓莖上有兩凸箍，圓形劍首。

【著　　録】鳥蟲書增圖 101。

【銘文字數】劍格正面鑄銘文 6 字，背面 8 字，共 14 字。

【銘文釋文】正面：戉（越）王州句，州句。背面：之用僉（劍），唯余土廷（逡）邡。

正面

背面

1324. 越王不光劍（戉王不光劍）

【時　　　代】戰國中期（越王翳，前 411－前 376 年）。

【出土時地】2002 年 8 月湖北荆州市荆州區曹家山一號戰國楚墓（M1.19）。

【收　藏　者】荆州博物館。

【尺　　　度】通高 62.4、身寬 5.1、格長 5.4、寬 0.5、莖長 9.5、首徑 4.3 釐米。

【形制紋飾】窄長扁條形，中有脊，前段較窄，前鋒尖銳，圓柱莖中空，菱形窄格，劍首作璧形。

【著　　　錄】江漢考古 2015 年 5 期圖 6.2，圖版七：2-4，鳥蟲書增圖 131。

【銘文字數】劍格正面有錯金銘文 4 字，背面 6 字，劍首 12 字，共 22 字。

【銘文釋文】劍格正面：戉（越）王，王戉（越）。劍格背面：僉（劍）用光，光用僉（劍）。劍首：戉（越）王不光用僉（劍），戉（越）王不光用僉（劍）。

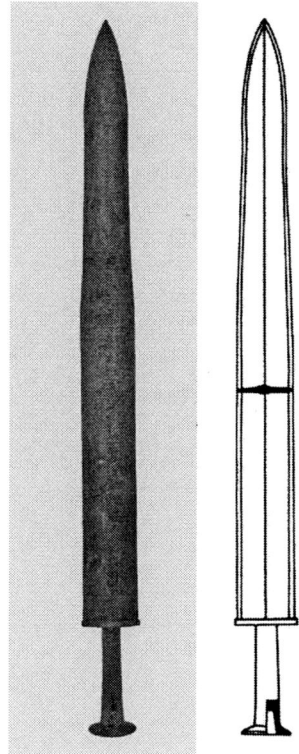

劍格正面

劍格背面

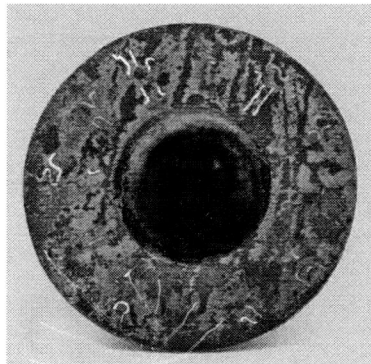

劍首

劍、鈹

295

1325. 越王不光劍（戉王不光劍）

【時　　代】戰國中期（越王翳，前411－前376年）。

【收 藏 者】飛諾藝術品工作室。

【尺　　度】通長48、最寬處5、莖長9.5、劍首直徑
4.3釐米。

【形制紋飾】斜寬從窄格式，前鋒尖銳，自鋒起脊直
至劍格，劍從向後稍寬，直筒莖，玉璧
形劍首。

【著　　録】飛諾102頁越1，鳥蟲書增圖133。

【銘文字數】劍格正背面有銘文8字，劍首12字，
共20字。

【銘文釋文】劍格正面：戉（越）王，戉（越）王。劍
格背面：不光，不光。劍首：□□□
□□□，□□□□□□。

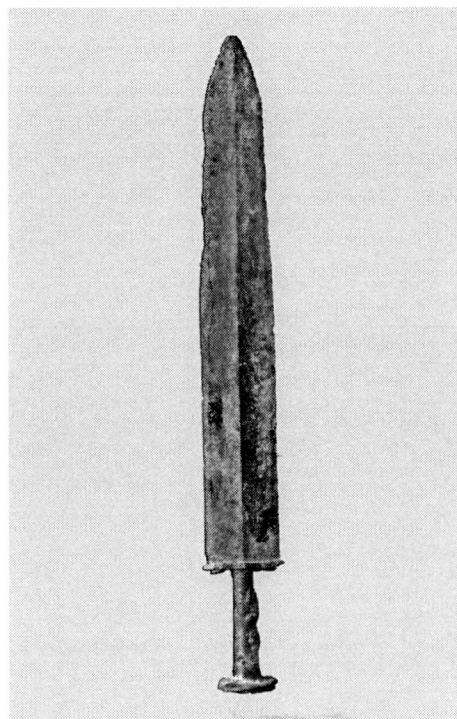

劍格正面

劍格背面

劍首

1326. 越王不光劍（戉王不光劍）

【時　　代】戰國中期（越王翳，前 411－前 376 年）。

【形制紋飾】斜寬從窄格式，前鋒尖銳，自鋒起脊直至劍格，劍從向後稍寬，直筒莖，玉璧形劍首。

【收　藏　者】臺北中研院歷史語言研究所。

【著　　錄】古代史 277 頁附圖 52，鳥蟲書增圖 132。

【銘文字數】劍格正背面有銘文 8 字，劍首 12 字，共 20 字。

【銘文釋文】劍格正面：戉（越）王，戉（越）王。劍格背面：不光，不光。劍首：□□□□□□，□□□□□□。

【備　　注】館藏號：P. R. 86。

劍格正面

劍格背面

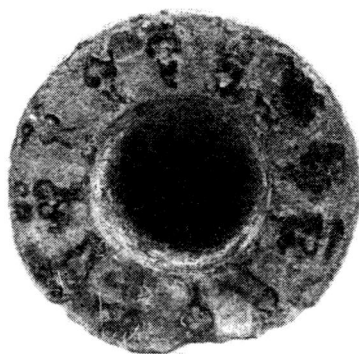
劍首

1327. 越王不光劍（戈王不光劍）

【時　　代】戰國中期（越王翳，前 411－前 376 年）。

【收　藏　者】浙江紹興市翰越堂。

【形制紋飾】窄格式，圓形劍首。

【著　　録】鳥蟲書增圖 129。

【銘文字數】劍格銘文錯金，正背面各 4 字，劍首 12 字（隔字錯金銀），共 20 字。

【銘文釋文】正面：戈（越）王，戈（越）王。背面：不光，不光。劍首：□□□□□□，
　　　　　　□□□□□□。

劍格正面

劍格背面

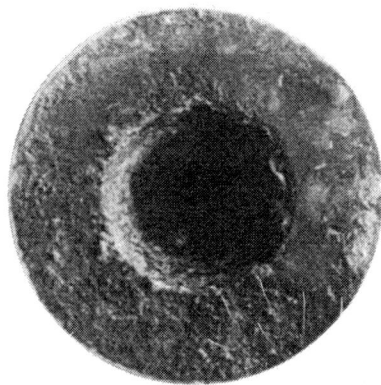

劍首

1328. 越王諸稽不光劍（戉王者旨不光劍）

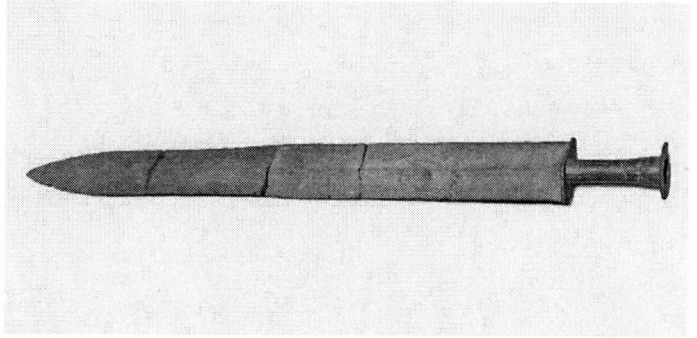

【時　　代】戰國中期（越王翳，前 411－前 376 年）。

【收 藏 者】江蘇無錫市朱氏。

【形制紋飾】窄格式，圓形劍首。

【著　　錄】鳥蟲書增圖 117。

【銘文字數】劍格銘文錯金，正面 4 字，背面 8 字，劍首 12 字（隔字錯金），共 24 字。

【銘文釋文】正面：戉（越）王，戉（越）王。背面：者（諸）旨（稽）不光，自乍（作）用 僉（劍）。劍首：唯□王古□古，自乍（作）用僉（劍），古之。

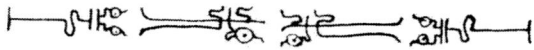

劍格正面

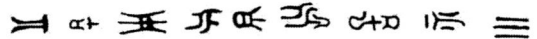

劍格背面

劍首

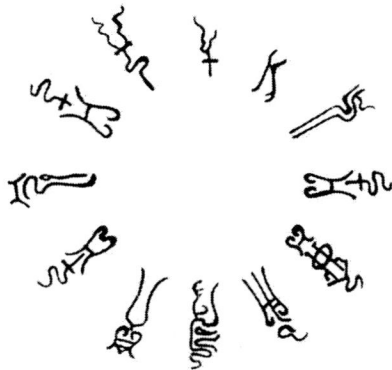

1329. 越王嗣旨不光劍（戉王嗣旨不光劍）

【時　　代】戰國早期。

【出土時地】近年出土。

【收　藏　者】浙江紹興市某氏。

【形制紋飾】斜寬從厚格式，中脊起綫，兩從斜弧，雙刃呈弧形於近鋒處收狹，圓莖上
　　　　　　有兩凸箍，圓形劍首。

【著　　錄】鳥蟲書增圖 110。

【銘文字數】劍格正面有錯金銘文 4 字，背面 8 字，劍首 12 字，共 24 字。

【銘文釋文】正面：戉（越）王戉（越）王。背面：自旨不光嗣乍（作）用僉（劍）。劍首：
　　　　　　隹（唯）□□之尸旨□亥（？）邦［丌卲（昭）］僉（劍）。

【備　　注】銘文中“自”、“嗣”互相錯置，“劍”字訛誤。

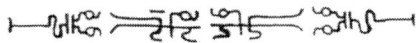

劍格正面

劍格背面

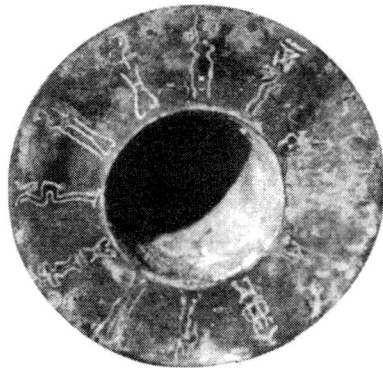

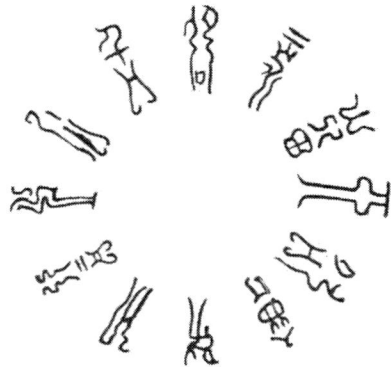

劍首

1330. 越王旨鹥劍（越王不光劍，戉王旨鹥劍）

【時　　代】戰國早期。

【出土時地】1998 年出現在香港。

【收 藏 者】現藏高雄某收藏家。

【形制紋飾】窄格式，圓形劍首。

【著　　錄】鳥蟲書增圖 114。

【銘文字數】劍格正面有錯金銘文 4 字，背面 8 字，劍首 12 字，共 24 字。

【銘文釋文】正面：戉（越）王，戉（越）王。背面：者（諸）旨（稽）不光，自乍（作）用
劍（劍）。劍首：戉（越）王旨殹（鹥），自乍（作）劍（劍）。唯尸（夷）邦旨
（稽）大。

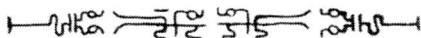

劍格正面

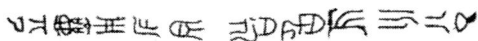

劍格背面

劍首

1331. 越王旨翳劍（越王不光劍，戈王旨殹劍）

【時　　代】戰國早期。

【出土時地】2006 年湖南益陽市赫山區天子墳虎形山 30 號戰國墓。

【收　藏　者】益陽市文物處。

【形制紋飾】窄格式，圓形劍首。

【著　　錄】鳥蟲書增圖 115。

【銘文字數】劍格正面有錯金銘文 4 字，背面 7 字（兩端各有一裝飾符號），劍首 12 字，
　　　　　　共 23 字。

【銘文釋文】正面：戈（越）王，戈（越）王。背面：不者（諸）旨（稽）光，乍（作）用僉（劍）。
　　　　　　劍首：戈（越）王旨殹（翳），自乍（作）僉（劍）。唯尸（夷）邦旨（稽）大。

【備　　注】背面銘文中"不光"的"不"字誤置於"者旨"之前。

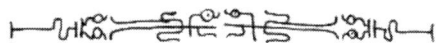

劍格正面

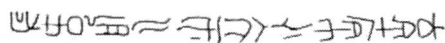

劍格背面

劍首

1332. 越王丌北古劍（戉王丌北古劍）

【時　　代】戰國早期。

【收 藏 者】浙江紹興市某氏。

【形制紋飾】窄格式，圓形劍首。

【著　　錄】鳥蟲書增圖 137。

【銘文字數】劍格正面與劍首銘文錯金與錯銀相間，背面錯金，劍格正面 10 字，背面 20 字，劍首 12 字，共 42 字。

【銘文釋文】正面：戉（越）王丌北古，□子□刮（嗣）墨。背面：□□□□足佢□足足□，乍（作）□乍（作）□□□□□□。劍首：隹（唯）戉（越）王丌北自乍（作）元之用之僉（劍）。

劍格正面

劍格背面

劍首

1333. 越王丌北古劍（戉王丌北古劍）

【時　　代】戰國早期。

【出土時地】2007 年中國文物交流中心從海外徵集。

【收　藏　者】海南省博物館。

【形制紋飾】窄格式，圓形劍首。

【著　　録】鳥蟲書增圖 138。

【銘文字數】錯金銘文，劍格正面有銘文 10 字，劍格背面 10 字，劍首 12 字，共 32 字。

【銘文釋文】正面：戉（越）王丌北古，戉（越）王丌北古。背面：自乍（作）元用之，自乍（作）元用之。

【備　　注】劍首銘文照片未公布。

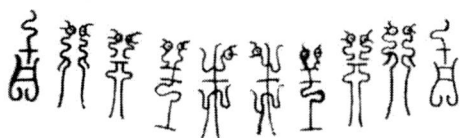

正面

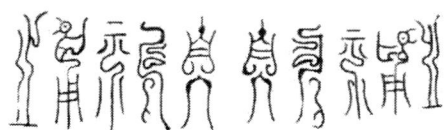

背面

1334. 越王丌北古劍（戈王丌北古劍）

【時　　代】戰國早期。

【收 藏 者】北京市李氏。

【形制紋飾】窄格式，圓形玉劍首。

【著　　録】鳥蟲書增圖 139。

【銘文字數】銘文錯金，劍格正面有銘文 10 字，劍格背面 10 字，共 20 字。

【銘文釋文】正面：戈（越）王丌北古，戈（越）王丌北古。背面：自乍（作）用旨自，自乍（作）用旨自。

正面

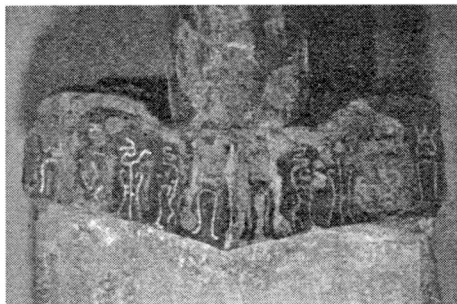

背面

1335. 敡鈹

【時　　代】春秋晚期。

【出土時地】河南南陽市考古發掘出土。

【收　藏　者】南陽市文物考古研究所。

【形制紋飾】體呈圭形,尖鋒有脊,兩面開刃,
隔字飾長方框S形蟠虺紋。

【著　　録】鳥蟲書增圖361。

【銘文字數】兩面鑄銘文9字。

【銘文釋文】敡乍(作)執敔(鈹),永冬(終)自
袭(襲)膚(吾)。

1336. 攻吳王夫差劍（攻敔王夫差劍）

【時　　代】春秋晚期（夫差元年至二十三年，前 495 – 前 473 年）。

【出土時地】2012 年 11 月出現在澳門大唐國際藝術品拍賣會。

【收 藏 者】某收藏家。

【尺　　度】通長 46 釐米。

【形制紋飾】長臘尖鋒，前部略窄，菱形窄格，中脊隆起，筒形莖，圓首已失，後配白
　　　　　　玉首。

【著　　錄】大唐（2012）238。

【銘文字數】脊兩側有銘文 10 字。

【銘文釋文】攻致（敔、吳）王夫𫠡（差），自乍（作）其（其）元用。

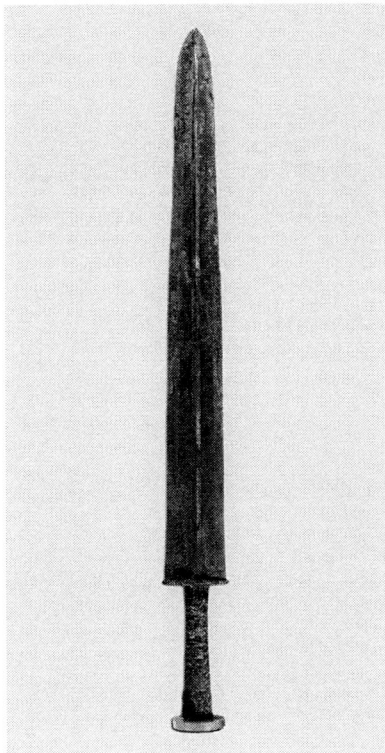

1337. 攻吳王夫差劍（攻敔王夫差劍）

【時　　代】春秋晚期（夫差元年至二十三年，前 495 – 前 473 年）。

【收 藏 者】某收藏家。

【尺　　度】通長 48 釐米。

【形制紋飾】長扁條形，尖鋒，前段較窄，通體有脊，圓柱莖中空，前細後粗，菱形窄格，
劍首作璧形。

【著　　録】未著録。

【銘文字數】劍身近格處的脊兩側鑄銘文 10 字。

【銘文釋文】攻致（敔）王夫𡼗（差），自乍（作）𠀠（其）元用。

1338. 攻吴王夫差劍（攻敔王夫差劍）

【時　　代】春秋晚期（夫差元年至二十三年，前 495－前 473 年）。

【收 藏 者】某收藏家。

【形制紋飾】長臘尖鋒，前部略窄，菱形窄格，中脊隆起，圓筒形莖，頸後部略加粗，璧
形劍首。

【著　　錄】未著錄。

【銘文字數】脊兩側有銘文 10 字。

【銘文釋文】攻致（敔、吴）王夫砦（差），自乍（作）甘（其）元用。

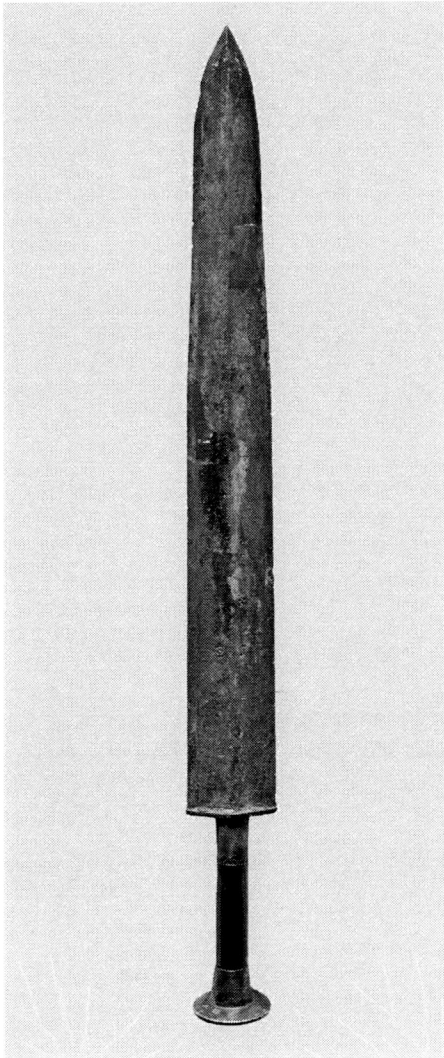

1339. 攻吳王夫差劍（攻敔王夫差劍）

【時　　代】春秋晚期（夫差元年至二十三年，前495－前473年）。

【收藏者】某收藏家。

【尺　　度】通長58釐米。

【形制紋飾】窄長扁條形，中有脊，前段較窄，圓柱莖中空，凹字形劍格，劍首作內凹的圓餅形，內有粗細不等的同心圓紋。

【著　　錄】未著錄。

【銘文字數】劍身近格處的脊兩側鑄銘文10字。

【銘文釋文】攻致（敔）王夫砮（差），自乍（作）其兀（元）用。

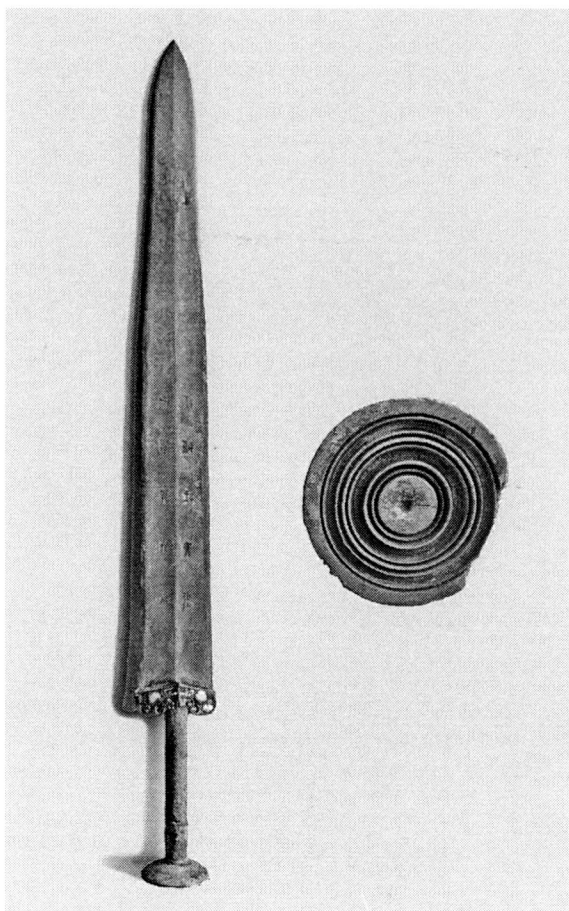

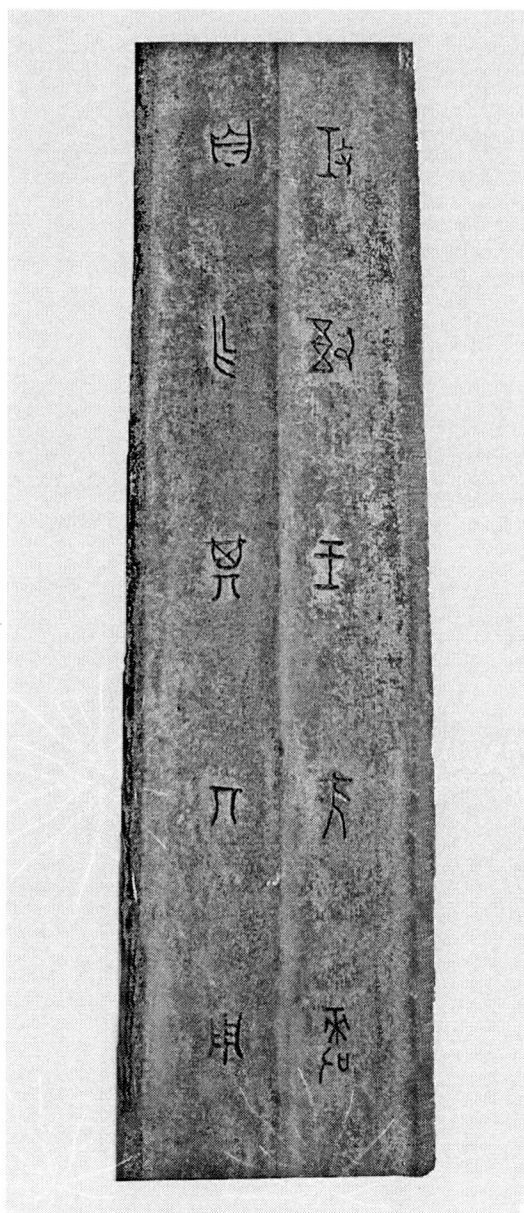

1340. 攻吳王夫差劍（攻敔王夫差劍）

【時　　代】春秋晚期（夫差元年至二十三年，前495－前473年）。

【收　藏　者】海外某收藏家。

【尺　　度】通長50釐米左右。

【形制紋飾】長扁條形，尖鋒，前段較窄，通體有脊，圓柱莖，上有兩道箍棱，菱形窄格，劍首作內凹的圓餅形。

【著　　錄】未著錄。

【銘文字數】脊兩側鑄銘文10字。

【銘文釋文】攻敔（敔）王夫砝（差），自乍（作）甘（其）夫（元）用。

1341. 攻吳王夫差劍（攻致王夫差劍）

【時　　代】春秋晚期（夫差元年至二十三年，前495－前473年）。

【收 藏 者】原藏臺灣某收藏家，現藏香港御雅居。

【尺　　度】通高58、寬5釐米。

【形制紋飾】前鋒尖銳，臘窄長，前部向內收狹，脊兩側微下凹，凹字形劍格，橢圓柱形莖，上有兩道箍棱，首作圓餅形。劍格兩面用綠松石鑲嵌成簡化獸面紋。

【著　　録】王侯113頁。

【銘文字數】脊兩側鑄銘文10字。

【銘文釋文】攻致（敬、吳）王夫碏（差），自乍（作）甘（其）元用。

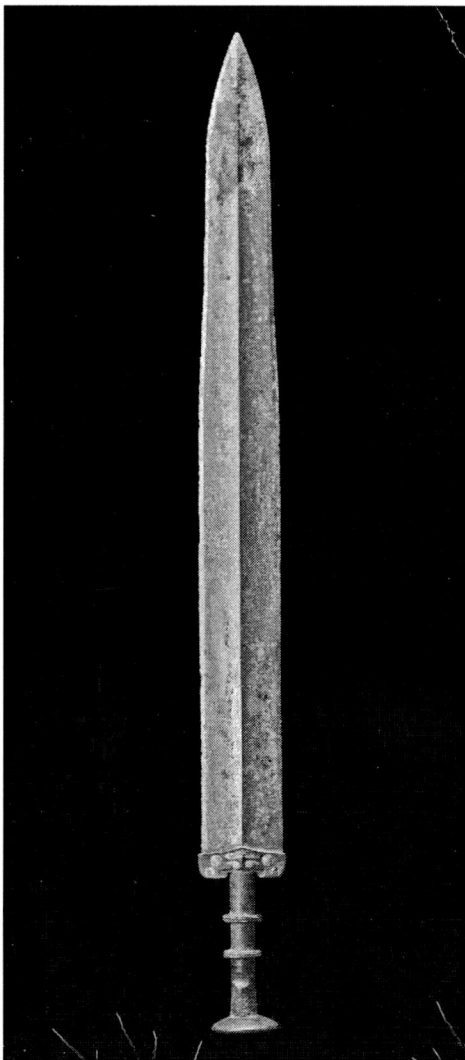

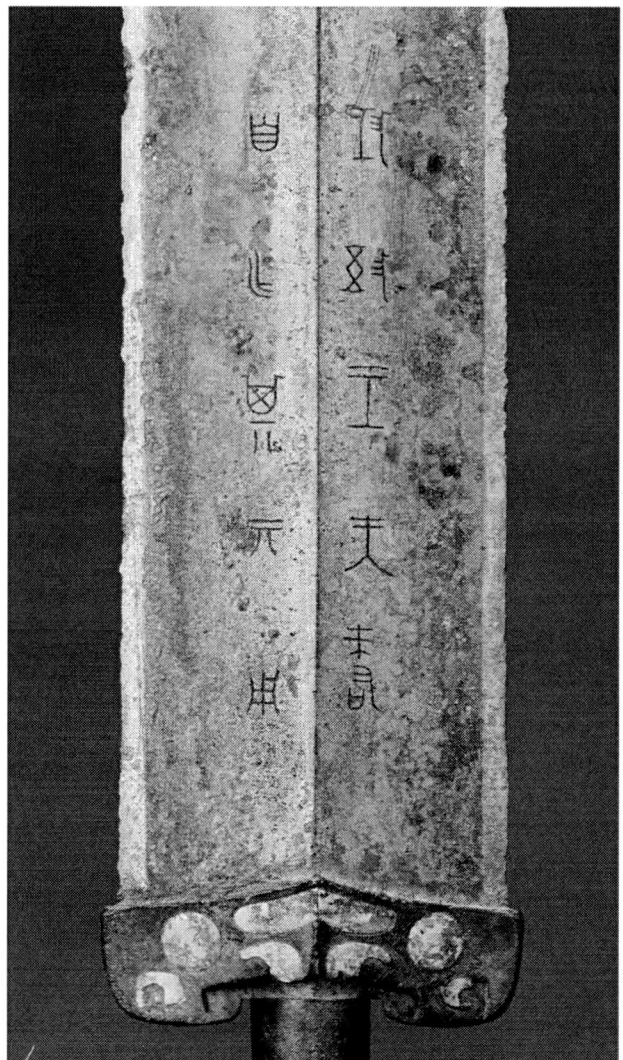

（放大）

1342. 攻吳王者迟戲劍（攻敔王者迟戲劍）

【時　　代】春秋晚期。

【出土時地】2014 年元月出現在北京。

【收 藏 者】某收藏家。

【尺　　度】通長 50 釐米。

【形制紋飾】窄長扁條形，中有脊，圓柱莖中空，中部較細，兩端較粗，菱形窄格，劍首
　　　　　　作璧形。

【著　　錄】未著錄。

【銘文字數】兩從鑄銘文 10 字。

【銘文釋文】攻敔（敬、吳）王者迟戲自乍（作）用鐱（劍）。

1343. 攻吳王足攵吳劍(攻敔王足攵吳劍)

【時　　代】春秋晚期(餘祭元年至四年,前547－前544年)。

【收 藏 者】某收藏家。

【形制紋飾】劍身前窄後寬,前鋒殘,中脊直通劍格,凹字形寬格,圓柱形莖,莖上有兩道箍,劍首呈喇叭座形,內有同心圓,劍格飾獸面紋,獸面及箍上鑲嵌綠松石。

【著　　錄】未著錄。

【銘文字數】脊兩側鑄銘文10字。

【銘文釋文】攻敔(敔、吳)王足攵吳自乍(作)用僉(劍)。

【備　　注】"足攵吳"即壽夢次子,一作"虘趺(夠)工吳"、"虘趺(夠)工盧(余)"、"虘虒郚(郚)"、"虘戉此郚",史書作"勾餘",此時已即吳王位。

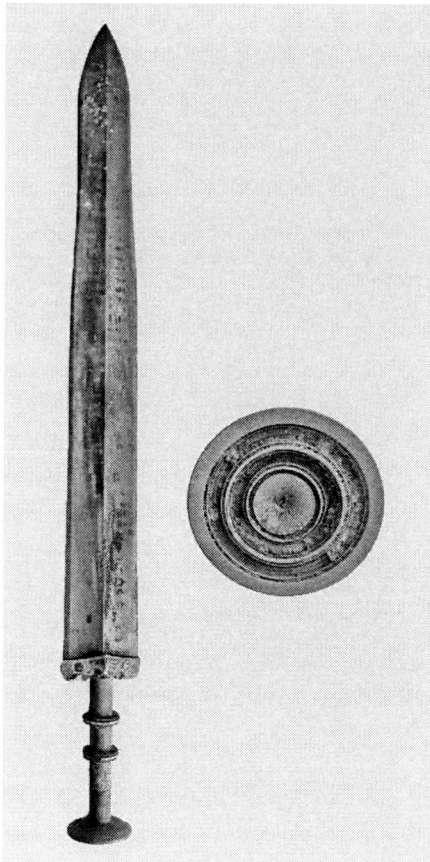

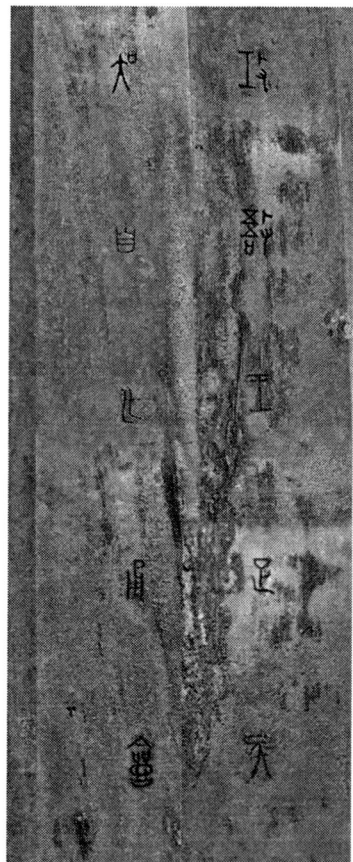

1344. 吳季子之子逞劍

【時　　　代】春秋晚期。

【出土時地】2015 年 9 月日本東京中央拍賣會。

【收　藏　者】某收藏家。

【尺　　　度】通長 42 釐米。

【形制紋飾】窄長條，尖鋒，中有脊，從向後漸寬，凹字形格，圓柱形莖，上有兩道箍棱，
圓餅形劍首（稍殘）。劍格飾獸面紋，鑲嵌緑松石，箍棱飾雲紋。

【著　　　録】未著録。

【銘文字數】脊兩側鑄銘文 10 字。

【銘文釋文】吳季子之子逞之兀（元）用鐱（劍）。

1345. 攻吳大叔虘訇工吳劍（工盧大叔虘訇工盧劍）

【時　　　代】春秋晚期。

【收　藏　者】原藏某收藏家，現藏中國國家博物館。

【尺　　　度】殘長 17.6、寬 4.6 釐米。

【形制紋飾】窄長扁條形，前部殘斷，僅餘後半截。窄格，圓筒形莖，向後漸粗，首作圓餅形，脊兩側有血槽。劍格和劍首均飾錯金雲紋。

【著　　　錄】百年 168 頁 80。

【銘文字數】劍身後部兩側鑄銘文 12 字。

【銘文釋文】工盧（吳）大弔（叔）虘訇（訇）工盧（吳）自乍（作）元用。

【備　　　注】"虘訇工盧（吳）"即"勾餘"，也就是"餘祭"，"攻吳大叔"即餘祭即位前的稱謂。

1346. 攻吳劍（工䲪劍、句吳劍）

【時　　代】春秋晚期（餘祭元年至四年，前547－前544年）。

【收藏者】蘇州博物館。

【尺　　度】殘長33.7、劍身最寬處4釐米。

【形制紋飾】窄長扁條形，前鋒尖銳，劍身向後漸寬，鋒尖5釐米之後中脊變爲有脊的粗凸棱，脊兩側又有窄臺階，其外爲從。莖殘斷，古人將劍從後部改成短莖，故傷及銘文後段。

【著　　録】未著録。

【銘文字數】脊兩側鑄銘文，殘存6字。

【銘文釋文】工（攻）䲪（吳）工……工（攻）䲪（吳）自……

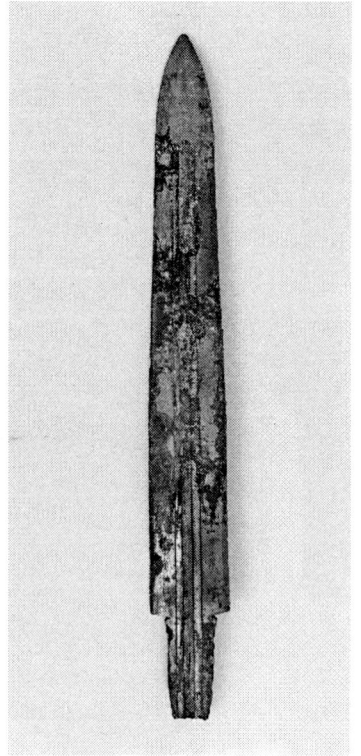

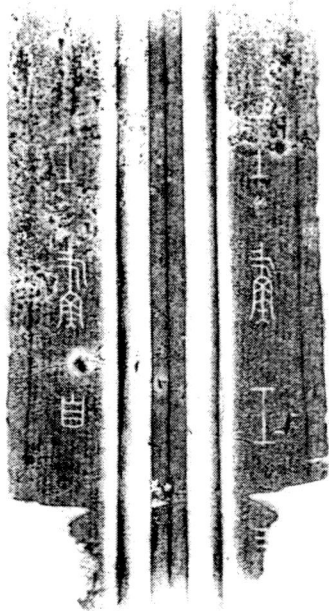

1347. 單父司寇鈹

【時　　代】戰國中期。

【收　藏　者】某收藏家。

【形制紋飾】長條形，尖鋒，從中起脊，寬格，扁莖。

【著　　録】古文字30輯235頁圖1、2。

【銘文字數】從兩側有銘文13字（其中合文1）。

【銘文釋文】廿三年，單父司寇（寇）隆，工帀（師）囗（憙？），瀅（冶）陽。

【備　　注】工師之名疑爲"憙"字之訛變或誤摹。

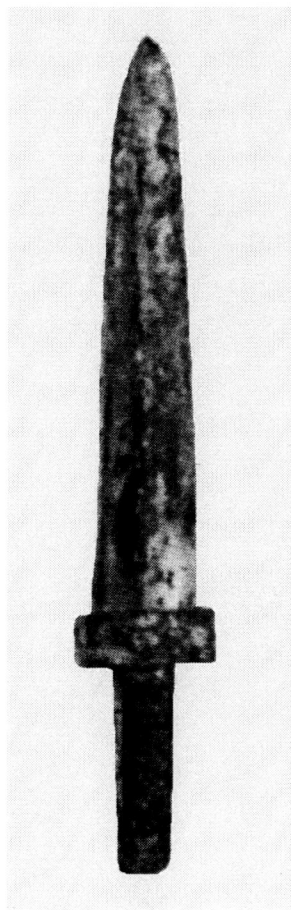

1348. 武陰令司馬闌鈹（原稱武陰令司馬闌劍、右軍劍）

【時　　代】戰國晚期・趙。

【尺　　度】通長34、寬3.2-3.4釐米。

【形制紋飾】窄長條，柳葉形，尖鋒有脊，後部有
　　　　　　窄扁莖。

【著　　錄】小校10.103.1。

【銘文字數】劍身脊左側鑄銘文16字（其中合
　　　　　　文1）。

【銘文釋文】三年，武陰令司馬闌，工帀（師）□
　　　　　　□、鉤（冶）瘭敦（執）齋（劑）。

1349. 相邦春平侯鈹

【時　　　代】戰國晚期・趙(孝成王十七年,前 249 年)。

【收 藏 者】某收藏家。

【尺　　　度】通長 31、最大寬 3 釐米。

【形制紋飾】尖鋒雙刃,平脊,扁條莖。

【著　　　錄】未著錄。

【銘文字數】鈹身兩面共刻銘文 25 字(其中合文 1)。

【銘文釋文】正面：十七年,相邦曺(春)平厌(侯)、邦
右伐器工帀(師)笾(苤)酤、絢(冶)醇敳
(執)齋(劑)。背面：大攻(工)肙(尹)訊
(韓)峀。

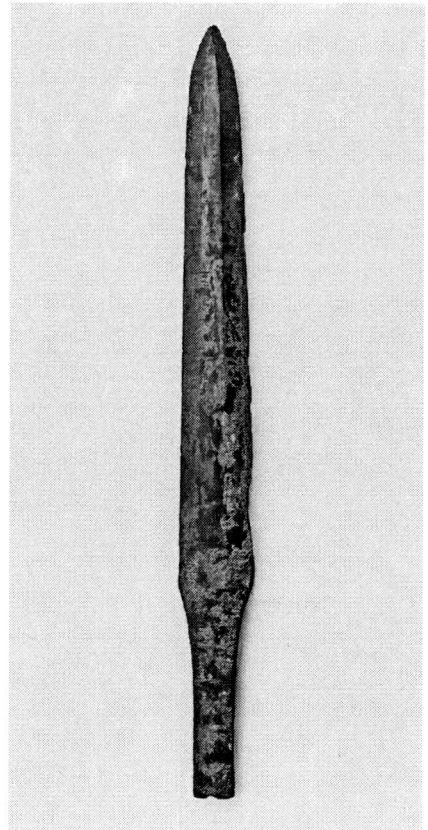

正面

背面

1350. 曾侯吳劍（曾侯昃劍、曾侯子昃劍）

【時　　代】戰國早期。

【出土時地】2010 年夏出現在浙江紹興。

【收　藏　者】原藏紹興某收藏家，現藏湖北長江博物館。

【尺　　度】通長 69、格長 5、首徑 4.1 釐米。

【形制紋飾】典型的戰國時期越式劍。尖鋒有脊，前段收窄，窄格，劍首呈玉璧形。劍
　　　　　　莖爲圓柱體，上有兩道箍棱。箍棱飾鑲嵌綠松石的雲雷紋（大部分脱落）。

【著　　錄】考古會（14）273 頁圖 1。

【銘文字數】劍格正反面鑄銘文各 8 字，首有錯金銀鳥篆銘文 12 字，共 28 字。

【銘文釋文】格正面銘：曾医（侯）子吳（昃）曾医（侯）子吳（昃）。格背面銘：自乍（作）
　　　　　　甬（用）僉（劍）自乍（作）甬（用）僉（劍）。劍首銘：矢（吳、昃）乍（作）自
　　　　　　之，吉玄鋁，医（侯）曾僉（劍）之甬（用）。

【備　　注】劍首銘文省减、錯亂，應讀爲“吳（昃）自乍（作）之，吉［金］玄鋁，医（侯）
　　　　　　曾僉（劍）之甬（用）”。

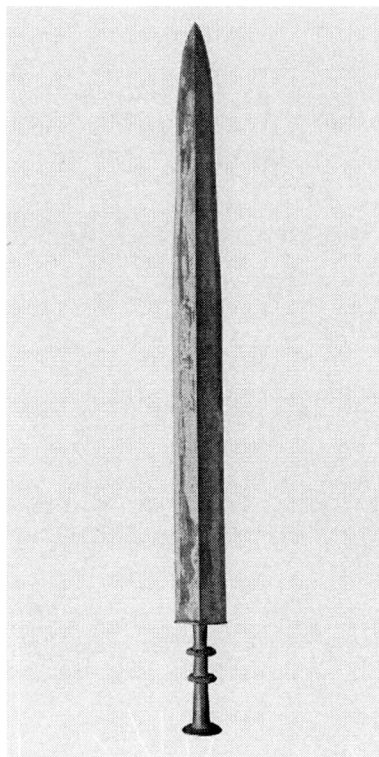

劍格正面

劍格背面

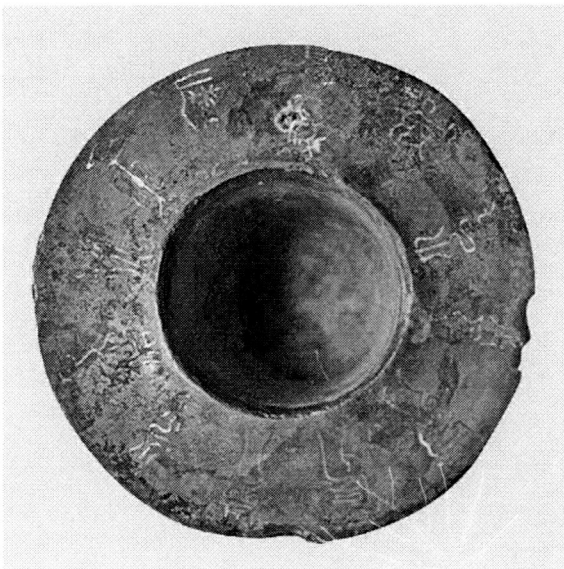

劍首

1351. 伯有父劍

【時　　　代】春秋晚期。

【收 藏 者】某收藏家。

【尺　　　度】通長 36 釐米。

【形制紋飾】窄長扁條形，中有脊，圓柱莖中空，中部較細，兩端較粗，菱形窄格，劍首作璧形。

【著　　　録】未著録。

【銘文字數】兩從鑄銘文 36 字。

【銘文釋文】隹（唯）東王之孫号（陽）□君之子白（伯）有父溟（澤、擇）其吉金，自作用鉅，用狄伐四方，用□□□，用□□□王之。

【備　　　注】多字被銹掩蓋，不能釋讀。

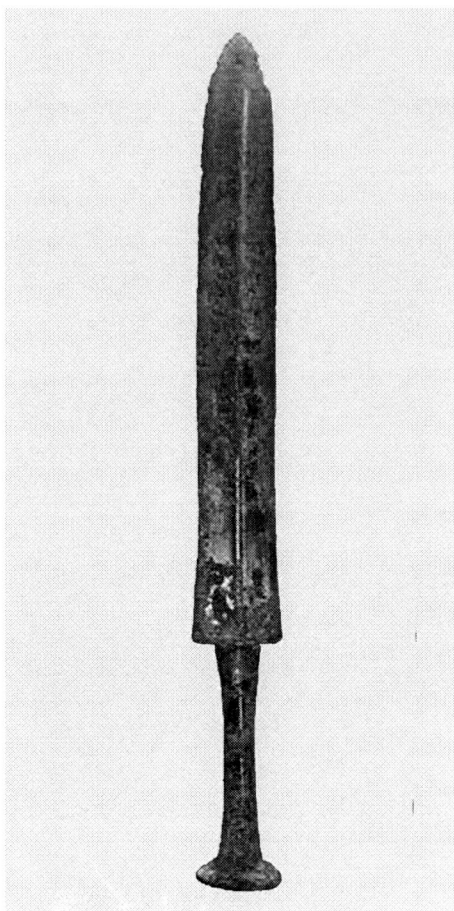

1352. 攻吳王姑鱶亓雠劍(攻盧王姑鱶亓雠劍、吳王餘眛劍)

【時　　　代】春秋晚期(餘眛元年至十七年,前543-前527年)。

【收　藏　者】蘇州博物館。

【尺　　　度】通長57.5、寬4.8釐米。

【形制紋飾】窄長條,前部狹窄,中後部增寬,前鋒尖銳,平脊寬格,圓柱形莖,上有兩道箍棱,圓餅形劍首。

【著　　　録】未著録。

【銘文字數】脊部鑄銘文75字(其中重文1)。

【銘文釋文】攻盧(吳)王姑鱶亓雠曰:余昌(壽)夢之子,余戲妝鄾(邾)之屄(嗣)弟。戲妝此鄾(邾)命初伐梛(麻),戥(敗)梛(麻),隻(獲)衆多,命御(禦)甾=(荆,荆)奔,王圍旂(陽),既北既殃,不爭(?)叙(敢)輶。命御(禦)郎(越),雉(唯)弗克,未戥(敗)盧(吳)邦。戲妝鄾(邾)命戈(我)爲王。羃(擇)乎(厥)吉金,自乍(作)元用鐱(劍)。

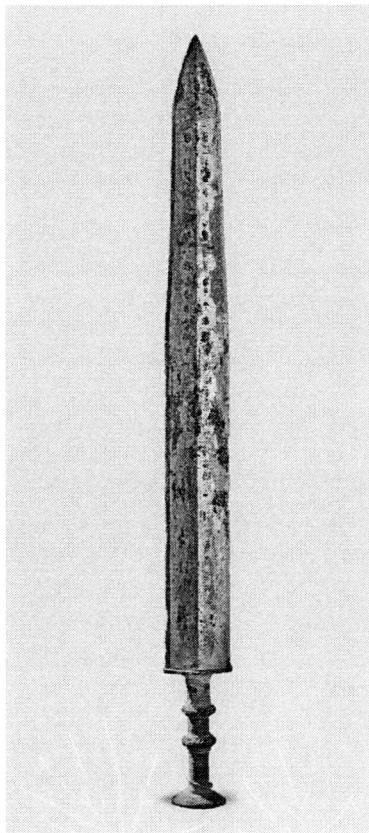

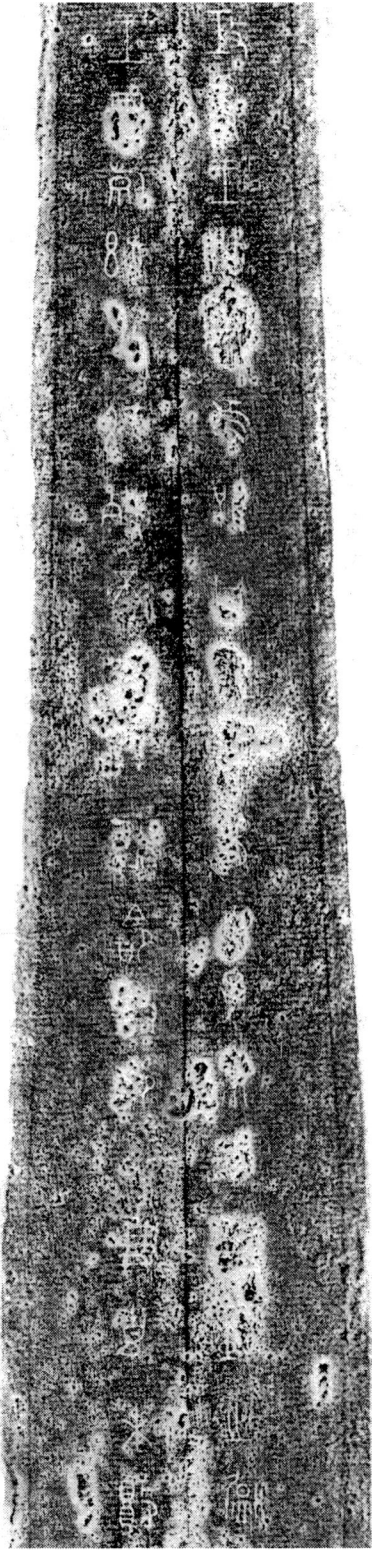

上段

下段

上段

下段

上段　　　　　　　　　　　下段

39. �

（1353－1355）

1353. 亞長鉞

【時　　代】商代晚期。

【收 藏 者】日本泉屋博古館。

【尺　　度】通高 20.3、刃寬 13 釐米。

【形制紋飾】鉞身略呈長斧形，弧形刃，長方形內
　　　　　　略偏向上方，中部有一小圓穿，闌側
　　　　　　有一對長方形穿。鉞身兩面靠闌處
　　　　　　各飾三組蟬紋和七星圓圈紋。

【著　　錄】泉屋 135，古文字 318 頁圖 1。

【銘文字數】內的兩面各鑄銘文 2 字，內容相同。

【銘文釋文】亞長。

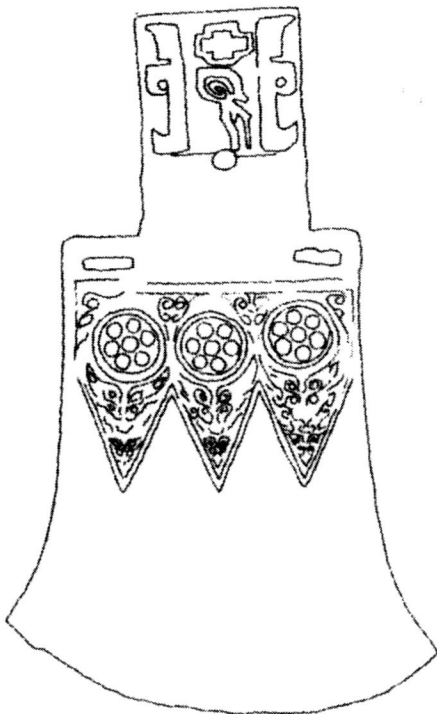

1354. 亞尹鉞（原稱亞父鉞）

【時　　　代】商代晚期。

【收　藏　者】原藏李泰棻,後歸日本佐野美術館,現藏香港御雅居。

【尺　　　度】通長 18.7、刃寬 9.2 釐米。

【形制紋飾】鉞身扁平,大弧刃,援體後部有一大圓孔,闌側二穿,内前部有一小圓孔,
　　　　　　後部邊緣有 T 字形鏤孔。

【著　　　録】未著録。

【銘文字數】内的兩面各鑄銘文 2 字,内容相同。

【銘文釋文】亞尹。

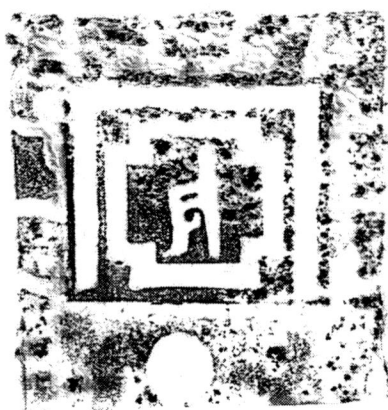

1355. 亞天黽鉞

【時　　代】商代晚期。

【收 藏 者】某收藏家。

【形制紋飾】寬平體,大弧刃,長方形内,闌側有二穿,内上有一圓孔。體兩面後部各
　　　　　飾三個圓圈紋和三個三角形蟬紋,圓圈内填以梅花點。

【著　　録】未著録。

【銘文字數】正面鑄銘文 1 字,背面 2 字。

【銘文釋文】正面:亞。背面:天黽。

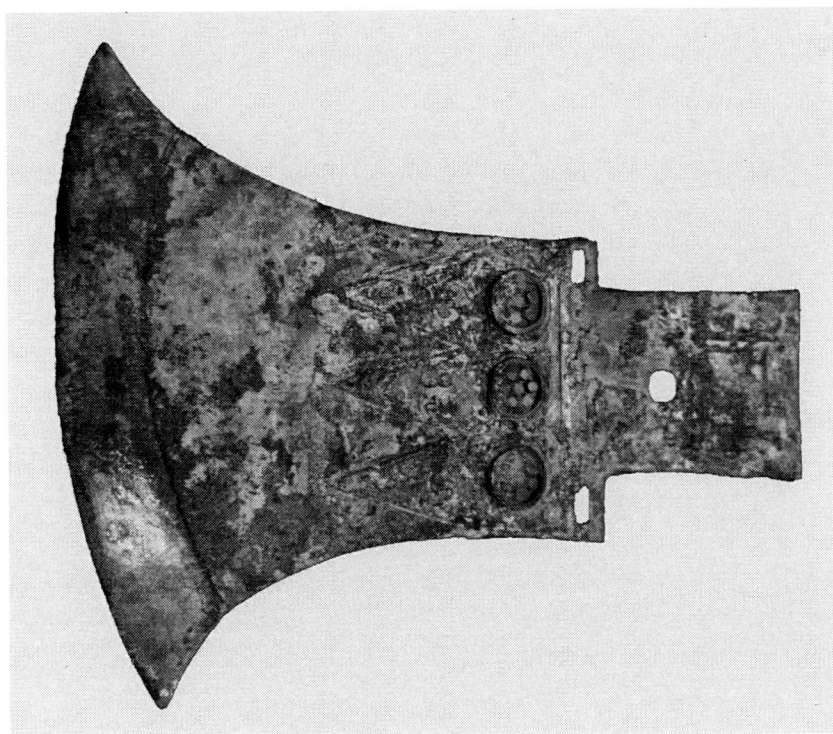

正面

背面

40. 刀、削

（1356）

1356. 冄削

【時　　代】商代晚期。

【收 藏 者】某收藏家。

【尺　　度】通長 31.5 釐米。

【形制紋飾】刀體作長條形,直背直刃,鋒端向上斜出,尖銳利,柄厚實,向下微斜,有橢環形首。

【著　　録】未著録。

【銘文字數】正面鑄銘文 1 字。

【銘文釋文】冄。

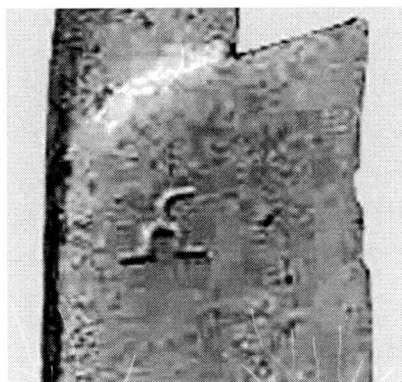

41. 矢鏃

（1357－1358）

1357. 矦北鏃

【時　　　代】戰國時期。

【出土時地】河北易州。

【收　藏　者】原藏羅振玉。

【尺　　　度】通長4.7釐米。

【形制紋飾】前鋒較鈍,兩翼寬闊,後鋒殘斷,脊通於本。

【著　　　錄】貞墨2.41。

【銘文字數】本上鑄銘文2字。

【銘文釋文】矦北。

1358. 右得工鏃

【時　　　代】戰國時期。

【收　藏　者】原藏羅振玉。

【形制紋飾】三棱錐體,翼後部作弧形下垂,圓鋌,莖殘斷。

【著　　　錄】貞墨2.38。

【銘文字數】脊兩面各鑄銘文3字(其中合文1),內容相同。

【銘文釋文】右夏(得)工。

42．雜兵

（1359 – 1364）

1359. 興弓柲（興弓形器）

【時　　代】商代晚期。

【收 藏 者】某收藏家。

【形制紋飾】器身呈弧形，兩端有 C 形彎曲頭，一端連於器體，另一端有四孔鈴鐺，體
　　　　　　中部最寬，向兩端漸窄，中部正面有凸綫八角星裝飾，其間有一圓圈。

【著　　録】未著録。

【銘文字數】正面八角星兩側各鑄銘文 1 字，内容相同。

【銘文釋文】興（興）。

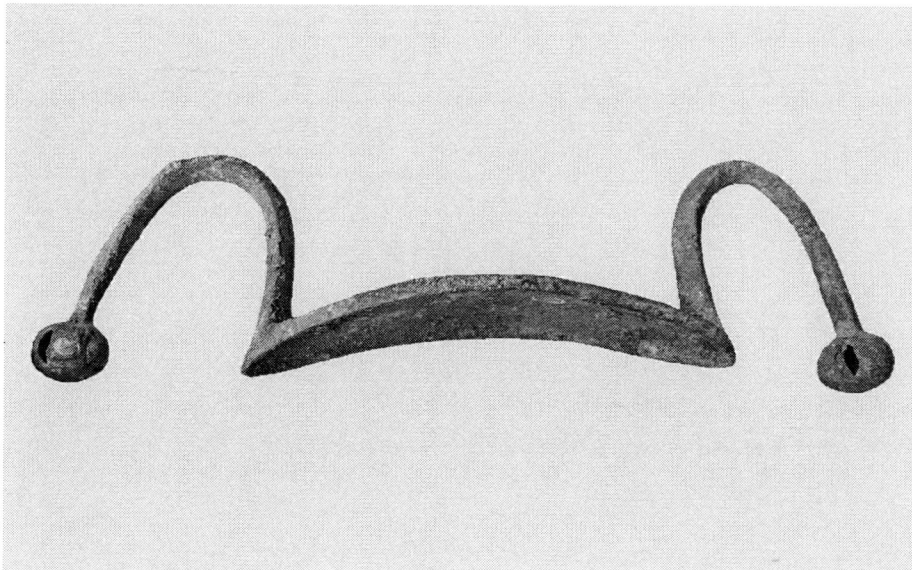

1360. 戈吾弓柲（戈吾弓形器）

【時　　代】商代晚期。

【出土時地】2009年河南安陽市殷墟王裕口村南抵商代墓地（M94.54）。

【收　藏　者】中國社會科學院考古研究所。

【尺　　度】通高31.7、最寬3.7釐米。

【形制紋飾】器身呈弧形，兩端有C形彎曲頭，一端連於器體，另一端有四孔鈴鐺（一端鈴首殘缺），體中部最寬，向兩端漸窄，中部正面有半圓形突起，中間凹陷，原應鑲嵌有綠松石。

【著　　録】考古2012年12期20頁圖30.4。

【銘文字數】正面圓形凸起兩側各鑄銘文2字，內容相同。

【銘文釋文】戈吾（珏）。

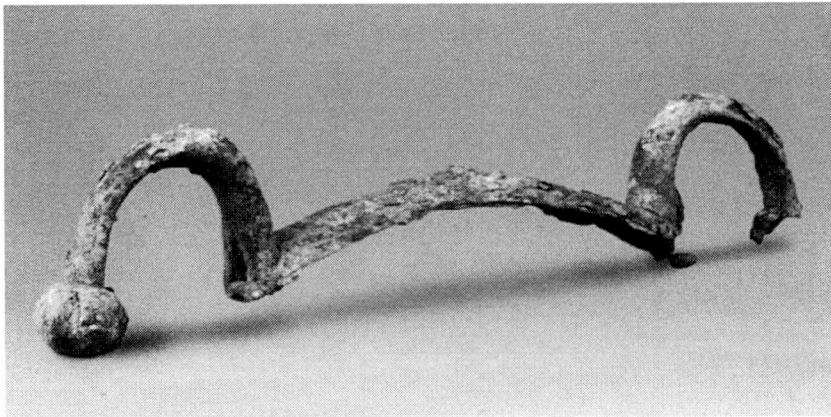

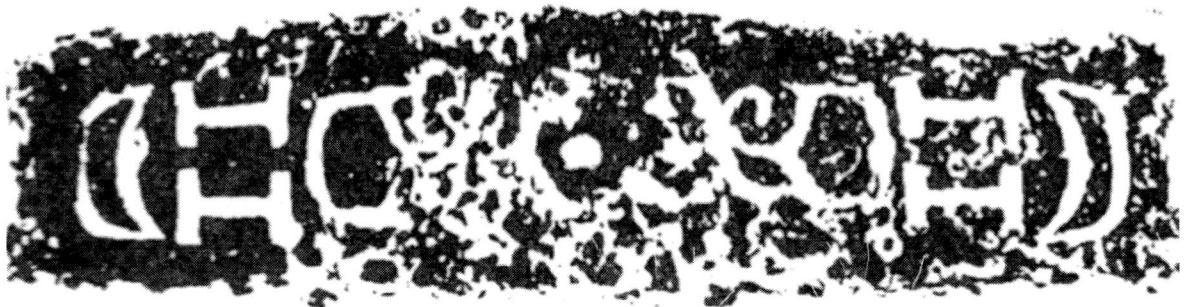

1361. 大陰殳冒（原稱大陰祕冒）

【時　　代】戰國晚期·趙。

【收　藏　者】河南漯河市飛諾藝術品工作室。

【尺　　度】通高 9.9、鋬徑 2.8 釐米。

【形制紋飾】上部呈圓球形，頂上有小鈕，其下呈圓筒形，上部略細，向下漸粗。通體光素。

【著　　録】飛諾 76 頁晉 7 上。

【銘文字數】表面有銘文 4 字。

【銘文釋文】大陰（陰）上庫。

【備　　注】《飛諾》誤為祕冒。

1362. 大陰殳鐏（原稱大陰戈鐏）

【時　　　代】戰國晚期·趙。

【收 藏 者】飛諾藝術品工作室。

【尺　　　度】通高 7.3、鋬徑 2.8 釐米。

【形制紋飾】圓筒形，上部略粗，向下漸細，通體光素無飾。

【著　　　録】飛諾 76 頁晉 7 下。

【銘文字數】表面有銘文 4 字。

【銘文釋文】大陰（陰）上庫。

【備　　　注】該鐏與上述殳冒同坑出土，故應爲殳鐏，《飛諾》誤爲戈鐏。

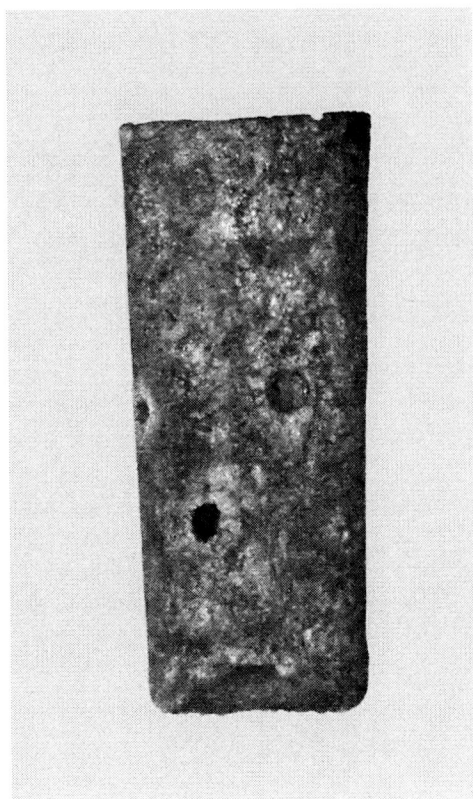

1363. 新造殳冒（新俉殳冒）

【時　　代】戰國晚期·楚。

【收 藏 者】河南漯河市飛諾藝術品工作室。

【尺　　度】通高 21.7、鋬徑 2.4 釐米。

【形制紋飾】上部呈圓臺形，面呈弧形鼓起，頂上有小環鈕，其下呈圓筒形，上部略細，向下漸粗，通體光素無飾。同出的有殳鐓。

【著　　錄】飛諾楚 2。

【銘文字數】表面有銘文 6 字。

【銘文釋文】新俉（造）自之衛（達）桱。

【備　　注】《飛諾》誤爲秘冒。白于藍先生認爲“桱”當讀爲“綏”，與“旞”同義，是繫旄於杆首之旌旗。“率綏”即導車所載的旌旗。

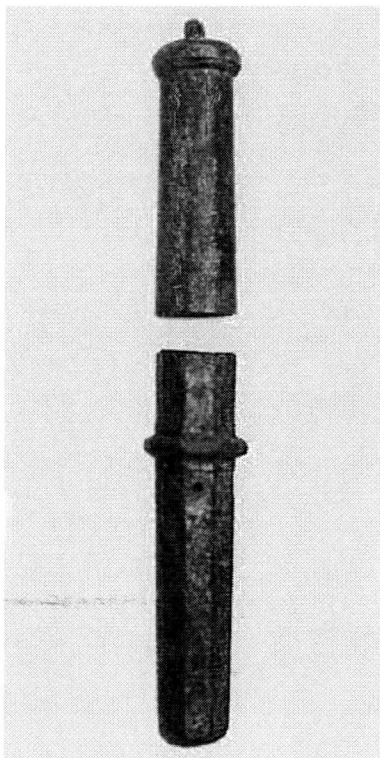

1364. 鄭右庫弩機

【時　　代】戰國晚期·韓。

【收 藏 者】某收藏家。

【形制紋飾】望山、懸刀、牛和鈎牙齊備，栓塞（鍵）缺失。

【著　　錄】未著錄。

【銘文字數】懸刀上刻 4 字。

【銘文釋文】奠（鄭）右祆庫。

43. 工具

（1365 – 1367）

1365. 衛斧

【時　　代】西周中期。

【出土時地】1993 年 4 月河南平頂山市薛莊鄉滍陽鎮義學崗應國墓地（M86.55）。

【收　藏　者】河南省文物考古研究所。

【尺度重量】通長 12.2、銎口長 4.4、寬 2.4、刃寬 4.3 釐米，重 0.4235 公斤。

【形制紋飾】長方楔形，頂部有長方形銎，從上到下有五分之四爲中空，右側有三角形
　　　　　　鈕，弧形刃。

【著　　　録】應國墓 457 頁圖 195.3。

【銘文字數】一側鑄銘文 1 字。

【銘文釋文】衛。

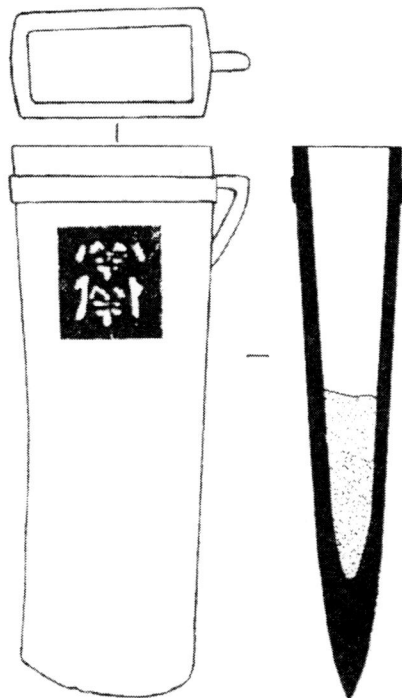

1366. 苟錛

【時　　代】商代晚期。

【出土時地】2005 年 7 月徵集。

【收 藏 者】河北省博物館。

【尺　　度】通長 10 釐米，寬 3.4 釐米。

【形制紋飾】通體紅綠銹，側視呈三角形。背部微拱，弧形寬刃，刃爲單面，向兩端翹起。長方形銎，寬厚超過鑿身。

【著　　錄】文物春秋 2008 年 5 期封三：7。

【銘文字數】體上段正面鑄銘文 1 字。

【銘文釋文】苟。

1367. 貯鑿

【時　　代】商代晚期。

【出土時地】2005 年 7 月徵集。

【收 藏 者】河北省博物館。

【尺　　度】通長 16.1 釐米,寬 3.7 釐米。

【形制紋飾】體修長,向下稍變窄,刃部呈弧曲,頂部有長方形銮。鑿體上段正面欄框
　　　　　　內裝飾蟬紋。

【著　　錄】文物春秋 2008 年 5 期封三:5。

【銘文字數】鑿體上段背面鑄銘文 1 字。

【銘文釋文】貯。

44. 度量衡

（1368 – 1370）

1368. 咸亭權

【時　　代】戰國晚期·秦。

【收　藏　者】某收藏家。

【尺度重量】高 2.7 釐米，重 17 克。

【形制紋飾】長方體，頂部有橋形鈕。

【著　　録】未著録。

【銘文字數】正面刻銘文 2 字。

【銘文釋文】咸亭。

【備　　注】《銘圖》18859 曾著録咸陽亭半兩權。

1369. 始皇詔方升（始皇方升、廿六年方升）

【時　　代】秦代（秦始皇廿六年，前 221 年）。

【收 藏 者】某收藏家。

【尺度容量】通長 18.1、口內長 12.6、寬 6.95、深 2.45 釐米，容積 214.55 毫升。

【形制紋飾】長方體，直壁平底，一短邊中部有長方筒形柄，出土時銎孔內殘存木柄
　　　　　朽塊。

【著　　録】未著録。

【銘文字數】外壁刻秦始皇廿六年詔書 40 字。

【銘文釋文】廿六年，皇帝盡幷兼天下諸侯，黔首大安，立號爲皇帝，乃詔丞相狀、綰，
　　　　　灋（法）度量劓（則）不壹，歉疑者皆明壹之。

1370. 兩詔方升

【時　　代】秦二世（前 210－前 207 年）。

【出土時地】1952 年陝西咸陽縣窰店（今咸陽市渭城區窰店鎮）出土。

【收　藏　者】陝西歷史博物館。

【尺　　度】通長 27、高 5.5 釐米。

【形制紋飾】體呈長方形，口大底小，四壁微斜，平底，一短邊中部有長方筒形柄，前部有一箍棱。

【著　　錄】未著錄。

【銘文字數】外壁兩側刻秦始皇廿六年詔書 40 字和二世元年詔書 60 字。

【銘文釋文】廿六年，皇帝盡并兼天下諸侯，黔首大安，立號為皇帝，乃詔丞相狀、綰，灋（法）度量劇（則）不壹，歉疑者皆明壹之。元年制詔丞相斯、去疾，灋（法）度量盡始皇帝為之，皆有刻辭焉。今襲號，而刻辭不稱始皇帝。其於久遠也，如後嗣為之者，不稱成功盛德。刻此詔，故刻左，使毋疑。

部分銘文

45. 車馬器

（1371－1374）

1371. 大庫車軎(一對)

【時　　代】戰國時期。

【收 藏 者】某收藏家。

【形制紋飾】圓筒形,賢端呈玉璧形,軹端口沿有一道箍棱,長方形轄孔,插有獸頭長
　　　　　　條轄,轄頭轄尾各有一個長方形孔。通體光素。附有獸頭長條轄。

【著　　錄】未著錄。

【銘文字數】軎兩面各有銘文2字,內容相同。

【銘文釋文】大庫。

左軎

右軎

1372. 四五馬銜鑣

【時　　代】西周中期前段。

【出土時地】1982 年 11 月河南平頂山市滍陽鎮西門外西周墓葬（M230.32、33）。

【收 藏 者】平頂山市文物管理委員會。

【尺度重量】通長約 16.6 釐米，重 0.2453 公斤。

【形制紋飾】馬鑣一對，呈"耳"形，中間套接由三節"8"字形銅環組成的馬銜。

【著　　録】應國墓 235 頁圖 100.3、4。

【銘文字數】鑣背面各鑄陽文 1 字，共 2 字。

【銘文釋文】四、五。

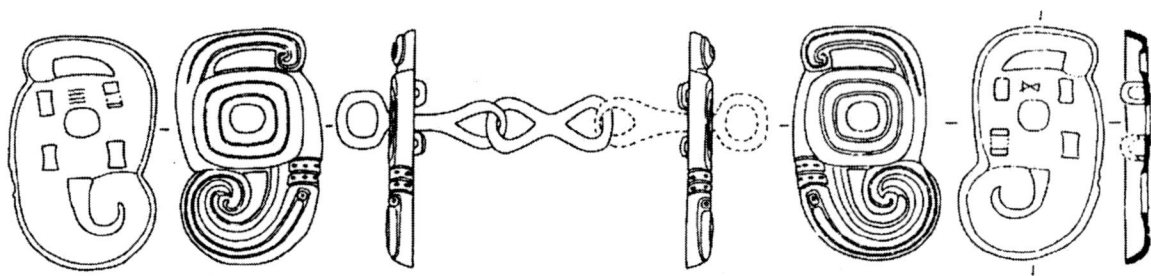

1　　　　　　　　2

1373. 八九馬銜鑣

【時　　　代】西周中期前段。

【出土時地】1986 年 11 月河南平頂山市滍陽鎮西門外西周墓葬（M230.31、34）。

【收　藏　者】河南省文物考古研究所。

【尺度重量】通長約 16.7 釐米，重 0.269 公斤。

【形制紋飾】馬鑣一對，呈"耳"形，中間套接由三節"8"字形銅環組成的馬銜。馬鑣
　　　　　　表面飾雲紋。

【著　　　錄】應國墓 235 頁圖 100.3、4。

【銘文字數】鑣背面各鑄陽文 1 字，共 2 字。

【銘文釋文】八、九。

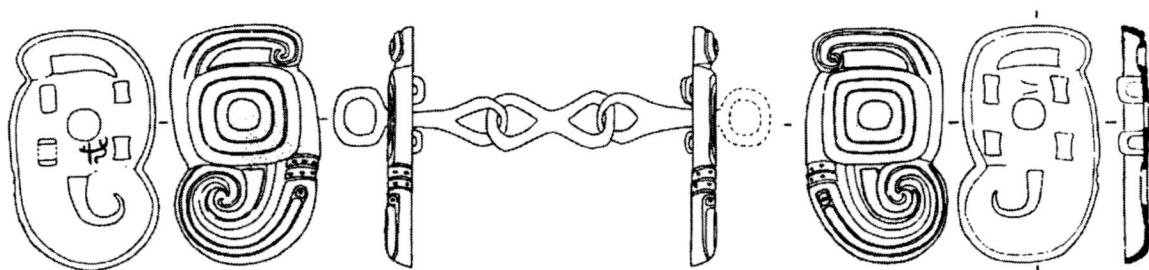

1　　　　　　　　　　　　　　　2

1374. 陵里車飾

【時　　代】戰國晚期·秦。

【收　藏　者】某收藏家。

【尺度重量】高約5、口徑3.9釐米，重155克。

【形制紋飾】圓筒形，一頭封頂，中部有一道箍棱。裝飾錯金銀流雲紋。

【著　　錄】未著録。

【銘文字數】頂面有錯銀銘文2字。

【銘文釋文】陵里。

【備　　注】《銘圖》19009曾著録陵里車書。

（放大）

46. 符節

（1375 – 1378）

1375. 玨璽

【時　　代】商代晚期。

【出土時地】2009 年河南安陽市殷墟王裕口村南地商代墓地（M103.32）。

【收　藏　者】中國社會科學院考古研究所。

【尺　　度】邊長 2.2-2.4、通高 1.35、鈕高 0.89 釐米。

【形制紋飾】整體呈方形，橫截面呈梯形，上有橋形鈕，印面內凹。銹蝕較嚴重。

【著　　錄】考古 2012 年 12 期 70 頁圖 1.3，圖 2.2、5。

【銘文字數】印面鑄陽文 1 字。

【銘文釋文】玨（玨）。

a（放大）

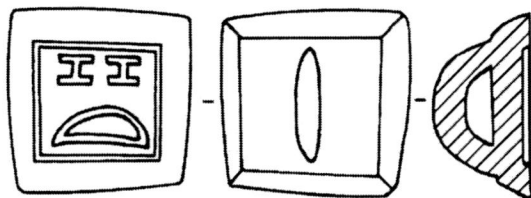

b（綫圖）

c（X 光片）

1376. 𠂤璽

【時　　代】商代晚期。

【出土時地】2009 年河南安陽市殷墟王裕口村南地商代墓地（H77.1）。

【收 藏 者】中國社會科學院考古研究所。

【尺　　度】邊長 2.2、通高 0.91、鈕高 0.46 釐米。

【形制紋飾】整體呈方形，橫截面呈梯形，背面平整，上有橋形鈕。印面上部鑄銘文 2
字，下部飾夔龍紋。

【著　　録】考古 2012 年 12 期 70 頁圖 1.1，圖 2.3、6。

【銘文字數】印面鑄陽文 2 字。

【銘文釋文】𠂤，𠂤。

　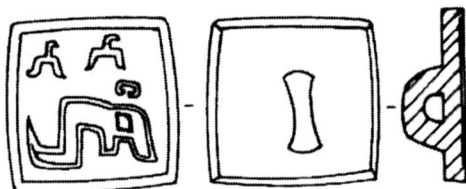　

a（照片）　　　　　　　　b（綫圖）　　　　　　　　c（X 光片）

1377. 名璽

【時　　代】商代晚期。

【收 藏 者】故宮博物院。

【尺　　度】邊長 2.7 釐米。

【形制紋飾】整體呈方形，橫截面呈梯形，背面平整，上有橋形鈕。
印面飾獸面紋。

【著　　録】考古 2012 年 12 期 71 頁圖 3.2。

【銘文字數】印面獸面兩角之間鑄陽文 1 字。

【銘文釋文】名。

【備　　注】"名"字所從的"夕"在兩眉之間，"口"在兩眼之間的上方。

47．其他

（1378－1390）

1378. 虜四筒器

【時　　代】商代晚期。

【出土時地】1946 年入藏。

【收　藏　者】故宫博物院。

【尺度重量】通高 15.6、寬 15 釐米，重 0.92 公斤。

【形制紋飾】體略呈長方筒形，無底，上面正中有一圓孔，口沿略高出臺面，一壁有
　　　　　　"乙"字形柄，兩側有一對半環形小鈕，四隅連鑄四個圓筒形器，筒下有
　　　　　　圓柱足着地。王文昶《青銅器辨僞三百例》認爲通體花紋係僞刻，柄端
　　　　　　獸頭係用車器零件拼湊。

【著　　錄】辨僞 344 頁圖 257。

【銘文字數】內壁鑄銘文 1 字。

【銘文釋文】虜。

1379. 孟吹父盙

【時　　代】西周中期。

【收 藏 者】某收藏家。

【形制紋飾】體呈橢方形，有子口，下腹圜收，底部略內凹，兩側有一對環耳，蓋面隆起，沿下折，蓋面靠近四角各有一個環鈕。通體飾瓦溝紋。

【著　　録】未著録。

【銘文字數】蓋內鑄銘文11字（其中重文2）。

【銘文釋文】孟吹父乍（作）寶彝，孫＝（孫孫）子＝（子子）用。

1380. 蔡子𪑂匜

【時　　代】春秋早期。
【收 藏 者】某收藏家。
【尺　　度】通高 6.7、身長 16.3、身寬 12.1、兩耳間距 18 釐米。
【形制紋飾】橢圓形，斂口侈唇，鼓腹平底，兩側有一對獸首半環耳。腹部飾竊曲紋。
【著　　録】未著録。
【銘文字數】内底鑄銘文 30 字(其中重文 1、衍文 1)。
【銘文釋文】隹(唯)八月初吉乙亥，蔡子𪑂(䶋)睪(擇)其吉金，乍(作)𩰫(䋣)𩰫(䋣)鼎，其釁(眉)壽(壽)萬年無疆(疆)，子孫₌(孫孫)永保。

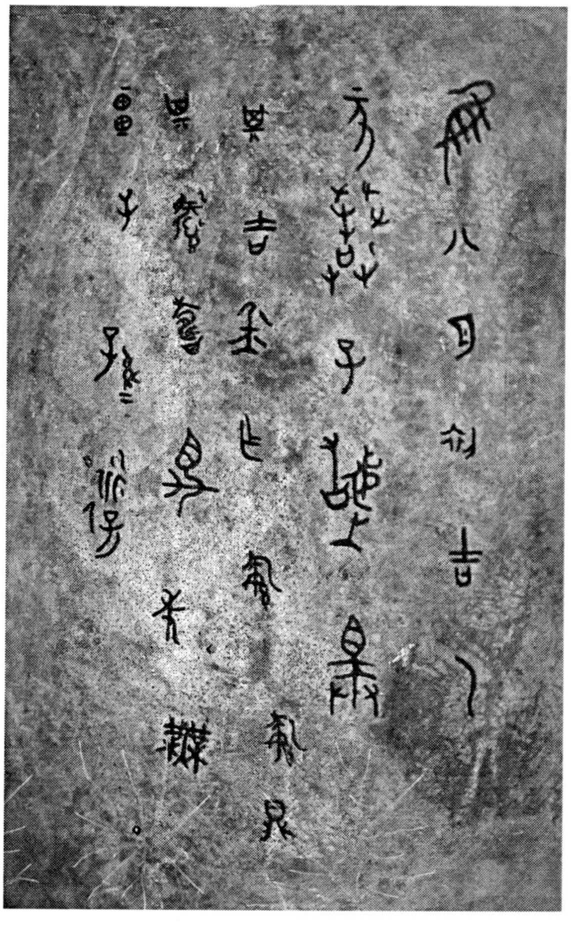

1381. 信陰君漆卮底

【時　　代】戰國晚期·魏。

【收　藏　者】河南漯河市飛諾藝術品工作室。

【尺　　度】口徑 11.6 釐米。

【形制紋飾】圓筒形、平底，下置三個蹄形足。

【著　　録】飛諾 64 頁魏 4。

【銘文字數】邊緣刻銘文 5 字（其中合文 1）。

【銘文釋文】訡（信）陰（陰）君少府。

1382. 鑄客箕

【時　　代】戰國晚期·楚。

【出土時地】1933 年安徽壽縣朱
家集李三孤堆（今
屬長豐縣朱集鄉）
楚王墓。

【收　藏　者】安徽博物院。

【尺度重量】通 高 13.7、底 長
26.7 釐米，重 0.7378
公斤。

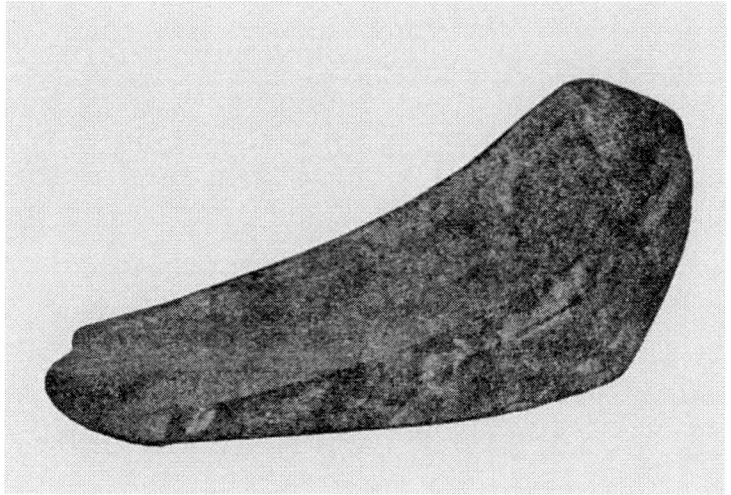

【形制紋飾】平底，前侈後斂，後
背向上彎起，兩側斜向上漸高，與後背平接，後背飾一鋪首。

【著　　錄】安徽銘文 166 頁圖 140.1。

【銘文字數】壁側刻銘文 7 字。

【銘文釋文】盠（鑄）客眂（爲）御䤴眂（爲）之。

1383. 曾侯乙鼎鈎甲

【時　　代】戰國早期。

【出土時地】1979 年湖北隨縣擂鼓墩（今屬隨州市曾都區）曾侯乙墓。

【收　藏　者】湖北省博物館。

【尺度重量】通長 24.8、鈎徑 8、提環長 11.2、寬 8.1、厚 1.4 釐米，重 1095 克。

【形制紋飾】一副兩件，形制、大小相同，由提手和彎鈎兩部分組成，提手爲橢環形。

【著　　録】楚金 333 頁 84 下。

【銘文字數】提手上鑄銘文 7 字。

【銘文釋文】曾厌（侯）乙乍（作）時（持）甬（用）冬（終）。

【備　　注】這件鼎鈎可能附屬於 01752（c96）曾侯乙鼎。圖像未公布。

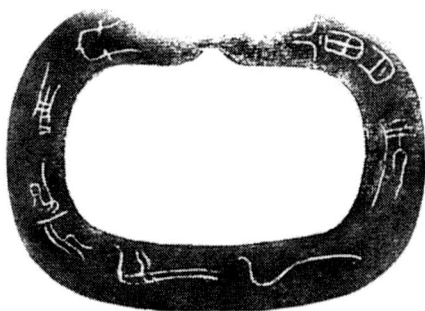

1384. 曾侯乙鼎鈎乙

【時　　代】戰國早期。

【出土時地】1979 年湖北隨縣擂鼓墩（今屬隨州市曾都區）曾侯乙墓。

【收　藏　者】湖北省博物館。

【尺度重量】通長 24.3、鈎徑 5.7、提環長 9.1、寬 5.3、厚 1 釐米，重 565 克。

【形制紋飾】一副兩件，形制、大小相同，由提手和彎鈎兩部分組成，提手爲橢環形。

【著　　録】楚金 335 頁中右。

【銘文字數】提手上鑄銘文 7 字。

【銘文釋文】曾厌（侯）乙乍（作）時（持）甬（用）冬（終）。

【備　　注】這件鼎鈎可能附屬於 01758（c98）曾侯乙鼎。圖像未公布。

1385. 忥不余席鎮

【時　　　代】春秋晚期。

【出土時地】2007 年 1 月湖北天門市
　　　　　　皂市鎮魯新村彭家山東
　　　　　　周墓（M18.12）。

【收　藏　者】天門市博物館。

【尺　　　度】通高 5.8 釐米。

【形制紋飾】饅頭形，中空平口，內灌
　　　　　　以鉛，頂部有小鈕銜環。
　　　　　　腹部飾竊曲紋。

【著　　　錄】古文字 29 輯 377 頁，鳥
　　　　　　蟲書增圖 251。

【銘文字數】表面鑄鳥蟲書銘文 40
　　　　　　字，銘文共三圈，從下圈起讀，到中圈，最後到上圈。

【銘文釋文】戉（越）王之子忥不余罣（擇）乓（厥）吉金，自乍（作）勹（伏）鈞（約）。"乓
　　　　　　（厥）［下圈］大古（故）少（小）連，於軌九州，巛（順）日又（有）行。"囗
　　　　　　之孫隹（唯）［中圈］缶（寶）。丌（其）永邑（壽）夙（夙）莫（暮）不弋（忒）
　　　　　　［上圈］。

【備　　　注】此用曹錦炎釋文。

1386. 十三年杖首

【時　　代】戰國時期。

【出土時地】2014 年徵集。

【收 藏 者】陝西歷史博物館。

【尺　　度】通長 15、高 8 釐米。

【形制紋飾】體如孔雀，錯銀以爲羽毛，腹下連鑄銎筒，以納杖幹。

【著　　録】未著録。

【銘文字數】尾下有銘文 5 字。

【銘文釋文】十三年得工。

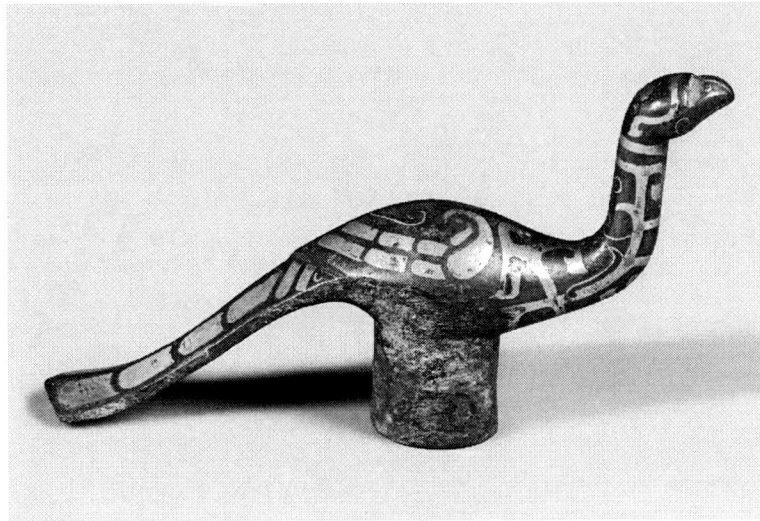

1387. 衣鼻帶鈎

【時　　代】戰國晚期。

【出土時地】安徽亳州市。

【收　藏　者】亳州市博物館。

【形制紋飾】圓釘蓋形座，扁圓莖，鳥頭形鈎頭。座背面有釘柱。

【著　　録】安徽銘文 13 頁圖 4.1。

【銘文字數】表面鑄銘文 10 字。

【銘文釋文】衣自（鼻）□□，百金甾（錙）之，□吾。

【銘文釋文】圖像未公布。

1388. 吳王光帶鈎甲

【時　　代】春秋晚期（闔閭元年至
　　　　　　十九年，前 514 - 前 496
　　　　　　年）。
【出土時地】2010 年前後浙江紹興
　　　　　　市西施山春秋戰國冶鑄
　　　　　　遺址。
【收　藏　者】紹興越國文化博物館。
【形制紋飾】整體似回首鳥形，正面
　　　　　　鼓起，裝飾對稱的兩組
　　　　　　龍蛇，紋飾精美，原來似
　　　　　　有鑲嵌。背面有釘柱。
【著　　　録】東南文化 2013 年 2 期
　　　　　　90 頁圖 1。
【銘文字數】正面及左右兩側鑄銘文共 12 字。
【銘文釋文】工𫐓（吾）王光初得其昌（壽、鑄）金，乍（作）用丩（鈎）。

1389. 吳王光帶鈎乙

【時　　　代】春秋晚期（闔閭元年至十九年，前 514 -
　　　　　　前 496 年）。
【出土時地】2010 年前後浙江紹興市西施山春秋戰國
　　　　　　冶鑄遺址。
【收　藏　者】紹興古越閣。
【形制紋飾】整體似回首鳥形，正面鼓起，裝飾對稱的
　　　　　　兩組龍蛇，紋飾精美，原來似有鑲嵌。背
　　　　　　面有釘柱。
【著　　　録】東南文化 2013 年 2 期 90 頁圖 2。
【銘文字數】正面及左右兩側鑄銘文共 12 字。
【銘文釋文】工𫐓（吾）王光初得其昌（壽、鑄）金，乍
　　　　　　（作）用丩（鈎）。

1390. 吳王光帶鈎丙

【時　　代】春秋晚期（闔閭元年至十九年，前 514－前 496 年）。
【出土時地】2010 年前後浙江紹興市西施山春秋戰國冶鑄遺址。
【收　藏　者】某收藏家。
【形制紋飾】整體似回首鳥形，正面鼓起，裝飾對稱的兩組龍蛇，紋飾精美，原來似有
　　　　　　鑲嵌。背面有釘柱。
【著　　錄】東南文化 2013 年 2 期 90 頁圖 3。
【銘文字數】正面及左右兩側鑄銘文共 12 字。
【銘文釋文】工敔（吾）王光初得其昌（壽、鑄）金，乍（作）用丩（鈎）。

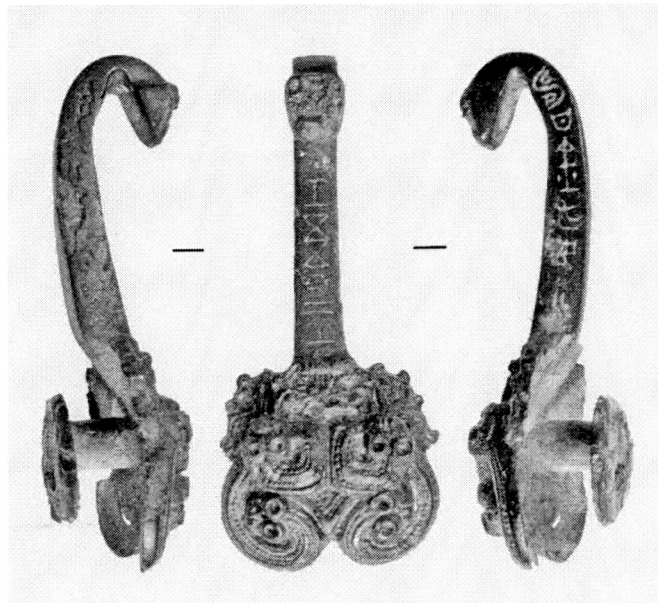

48. 金銀器

（1391–1395）

1391. 受一升分銀豆(受一籵分銀盒)甲

【時　　代】戰國晚期·齊。

【出土時地】2004年12月山東青州市東
　　　　　高鎮西辛村戰國墓(B1.11)。

【收藏者】青州市博物館。

【尺度重量】通高11.1、腹徑11.3、底徑
　　　　　5.6釐米,重357.25克。

【形制紋飾】豆體用銀片錘揲而成。直
　　　　　口圜底,下接鎏金青銅圈
　　　　　足,圈足內嵌漆木座;蓋體
　　　　　與器體基本相同,爲母口,
　　　　　與器的子口扣合,蓋上有三
　　　　　個青銅臥姿的虎豹形鈕。蓋
上和器腹壁均飾雙層裂瓣紋,蓋沿和器口沿飾帶狀斜方格紋,紋飾鎏金。

【著　　錄】文物2014年9期25頁圖51。

【銘文字數】腹壁刻銘文4字。

【銘文釋文】受,一籵(升)分。

【備　　注】《發掘簡報》誤釋爲"叟,一又卅分"。

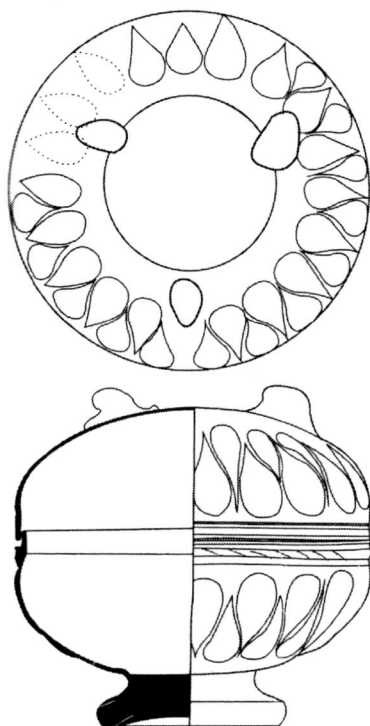

1392. 受一升分銀豆(受一耕分銀盒)乙

【時　　代】戰國晚期·齊。

【出土時地】2004 年 12 月山東青州市東高鎮西辛村戰國墓(B1.12)。

【收　藏　者】青州市博物館。

【尺度重量】通高 10.6、腹徑 11.6、底徑 5.8 釐米,重 358.03 克。

【形制紋飾】豆體用銀片錘揲而成。直口圜底,下接鎏金青銅圈足,圈足內嵌漆木座;
蓋體與器體基本相同,爲母口,與器的子口扣合,蓋上有三個青銅臥姿的
虎豹形鈕。蓋上和器腹壁均飾雙層裂瓣紋,蓋沿和器口沿飾帶狀斜方格
紋,紋飾鎏金。

【著　　錄】文物 2014 年 9 期 25 頁圖 52。

【銘文字數】腹壁刻銘文 5 字。

【銘文釋文】受,一耕(升)分。

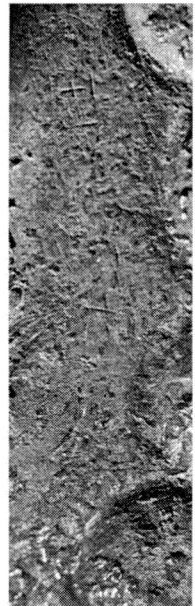

1393. 罨平一升分銀盤(罨平一秤分銀盤)甲

【時　　代】戰國晚期·齊。

【出土時地】2004 年 12 月山東青州市東高鎮西辛村戰國墓(B1.13)。

【收 藏 者】青州市博物館。

【尺度重量】通高 2.8、口徑 15.8、底徑 6.7 釐米,殘重 75.89 克。

【形制紋飾】盤體用銀片錘揲而成。器壁薄,殘破較甚,口略侈,平折沿,淺腹平底,底中央內凹形成假圈足。

【著　　録】文物 2014 年 9 期 25 頁圖 53。

【銘文字數】器底刻銘文 5 字。

【銘文釋文】罨平,一秤(升)分。

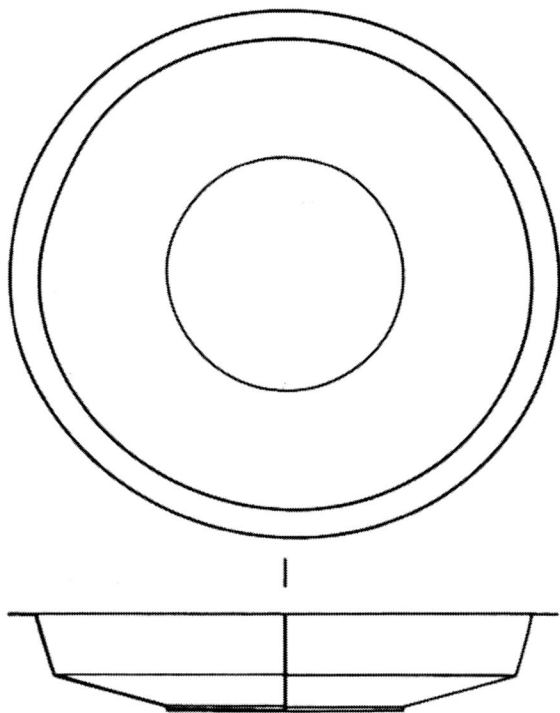

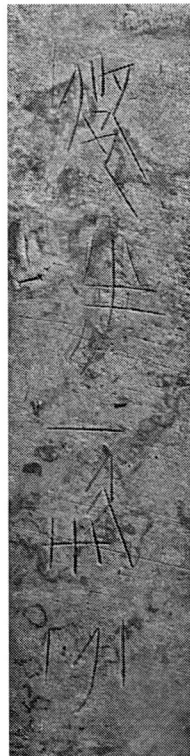

1394. 覃平一升分銀盤(覃平一粝分銀盤) 乙

【時　　代】戰國晚期·齊。

【出土時地】2004 年 12 月山東青州市東高鎮西辛村戰國墓(B1.14)。

【收　藏　者】青州市博物館。

【尺度重量】口徑 16.8 釐米,殘重 54.69 克。

【形制紋飾】盤體用銀片錘揲而成。器壁薄,殘破嚴重,口略侈,平折沿,淺腹平底,底中央內凹形成假圈足。

【著　　録】文物 2014 年 9 期 25 頁圖 54。

【銘文字數】器底刻銘文 5 字。

【銘文釋文】覃平,一粝(升)分。

1395. 䣄平二升分銀匜（䣄平二粁分銀厄）

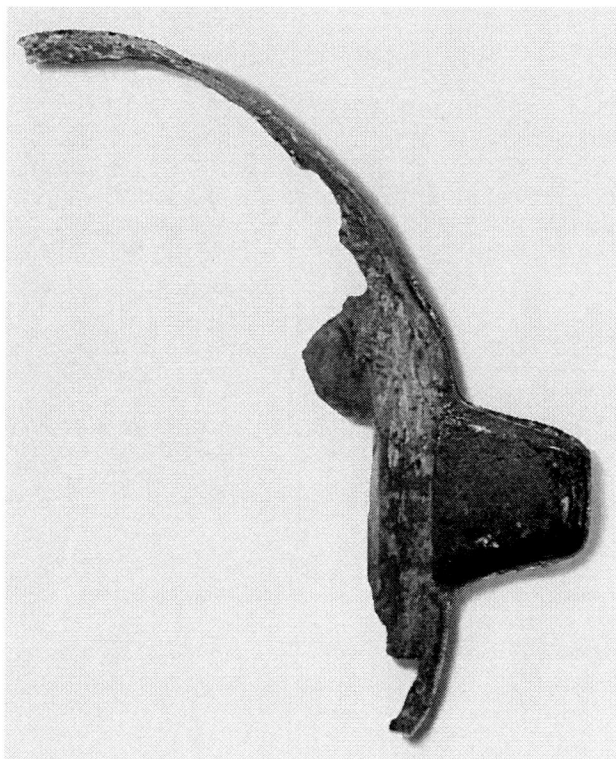

【時　　代】戰國晚期·齊。

【出土時地】2004 年 12 月山東青州市東高鎮西辛村戰國墓（B1.15）。

【收 藏 者】青州市博物館。

【尺度重量】對角綫長 7.3 釐米，殘重 19.15 克。

【形制紋飾】殘存流槽、部分口沿及底部。器壁較薄，敞口，流槽呈梯形，流口有折沿，平底。

【著　　録】文物 2014 年 9 期 25 頁圖 56。

【銘文字數】器底刻銘文 5 字。

【銘文釋文】䣄平，二粁（升）分。

【備　　注】《發掘簡報》説該銀器僅存流部，因此懷疑此器爲匜。上海博物館藏左關銅厄也有流，此銀器也有可能是厄。

49. 玉石器

（1396-1506）

1396. 小臣車堇玉璋

【時　　代】商代晚期。

【出土時地】2012 年 9 月出現在西安。

【收 藏 者】某收藏家。

【形制紋飾】前後均殘,僅存中間大部分。青玉,長條形,前窄後寬,後部有一圓孔,兩
側各有三個齒牙,其前各有一個鳥首形牙。

【著　　錄】未著錄。

【銘文字數】表面刻銘文 4 字。

【銘文釋文】小臣車堇。

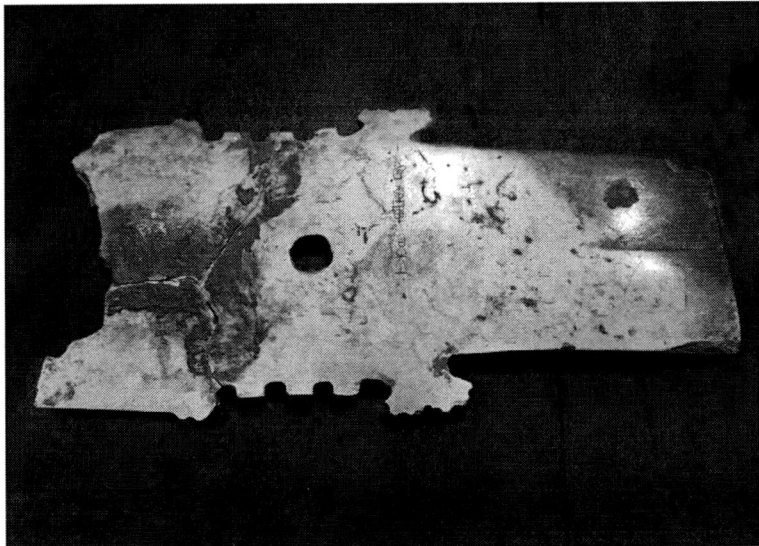

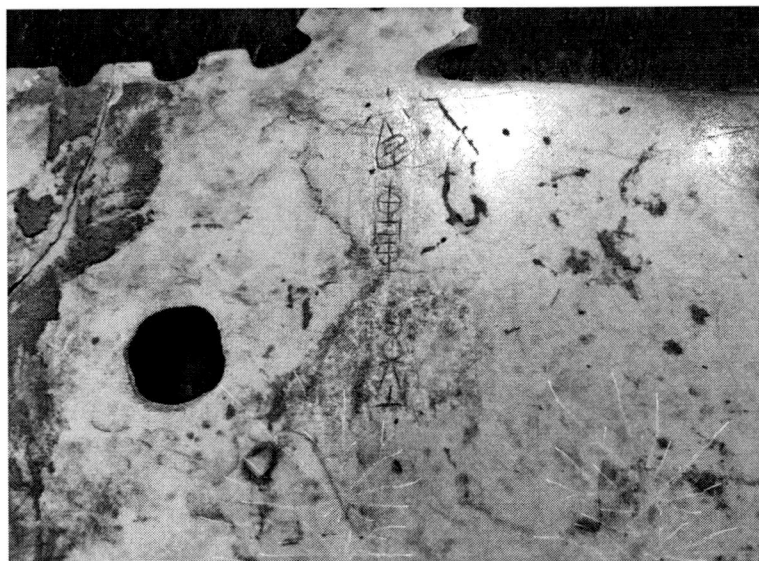

1397. 州劍石戈

【時　　代】戰國早期。

【出土時地】浙江紹興地區。

【收 藏 者】紹興市古越閣。

【形制紋飾】隨葬明器，石質，此
　　　　　　爲雙戈戟的第二戈
　　　　　　頭。窄直援上揚，
　　　　　　尖鋒有脊，長胡，闌
　　　　　　側二長穿一小穿，
　　　　　　無内。

【著　　録】鳥蟲書增圖 190。

【銘文字數】胡部刻銘文 2 字。

【銘文釋文】州僉（劍）。

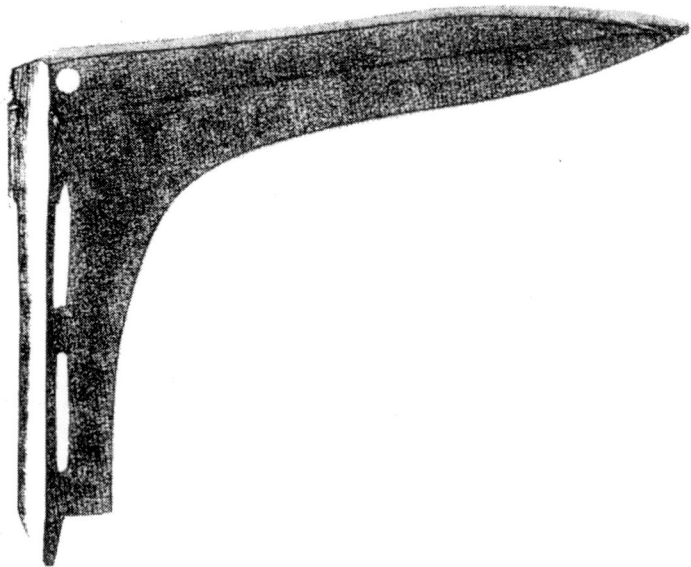

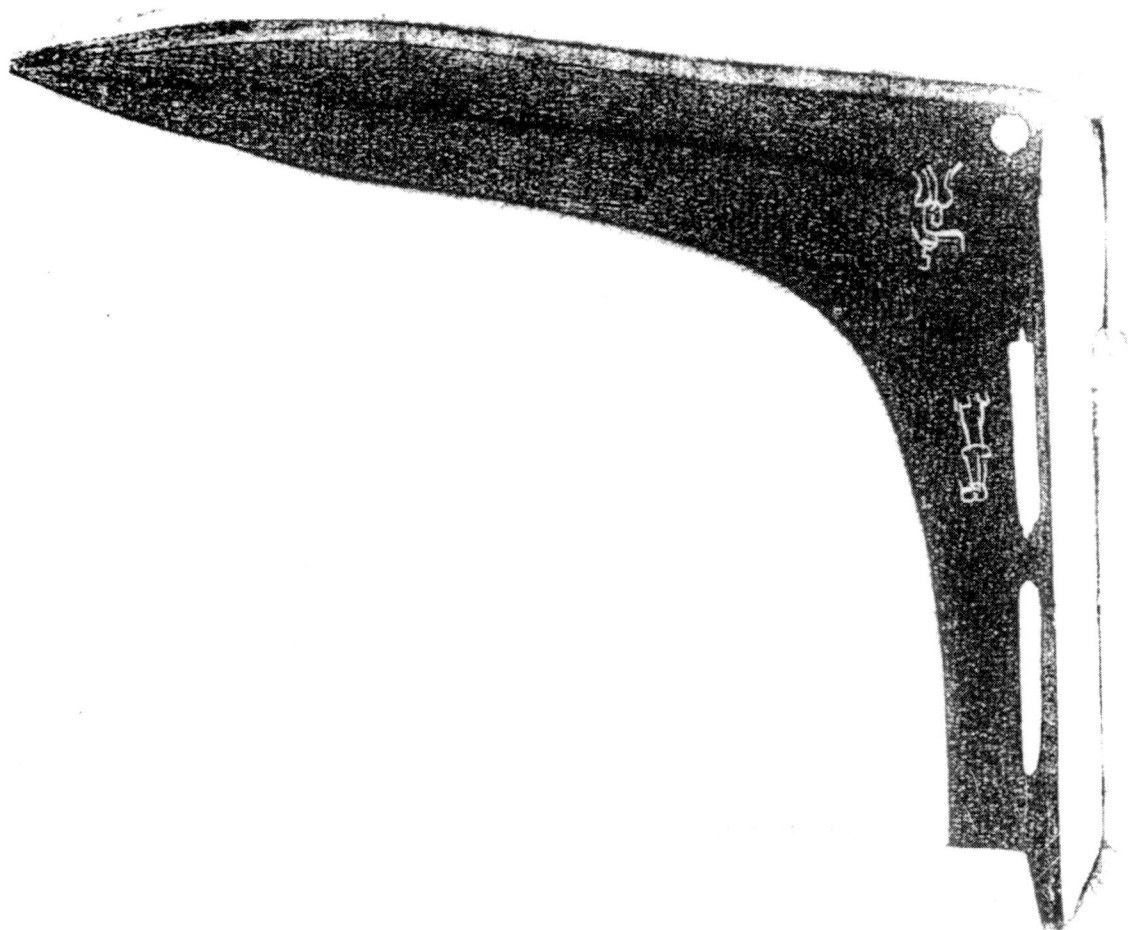

1398. 越王州句石戈（戊王州句石戈）甲

【時　　　代】戰國早期。

【出土時地】浙江紹興地區。

【收　藏　者】紹興市玉笥堂。

【形制紋飾】隨葬明器，石質，窄直援上揚，尖鋒有脊，長胡，長方形內。內後部飾雲紋。

【著　　　錄】鳥蟲書增圖 168。

【銘文字數】胡部刻銘文 4 字。

【銘文釋文】戊（越）王州句。

【備　　　注】行款倒向。

1399. 越王州句石戈（戊王州句石戈）乙

【時　　代】戰國早期。

【出土時地】浙江紹興地區。

【收　藏　者】紹興市越文化博物館。

【形制紋飾】隨葬明器，石質，窄直援上揚，尖鋒有脊，長胡，闌側二長穿一小穿，長方形內。內後部飾雲紋。

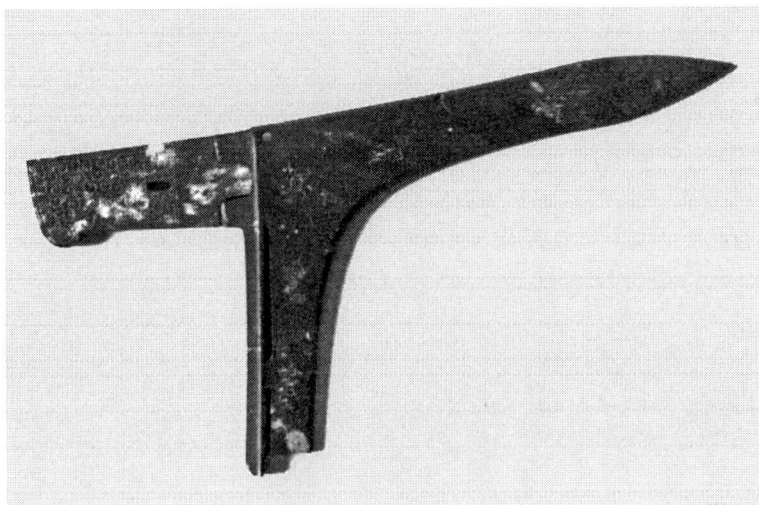

【著　　錄】鳥蟲書增圖169。

【銘文字數】援部及胡部刻銘文4字。

【銘文釋文】戊（越）王州句。

1400. 越王句石戈（戉王句石戈）一

【時　　代】戰國早期。

【出土時地】浙江紹興地區。

【收　藏　者】紹興市古越閣。

【形制紋飾】隨葬明器，石質，此
　　　　　　爲雙戈戟的第一戈
　　　　　　頭。窄直援上揚，
　　　　　　尖鋒有脊，長胡，闌
　　　　　　側二長穿一小穿，
　　　　　　長方形內。援根上
　　　　　　部有雲紋裝飾。

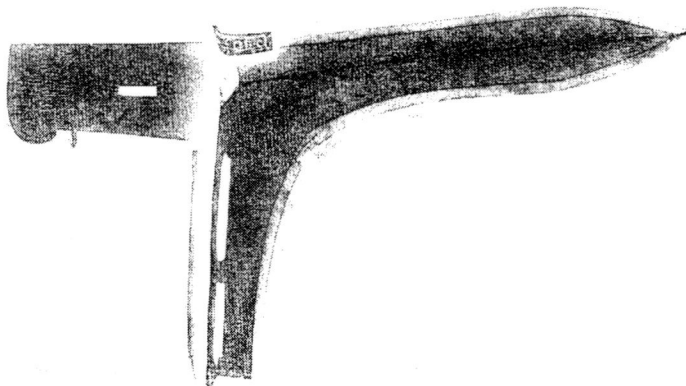

【著　　錄】鳥蟲書增圖 170。

【銘文字數】胡部刻銘文 4 字。

【銘文釋文】戉（越）丩（句）僉（劍）王。

【備　　注】銘文倒置，"王"字誤刻於末位，全句應讀爲"戉（越）王丩（句）僉（劍）"。

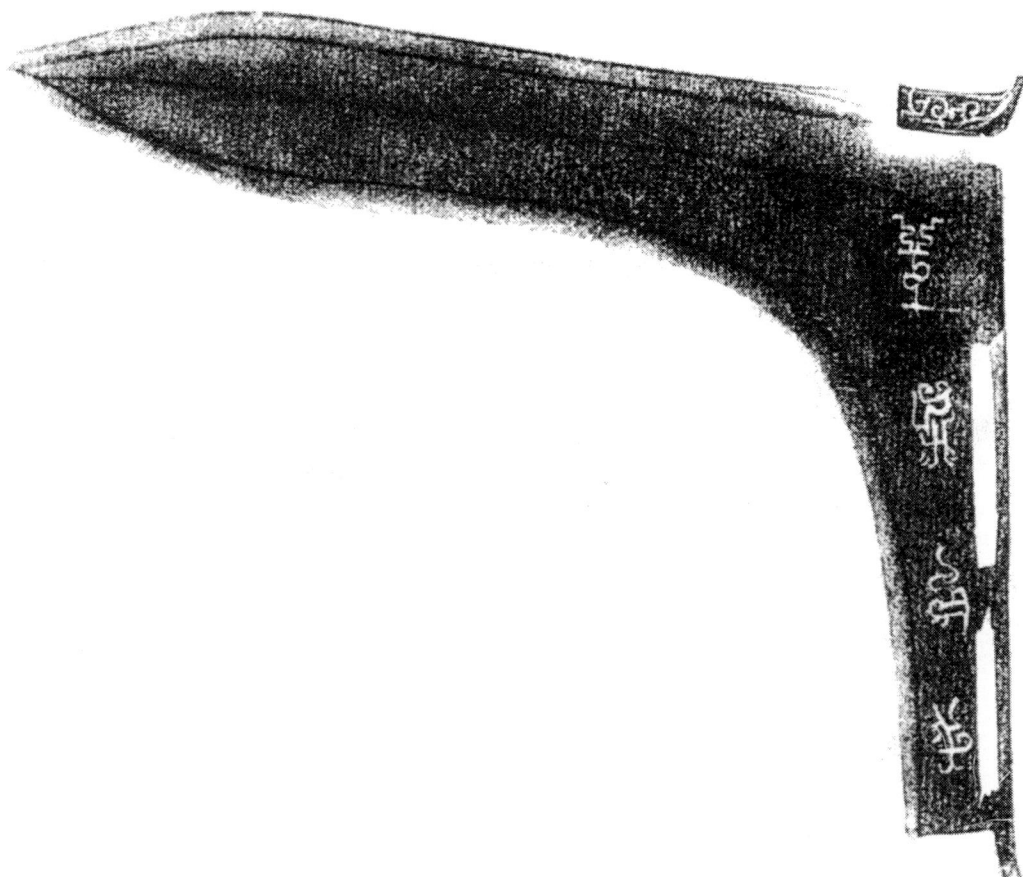

1401. 越王句石戈（戉王句石戈）二

【時　　代】戰國早期。

【出土時地】浙江紹興地區。

【收 藏 者】紹興市古越閣。

【形制紋飾】隨葬明器，石質，此
　　　　　　爲雙戈戟的第二戈
　　　　　　頭。窄直援上揚，
　　　　　　尖鋒有脊，長胡，闌
　　　　　　側二長穿一小穿，
　　　　　　內甚短。

【著　　錄】鳥蟲書增圖171。

【銘文字數】胡部刻銘文4字。

【銘文釋文】丩（句）用戉（越）王。

【備　　注】"戉王"二字後置，除"用"字外，其餘皆倒刻。全句應讀爲"戉（越）王丩
　　　　　　（句）用"。

1402. 越王句石戈（戉王句石戈）三

【時　　代】戰國早期。

【出土時地】浙江紹興地區。

【收　藏　者】紹興市古越閣。

【形制紋飾】隨葬明器，石質，此爲雙戈戟的第一戈頭。窄直援上揚，尖鋒有脊，長胡，
　　　　　　闌側二長穿一小穿，長方形内。前部有一圓孔，内部飾雲紋。

【著　　録】鳥蟲書增圖172。

【銘文字數】胡部兩面各刻銘文3字，内容相同。

【銘文釋文】戉（越）丩（句）王，戉（越）丩（句）王。

【備　　注】"戉"字皆倒刻，正面"王"字橫刻。

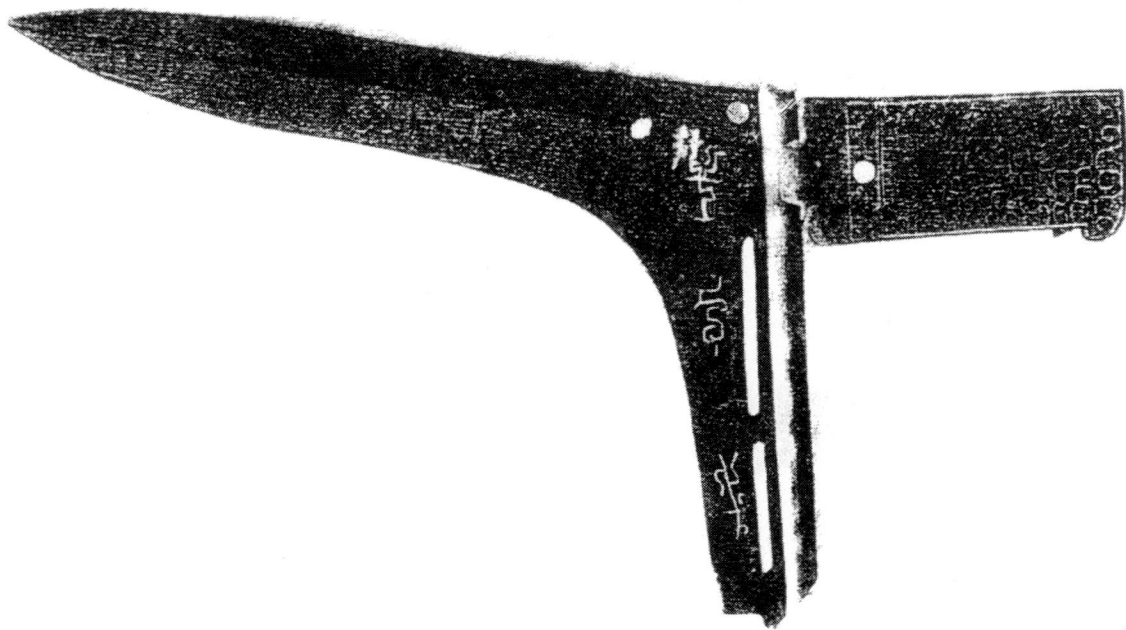

正面

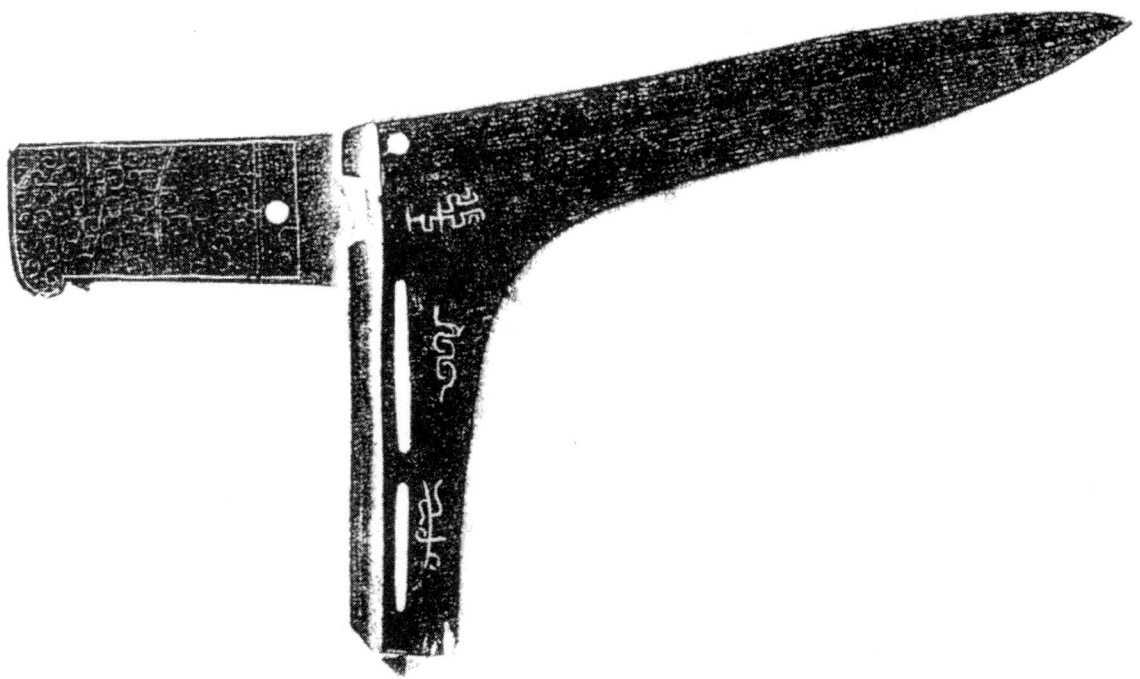

背面

1403. 越王句石戈（戉王句石戈）四

【時　　　代】戰國早期。

【出土時地】浙江紹興地區。

【收　藏　者】紹興市古越閣。

【形制紋飾】隨葬明器，石質，此爲雙戈戟的第二戈頭。窄直援上揚，尖鋒有脊，長胡，
　　　　　　闌側二長穿一小穿，内甚短。

【著　　　録】鳥蟲書增圖173。

【銘文字數】胡部兩面各刻銘文3字，内容相同。

【銘文釋文】戉（越）丩（句）王，戉（越）丩（句）王。

【備　　　注】"戉"字皆倒刻，正面"王"字橫刻。

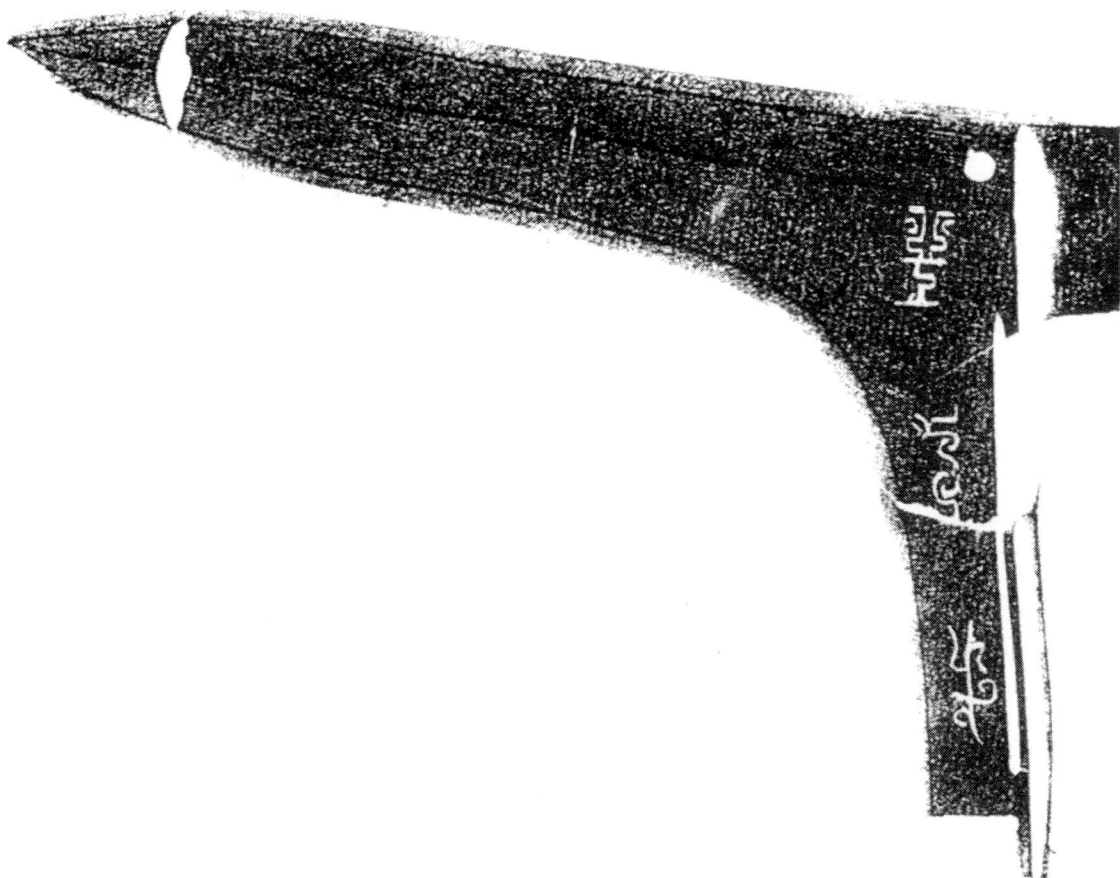

正面

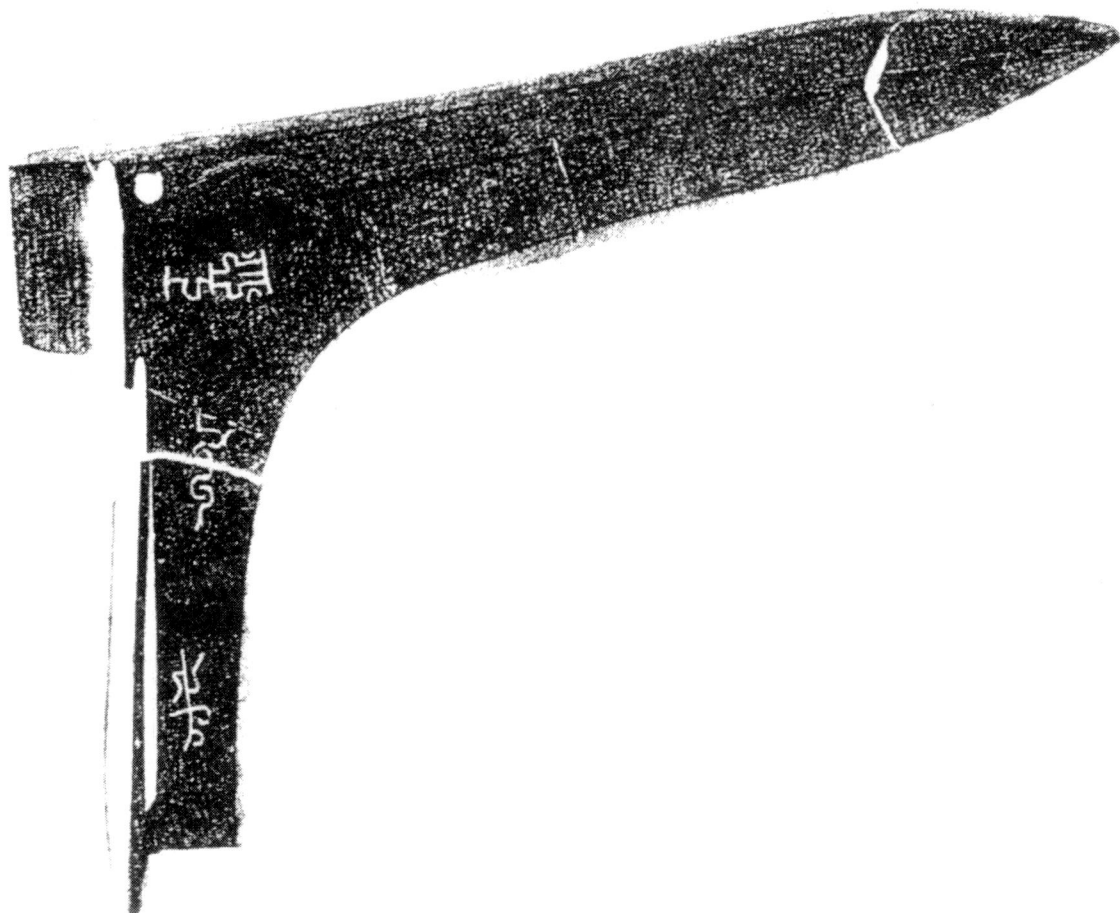

背面

1404. 越王句石戈（戉王句石戈）五

【時　　代】戰國早期。

【出土時地】浙江紹興地區。

【收　藏　者】紹興市越文化博
　　　　　　物館。

【形制紋飾】隨葬明器，石質，窄
　　　　　　直援上揚，此爲雙
　　　　　　戈戟的第二戈頭。
　　　　　　尖鋒有脊，長胡，闌
　　　　　　側二長穿一小穿，
　　　　　　內甚短。

【著　　録】鳥蟲書增圖 174。

【銘文字數】胡部刻銘文 3 字。

【銘文釋文】戉（越）丩（句）王。

【備　　注】"戉、丩"二字皆倒刻。

1405. 越王句石戈（戉王句石戈）六

【時　　代】戰國早期。

【出土時地】浙江紹興地區。

【收　藏　者】紹興市越文化博
　　　　　　物館。

【形制紋飾】隨葬明器，石質，此
　　　　　　為雙戈戟的第二戈
　　　　　　頭。窄直援上揚，
　　　　　　尖鋒有脊，長胡，闌
　　　　　　側二長穿一小穿，
　　　　　　闌殘，內甚短。

【著　　錄】鳥蟲書增圖175。

【銘文字數】胡部刻銘文3字。

【銘文釋文】戉（越）丩（句）王。

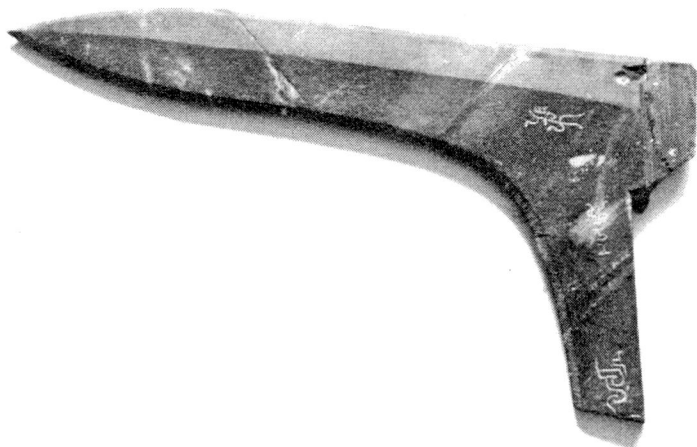

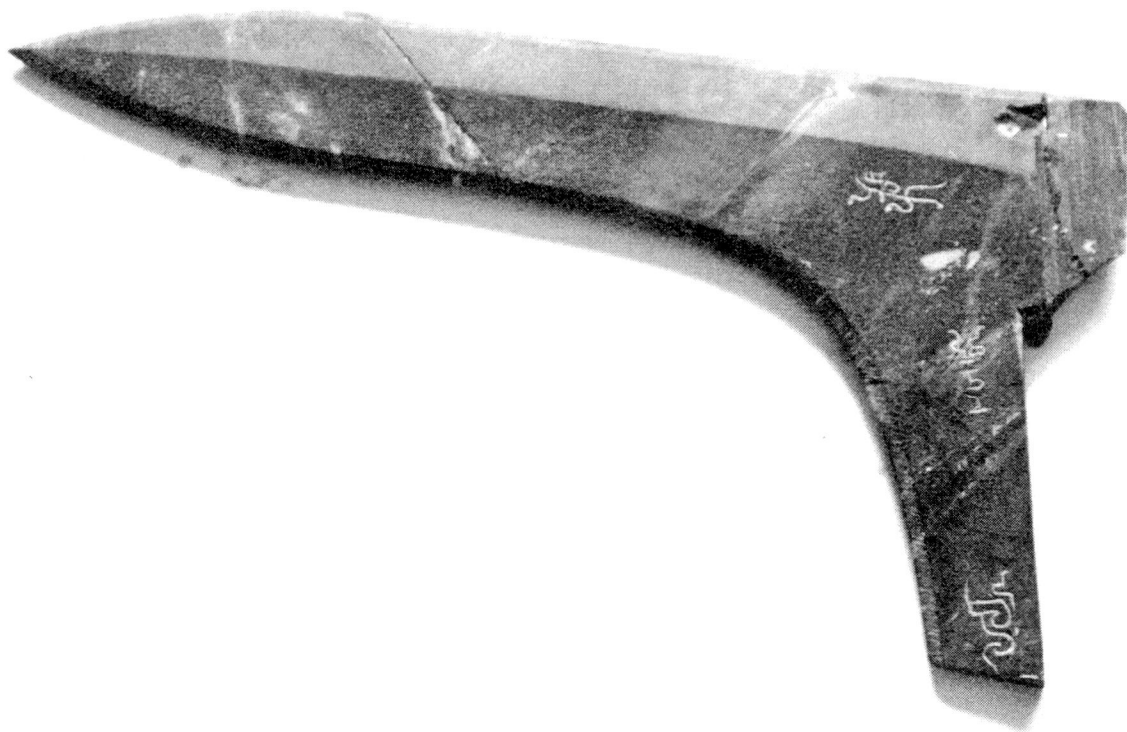

1406. 越王句石戈（戊王句石戈）七

【時　　代】戰國早期。

【出土時地】浙江紹興地區。

【收 藏 者】紹興市越文化博
物館。

【形制紋飾】隨葬明器，石質，此
爲雙戈戟的第一戈
頭。窄直援上揚，
尖鋒有脊，長胡，闌
側二長穿一小穿，
內呈凸字形，有榫
與戈的卯套接，內飾雲紋，上有一圓孔。

【著　　錄】鳥蟲書增圖 176。

【銘文字數】胡部刻銘文 3 字。

【銘文釋文】戊（越）丩（句）王。

1407. 越王石戈（戉王石戈）一

【時　　代】戰國早期。

【出土時地】浙江紹興地區。

【收　藏　者】紹興市古越閣。

【形制紋飾】隨葬明器，石質，此
　　　　　爲雙戈戟的第一戈
　　　　　頭。窄直援上揚，
　　　　　尖鋒有脊，長胡，闌
　　　　　側二長穿一小穿，
　　　　　內呈凸字形，有樺
　　　　　與戈的卯套接，內飾雲紋，上有一圓孔。

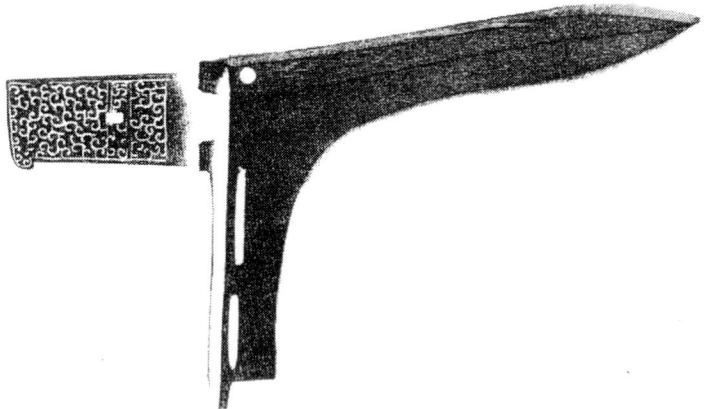

【著　　　錄】鳥蟲書增圖 177。

【銘文字數】胡部刻銘文 3 字。

【銘文釋文】戉（越）王戉（越）。

1408. 越王石戈（戉王石戈）二

【時　　代】戰國早期。

【出土時地】浙江紹興地區。

【收　藏　者】紹興市古越閣。

【形制紋飾】隨葬明器，石質，此
　　　　　爲雙戈戟的第一戈
　　　　　頭。窄直援上揚，
　　　　　尖鋒有脊，長胡，闌
　　　　　側二長穿一小穿，
　　　　　內呈凸字形，有樺
　　　　　與戈的卯套接，內
　　　　　飾雲紋，上有一圓孔。

【著　　錄】鳥蟲書增圖 178。

【銘文字數】胡部刻銘文 3 字。

【銘文釋文】戉（越）王戉（越）。

玉石器

1409. 越王石戈（戉王石戈）三

【時　　代】戰國早期。

【出土時地】浙江紹興地區。

【收 藏 者】紹興市古越閣。

【形制紋飾】隨葬明器，石質，此

為雙戈戟的第一戈

頭。窄直援上揚，

尖鋒有脊，長胡，闌

側二長穿一小穿，

內呈凸字形，有欙

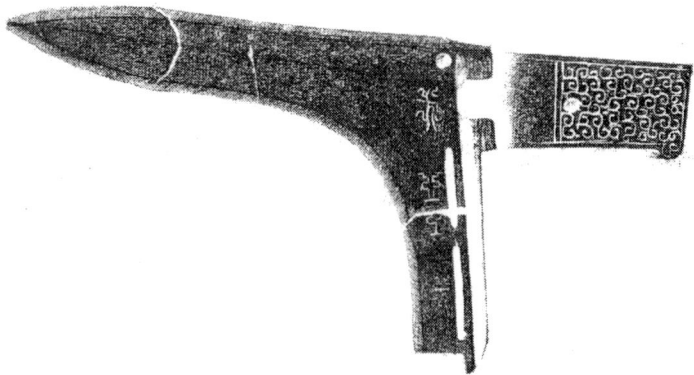

與戈的卯套接，內飾雲紋，上有一圓孔。

【著　　錄】鳥蟲書增圖179。

【銘文字數】胡部刻銘文3字。

【銘文釋文】戉（越）王戉（越）。

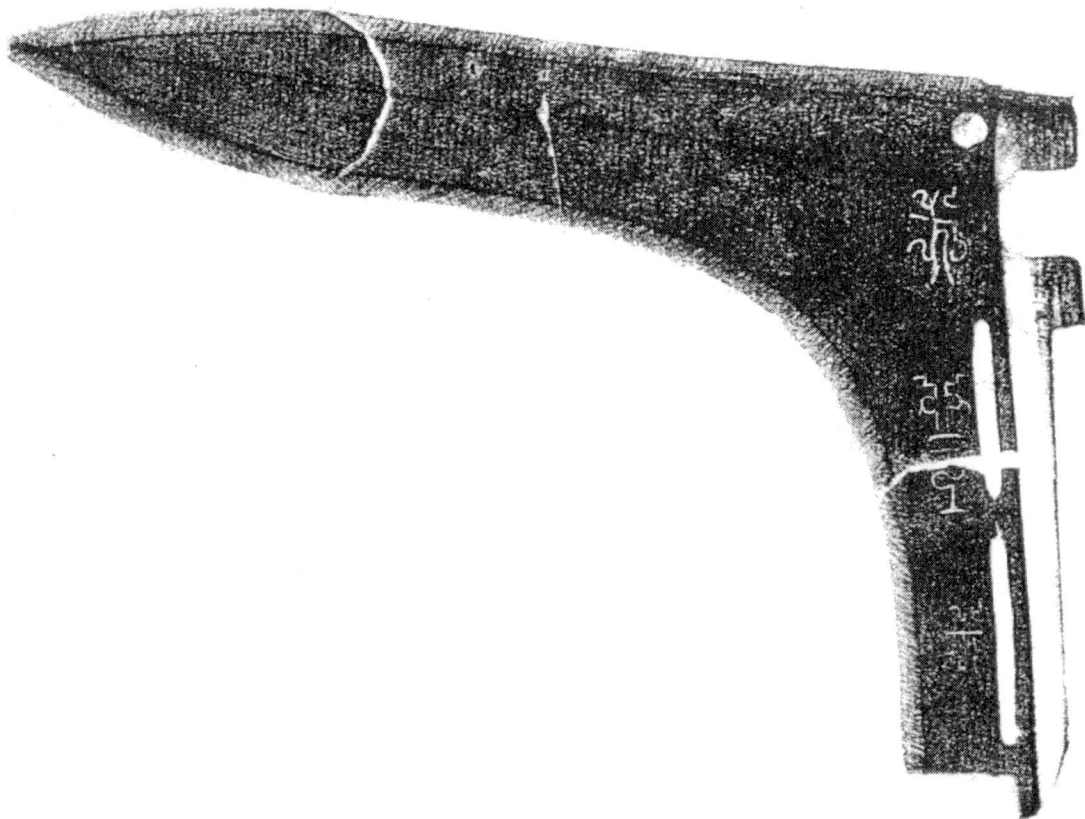

1410. 越王石戈（戉王石戈）四

【時　　代】戰國早期。

【出土時地】浙江紹興地區。

【收　藏　者】紹興市古越閣。

【形制紋飾】隨葬明器，石質，此
　　　　　　爲雙戈戟的第二戈
　　　　　　頭。窄直援上揚，尖
　　　　　　鋒有脊，長胡，闌側
　　　　　　二長穿一小穿。

【著　　　録】鳥蟲書增圖 180。

【銘文字數】胡部刻銘文 3 字。

【銘文釋文】戉（越）王戉（越）。

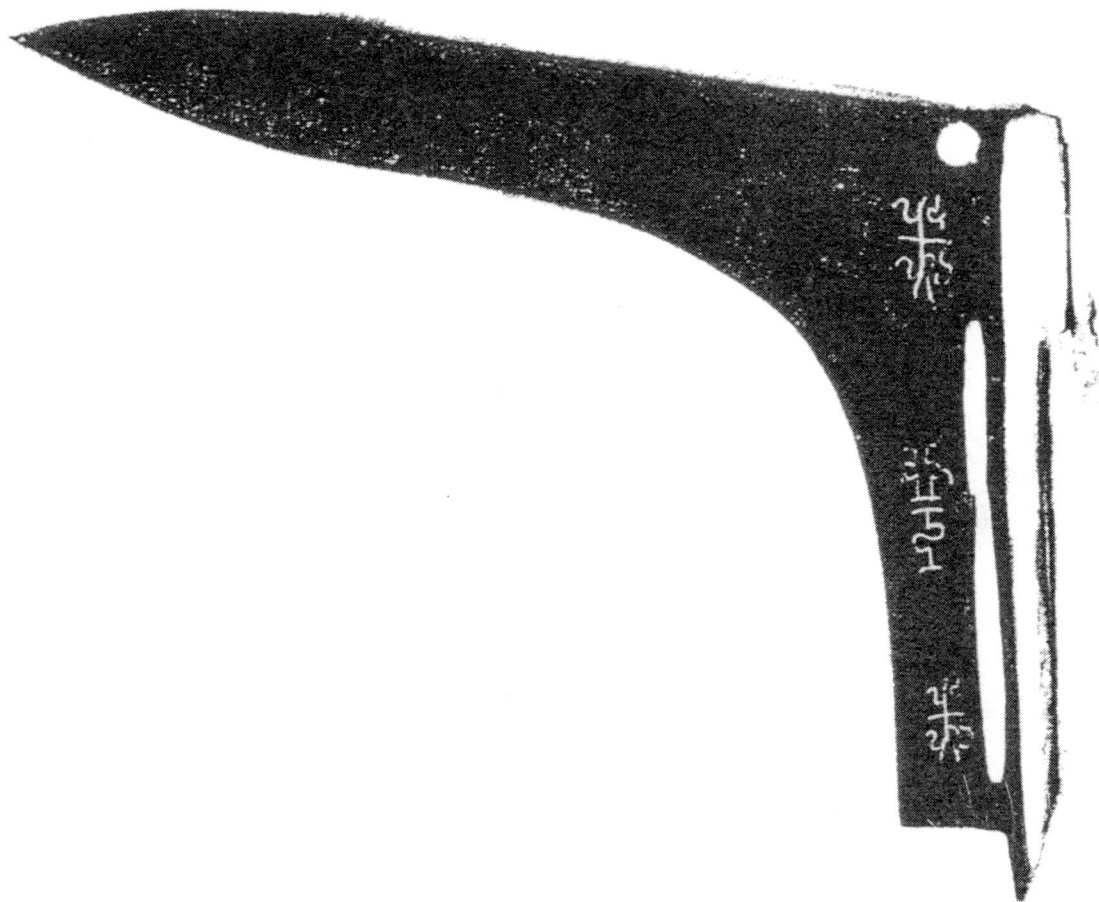

1411. 越王石戈（戊王石戈）五

【時　　代】戰國早期。

【出土時地】浙江紹興地區。

【收　藏　者】紹興市古越閣。

【形制紋飾】隨葬明器，石質，此爲雙
　　　　　　戈戟的第二戈頭。窄直
　　　　　　援上揚，尖鋒有脊，長胡，
　　　　　　闌側二長穿一小穿。

【著　　録】鳥蟲書增圖181。

【銘文字數】胡部刻銘文3字。

【銘文釋文】戊（越）王戊（越）。

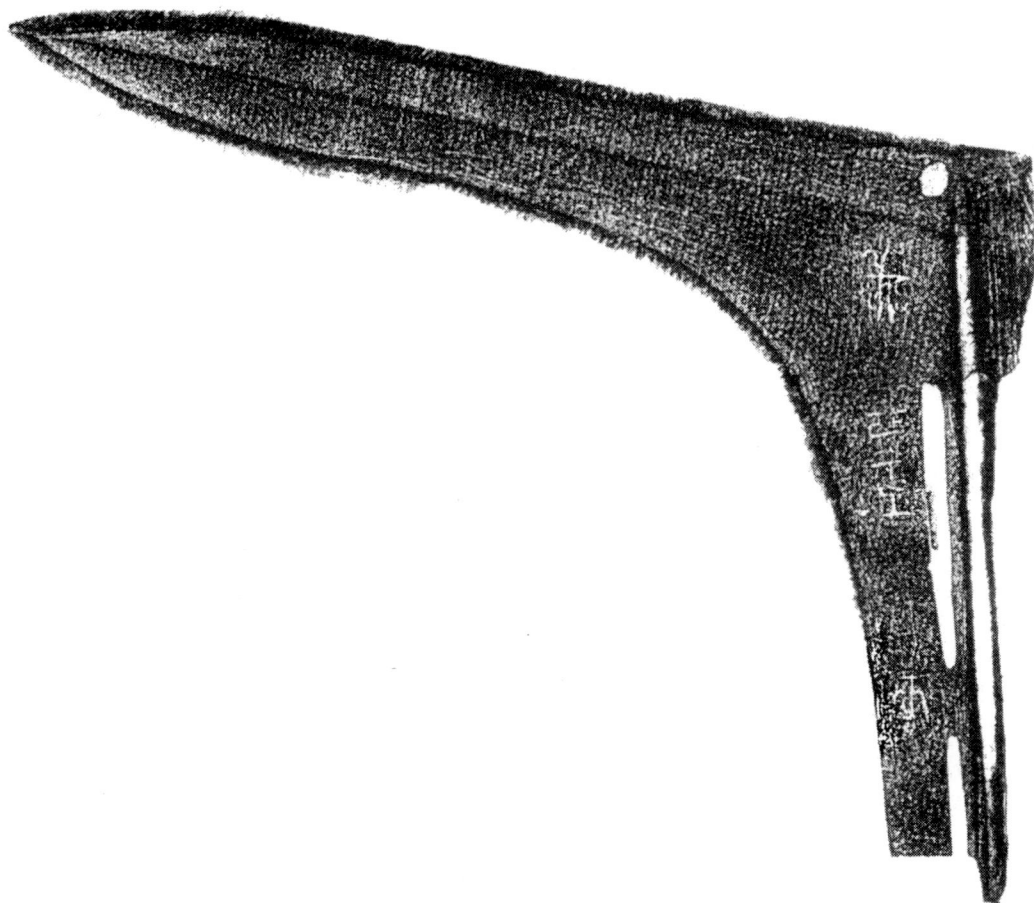

1412. 越王石戈（戉王石戈）六

【時　　代】戰國早期。

【出土時地】浙江紹興地區。

【收　藏　者】紹興市古越閣。

【形制紋飾】隨葬明器，石質，此
爲雙戈戟的第二戈
頭。窄直援上揚，
尖鋒有脊，長胡，闌
側二長穿一小穿。

【著　　錄】鳥蟲書增圖 182。

【銘文字數】胡部刻銘文 3 字。

【銘文釋文】戉（越）王戉（越）。

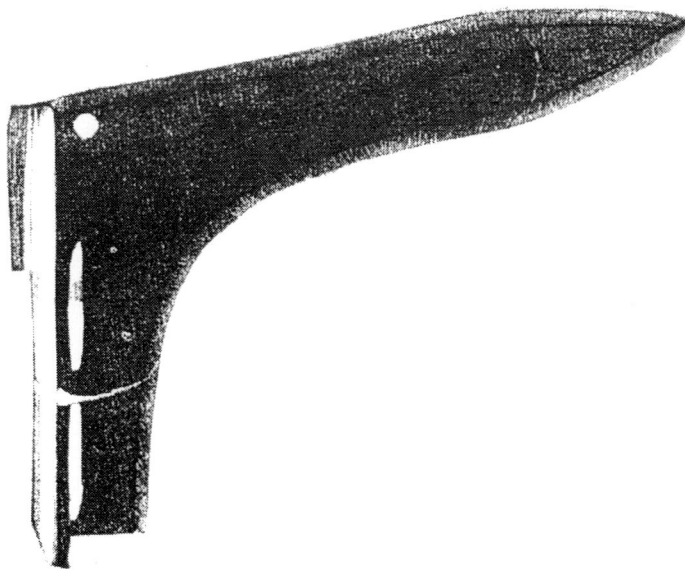

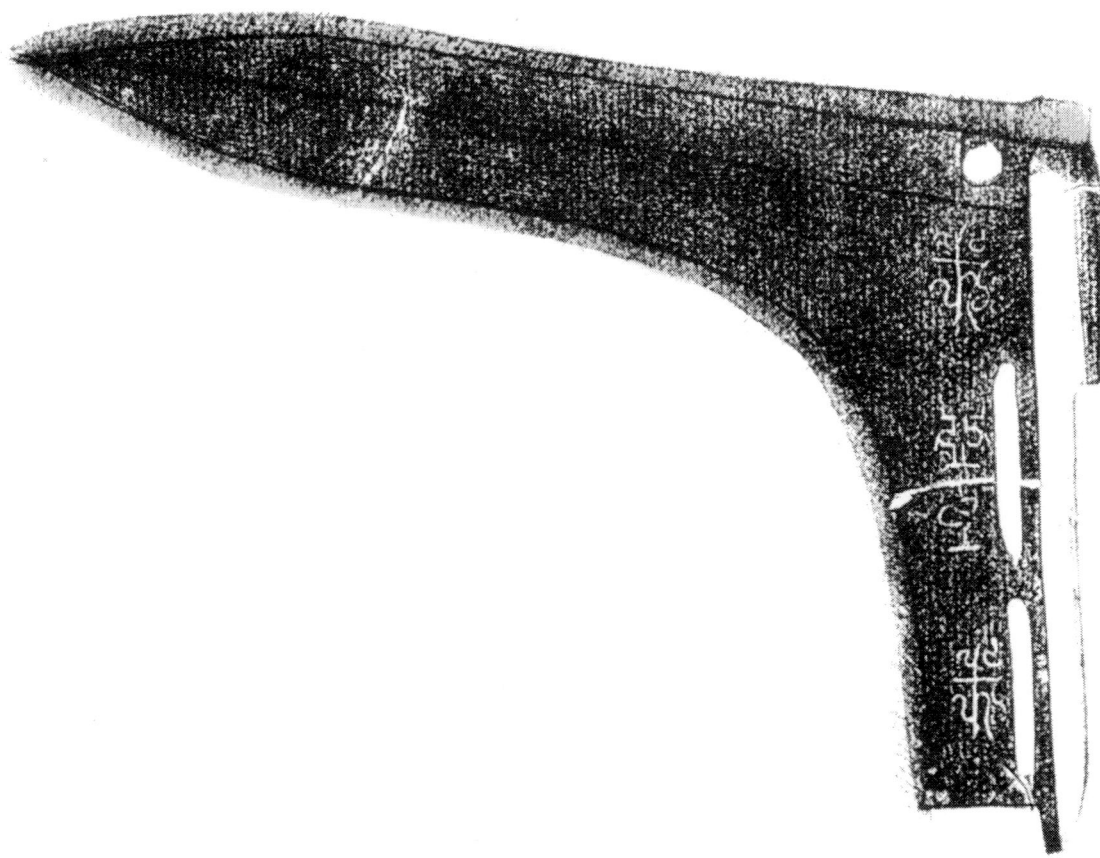

1413. 越王石戈(戉王石戈)七

【時　　代】戰國早期。

【出土時地】浙江紹興地區。

【收　藏　者】紹興市古越閣。

【形制紋飾】隨葬明器, 石質, 此
　　　　　　為雙戈戟的第二戈
　　　　　　頭。 窄直援上揚,
　　　　　　尖鋒有脊, 長胡, 闌
　　　　　　側二長穿一小穿。

【著　　録】鳥蟲書增圖 183。

【銘文字數】胡部刻銘文 3 字。

【銘文釋文】戉(越) 王戉(越)。

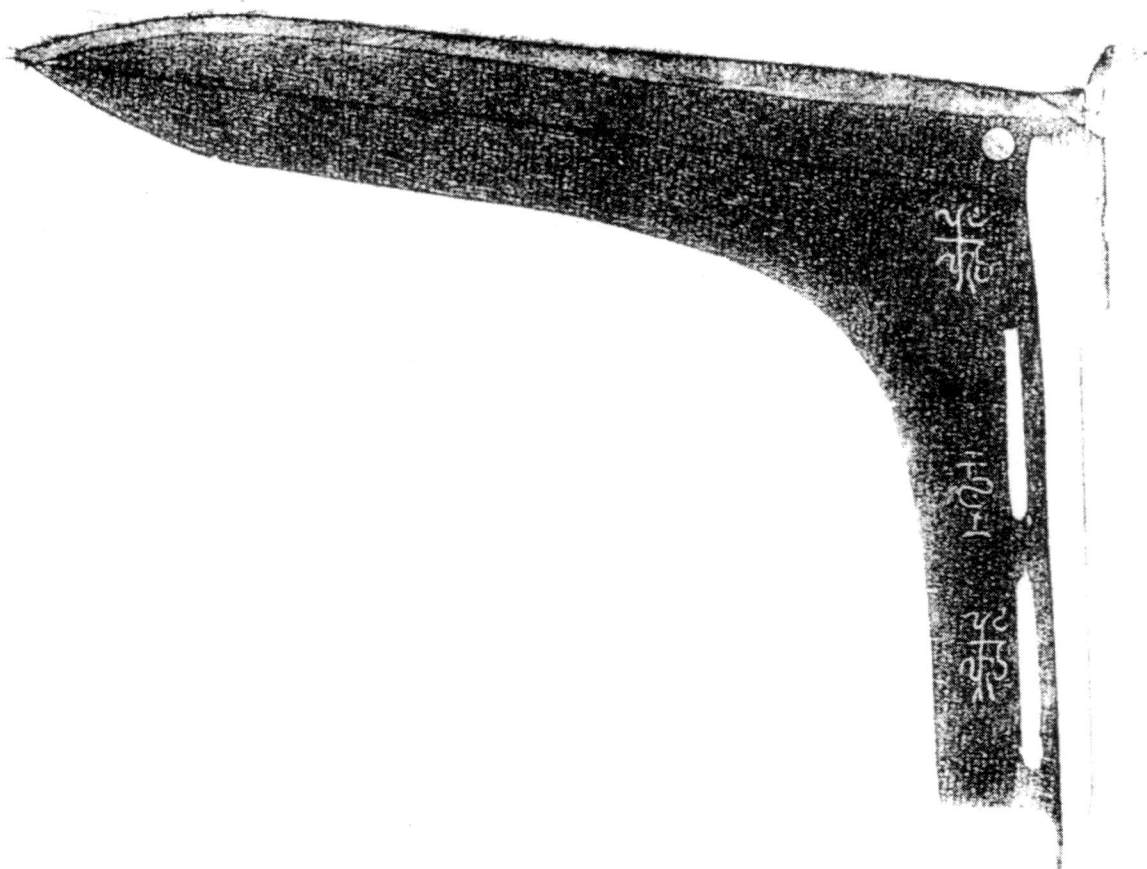

1414. 越王石戈（戉王石戈）八

【時　　代】戰國早期。

【出土時地】浙江紹興地區。

【收　藏　者】紹興市古越閣。

【形制紋飾】隨葬明器，石質，此爲
　　　　　　雙戈戟的第二戈頭。
　　　　　　窄直援上揚，尖鋒有
　　　　　　脊，長胡，闌側二長穿
　　　　　　一小穿。

【著　　録】鳥蟲書增圖 184。

【銘文字數】胡部刻銘文 3 字。

【銘文釋文】戉（越）戉（越）王。

1415. 越王石戈（戉王石戈）九

【時　　代】戰國早期。

【出土時地】浙江紹興地區。

【收　藏　者】紹興市古越閣。

【形制紋飾】隨葬明器，石質，此
　　　　　為雙戈戟的第一戈
　　　　　頭。窄直援上揚，
　　　　　尖鋒有脊，長胡，闌
　　　　　側二長穿一小穿，
　　　　　內飾雲紋，上有一
　　　　　橢圓孔。

【著　　　錄】鳥蟲書增圖185。

【銘文字數】援部及胡部刻銘文，共3字。

【銘文釋文】□戉（越）王。

1416. 越王石戈（戉王石戈）十

【時　　代】戰國早期。

【出土時地】浙江紹興地區。

【收 藏 者】浙江省博物館。

【形制紋飾】隨葬明器，石質，此
　　　　　　為雙戈戟的第一戈
　　　　　　頭。窄直援上揚，
　　　　　　尖鋒有脊，長胡，闌
　　　　　　側二長穿一小穿，
　　　　　　長方形內，上有一橫穿。

【著　　録】鳥蟲書增圖186。

【銘文字數】援部及胡部刻銘文，共3字。

【銘文釋文】戉（越）王戉（越）。

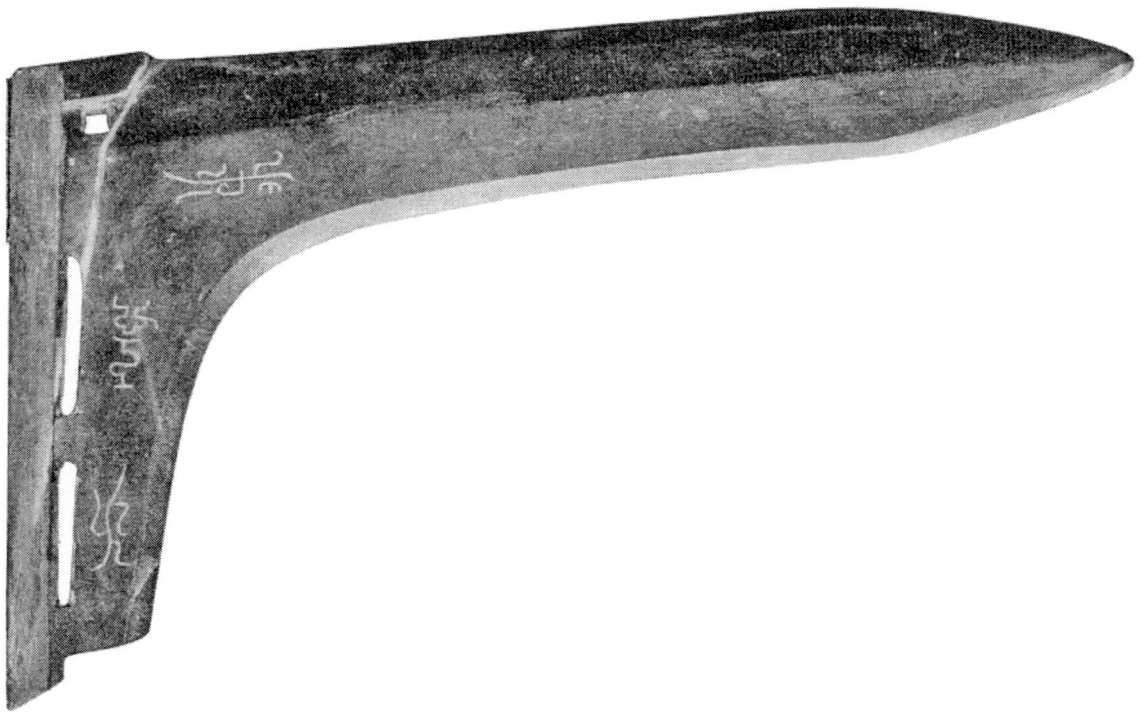

1417. 越王石戈（戉王石戈）十一

【時　　代】戰國早期。

【出土時地】浙江紹興地區。

【收　藏　者】浙江省博物館。

【形制紋飾】隨葬明器，石質，此爲雙戈戟的第二戈頭。窄直援上揚，尖鋒有脊，長胡，
　　　　　　闌側二長穿一小穿，内甚短。

【著　　錄】鳥蟲書增圖 187。

【銘文字數】援部及胡部刻銘文，共 2 字。

【銘文釋文】戉（越）王。

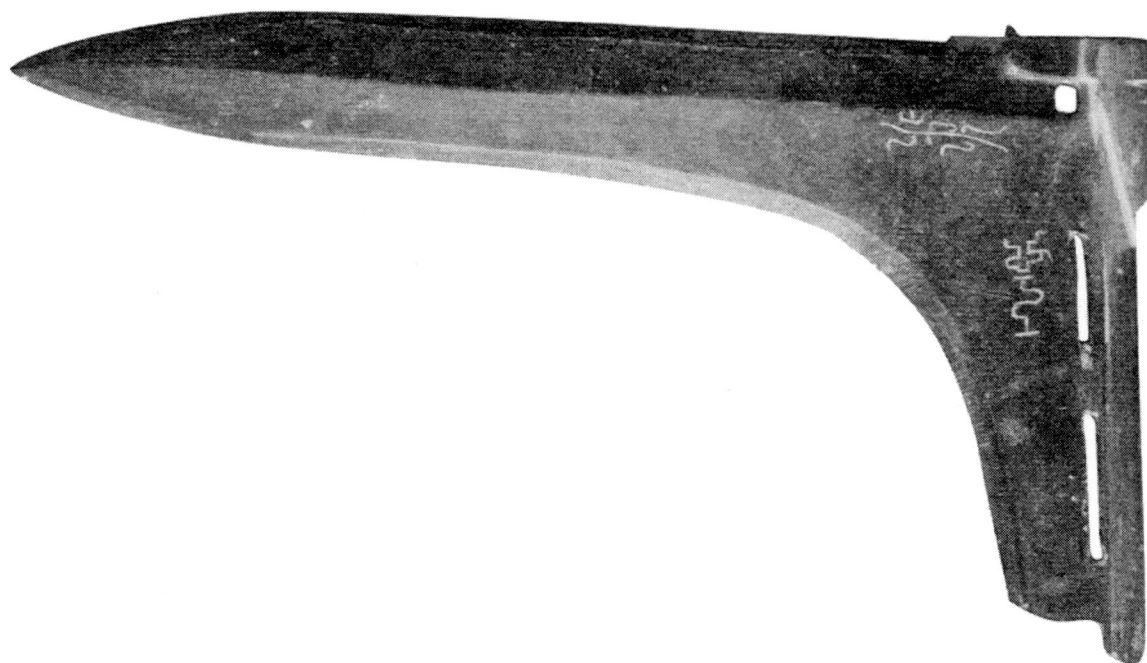

1418. 州王石戈

【時　　代】戰國早期。

【出土時地】浙江紹興地區。

【收　藏　者】浙江省博物館。

【形制紋飾】隨葬明器,石質,此爲雙戈戟的第二戈頭。窄直援上揚,尖鋒有脊,長胡,
　　　　　　闌側二長穿一小穿,無内。

【著　　録】鳥蟲書增圖 188。

【銘文字數】援部及胡部刻銘文,共 2 字。

【銘文釋文】州王。

1419. 句作劍石戈

【時　　代】戰國早期。

【出土時地】浙江紹興地區。

【收　藏　者】紹興市古越閣。

【形制紋飾】隨葬明器,石質,此
　　　　　　為雙戈戟的第一戈
　　　　　　頭。窄直援上揚,
　　　　　　尖鋒有脊,長胡,闌
　　　　　　側二長穿一小穿,
　　　　　　内呈凸字形,有榫
　　　　　　與戈的卯套接,内飾雲紋,上有一圓孔。

【著　　錄】鳥蟲書增圖 189。

【銘文字數】胡部刻銘文 3 字。

【銘文釋文】乍(作) 僉(劍) 句。

【備　　注】應讀為"句乍(作) 僉(劍)"。

1420. 自作用劍石戈

【時　　代】戰國早期。

【出土時地】浙江紹興地區。

【收 藏 者】紹興市越文化博物館。

【形制紋飾】隨葬明器，石質，此爲雙
戈戟的第二戈頭。窄直
援上揚，尖鋒有脊，長
胡，闌側二長穿一小穿，
內極短。

【著　　録】鳥蟲書增圖 191。

【銘文字數】援部和胡部刻銘文4字。

【銘文釋文】自乍（作）用僉（劍）。

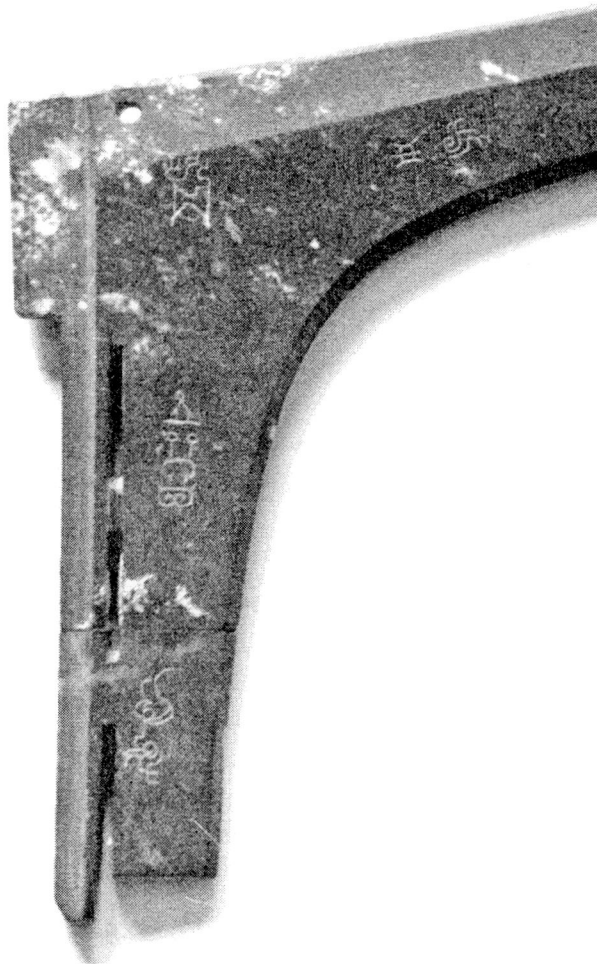

1421. 越州石矛一

【時　　代】戰國晚期。

【出土時地】浙江紹興地區。

【收　藏　者】紹興市古越閣。

【形制紋飾】石質細膩，頗有玉質感。寬體狹刃，中脊起綫，尖鋒，骹口呈凹弧形，正面
　　　　　　有鼻鈕。通體刻勾連雲紋，骹上刻有三角折綫紋及雲紋。

【著　　録】鳥蟲書增圖 222，鳥蟲書增圖 228（重出）。

【銘文字數】矛身正面刻銘文 6 字。

【銘文釋文】戉（越）僉（劍）州，戉（越）僉（劍）州。

【備　　注】"州"字均倒置。

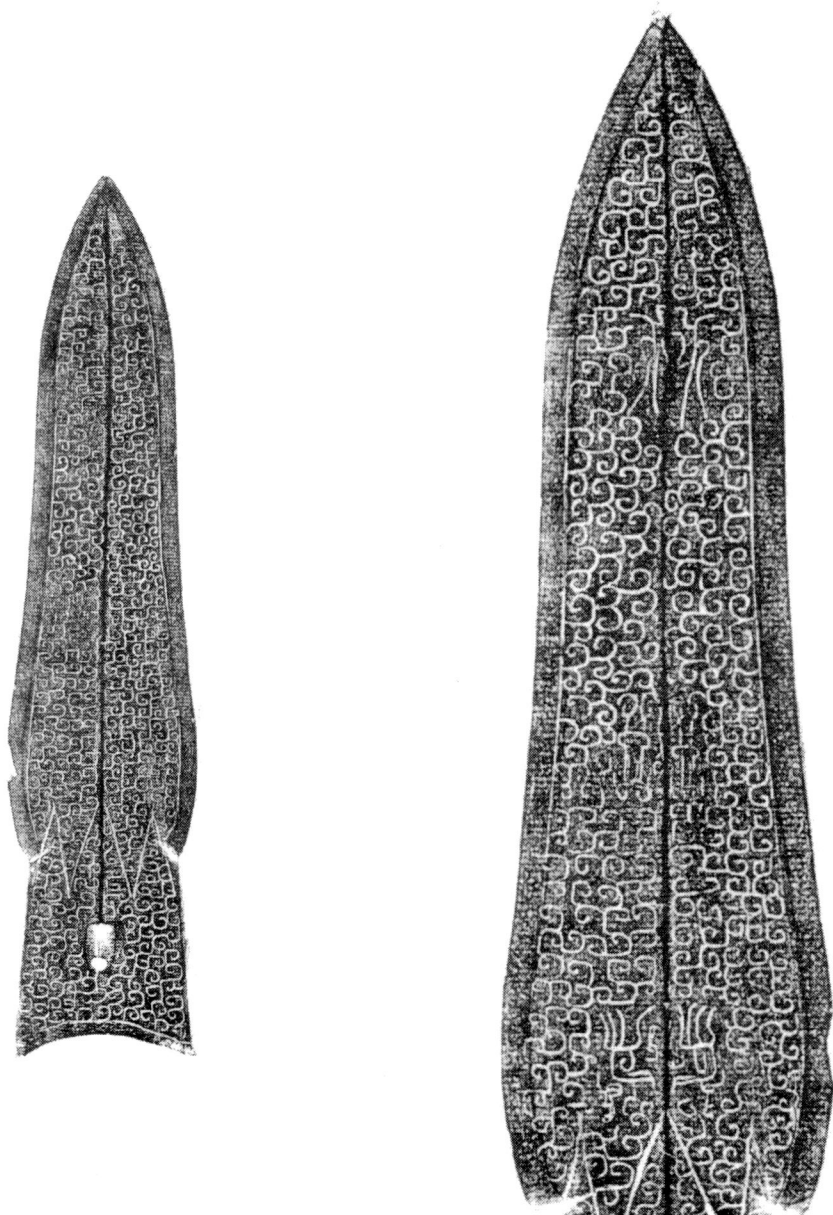

1422. 越州石矛二

【時　　代】戰國晚期。

【出土時地】浙江紹興地區。

【收 藏 者】紹興市古越閣。

【形制紋飾】石質細膩,頗有玉質感。寬體狹刃,中脊起綫,尖鋒,骹口呈凹弧形,正面
有鼻鈕。通體刻勾連雲紋,骹上刻有三角折綫紋及雲紋。

【著　　錄】鳥蟲書增圖 223。

【銘文字數】矛身正面刻銘文 6 字。

【銘文釋文】戉(越)僉(劍)州,戉(越)僉(劍)州。

【備　　注】"州"字均倒置。

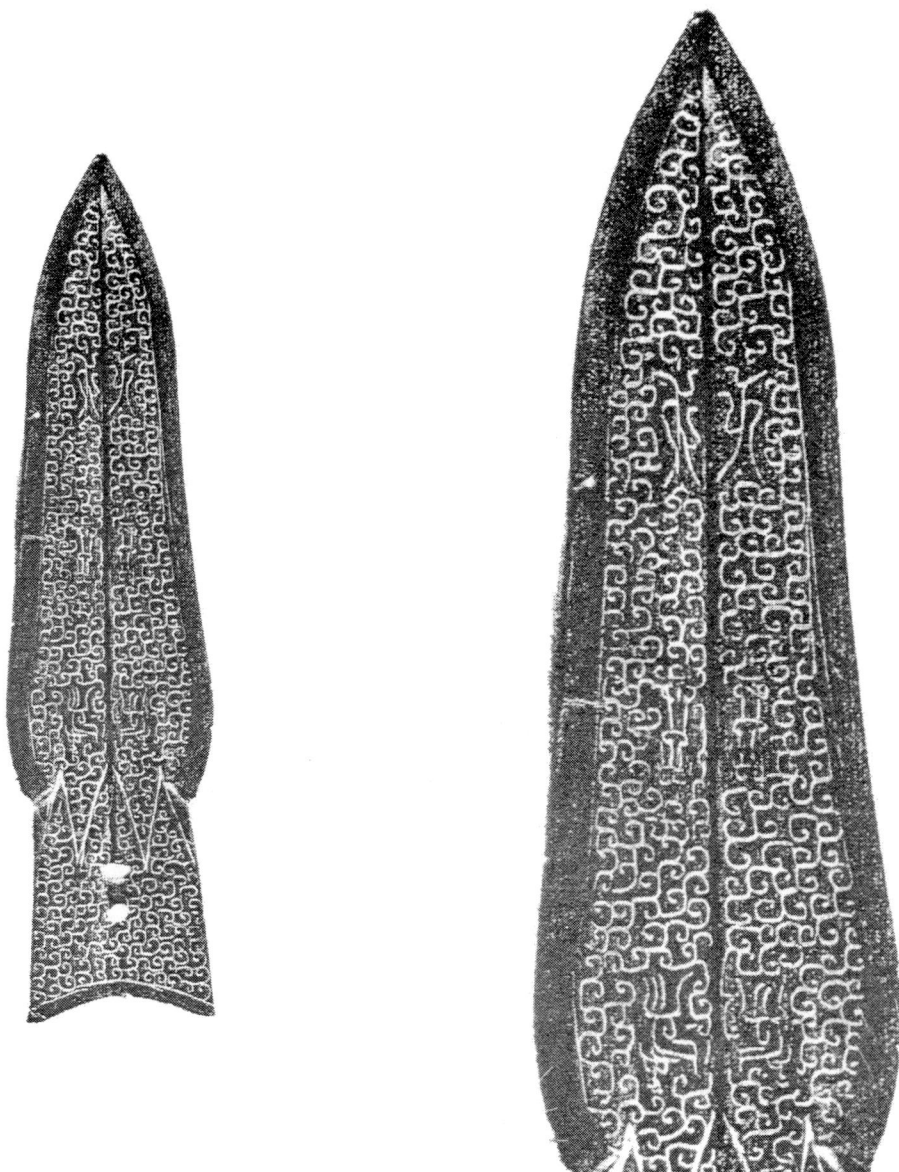

1423. 越州石矛三

【時　　代】戰國晚期。

【出土時地】浙江紹興地區。

【收　藏　者】紹興市古越閣。

【形制紋飾】石質細膩,頗有玉質感。寬體狹刃,中脊起綫,尖鋒,骹口呈凹弧形,正面
　　　　　　有鼻鈕。通體刻勾連雲紋,骹上刻有三角折綫紋及雲紋。

【著　　録】鳥蟲書增圖 224。

【銘文字數】矛身正面刻銘文 6 字。

【銘文釋文】戉(越)僉(劍)州,戉(越)僉(劍)州。

【備　　注】"州"字均倒置。

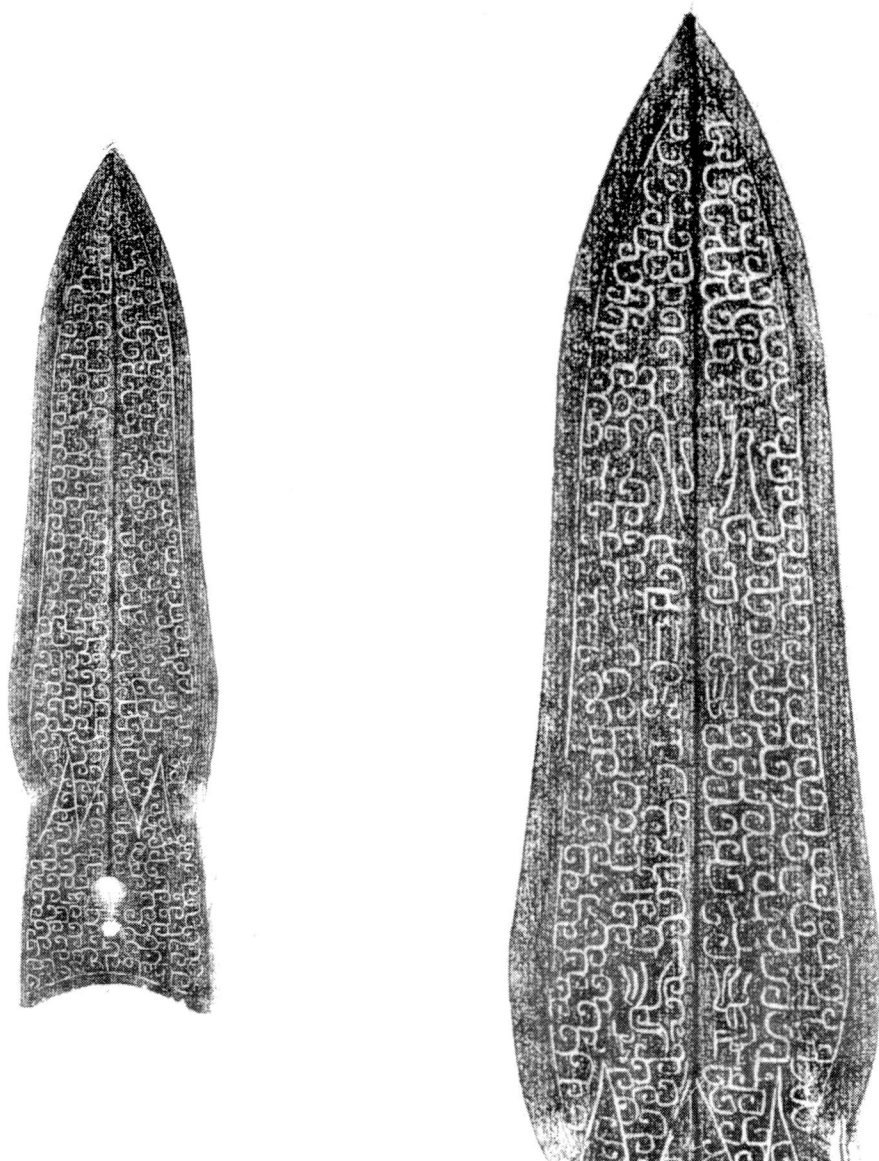

1424. 越州石矛四

【時　　代】戰國晚期。

【出土時地】浙江紹興地區。

【收 藏 者】紹興市古越閣。

【形制紋飾】石質細膩,頗有玉質感。寬體狹刃,中脊起綫,尖鋒,骹口呈凹弧形,正面有鼻鈕。通體刻勾連雲紋,骹上刻有三角折綫紋及雲紋。

【著　　録】鳥蟲書增圖 225。

【銘文字數】矛身正面刻銘文 6 字。

【銘文釋文】戉(越)僉(劍)州,戉(越)僉(劍)州。

【備　　注】"州"字均倒置。

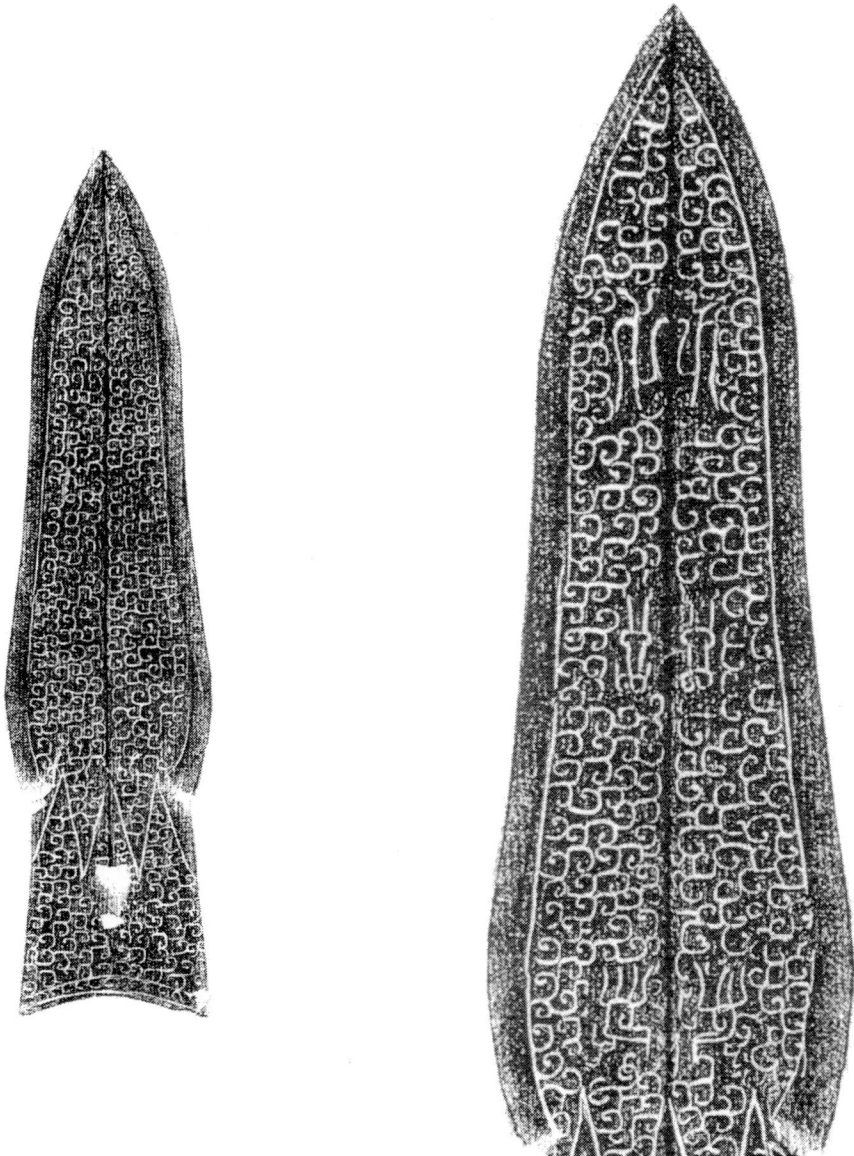

1425. 越州石矛五

【時　　代】戰國晚期。

【出土時地】浙江紹興地區。

【收　藏　者】紹興市古越閣。

【形制紋飾】石質細膩,頗有玉質感。寬體狹刃,中脊起綫,尖鋒,骹口呈凹弧形,正面有鼻鈕。通體刻勾連雲紋,骹上刻有三角折綫紋及雲紋。

【著　　録】鳥蟲書增圖 226。

【銘文字數】矛身正面刻銘文 6 字。

【銘文釋文】戉(越)僉(劍)州,戉(越)僉(劍)州。

【備　　注】"州"字均倒置。

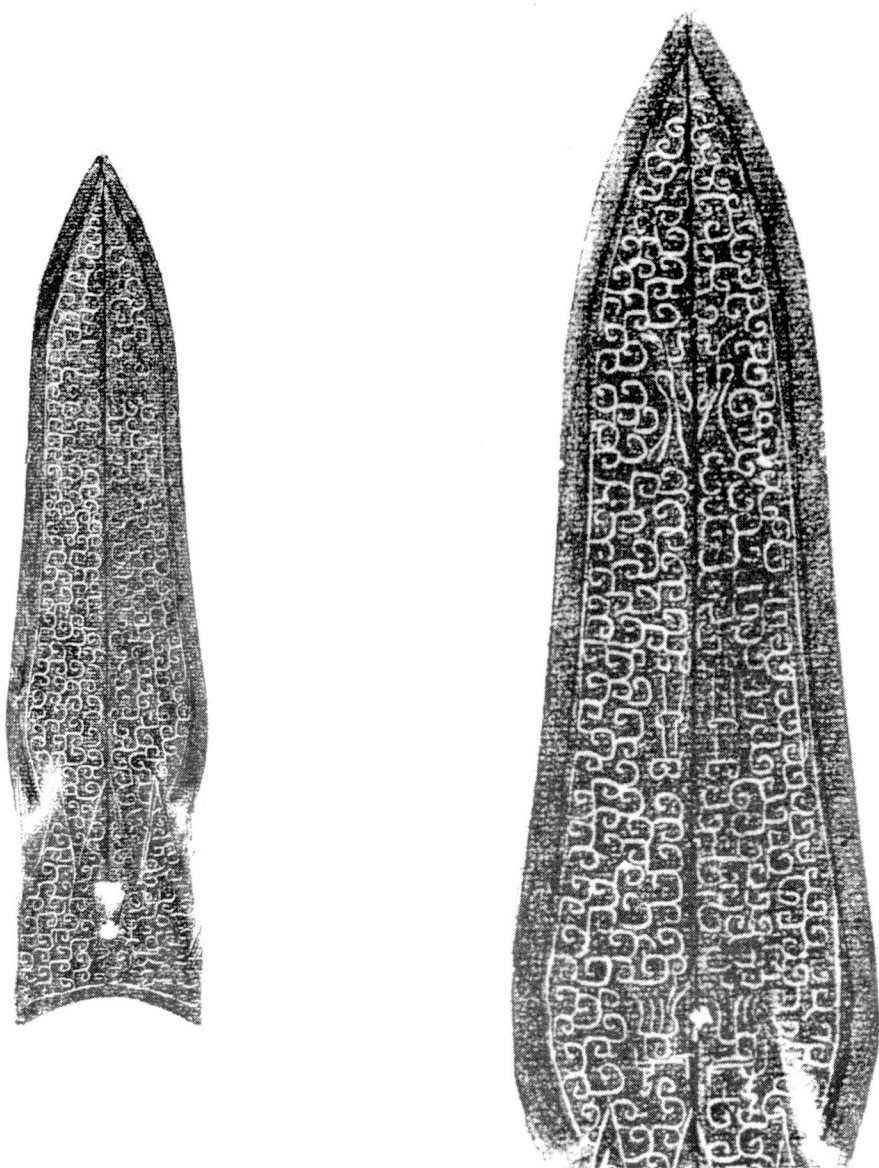

1426. 越州石矛六

【時　　代】戰國晚期。

【出土時地】浙江紹興地區。

【收 藏 者】紹興市古越閣。

【形制紋飾】石質細膩,頗有玉質感。寬體狹刃,中脊起綫,尖鋒,骹口呈凹弧形,正面有鼻鈕。通體刻勾連雲紋,骹上刻有三角折綫紋及雲紋。

【著　　録】鳥蟲書增圖 227。

【銘文字數】矛身正面刻銘文 6 字。

【銘文釋文】戉(越)劍(劍)州,戉(越)劍(劍)州。

【備　　注】"州"字均倒置。

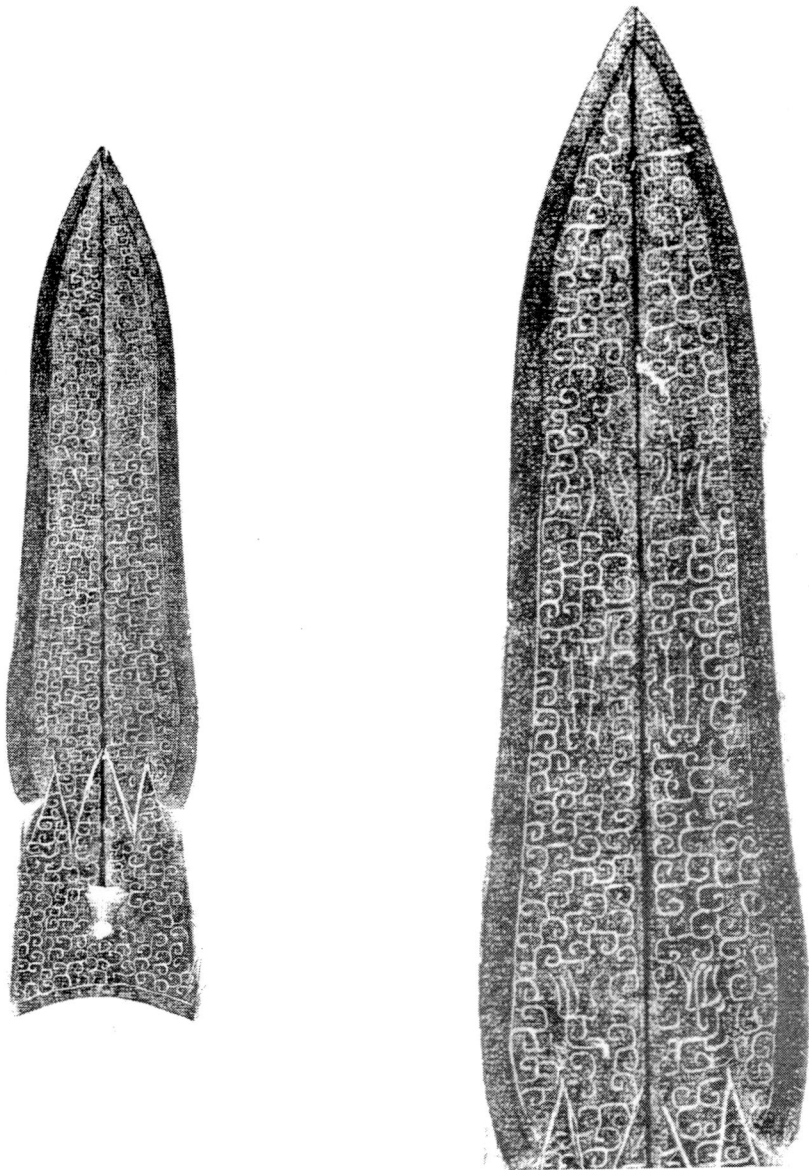

1427. 越州石矛七

【時　　代】戰國晚期。

【出土時地】浙江紹興地區。

【收　藏　者】紹興市古越閣。

【形制紋飾】石質細膩，頗有玉質感。寬體狹刃，中脊起綫，尖鋒，骹口呈凹弧形，正面
　　　　　　有鼻鈕。通體刻勾連雲紋，骹上刻有三角折綫紋及雲紋。

【著　　録】鳥蟲書增圖 229。

【銘文字數】矛身正面刻銘文 6 字。

【銘文釋文】戉（越）僉（劍）州，戉（越）僉（劍）州。

【備　　注】"州"字均倒置。

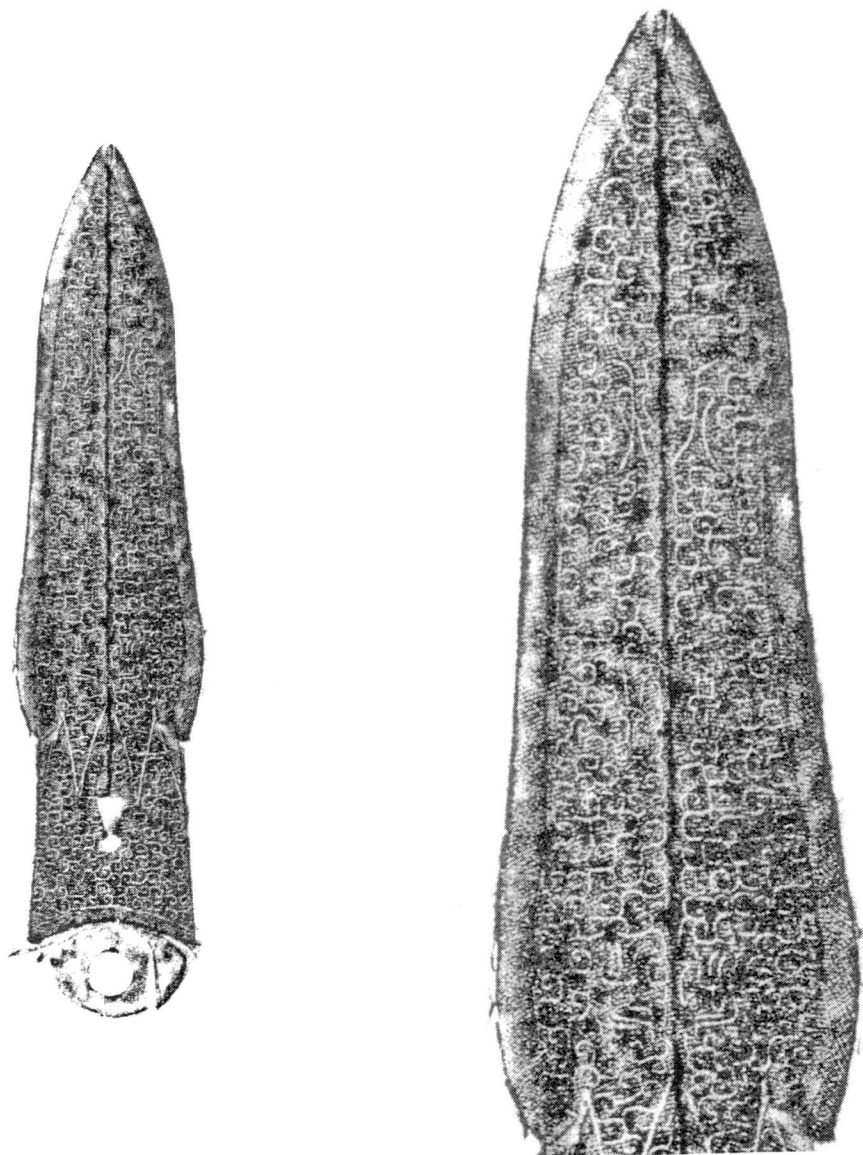

1428. 越州石矛八

【時　　代】戰國晚期。

【出土時地】浙江紹興地區。

【收　藏　者】紹興市古越閣。

【形制紋飾】石質細膩,頗有玉質感。寬體狹刃,中脊起綫,尖鋒,骹口呈凹弧形,正面有鼻鈕。通體刻勾連雲紋,骹上刻有三角折綫紋及雲紋。

【著　　録】鳥蟲書增圖 230。

【銘文字數】矛身正面刻銘文 6 字。

【銘文釋文】戉(越)僉(劍)州,戉(越)僉(劍)州。

【備　　注】"州"字均倒置。

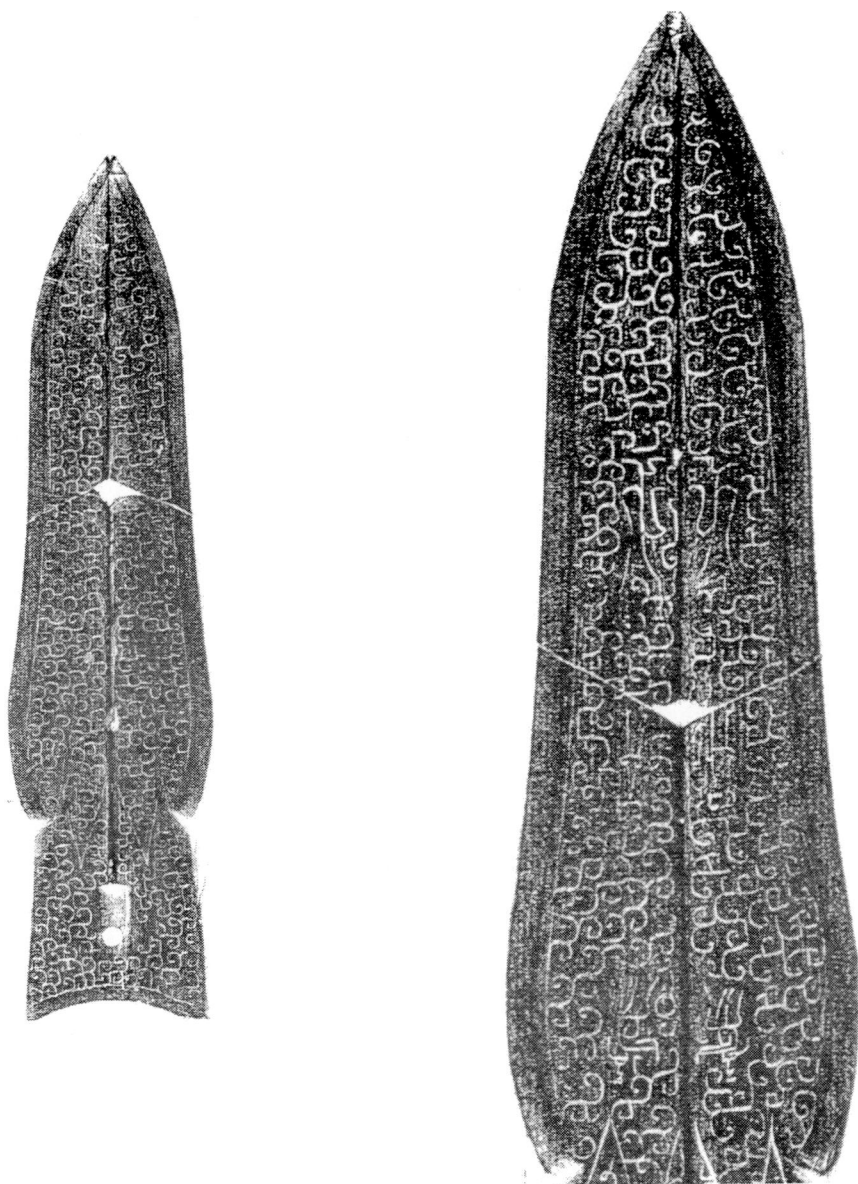

1429. 越州石矛九

【時　　代】戰國晚期。

【出土時地】浙江紹興地區。

【收　藏　者】紹興市古越閣。

【形制紋飾】石質細膩，頗有玉質感。寬體狹刃，中脊起綫，尖鋒，骹口呈凹弧形，正面有鼻鈕。通體刻勾連雲紋，骹上刻有三角折綫紋及雲紋。

【著　　録】鳥蟲書增圖 231。

【銘文字數】矛身正面刻銘文 6 字。

【銘文釋文】戉（越）僉（劍）州，戉（越）僉（劍）州。

【備　　注】"州" 字均倒置。

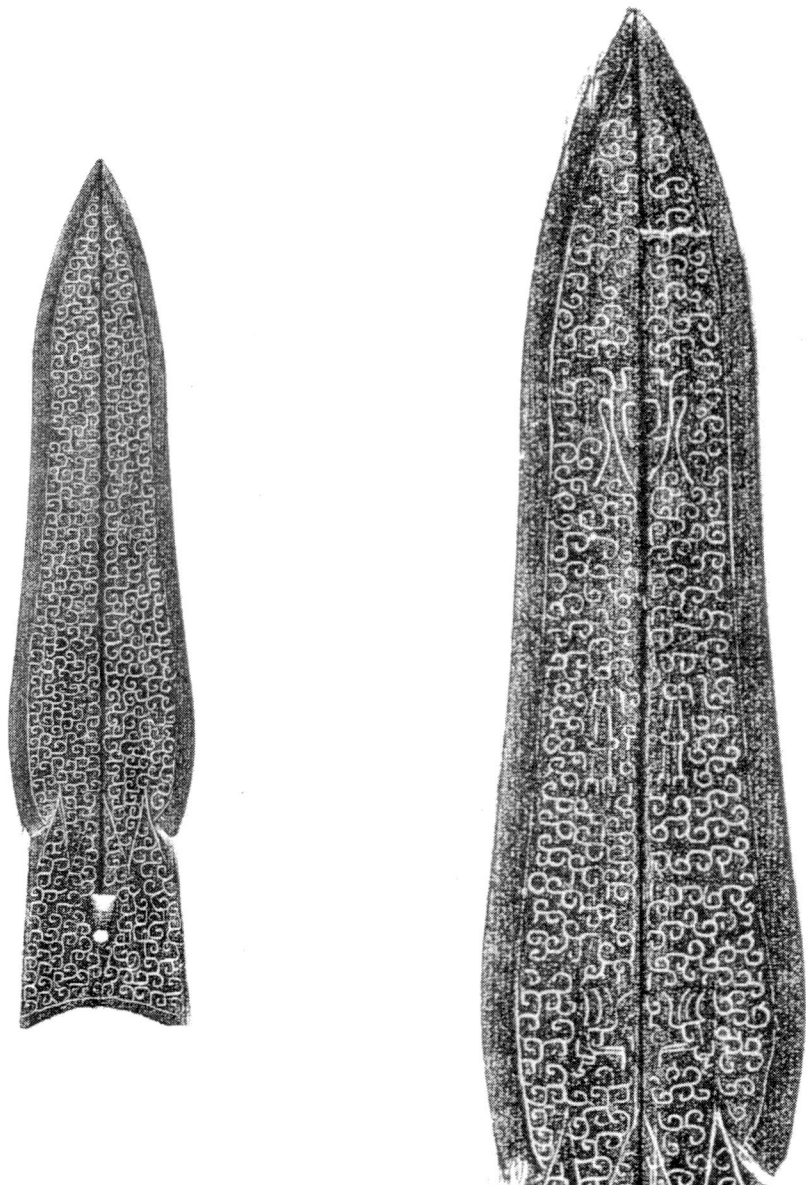

1430. 越州石矛十

【時　　代】戰國晚期。

【出土時地】浙江紹興地區。

【收　藏　者】紹興市古越閣。

【形制紋飾】石質細膩,頗有玉質感。寬體狹刃,中脊起綫,尖鋒,骹口呈凹弧形,正面有鼻鈕。通體刻勾連雲紋,骹上刻有三角折綫紋及雲紋。

【著　　録】鳥蟲書增圖 232。

【銘文字數】矛身正面刻銘文 6 字。

【銘文釋文】戉(越)僉(劍)州,戉(越)僉(劍)州。

【備　　注】"州"字均倒置。

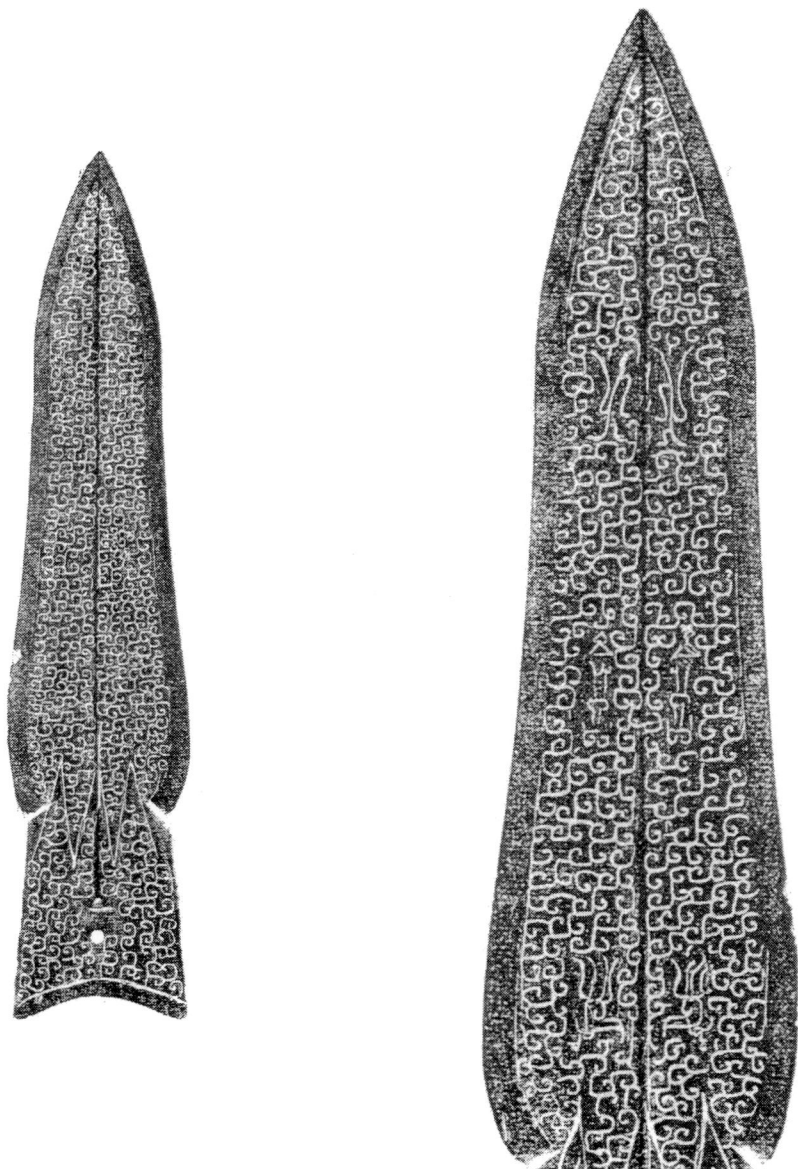

1431. 越州石矛十一

【時　　代】戰國晚期。

【出土時地】浙江紹興地區。

【收　藏　者】紹興市古越閣。

【形制紋飾】石質細膩，頗有玉質感。寬體狹刃，中脊起綫，尖鋒，骹口呈凹弧形，正面有鼻鈕。通體刻勾連雲紋，骹上刻有三角折綫紋及雲紋。

【著　　録】鳥蟲書增圖 233。

【銘文字數】矛身正面刻銘文 6 字。

【銘文釋文】戉（越）僉（劍）州，戉（越）僉（劍）州。

【備　　注】"州"字均倒置。

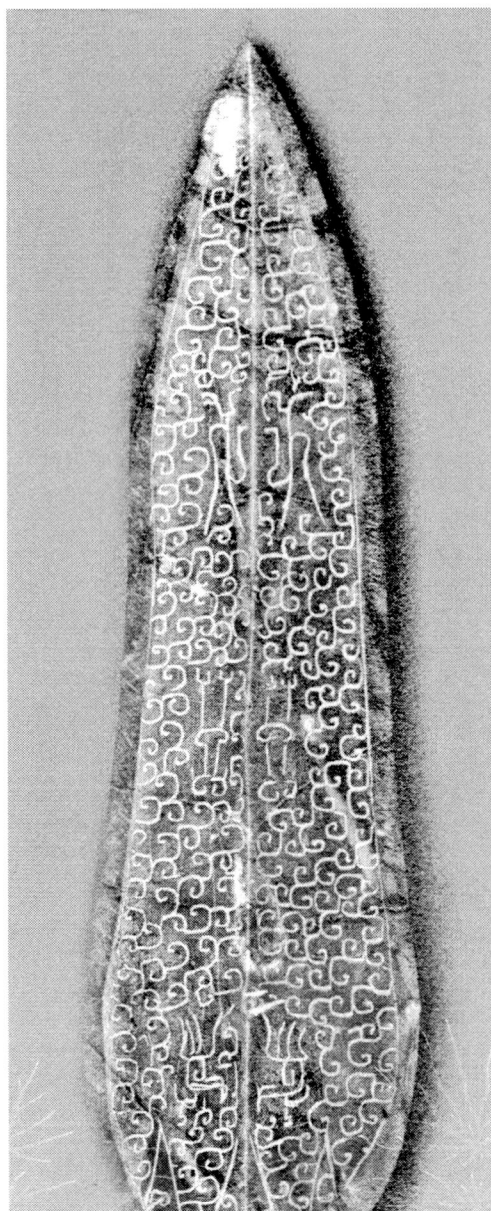

1432. 越州石矛十二

【時　　代】戰國晚期。

【出土時地】浙江紹興地區。

【收　藏　者】紹興市古越閣。

【形制紋飾】石質細膩，頗有玉質感。寬體狹刃，中脊起綫，尖鋒，骹口呈凹弧形，正面
有鼻鈕。通體刻勾連雲紋，骹上刻有三角折綫紋及雲紋。

【著　　録】鳥蟲書增圖 234。

【銘文字數】矛身正面刻銘文 6 字。

【銘文釋文】戉（越）僉（劍）州，戉（越）僉（劍）州。

【備　　注】"州"字均倒置。

1433. 越王不光石矛甲

【時　　代】戰國晚期。

【出土時地】浙江紹興地區。

【收　藏　者】紹興市古越閣。

【尺　　度】通長 23 釐米。

【形制紋飾】石質細膩,頗有玉質感。寬體狹刃,中脊起綫,尖鋒,骹口呈凹弧形,正面有鼻鈕。通體刻勾連雲紋,骹與體相接處刻有三角折綫紋。

【著　　錄】鳥蟲書增圖 193。

【銘文字數】矛身正面刻銘文 6 字,背面 6 字,共 12 字。

【銘文釋文】正面:戉(越)王不,戉(越)王光。背面:戉(越)戉(越)戉(越)戉(越)戉(越)戉(越)。

【備　　注】背面刻 6 個"戉"字與雲雷紋結合太密,不易辨認。

正面　　　　　　　　　　　　　　背面

1434. 越王不光石矛乙

【時　　代】戰國晚期。

【出土時地】浙江紹興地區。

【收　藏　者】紹興市古越閣。

【形制紋飾】石質細膩,頗有玉質感。寬體狹刃,中脊起綫,尖鋒,骹口呈凹弧形,正面有鼻鈕。通體刻菱格加橫綫紋,骹與體相接處刻有三角折綫紋。

【著　　録】鳥蟲書增圖 194。

【銘文字數】矛身正面刻銘文 6 字。

【銘文釋文】戉(越)王不,戉(越)王光。

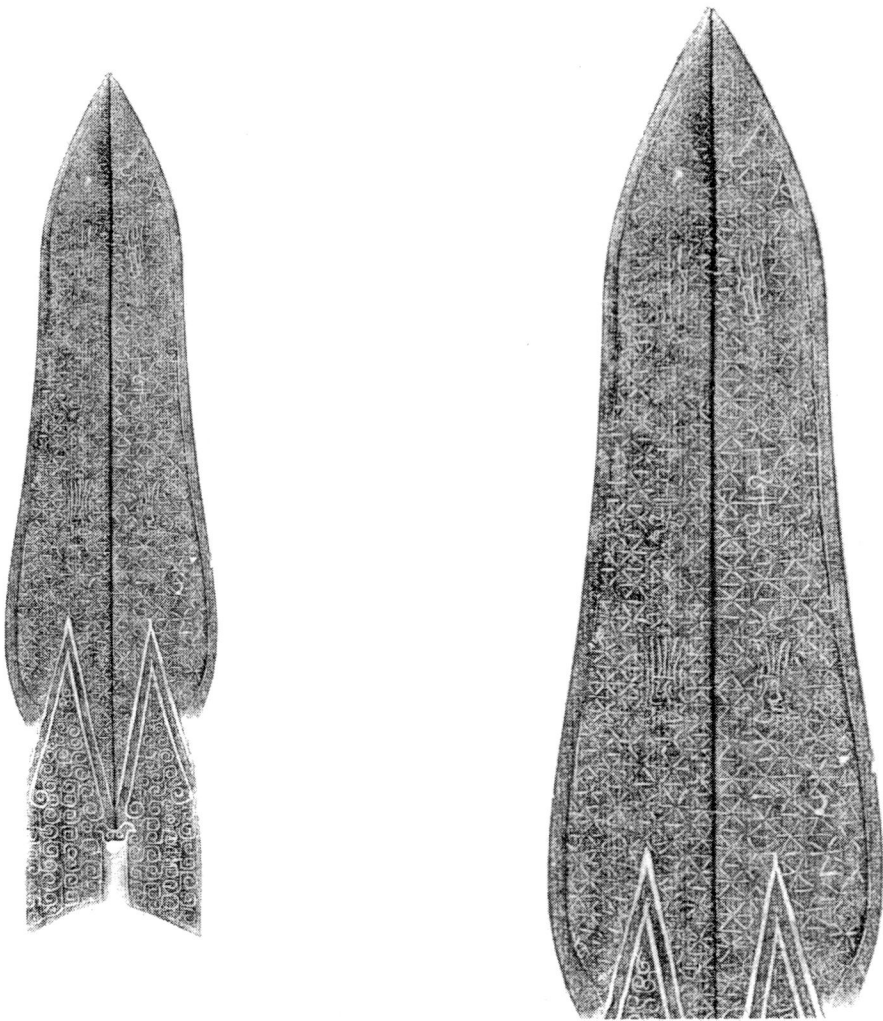

1435. 越王州句石矛

【時　　代】戰國晚期。

【出土時地】浙江紹興地區。

【收　藏　者】紹興市古越閣。

【形制紋飾】石質細膩，頗有玉質感。寬體狹刃，
中脊起綫，尖鋒，骹口呈凹弧形，正
面有鼻鈕。骹上刻有三角折綫紋
及雲紋。

【著　　録】鳥蟲書增圖195。

【銘文字數】矛身正面刻銘文6字。

【銘文釋文】隹（唯）王丩（句），戉（越）僉（劍）州。

1436. 越王句石矛一

【時　　代】戰國晚期。

【出土時地】浙江紹興地區。

【收 藏 者】紹興市古越閣。

【形制紋飾】石質細膩,頗有玉質感。寬體狹刃,中脊起綫,尖鋒,骹口呈凹弧形,正面有鼻鈕。通體刻勾連雲紋,骹上刻有三角折綫紋及雲紋。

【著　　錄】鳥蟲書增圖 196。

【銘文字數】矛身兩面刻銘文 12 字。

【銘文釋文】正面：戉(越)ㄐ(句)王,戉(越)ㄐ(句)王。背面：戉(越)僉(劍)王,戉(越)僉(劍)王。

 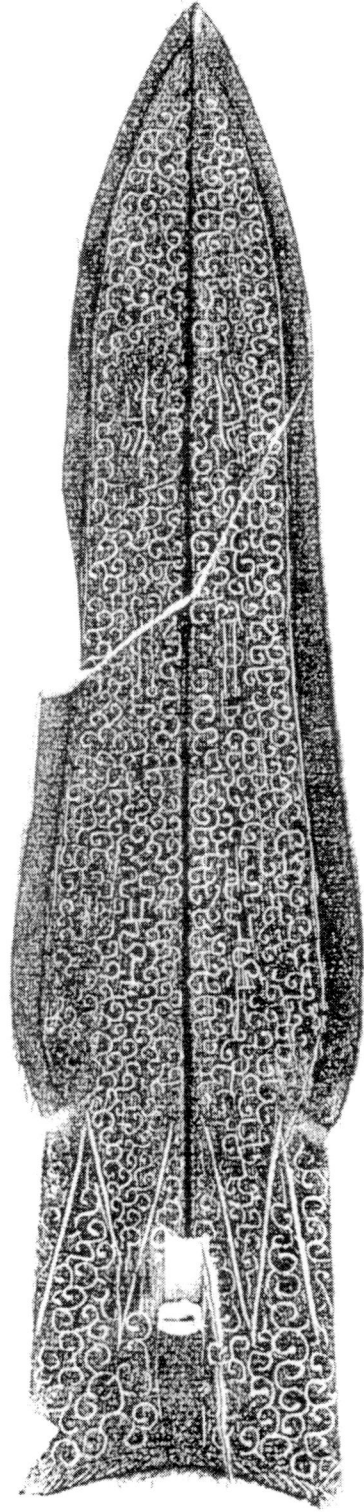

正面   背面

1437. 越王句石矛二

【時　　代】戰國晚期。

【出土時地】浙江紹興地區。

【收　藏　者】紹興市古越閣。

【形制紋飾】石質細膩,頗有玉質感。寬體狹刃,中脊起綫,尖鋒,骹口呈凹弧形,正面
有鼻鈕。通體刻勾連雲紋,骹上刻有三角折綫紋及雲紋。

【著　　錄】鳥蟲書增圖197。

【銘文字數】矛身兩面刻銘文12字。

【銘文釋文】正面：戉(越)丩(句)王,戉(越)丩(句)王。背面：戉(越)僉(劍)王,
戉(越)僉(劍)王。

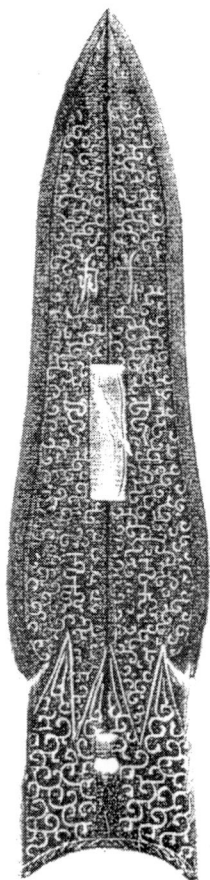

正面　　　　　　　　　　　　　背面

1438. 越王句石矛三

【時　　代】戰國晚期。

【出土時地】浙江紹興地區。

【收　藏　者】紹興市古越閣。

【形制紋飾】石質細膩,頗有玉質感。寬體狹刃,中脊起綫,尖鋒,骹口呈凹弧形,正面
　　　　　有鼻鈕。通體刻勾連雲紋,骹上刻有三角折綫紋及雲紋。

【著　　錄】鳥蟲書增圖 198。

【銘文字數】矛身兩面刻銘文 12 字。

【銘文釋文】正面:戉(越)丩(句)王,戉(越)丩(句)王。背面:戉(越)僉(劍)王,
　　　　　戉(越)僉(劍)王。

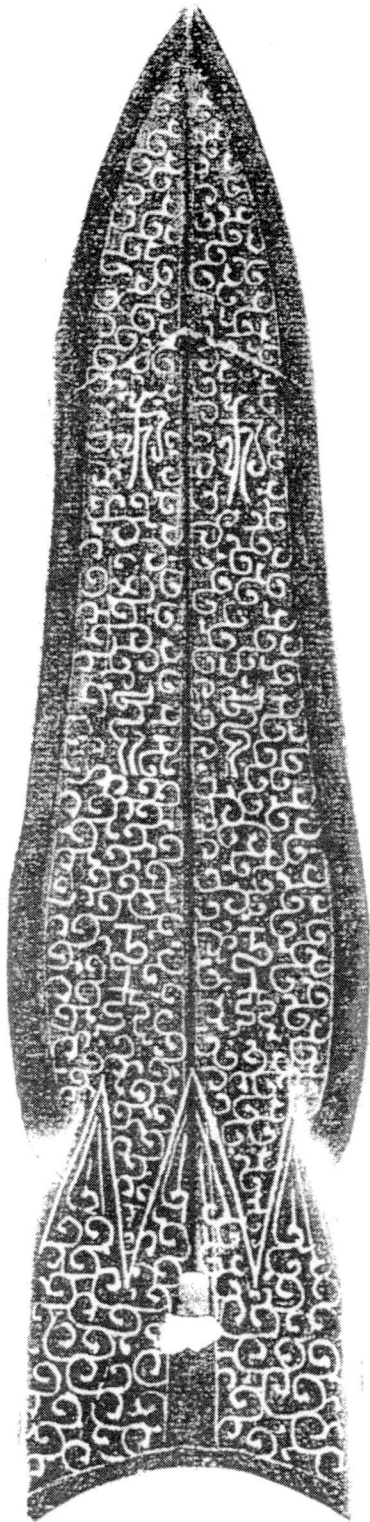

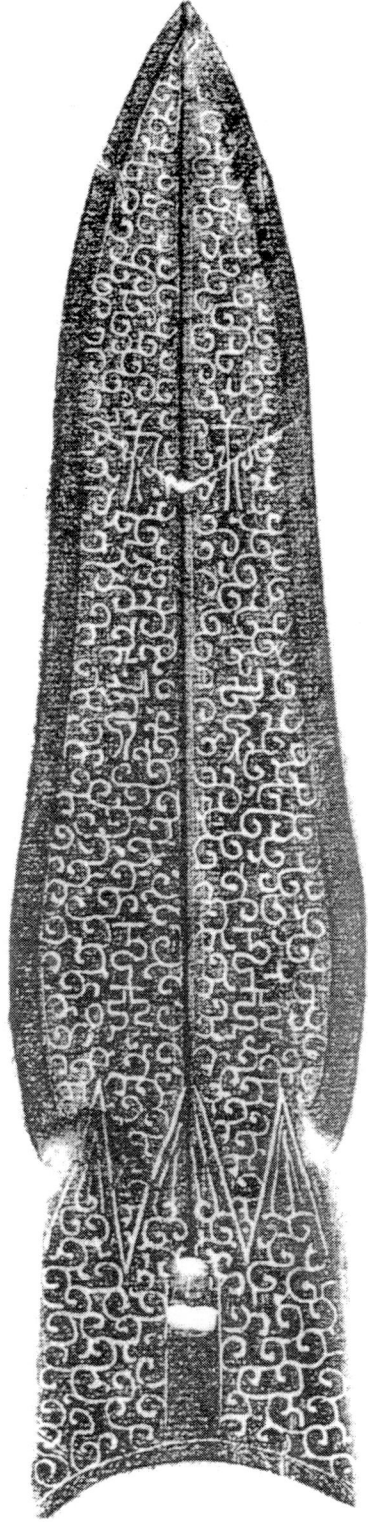

正面　　　　　　　　背面

1439. 越王句石矛四

【時　　代】戰國晚期。

【出土時地】2002 年浙江紹興縣富盛鎮下旺村出土。

【收 藏 者】紹興縣博物館。

【形制紋飾】石質細膩,頗有玉質感。寬體狹刃,中脊起綫,尖鋒,骹口呈凹弧形,正面
有鼻鈕。通體刻勾連雲紋,骹上刻有三角折綫紋及雲紋。

【著　　録】鳥蟲書增圖 199。

【銘文字數】矛身正面刻銘文 6 字。

【銘文釋文】戉(越)丩(句)王,戉(越)丩(句)王。

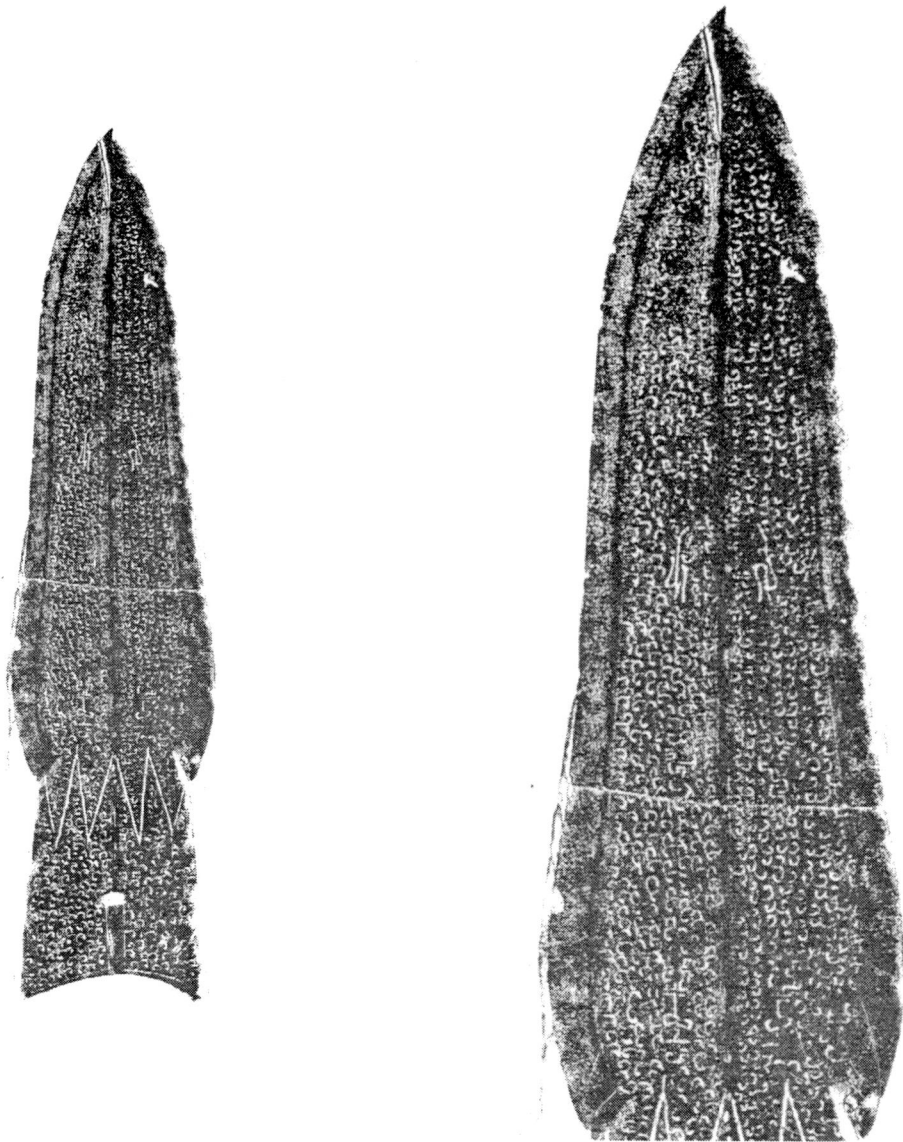

商周青銅器銘文暨圖像集成續編

1440. 越王句石矛五

【時　　代】戰國晚期。

【出土時地】浙江紹興地區。

【收　藏　者】紹興市古越閣。

【形制紋飾】石質細膩,頗有玉質感。寬體狹刃,中脊起綫,尖鋒,骹口呈凹弧形,正面
　　　　　　有鼻鈕。通體刻勾連雲紋,骹上刻有三角折綫紋及雲紋。

【著　　録】鳥蟲書增圖 200。

【銘文字數】矛身正面刻銘文 6 字。

【銘文釋文】戉(越)丩(句)王,戉(越)丩(句)王。

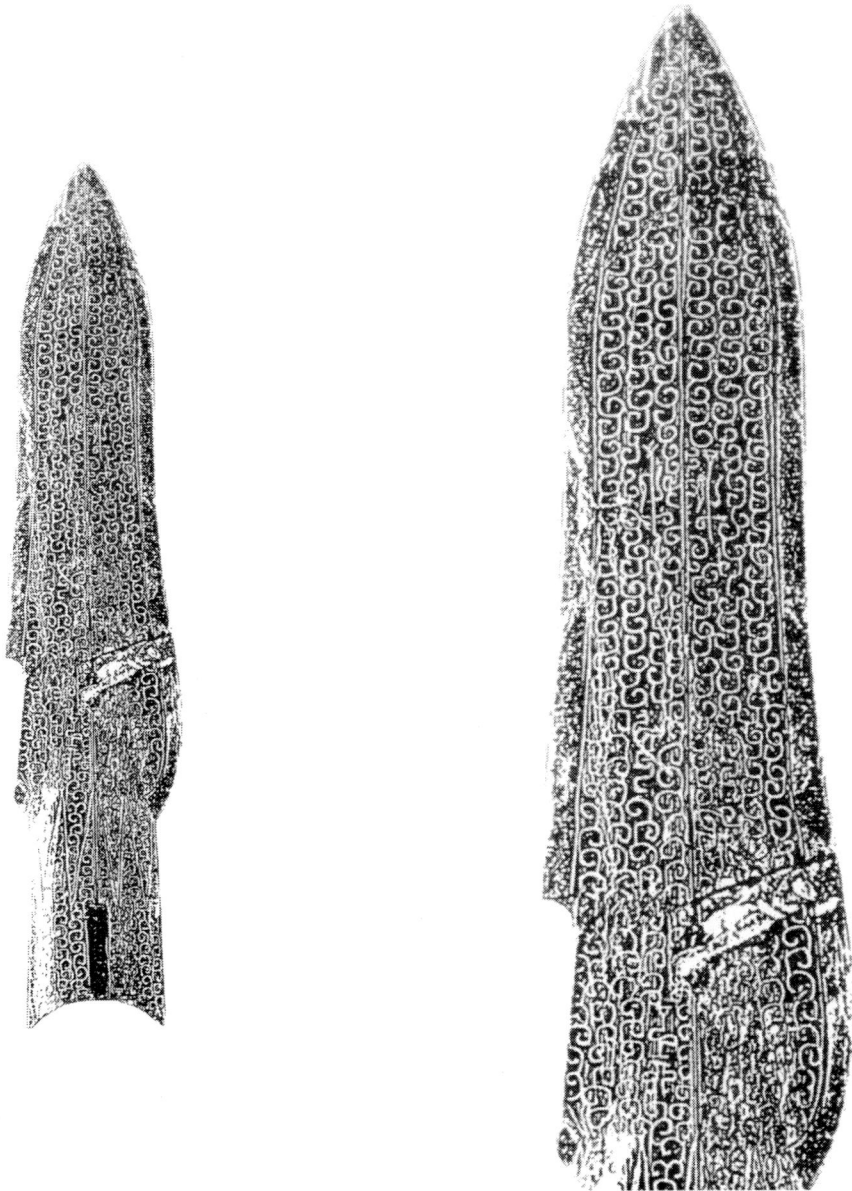

1441. 越王句石矛六

【時　　代】戰國晚期。

【出土時地】浙江紹興地區。

【收　藏　者】紹興市玉笥堂。

【形制紋飾】石質細膩，頗有玉質感。寬體狹刃，中脊起綫，尖鋒，骹口呈凹弧形，正面有鼻鈕。骹上刻有三角折綫紋及雲紋。

【著　　録】鳥蟲書增圖 201。

【銘文字數】矛身正面刻銘文 6 字。

【銘文釋文】戉（越）丩（句）王，戉（越）丩（句）王。

1442. 越王句石矛七

【時　　代】戰國晚期。

【出土時地】浙江紹興地區。

【收　藏　者】紹興市古越閣。

【形制紋飾】石質細膩,頗有玉質感。寬體狹刃,中脊起綫,尖鋒,骹口呈凹弧形,正面
有鼻鈕。骹上刻有三角折綫紋及雲紋。

【著　　錄】鳥蟲書增圖 202。

【銘文字數】矛身正面刻銘文 6 字。

【銘文釋文】戉(越)丩(句)王,戉(越)丩(句)王。

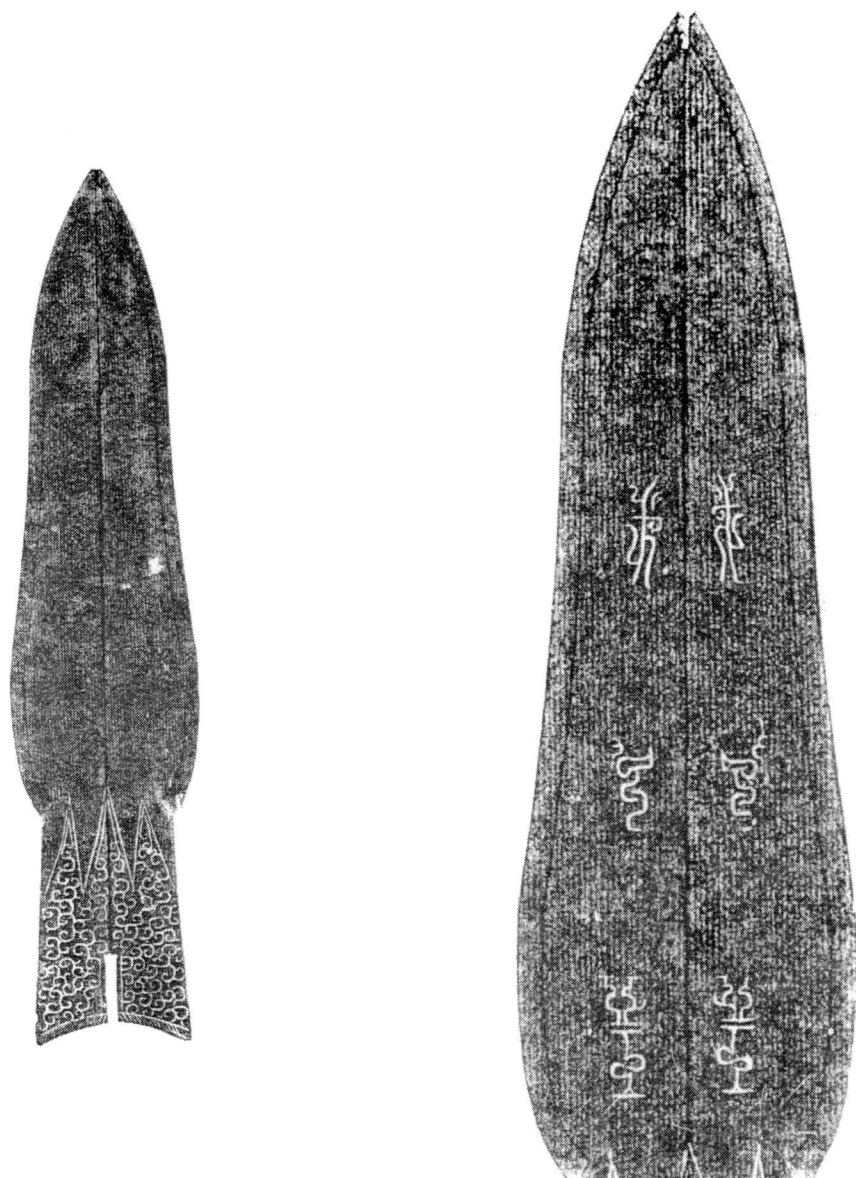

1443. 越王句石矛八

【時　　代】戰國晚期。

【出土時地】浙江紹興地區。

【收 藏 者】紹興市古越閣。

【形制紋飾】石質細膩,頗有玉質感。寬體狹刃,中脊起綾,尖鋒,骹口呈凹弧形,正面
　　　　　有鼻鈕。骹上刻有三角折綾紋及雲紋。

【著　　錄】鳥蟲書增圖 203。

【銘文字數】矛身正面刻銘文 6 字。

【銘文釋文】戉(越)丩(句)王,戉(越)丩(句)王。

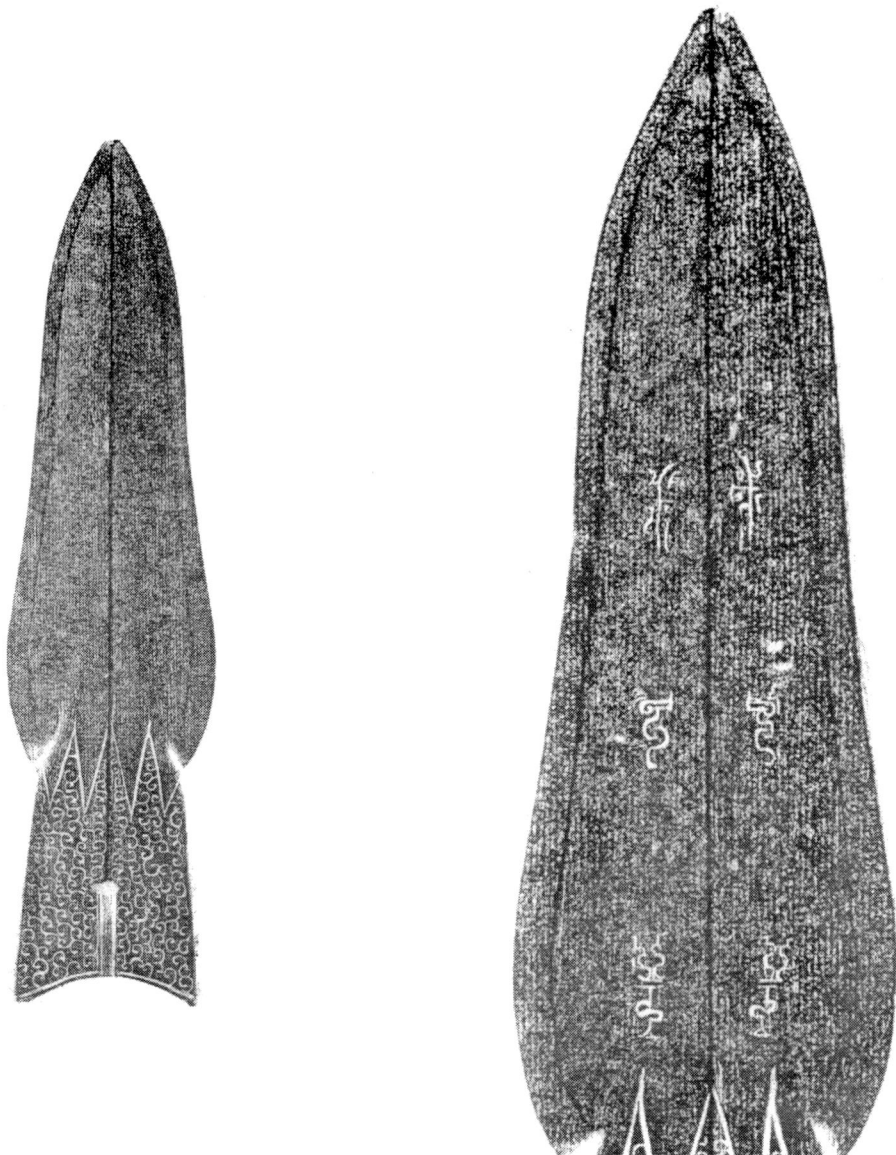

1444. 越王句石矛九

【時　　代】戰國晚期。

【出土時地】浙江紹興地區。

【收　藏　者】紹興市古越閣。

【形制紋飾】石質細膩,頗有玉質感。寬體狹刃,中脊起綫,尖鋒,骹口呈凹弧形,正面
有鼻鈕。骹上刻有三角折綫紋及雲紋。

【著　　録】鳥蟲書增圖 204。

【銘文字數】矛身正面刻銘文 6 字。

【銘文釋文】戉(越)丩(句)王,戉(越)丩(句)王。

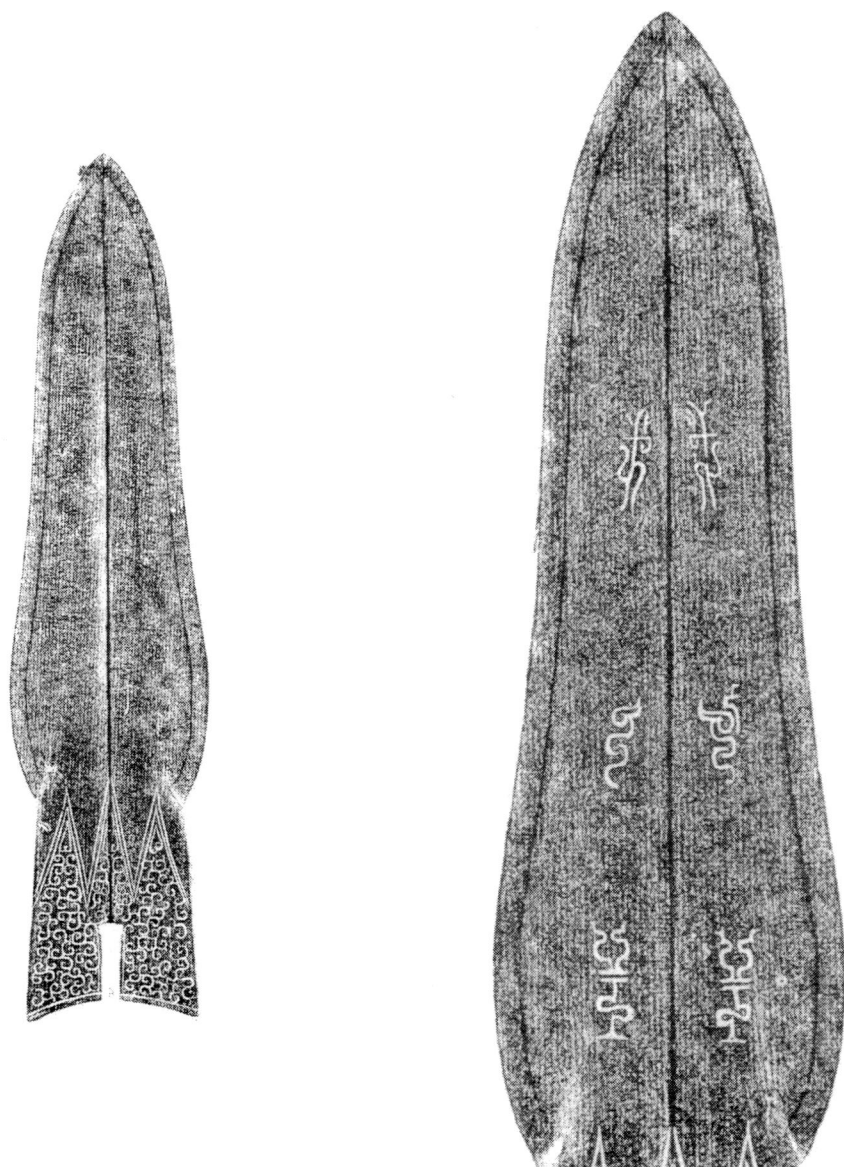

1445. 越王句石矛十

【時　　代】戰國晚期。

【出土時地】浙江紹興地區。

【收　藏　者】紹興市古越閣。

【形制紋飾】石質細膩,頗有玉質感。寬體狹刃,中脊起綫,尖鋒,骹口呈凹弧形,正面有鼻鈕。骹上刻有三角折綫紋及雲紋。

【著　　錄】鳥蟲書增圖 205。

【銘文字數】矛身正面刻銘文 6 字。

【銘文釋文】戉(越)丩(句)王,戉(越)丩(句)王。

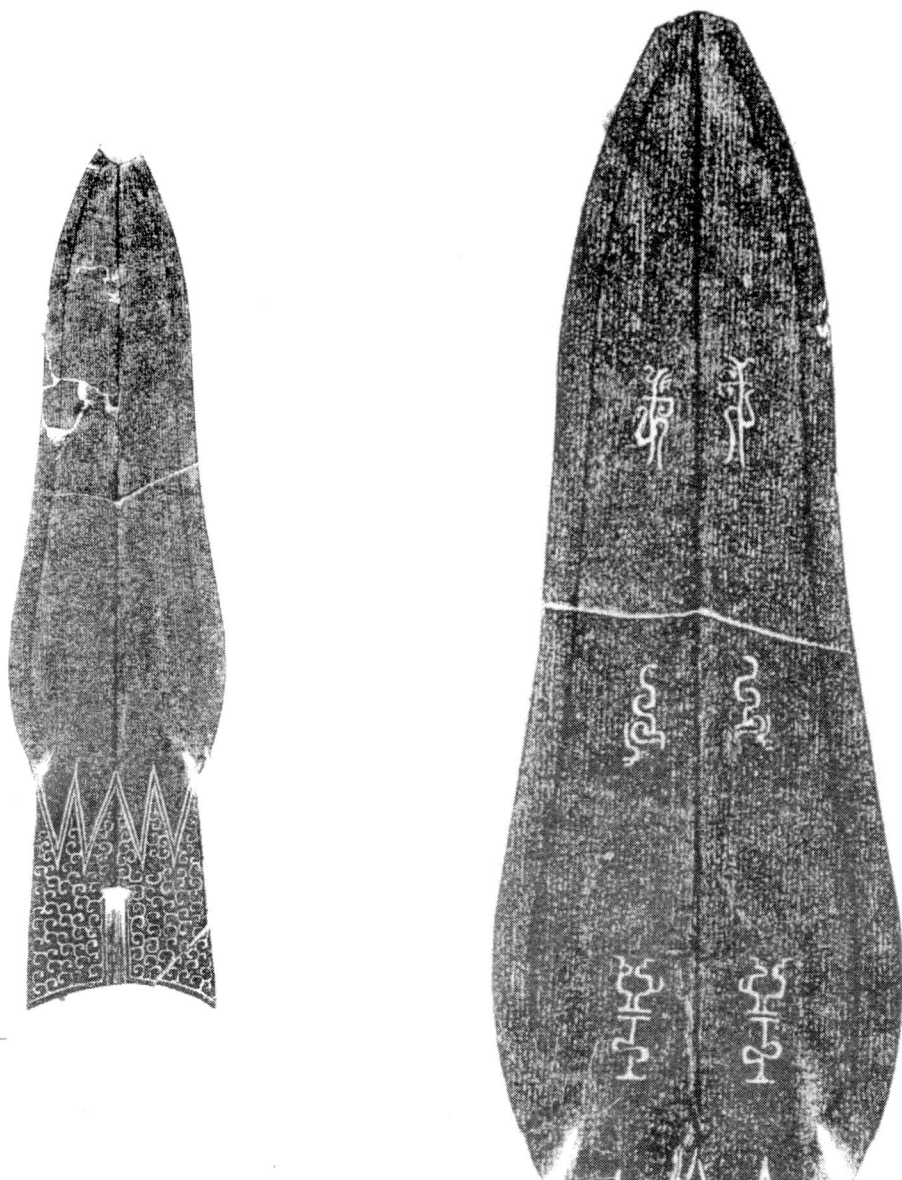

1446. 越王句石矛十一

【時　　代】戰國晚期。

【出土時地】浙江紹興地區。

【收　藏　者】紹興市越文化博物館。

【形制紋飾】石質細膩,頗有玉質感。寬體狹刃,中脊起綫,尖鋒,骹口呈凹弧形,正面有鼻鈕。體刻勾連雲紋,骹上刻有三角折綫紋及雲紋。

【著　　錄】鳥蟲書增圖206。

【銘文字數】矛身正面刻銘文6字。

【銘文釋文】戉(越)丩(句)王,戉(越)丩(句)王。

1447. 越王句石矛十二

【時　　代】戰國晚期。

【出土時地】浙江紹興地區。

【收　藏　者】紹興市越文化博物館。

【形制紋飾】石質細膩,頗有玉質感。寬體狹刃,中脊起綫,尖鋒,骹口呈凹弧形,正面有鼻鈕。體刻勾連雲紋,骹上刻有三角折綫紋及雲紋。

【著　　錄】鳥蟲書增圖 207。

【銘文字數】矛身正面刻銘文 6 字。

【銘文釋文】戉(越)丩(句)王,戉(越)丩(句)王。

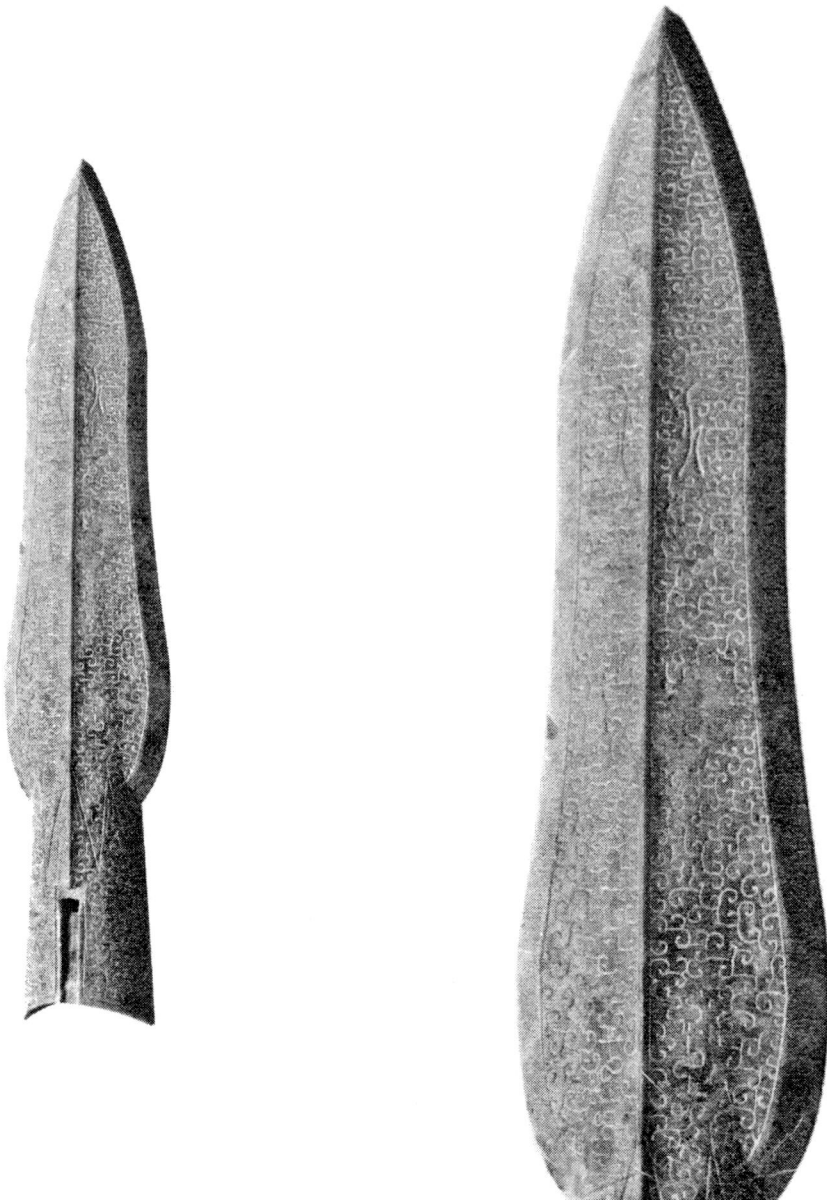

1448. 越王句石矛十三

【時　　代】戰國晚期。

【出土時地】浙江紹興地區。

【收　藏　者】杭州市韓氏。

【形制紋飾】石質細膩，頗有玉質感。寬體狹刃，中脊起綫，尖鋒，骹口呈凹弧形，正面有鼻鈕。通體光素。

【著　　録】鳥蟲書增圖208。

【銘文字數】矛身正面刻銘文6字。

【銘文釋文】戉（越）丩（句）王，戉（越）丩（句）王。

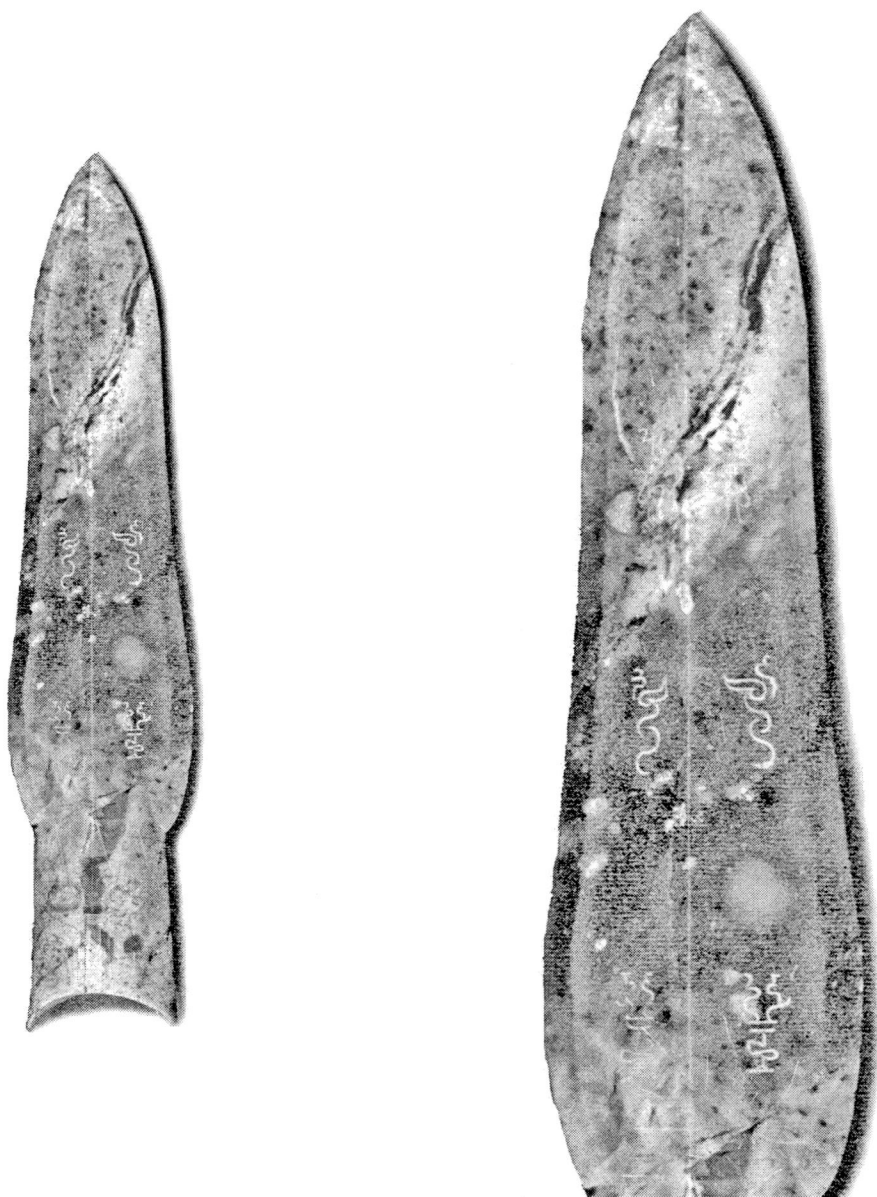

1449. 越王句石矛十四

【時　　代】戰國晚期。

【出土時地】浙江紹興地區。

【收　藏　者】杭州市止水齋。

【形制紋飾】石質細膩,頗有玉質感。寬體狹刃,中脊起綫,尖鋒,骹口呈凹弧形,正面
有鼻鈕。體刻勾連雲紋,骹上刻有三角折綫紋及雲紋。

【著　　録】鳥蟲書增圖 209。

【銘文字數】矛身正面刻銘文 6 字。

【銘文釋文】戉(越)丩(句)王,戉(越)丩(句)王。

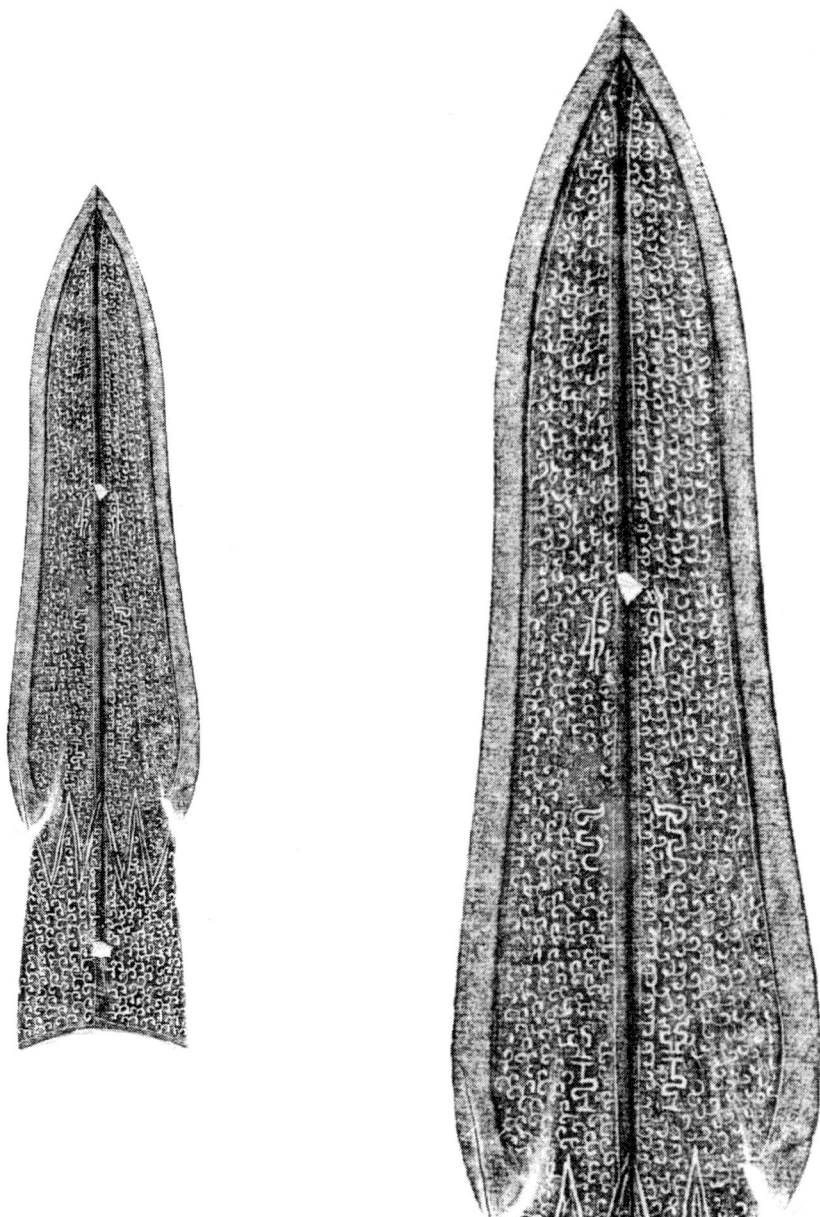

1450. 越王句石矛十五

【時　　代】戰國晚期。

【出土時地】浙江紹興地區。

【收　藏　者】紹興市古越閣。

【形制紋飾】石質細膩,頗有玉質感。寬體狹刃,中脊起綫,尖鋒,骹口呈凹弧形,正面
　　　　　　有鼻鈕。骹上刻有三角折綫紋及雲紋。

【著　　録】鳥蟲書增圖 211。

【銘文字數】矛身正面刻銘文 6 字。

【銘文釋文】戉(越)丩(句)王,戉(越)丩(句)王。

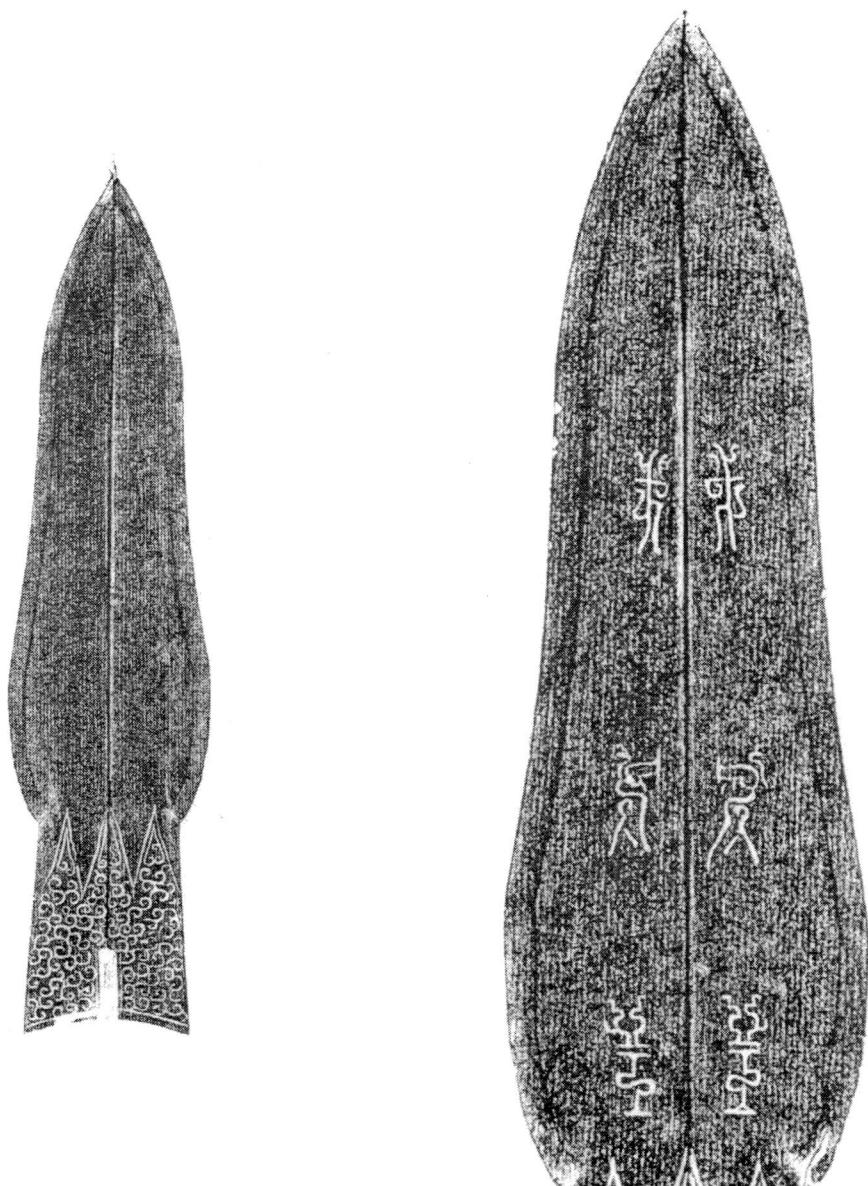

1451. 越王句石矛十六

【時　　　代】戰國晚期。

【出土時地】浙江紹興地區。

【收　藏　者】紹興市古越閣。

【形制紋飾】石質細膩,頗有玉質感。寬體狹刃,中脊起綫,尖鋒,骹口呈凹弧形,正面有鼻鈕。骹上刻有三角折綫紋及雲紋。

【著　　　錄】鳥蟲書增圖212。

【銘文字數】矛身正面刻銘文6字。

【銘文釋文】王王戉(越),丩(句)王丩(句)。

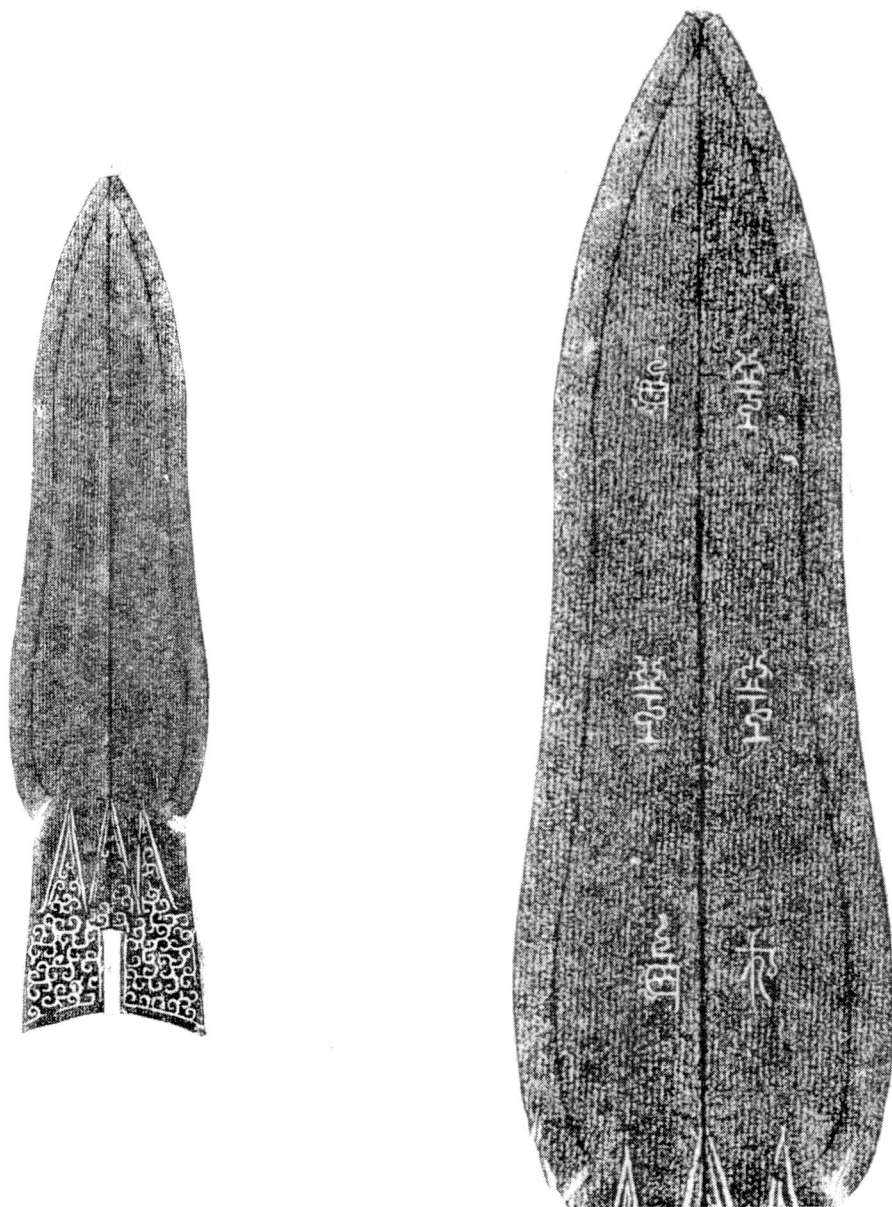

1452. 越王用石矛一

【時　　代】戰國晚期。

【出土時地】浙江紹興地區。

【收　藏　者】紹興市古越閣。

【形制紋飾】石質細膩，頗有玉質感。寬體狹刃，中脊起綫，尖鋒，骹口呈凹弧形，正面有鼻鈕。骹上刻有三角折綫紋及雲紋。

【著　　録】鳥蟲書增圖 213。

【銘文字數】矛身正面刻銘文 8 字。

【銘文釋文】戉（越）王用，孫枼（世）樂矛旨。

【備　　注】銘文倒書。

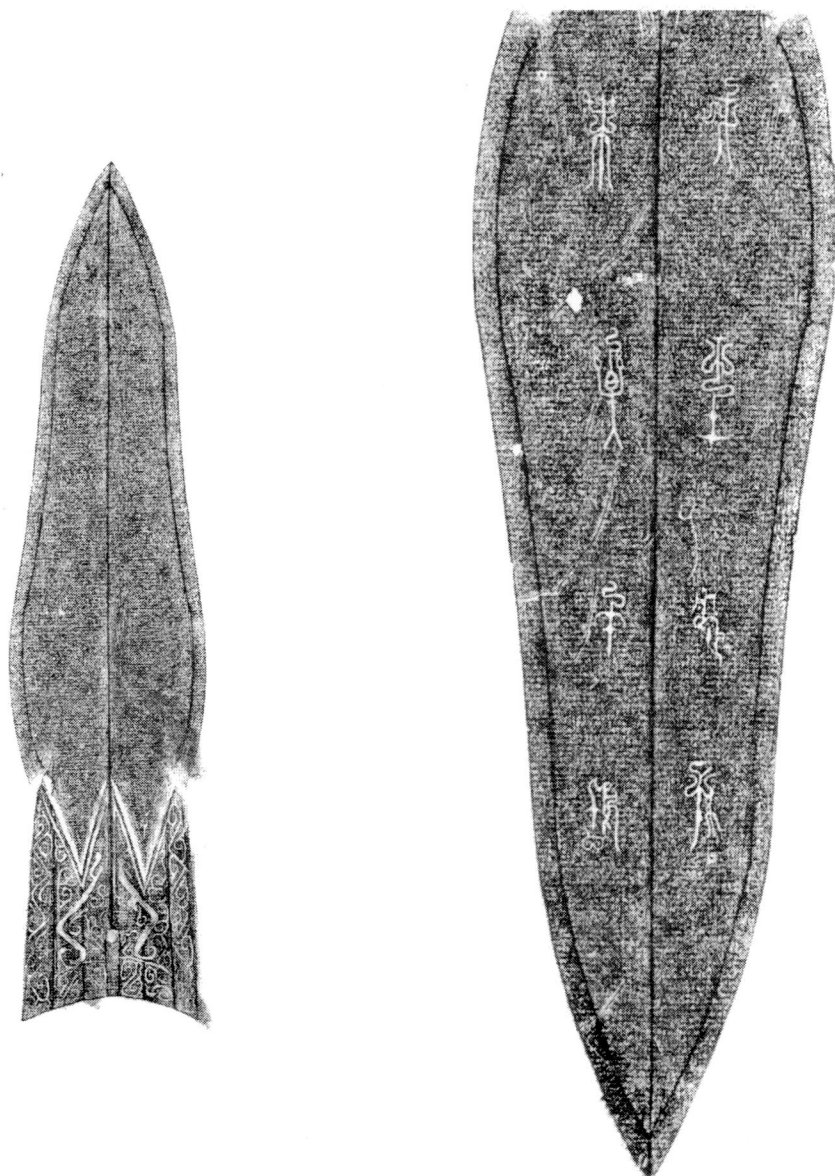

1453. 越王用石矛二

【時　　代】戰國晚期。

【出土時地】浙江紹興地區。

【收 藏 者】紹興市古越閣。

【形制紋飾】石質細膩,頗有玉質感。寬體狹刃,中脊起綫,尖鋒,骹口呈凹弧形,正面
有鼻鈕。通體刻勾連雲紋,骹上刻有三角折綫紋及雲紋。

【著　　錄】鳥蟲書增圖214。

【銘文字數】矛身兩面刻銘文12字。

【銘文釋文】正面:戉(越)王用,戉(越)王用。背面:戉(越)王用,戉(越)王用。

正面　　　　　　　　　　背面

461

1454. 越王用石矛三

【時　　代】戰國晚期。

【出土時地】浙江紹興地區。

【收　藏　者】紹興市古越閣。

【形制紋飾】石質細膩,頗有玉質感。寬體狹刃,中脊起綫,尖鋒,骹口呈凹弧形,正面
有鼻鈕。通體刻勾連雲紋,骹上刻有三角折綫紋及雲紋。

【著　　録】鳥蟲書增圖 215。

【銘文字數】矛身正面刻銘文 6 字。

【銘文釋文】戉(越)王用,戉(越)王用。

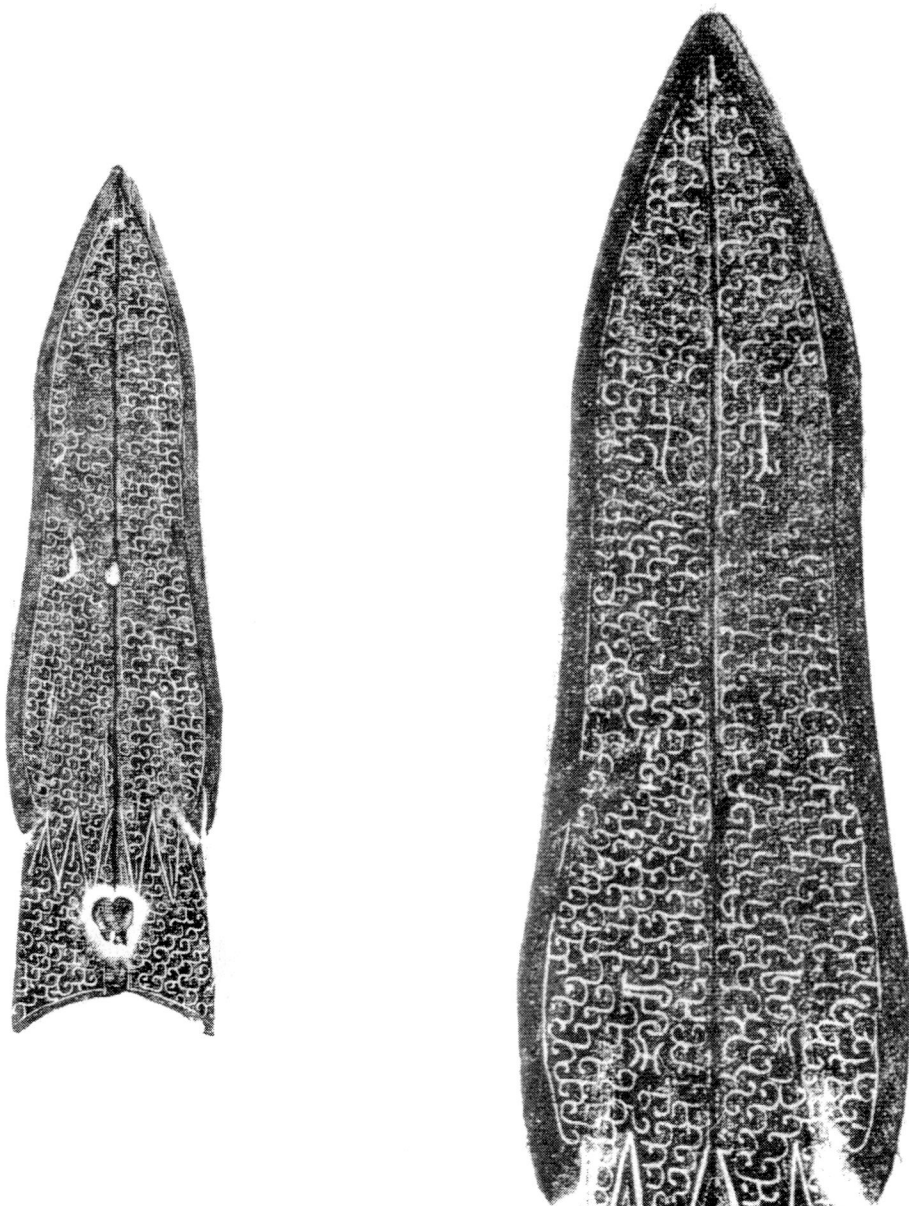

1455. 越王用石矛四

【時　　代】戰國晚期。

【出土時地】浙江紹興地區。

【收　藏　者】紹興市古越閣。

【形制紋飾】石質細膩,頗有玉質感。寬體狹刃,中脊起綫,尖鋒,骹口呈凹弧形,正面
　　　　　　有鼻鈕。通體刻勾連雲紋,骹上刻有三角折綫紋及雲紋。

【著　　錄】鳥蟲書增圖 216。

【銘文字數】矛身兩面刻銘文 12 字。

【銘文釋文】正面:戉(越)王用,戉(越)王用。背面:戉(越)王用,戉(越)王用。

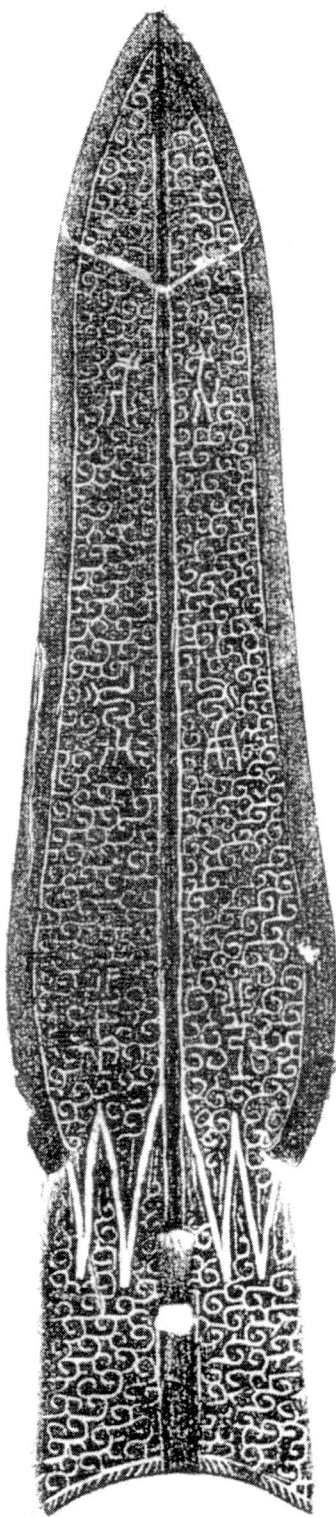

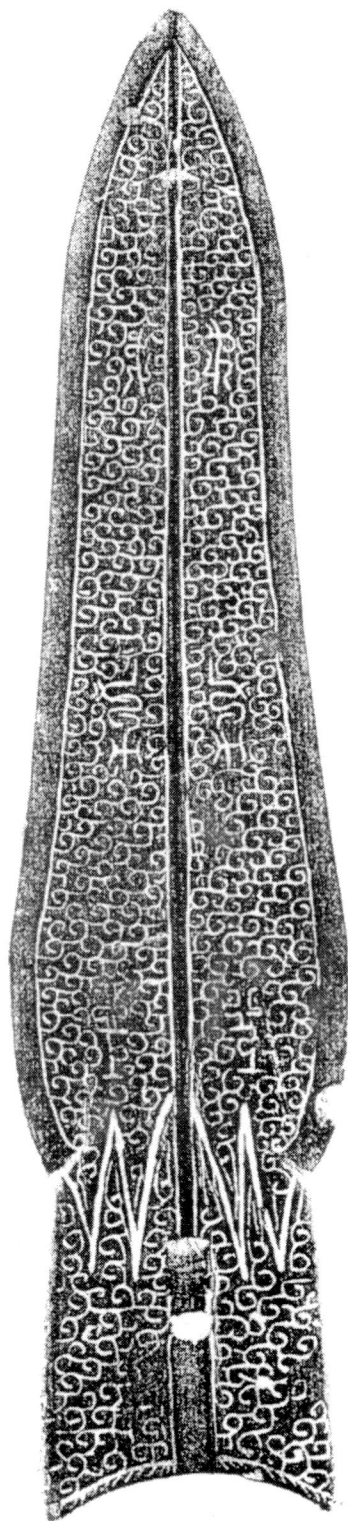

正面　　　　　　　　　　　　　背面

1456. 越王石矛甲

【時　　代】戰國晚期。

【出土時地】浙江紹興地區。

【收　藏　者】紹興市古越閣。

【形制紋飾】石質細膩,頗有玉質感。寬體狹刃,中脊起綫,尖鋒,骹口呈凹弧形,正面有鼻鈕。骹上刻有三角折綫紋及雲紋。

【著　　録】鳥蟲書增圖 217。

【銘文字數】矛身正面刻銘文 4 字。

【銘文釋文】王戉(越),王戉(越)。

1457. 越王石矛乙

【時　　代】戰國晚期。

【出土時地】浙江紹興地區。

【收　藏　者】紹興市古越閣。

【形制紋飾】石質細膩,頗有玉質感。寬體狹刃,中脊起綫,尖鋒,骹口呈凹弧形,正面
有鼻鈕。骹上刻有三角折綫紋及雲紋。

【著　　録】鳥蟲書增圖218。

【銘文字數】矛身正面刻銘文4字。

【銘文釋文】王戉(越),王戉(越)。

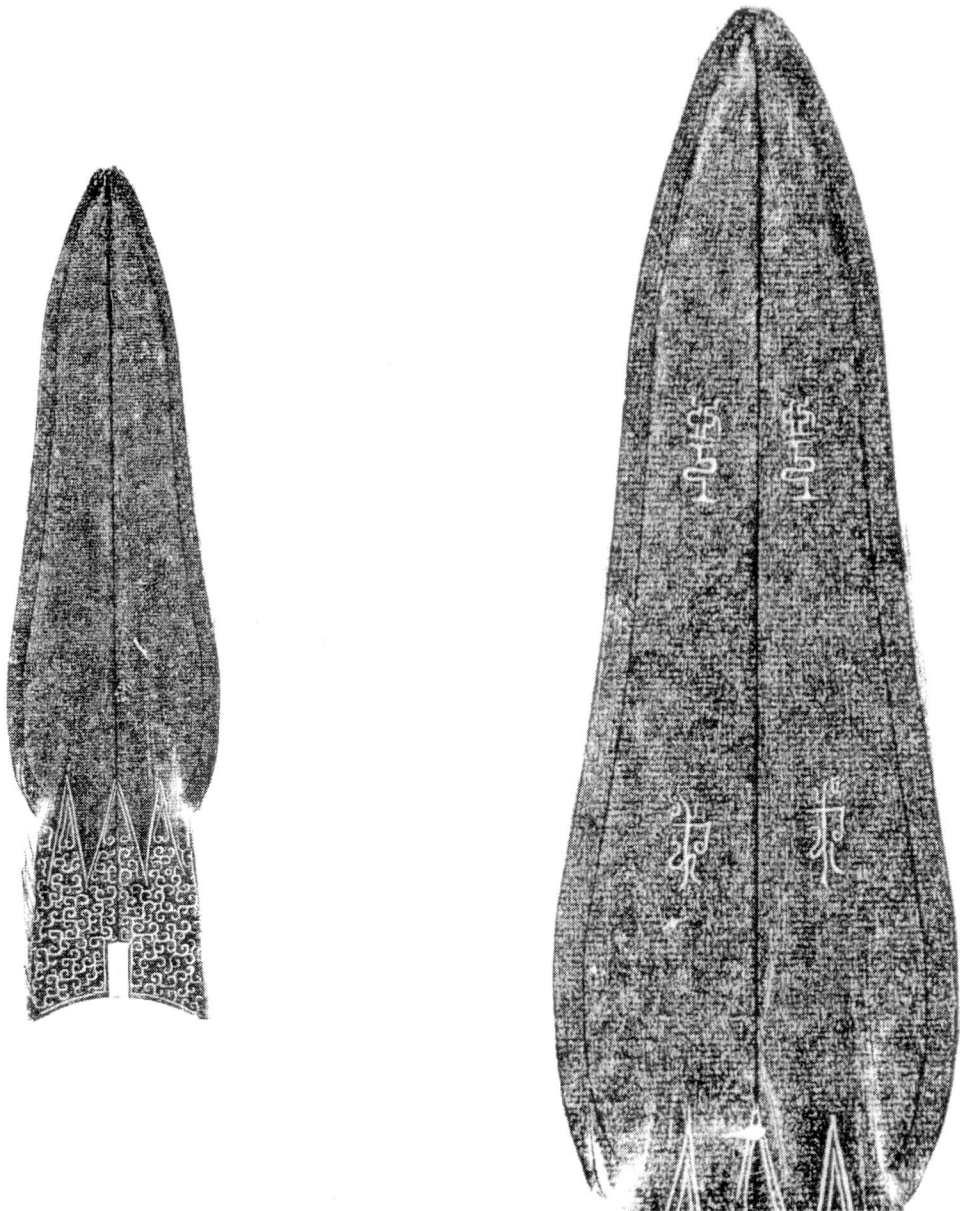

1458. 越王石矛丙

【時　　代】戰國晚期。

【出土時地】1958 年浙江紹興市柯橋區漓渚鎮義橋村。

【收 藏 者】紹興市古越閣。

【形制紋飾】石質細膩,頗有玉質感。寬體狹刃,中脊起綫,尖鋒,骹口呈凹弧形,正面
　　　　　有鼻鈕。通體刻勾連雲紋,骹上刻有三角折綫紋及雲紋。

【著　　錄】鳥蟲書增圖 220。

【銘文字數】矛身正面刻銘文 6 字。

【銘文釋文】戉(越)戉(越)戉(越),戉(越)王王。

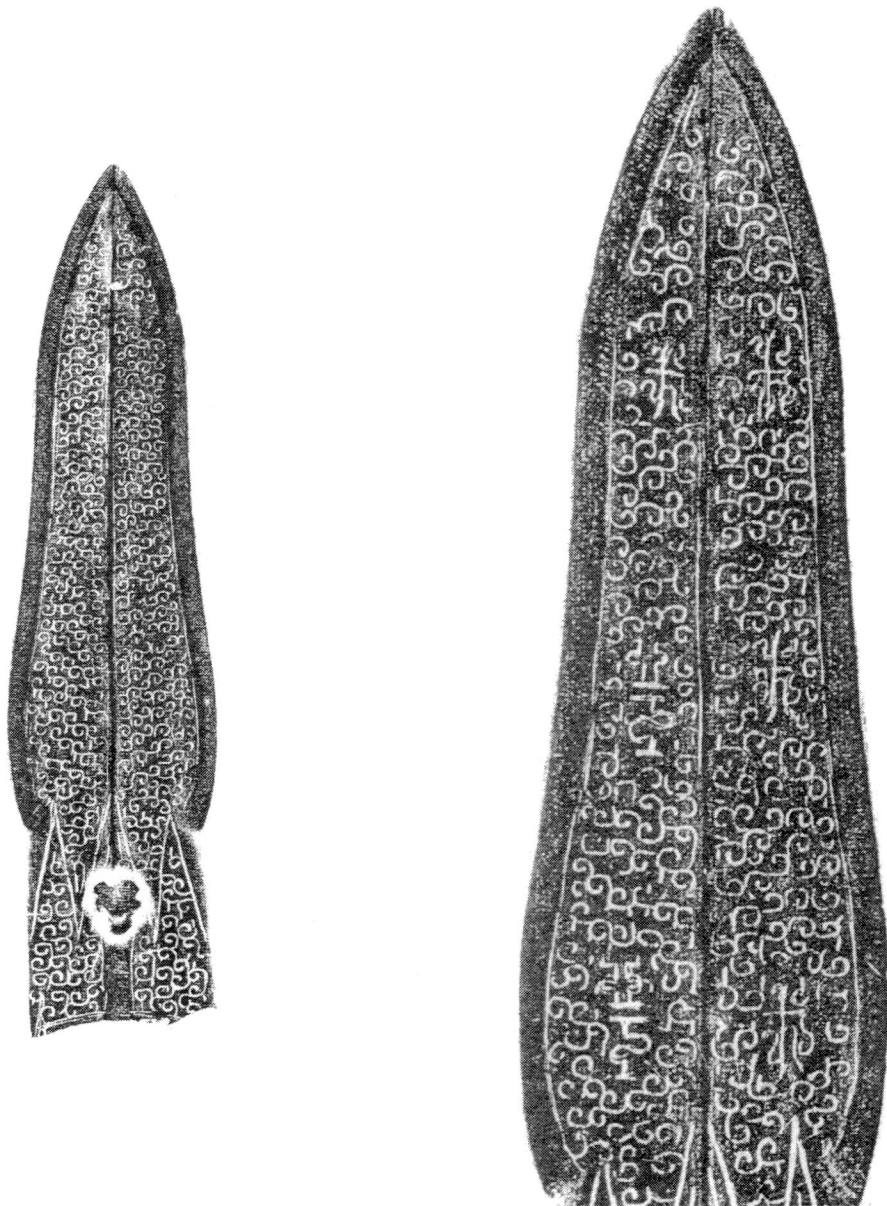

1459. 王用石矛

【時　　代】戰國晚期·越。

【出土時地】1958年浙江紹興市柯橋區漓渚鎮義橋村。

【收 藏 者】紹興市古越閣。

【形制紋飾】石質細膩,頗有玉質感。寬體狹刃,中脊起綫,尖鋒,骹口呈凹弧形,正面有鼻鈕。通體刻勾連雲紋,骹上刻有三角折綫紋及雲紋。

【著　　録】鳥蟲書增圖221。

【銘文字數】矛身兩面刻銘文8字。

【銘文釋文】正面:王用,王用。背面:王用,王用。

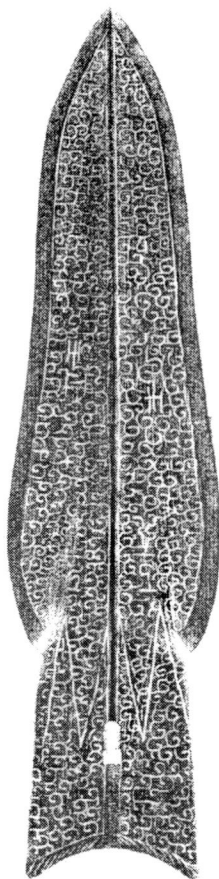

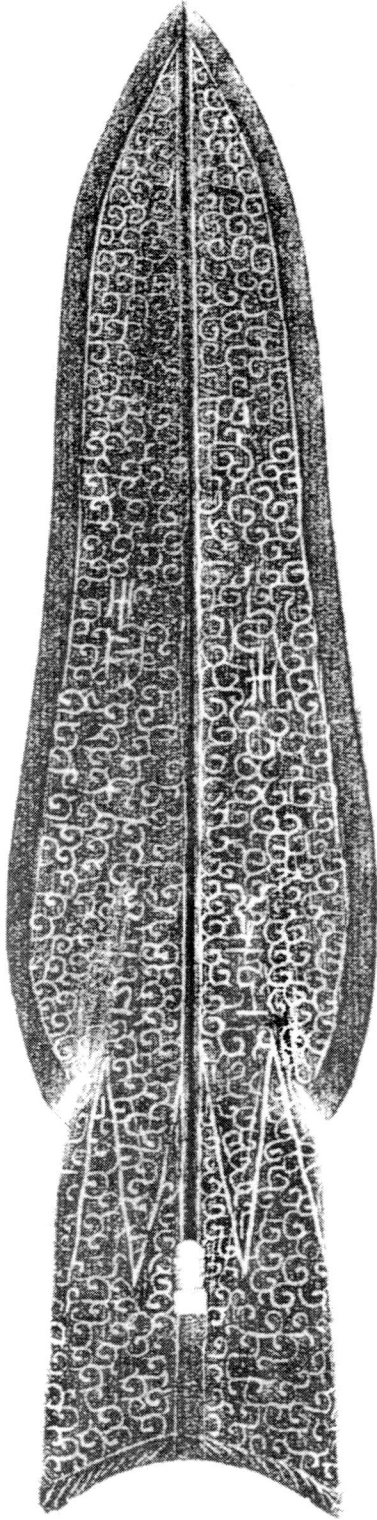

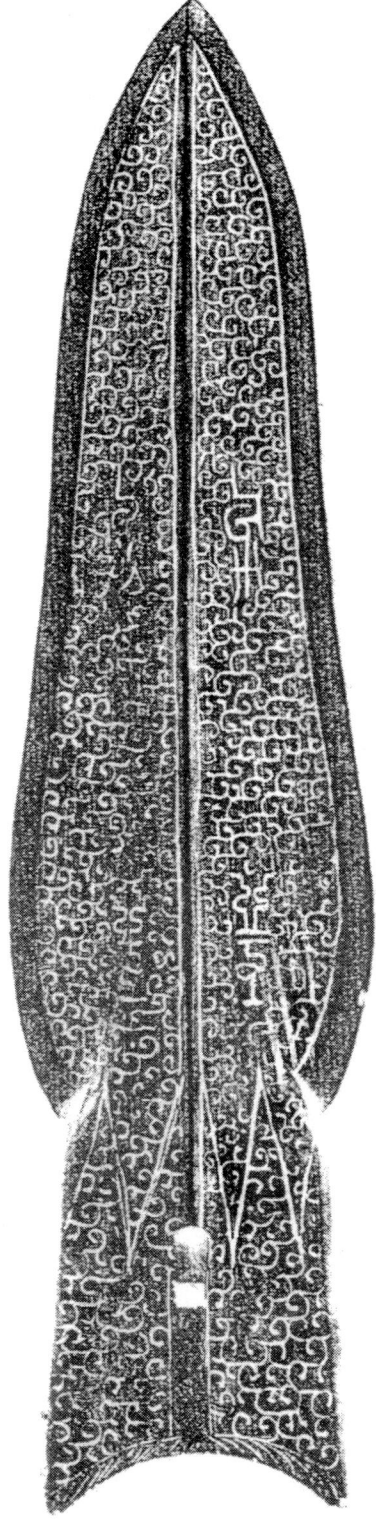

正面　　　　　　　　　　　　背面

1460. 越王諸稽於睗石劍（戉王者旨於睗石劍）

【時　　代】戰國早期（越王鼫與，前 464－前 459 年）。

【出土時地】浙江紹興地區。

【收　藏　者】紹興市古越閣。

【尺　　度】格長 5.1、寬 1.6 釐米。

【形制紋飾】隨葬明器，石質，凹字形劍格。

【著　　錄】鳥蟲書增圖 149。

【銘文字數】劍格正面刻銘文 4 字，背面 4 字，共 8 字。

【銘文釋文】正面：戉（越）王戉（越）王。背面：者（諸）旨（稽）於睗。

正面　　　　　　　　　　　　　　　　背面

1461. 越王旨州句石劍（戉王者旨州句石劍）

【時　　代】戰國早期（越王朱句，前 448－前 412 年）。

【出土時地】浙江紹興地區。

【收　藏　者】紹興市古越閣。

【尺　　度】格長 5.2、寬 2 釐米。

【形制紋飾】隨葬明器，石質，凹字形劍格。

【著　　錄】鳥蟲書增圖 150。

【銘文字數】劍格正面刻銘文 8 字，背面 8 字，共 16 字。

【銘文釋文】正面：戉（越）王戉（越）王，戉（越）王戉（越）王。背面：旨州丩（句），
　　　　　　　王旨州丩（句），王。

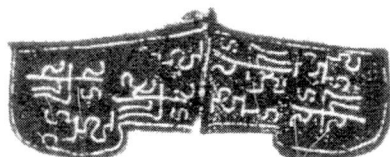 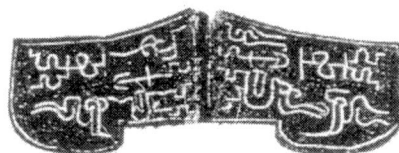

正面　　　　　　　　　　　　　　　　背面

1462. 越王州句石劍（戉王者州句石劍）甲

【時　　代】戰國早期（越王朱句，前 448 – 前 412 年）。

【出土時地】浙江紹興地區。

【收　藏　者】紹興市玉笥堂。

【尺　　度】格長 5.2、寬 1.9 釐米。

【形制紋飾】隨葬明器，石質，凹字形劍格。

【著　　錄】鳥蟲書增圖 151。

【銘文字數】劍格正面刻銘文 8 字，背面 8 字，共 16 字。

【銘文釋文】正面：戉（越）王州丩（句），戉（越）王州丩（句）。背面：戉（越）僉（劍）
　　　　　　州丩（句），戉（越）僉（劍）州丩（句）。

【備　　注】“僉”爲“王”字之誤。

正面　　　　　　　　　　　　　　　　背面

1463. 越王州句石劍（戉王者州句石劍）乙

【時　　代】戰國早期（越王朱句，前 448 – 前 412 年）。

【出土時地】浙江紹興地區。

【收　藏　者】紹興市古越閣。

【尺　　度】格長 5.2、寬 1.8 釐米。

【形制紋飾】隨葬明器，石質，凹字形劍格，一面刻獸面紋。

【著　　錄】鳥蟲書增圖 152。

【銘文字數】劍格正面刻銘文 8 字。

【銘文釋文】戉（越）王州丩（句），戉（越）王州丩（句）。

正面　　　　　　　　　　　　　　　　背面

1464. 越王州句石劍（戉王者州句石劍）丙

【時　　代】戰國早期（越王朱句，前 448 – 前 412 年）。
【出土時地】浙江紹興地區。
【收 藏 者】紹興市古越閣。
【尺　　度】格長 5.2、寬 2 釐米。
【形制紋飾】隨葬明器，石質，凹字形劍格，一面刻獸面紋。
【著　　録】鳥蟲書增圖 153。
【銘文字數】劍格正面刻銘文 8 字。
【銘文釋文】戉（越）王州凵（句），戉（越）王州凵（句）。
【備　　注】"王"字倒刻。

正面　　　　　　　　　　　　　背面

1465. 越王州句石劍格（戉王州句石劍格）一

【時　　代】戰國早期（越王朱句，前 448 – 前 412 年）。
【出土時地】浙江紹興地區。
【收 藏 者】紹興市古越閣。
【尺　　度】格長 5.1、寬 1.8 釐米。
【形制紋飾】隨葬明器，石質，凹字形劍格。
【著　　録】鳥蟲書增圖 157。
【銘文字數】劍格正面刻銘文 6 字，背面 8 字，共 14 字。
【銘文釋文】正面：戉（越）王州句州句。背面：之用僉（劍），唯余土廷（逶）邘。

正面　　　　　　　　　　　　　背面

1466. 越王州句石劍格（戉王州句石劍格）二

【時　　代】戰國早期（越王朱句，前448－前412年）。

【出土時地】浙江紹興地區。

【收　藏　者】紹興市古越閣。

【尺　　度】格長5.2、寬2釐米。

【形制紋飾】隨葬明器，石質，凹字形劍格。

【著　　錄】鳥蟲書增圖158。

【銘文字數】劍格正背兩面各刻銘文8字，內容相同。

【銘文釋文】戉（越）王州句，自乍（作）用僉（劍）。

正面　　　　　　　　　　　　　背面

1467. 越王州句石劍格（戉王州句石劍格）三

【時　　代】戰國早期（越王朱句，前448－前412年）。

【出土時地】浙江紹興地區。

【收　藏　者】紹興市古越閣。

【尺　　度】格長5.1、寬1.8釐米。

【形制紋飾】隨葬明器，石質，凹字形劍格，一面刻獸面紋。

【著　　錄】鳥蟲書增圖159。

【銘文字數】劍格正面刻銘文8字。

【銘文釋文】戉（越）王州句，戉（越）王州句。

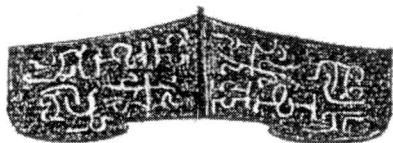 

正面　　　　　　　　　　　　　背面

1468. 越王州句石劍格（戉王州句石劍格）四

【時　　代】戰國早期（越王朱句，前 448 – 前 412 年）。

【出土時地】浙江紹興地區。

【收 藏 者】紹興市古越閣。

【尺　　度】格長 5.2、寬 1.9 釐米。

【形制紋飾】隨葬明器，石質，凹字形劍格，一面刻獸面紋。

【著　　録】鳥蟲書增圖 160。

【銘文字數】劍格正面刻銘文 8 字。

　　　　正面　　　　　　　　　　　　　　背面

1469. 越句石劍（戉句石劍）

【時　　代】戰國早期（越王朱句，前 448 – 前 412 年）。

【出土時地】浙江紹興地區。

【收 藏 者】紹興市古越閣。

【尺　　度】格長 5.2、寬 2 釐米。

【形制紋飾】隨葬明器，石質，凹字形劍格，一面刻獸面紋。

【著　　録】鳥蟲書增圖 154。

【銘文字數】劍格正面刻銘文 8 字。

【銘文釋文】戉（越）戉（越）丩（句）戉（越），戉（越）戉（越）丩（句）戉（越）。

【備　　注】"丩"字倒刻，另一"丩"字未刻全。

　　　　正面　　　　　　　　　　　　　　背面

1470. 越王石劍（戉王石劍）

【時　　代】戰國早期。

【出土時地】浙江紹興地區。

【收　藏　者】紹興市古越閣。

【尺　　度】格長5.2、寬2釐米。

【形制紋飾】隨葬明器，石質，凹字形劍格，一面刻獸面紋。

【著　　錄】鳥蟲書增圖155。

【銘文字數】劍格正面刻銘文8字。

【銘文釋文】戉（越）王王王，戉（越）王，戉（越）王。

正面　　　　　　　　　　　　背面

1471. 越王石劍格（戉王石劍格）一

【時　　代】戰國早期。

【出土時地】1999年浙江杭州市半山石塘村黃鶴山西麓戰國墓。

【收　藏　者】杭州歷史博物館。

【尺　　度】格長5.1、寬2釐米。

【形制紋飾】隨葬明器，石質，凹字形劍格，一面刻獸面紋。

【著　　錄】鳥蟲書增圖161。

【銘文字數】劍格正面刻銘文8字。

【銘文釋文】戉（越）王，戉（越）王；戉（越）王，戉（越）王。

正面　　　　　　　　　　　　背面

1472. 越王石劍格（戉王石劍格）二

【時　　代】戰國早期。

【出土時地】1999 年浙江杭州市半山石塘村黃鶴山西麓戰國墓。

【收 藏 者】杭州歷史博物館。

【尺　　度】格長 5.1、寬 2 釐米。

【形制紋飾】隨葬明器，石質，凹字形劍格，一面刻獸面紋。

【著　　録】鳥蟲書增圖 162。

【銘文字數】劍格正面刻銘文 8 字。

【銘文釋文】戉（越）王，戉（越）王；戉（越）王，戉（越）王。

正面　　　　　　　　　　　　背面

1473. 越王石劍格（戉王石劍格）三

【時　　代】戰國早期。

【出土時地】1999 年浙江杭州市半山石塘村黃鶴山西麓戰國墓。

【收 藏 者】杭州歷史博物館。

【尺　　度】格長 5.1、寬 2 釐米。

【形制紋飾】隨葬明器，石質，凹字形劍格，一面刻獸面紋。

【著　　録】鳥蟲書增圖 163。

【銘文字數】劍格正面刻銘文 8 字。

【銘文釋文】戉（越）王，戉（越）王；戉（越）王，戉（越）王。

正面　　　　　　　　　　　　背面

1474. 越王石劍格（戉王石劍格）四

【時　　代】戰國早期。

【出土時地】1999年浙江杭州市半山石塘村黃鶴山西麓戰國墓。

【收　藏　者】杭州歷史博物館。

【尺　　度】格長5.2、寬2.1釐米。

【形制紋飾】隨葬明器，石質，凹字形劍格，一面刻獸面紋。

【著　　錄】鳥蟲書增圖164。

【銘文字數】劍格正面刻銘文8字。

【銘文釋文】戉（越）王王王，戉（越）王王王。

【備　　注】其中一個"王"字倒刻。

正面　　　　　　　　　　　　　背面

1475. 越王石劍格（戉王石劍格）五

【時　　代】戰國早期。

【出土時地】浙江紹興地區。

【收　藏　者】紹興市古越閣。

【尺　　度】格長5.3、寬2.2釐米。

【形制紋飾】隨葬明器，石質，凹字形劍格，一面刻獸面紋。

【著　　錄】鳥蟲書增圖165。

【銘文字數】劍格正面刻銘文8字。

【銘文釋文】戉（越）王戉（越）王，戉（越）王戉（越）王。

【備　　注】其中4個"王"字倒刻。

正面　　　　　　　　　　　　　背面

1476. 越王不石劍（戉王不石劍）

【時　　代】戰國早期。

【出土時地】浙江紹興地區。

【收　藏　者】紹興市古越閣。

【尺　　度】格長 5.2、寬 2 釐米。

【形制紋飾】隨葬明器，石質，窄劍格。

【著　　錄】鳥蟲書增圖 156。

【銘文字數】劍格兩面刻銘文 12 字。

【銘文釋文】正面：王戉（越）王不，王戉（越）不。背面：王戉（越）王不，王戉（越）不。

【備　　注】銘文錯亂、漏字，應讀爲"戉（越）王不"，"王"字均倒刻。

正面　　　　　　　　　　　　　　　背面

1477. 王石劍格

【時　　代】戰國早期。

【出土時地】1999 年浙江杭州市半山石塘村黃鶴山西麓戰國墓。

【收　藏　者】杭州歷史博物館。

【尺　　度】格長 5.1、寬 1.9 釐米。

【形制紋飾】隨葬明器，石質，凹字形劍格，一面刻獸面紋。

【著　　錄】鳥蟲書增圖 166。

【銘文字數】劍格正面刻銘文 8 字。

【銘文釋文】王王王王，王王王王。

【備　　注】"王"字 4 正 4 倒。

正面　　　　　　　　　　　　　　　背面

1478. 嗣王石劍首

【時　　代】戰國早期。

【出土時地】浙江紹興地區。

【收　藏　者】紹興市古越閣。

【尺　　度】格長 5.1、寬 1.9 釐米。

【形制紋飾】隨葬明器，石質，圓形。

【著　　錄】鳥蟲書增圖 167。

【銘文字數】劍首刻銘文 8 字。

【銘文釋文】自乍（作）台（嗣）王元之用僉（劍）。

1479. 越王州石鐸

【時　　代】戰國晚期。

【出土時地】浙江紹興地區。

【收　藏　者】紹興市古越閣。

【形制紋飾】石質，仿青銅製造的明器。體呈合瓦形，上窄下寬，下口近圓，弧面上劃有寬邊框，邊框內裝飾三層勾連雲雷紋。

【著　　錄】鳥蟲書增圖 240。

【銘文字數】正面中部刻鳥蟲書銘文 3 字。

【銘文釋文】戉（越）王州。

1480. 王州石鐸

【時　　代】戰國晚期。

【出土時地】浙江紹興地區。

【收　藏　者】紹興市古越閣。

【形制紋飾】石質,仿青銅製造的明器。體呈合瓦形,上窄下寬,下口近圓,弧面劃有邊框,邊框內裝飾三層勾連雲雷紋。

【著　　錄】鳥蟲書增圖 243。

【銘文字數】正面中部刻鳥蟲書銘文 3 字。

【銘文釋文】州王僉(劍)。

【備　　注】銘文倒書。

1481. 越王不石鐸一

【時　　代】戰國晚期。

【出土時地】浙江紹興地區。

【收　藏　者】紹興市古越閣。

【形制紋飾】石質，仿青銅製造的明器。體呈合瓦形，上窄下寬，下口近圓，弧面上劃有寬邊框，邊框內裝飾三層勾連雲雷紋。

【著　　録】鳥蟲書增圖 235。

【銘文字數】正背面中部刻鳥蟲書銘文共 6 字。

【銘文釋文】正面：戉（越）不王。背面：□□□。

【備　　注】銘文 "戉（越）不王" 應讀爲 "越王不"。

正面

背面

1482. 越王不石鐸二

【時　　　代】戰國晚期。

【出土時地】浙江紹興地區。

【收　藏　者】紹興市古越閣。

【形制紋飾】石質，仿青銅製造的明器。體呈合瓦形，上窄下寬，下口近圓，弧面上劃
有寬邊框，邊框內裝飾三層勾連雲雷紋。

【著　　　錄】鳥蟲書增圖 236。

【銘文字數】正背面中部刻鳥蟲書銘文共 6 字。

【銘文釋文】正面：戉（越）不王。背面：□□□。

【備　　　注】銘文"戉（越）不王"應讀爲"越王不"。

正面

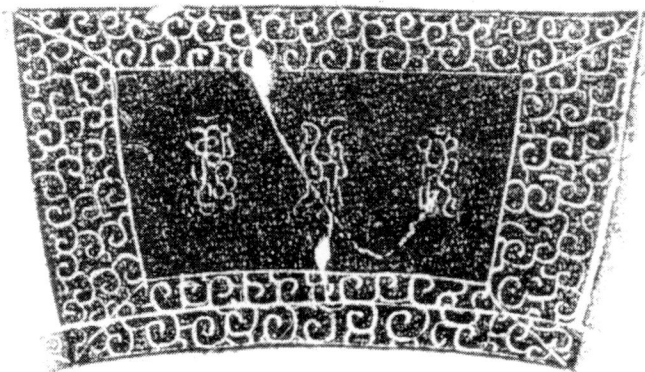

背面

1483. 越王光石鐸

【時　　代】戰國晚期。

【出土時地】浙江紹興地區。

【收　藏　者】紹興市金仕堡集團。

【形制紋飾】石質,仿青銅製造的明器。體呈合瓦形,上窄下寬,下口近圓,弧面上劃
有寬邊框,邊框內裝飾三層勾連雲雷紋。

【著　　録】鳥蟲書增圖237。

【銘文字數】正背面中部刻鳥蟲書銘文6字。

【銘文釋文】正面:戉(越)光王,背面:□□□。

【備　　注】銘文"戉(越)光王"應讀爲"越王光"。

正面

背面

1484. 越王用石鐸一

【時　　代】戰國晚期。

【出土時地】浙江紹興地區。

【收　藏　者】紹興市古越閣。

【形制紋飾】石質，仿青銅製造的
　　　　　　明器。體呈合瓦形，
　　　　　　上窄下寬，下口近
　　　　　　圓，弧面上劃有寬邊
　　　　　　框，邊框內裝飾三層
　　　　　　勾連雲雷紋。

【著　　録】鳥蟲書增圖 238。

【銘文字數】正面中部刻鳥蟲書銘文 6 字。

【銘文釋文】王用，戉（越）王，王用。

1485. 越王用石鐸二

【時　　代】戰國晚期。

【出土時地】浙江紹興地區。

【收　藏　者】紹興市古越閣。

【形制紋飾】石質，仿青銅製造的明器。體呈合瓦形，上窄下寬，下口近圓，弧面上劃
　　　　　　有寬邊框，邊框內裝飾三層勾連雲雷紋。

【著　　録】鳥蟲書增圖 239。

【銘文字數】正面中部刻鳥蟲書銘文 6 字。

【銘文釋文】王用，戉（越）王，王用。

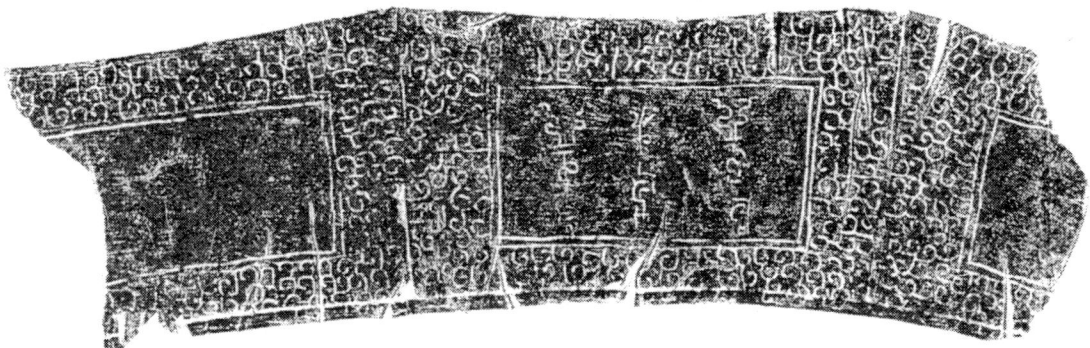

1486. 越王石鐸甲

【時　　代】戰國晚期。

【出土時地】浙江紹興地區。

【收　藏　者】紹興市古越閣。

【形制紋飾】石質，仿青銅製造的明器。體呈合瓦形，上窄下寬，下口近圓，弧面上劃有寬邊框，邊框內裝飾三層勾連雲雷紋。

【著　　錄】鳥蟲書增圖 241。

【銘文字數】正面中部刻鳥蟲書銘文 6 字。

【銘文釋文】戉（越）王，戉（越）王，戉（越）王。

【備　　注】銘文倒書。

1487. 越王石鐸乙

【時　　代】戰國晚期。

【出土時地】浙江紹興地區。

【收　藏　者】紹興市古越閣。

【形制紋飾】石質,仿青銅製造的明器。體呈合瓦形,上窄下寬,下口近圓,弧面上劃有寬邊框,邊框內裝飾三層勾連雲雷紋。

【著　　錄】鳥蟲書增圖 242。

【銘文字數】正面中部刻鳥蟲書銘文 6 字。

【銘文釋文】戉(越)王,戉(越)王,戉(越)王。

【備　　注】銘文倒書。

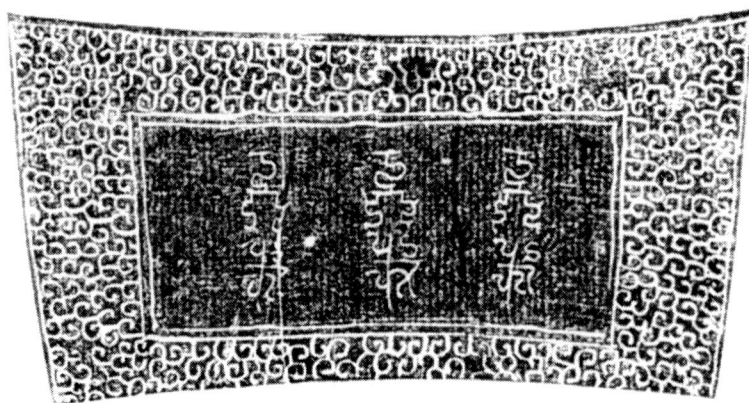

1488. 越王諸稽於睗石鐸(戉王者旨於睗石鐸)

【時　　代】戰國早期。

【收 藏 者】安徽宣城李氏。

【形制紋飾】石質,仿青銅製造的明器。體呈合瓦形,上寬下窄,上口呈弧形,下有粗柄。

【著　　録】鳥蟲書增圖 247。

【銘文字數】正背面兩側刻鳥蟲書銘文 16 字。

【銘文釋文】戉(越)王者(諸)旨(稽)於睗睪(擇)氒(厥)𠷎(鑄)金,自乍(作)□睪(鐸),用之。

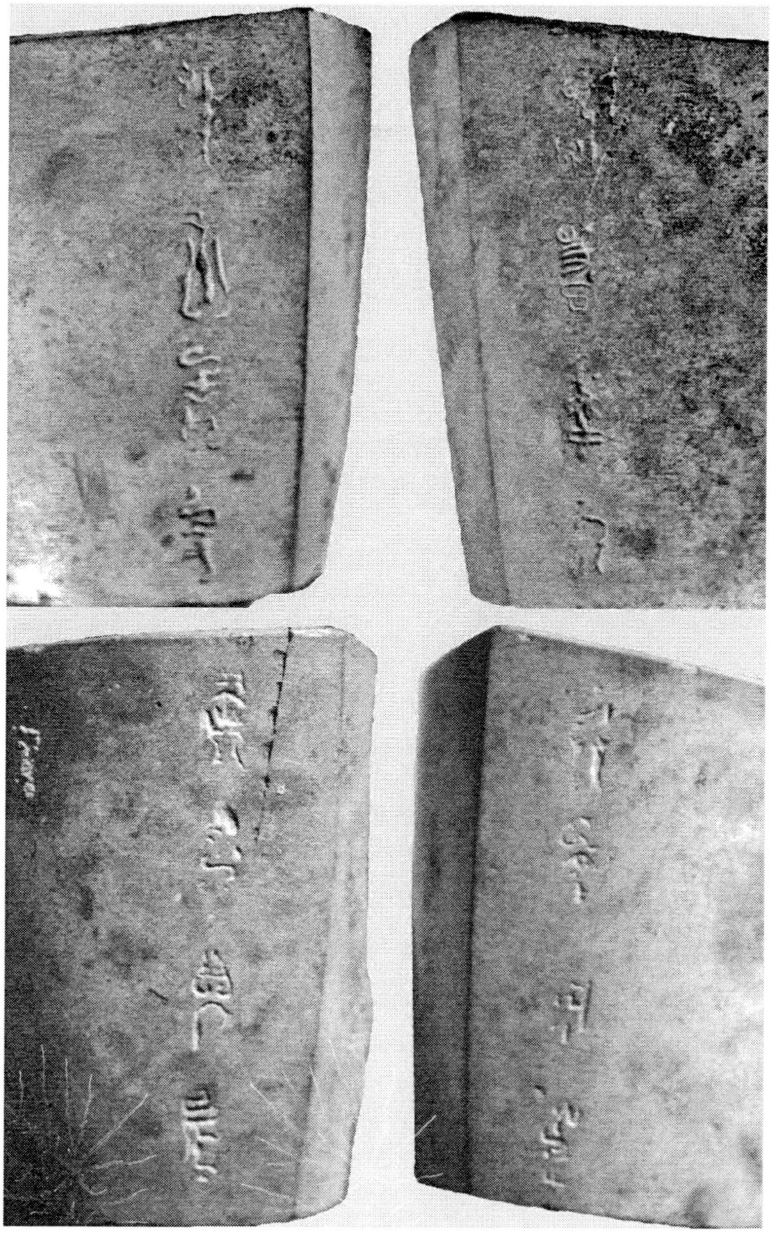

1489. 夰石璋

【時　　代】商代晚期。

【出土時地】1999 年 9 月河南安陽市龍安區劉家莊北商代墓（M1046.107）。

【收　藏　者】中國社會科學院考古研究所安陽工作隊。

【尺　　度】殘長 16、刃寬 3.4、內寬 3.1、厚 0.4 釐米。

【形制紋飾】石質，青灰色，長條形，前端作直邊三角形，內部殘斷。

【著　　錄】考古學集刊（15）381 頁圖 15.12。

【銘文字數】正面墨書銘文，殘存 1 字。

【銘文釋文】夰。

（原長 16 釐米）

1490. 夰于石璋

【時　　代】商代晚期。

【出土時地】1999 年 9 月河南安陽市龍安區劉家莊北商代墓（M1046.166）。

【收　藏　者】中國社會科學院考古研究所安陽工作隊。

【尺　　度】殘長 11.2、刃寬 4.2、內寬 4、厚 0.4 釐米。

【形制紋飾】石質，乳白色，長條形，前端殘斷，內部有一小圓孔。

【著　　錄】考古學集刊（15）381 頁圖 15.8。

【銘文字數】正面墨書銘文，殘存 2 字。

【銘文釋文】夰于。

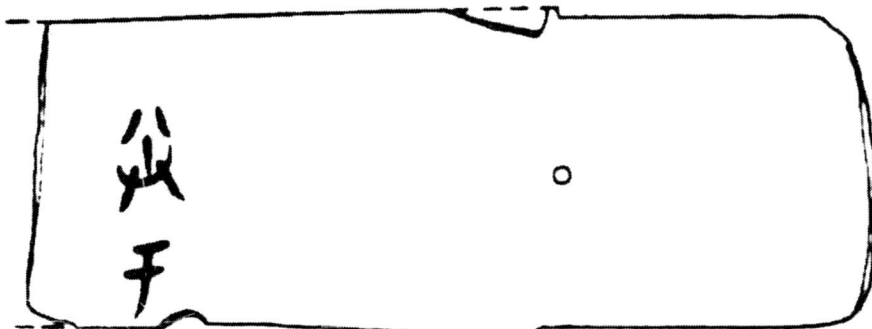

1491. 于癸石璋

【時　　代】商代晚期。

【出土時地】1999年9月河南安陽市龍安區劉家莊北商代墓（M1046.112）。

【收　藏　者】中國社會科學院考古研究所安陽工作隊。

【尺度重量】長19.1、刃寬3.8-4.3、厚0.85釐米。

【形制紋飾】石質，青色，長條形，前部作直邊三角形，前窄後寬，後部無圓孔。

【著　　錄】考古學集刊（15）381頁圖15.13。

【銘文字數】正面墨書銘文2字。

【銘文釋文】于癸。

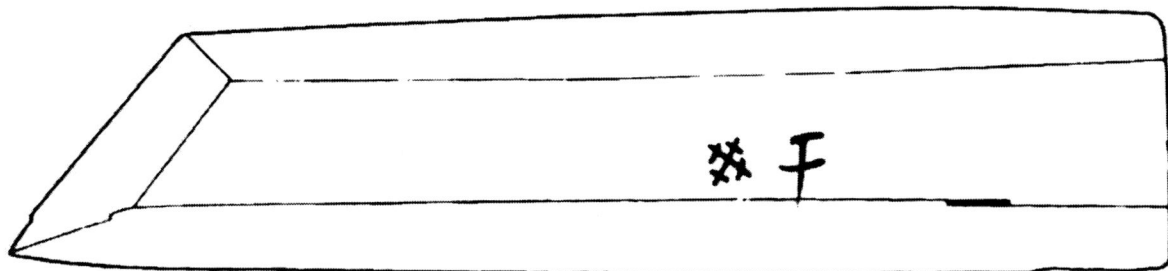

（原長19.1釐米）

1492. 斧&石璋甲

【時　　代】商代晚期。

【出土時地】1999年9月河南安陽市龍安區劉家莊北商代墓（M1046.110）。

【收　藏　者】中國社會科學院考古研究所安陽工作隊。

【尺　　度】通長19.6、刃寬4.1、內寬3.8、厚0.55釐米。

【形制紋飾】石質，青色，長條形，前端作直邊三角形，內部有一小圓孔。

【著　　錄】考古學集刊（15）381頁圖15.1。

【銘文字數】正面墨書銘文2字。

【銘文釋文】斧&。

【備　　注】右側之字爲"斧"字之殘。

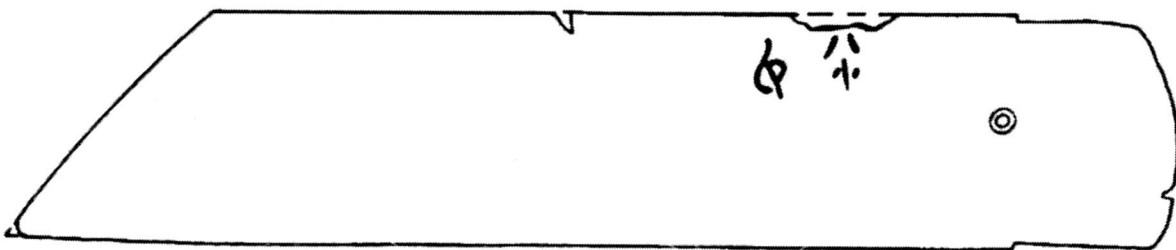

（原長19.6釐米）

1493. 斧✍石璋乙

【時　　　代】商代晚期。

【出土時地】1999 年 9 月河南安陽市龍安區劉家莊北商代墓（M1046.106）。

【收　藏　者】中國社會科學院考古研究所安陽工作隊。

【尺　　　度】殘長 15.5、刃殘寬 3.5-4.4、內寬 3.5、厚 0.48 釐米。

【形制紋飾】石質，青灰色，長條形，前端殘，刃部前窄後寬，內部有一小圓孔。

【著　　　錄】考古學集刊（15）381 頁圖 15.7。

【銘文字數】正面墨書銘文 2 字。

【銘文釋文】斧✍。

【備　　　注】右側之字爲"斧"字之殘。

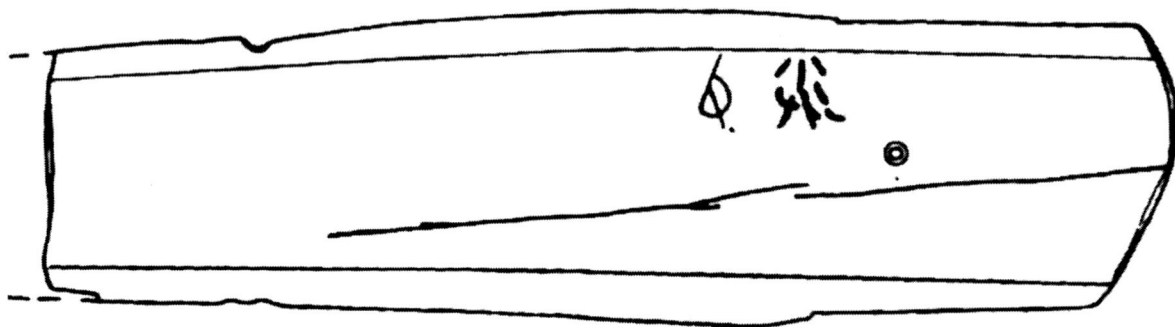

1494. 三辛石璋甲

【時　　　代】商代晚期。

【出土時地】1999 年 9 月河南安陽市龍安區劉家莊北商代墓（M1046.104）。

【收　藏　者】中國社會科學院考古研究所安陽工作隊。

【尺　　　度】通長 26.4、刃寬 4.2、內寬 3.8、厚 0.48 釐米。

【形制紋飾】石質，乳白色，長條形，前端作直邊三角形，內部有一小圓孔。

【著　　　錄】考古學集刊（15）382 頁圖 16.2。

【銘文字數】正面墨書銘文 4 字。

【銘文釋文】斧于三辛。

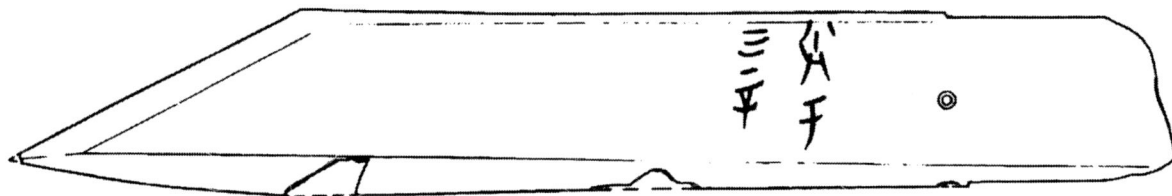

（原長 26.4 釐米）

1495. 三辛石璋乙

【時　　代】商代晚期。

【出土時地】1999年9月河南安陽市龍安區劉家莊北商代墓（M1046.117）。

【收　藏　者】中國社會科學院考古研究所安陽工作隊。

【尺　　度】殘長23.2、刃寬4、內寬3.5、厚0.35釐米。

【形制紋飾】石質，灰色，長條形，前端作直邊三角形，內部有一小圓孔，多處殘缺。

【著　　錄】考古學集刊（15）382頁圖16.3。

【銘文字數】正面墨書銘文4字。

【銘文釋文】弅〔于〕三辛。

（原長23.2釐米）

1496. 祖乙石璋

【時　　　代】商代晚期。

【出土時地】1999年9月河南安陽市龍安區劉家莊北商代墓（M1046.113）。

【收 藏 者】中國社會科學院考古研究所安陽工作隊。

【尺　　　度】殘長19.5、刃寬6-6.7、內寬5.6、厚0.5釐米。

【形制紋飾】石質，乳白色，長條形，前端殘，刃部前窄後寬，內部有一小圓孔。

【著　　　録】考古學集刊（15）381頁圖15.2。

【銘文字數】正面墨書銘文4字。

【銘文釋文】羍于且（祖）乙。

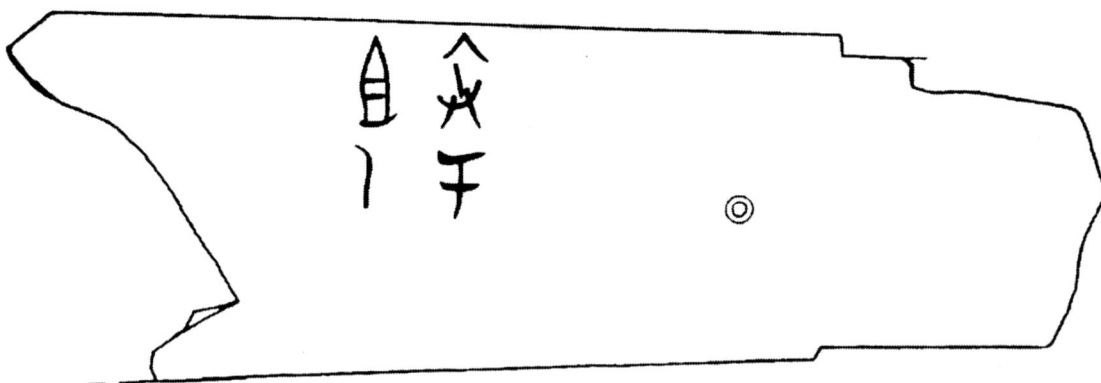

（原長19.5釐米）

1497. 祖丁石璋

【時　　代】商代晚期。

【出土時地】1999 年 9 月河南安陽市龍安區劉家莊北商代墓（M1046.114）。

【收 藏 者】中國社會科學院考古研究所安陽工作隊。

【尺　　度】殘長 19、刃寬 4.1、內寬 3.8、厚 0.48 釐米。

【形制紋飾】石質，青色，長條形，前端作直邊三角形，尖部稍殘，內部有一小圓孔。

【著　　錄】考古學集刊（15）381 頁圖 15.3。

【銘文字數】正面墨書銘文 4 字。

【銘文釋文】弄于且（祖）丁。

（原長 19 釐米）

1498. □辛石璋

【時　　代】商代晚期。

【出土時地】1999 年 9 月河南安陽市龍安區劉家莊北商代墓（M1046.167）。

【收　藏　者】中國社會科學院考古研究所安陽工作隊。

【尺　　度】長 17.9、寬 3.7-4.2、厚 0.5 釐米。

【形制紋飾】石質，白色泛青，長條形，前部作直邊三角形，內部與體無明顯界限，後部有一圓孔。

【著　　録】考古學集刊（15）381 頁圖 15.11。

【銘文字數】正面墨書銘文 4 字。

【銘文釋文】㞢于□辛。

【備　　注】"㞢"字上部殘。

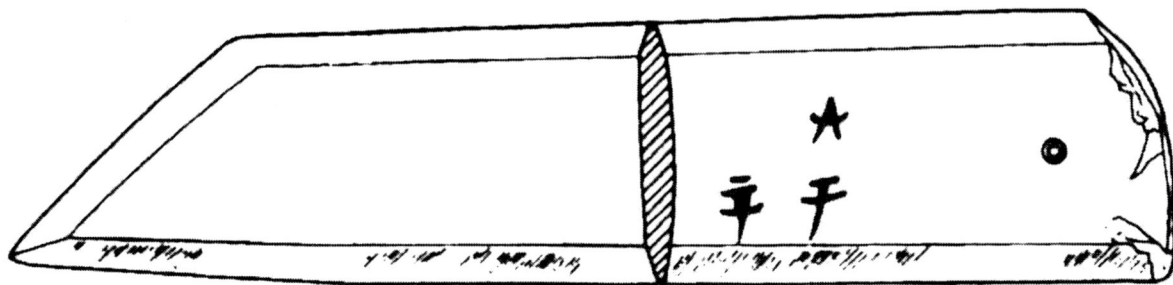

（原長 17.2 釐米）

1499. 亞辛石璋

【時　　代】商代晚期。

【出土時地】1999 年 9 月河南安陽市龍安區劉家莊北商代墓（M1046.116）。

【收　藏　者】中國社會科學院考古研究所安陽工作隊。

【尺　　度】殘長 16、刃寬 3.4、內寬 3.1、厚 0.4 釐米。

【形制紋飾】石質，青色，長條形，前後兩段殘斷。

【著　　錄】考古學集刊（15）381 頁圖 15.14。

【銘文字數】正面墨書銘文 4 字，背面 1 字（不識）。

【銘文釋文】夲于亞辛。

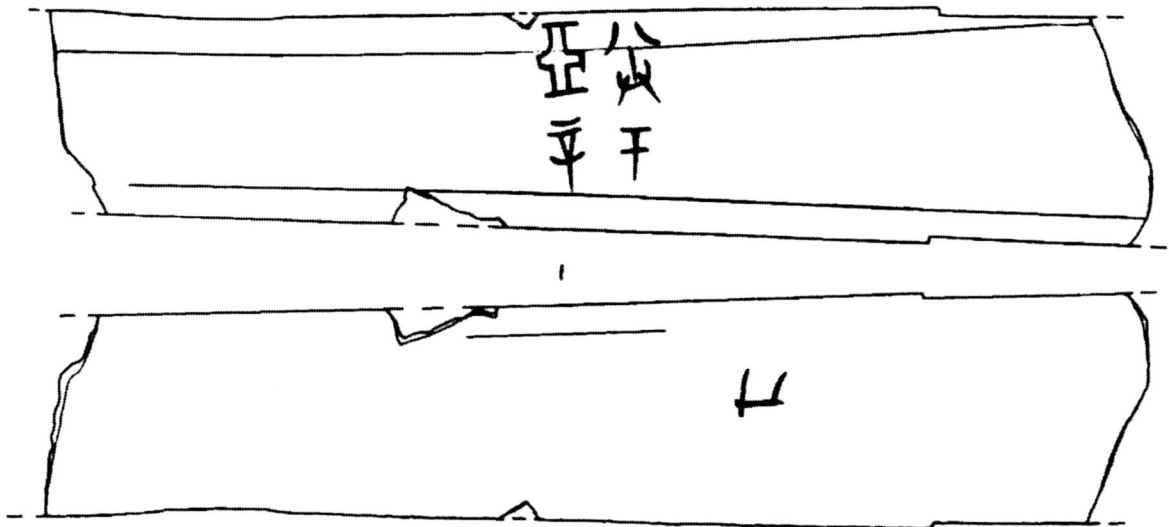

1500. 子癸石璋甲

【時　　代】商代晚期。

【出土時地】1999年9月河南安陽市龍安區劉家莊北商代墓（M1046.103）。

【收　藏　者】中國社會科學院考古研究所安陽工作隊。

【尺　　度】通長18、刃寬4.2、內寬3.3、厚0.45釐米。

【形制紋飾】石質，白色泛青，長條形，前端作直邊三角形，尖稍殘，內部有一小圓孔。

【著　　録】考古學集刊（15）381頁圖15.5。

【銘文字數】正面墨書銘文5字。

【銘文釋文】夵于囗子癸。

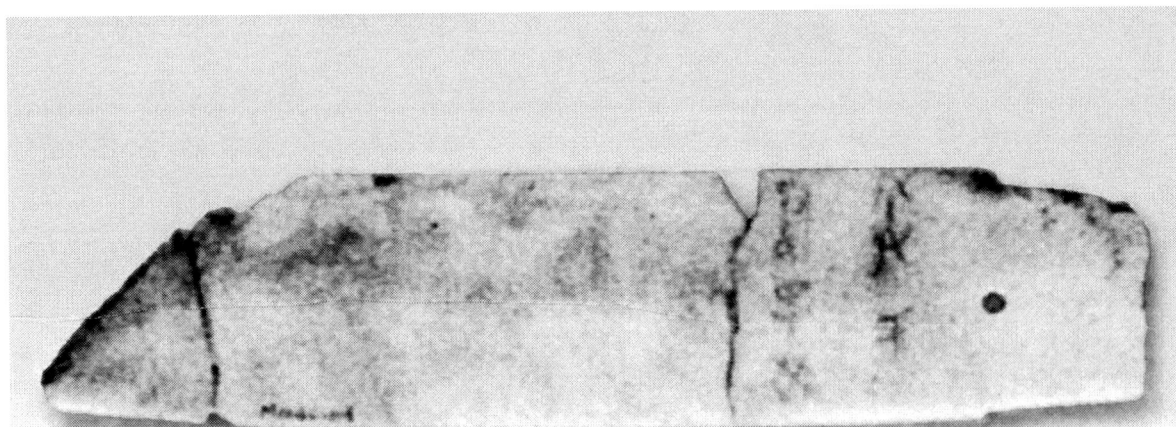

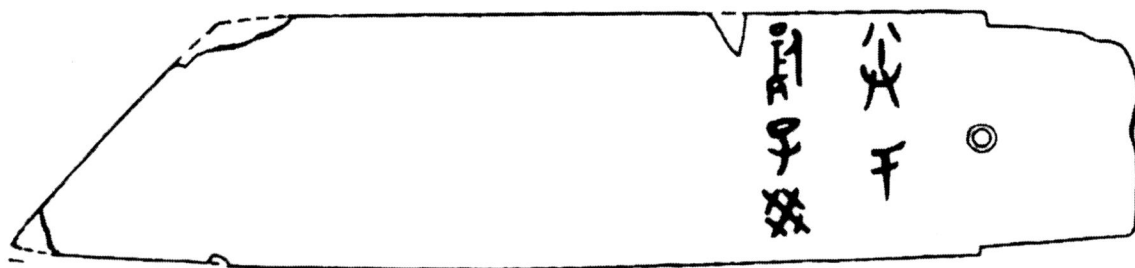

（原長18釐米）

1501. 子癸石璋乙

【時　　代】商代晚期。

【出土時地】1999 年 9 月河南安陽市龍安區劉家莊北商代墓（M1046.115）。

【收　藏　者】中國社會科學院考古研究所安陽工作隊。

【尺　　度】殘長 18.5、刃寬 3.2、內寬 2.8、厚 0.35 釐米。

【形制紋飾】石質，青灰色，長條形，前端作直邊三角形，內部有一小圓孔，後部殘。

【著　　錄】考古學集刊（15）381 頁圖 15.6。

【銘文字數】正面墨書銘文 5 字。

【銘文釋文】㕔于□子癸。

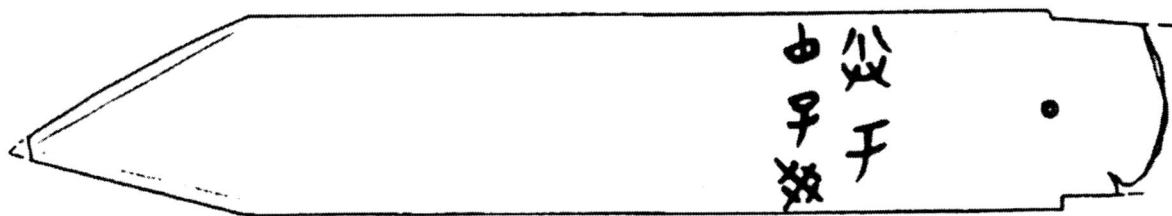

（原長 18.5 釐米）

1503. 君乙石璋

【時　　代】商代晚期。

【出土時地】1999 年 9 月河南安陽市龍安區劉家莊北商代墓（M1046.105）。

【收　藏　者】中國社會科學院考古研究所安陽工作隊。

【尺　　度】殘長 16.9、刃寬 4.4、內寬 4、厚 0.4 釐米。

【形制紋飾】石質，青灰色，長條形，前端殘，內部有一小圓孔，反面塗有硃砂。

【著　　錄】考古學集刊（15）381 頁圖 15.9。

【銘文字數】正面墨書銘文 5 字。

【銘文釋文】夲于口君乙。

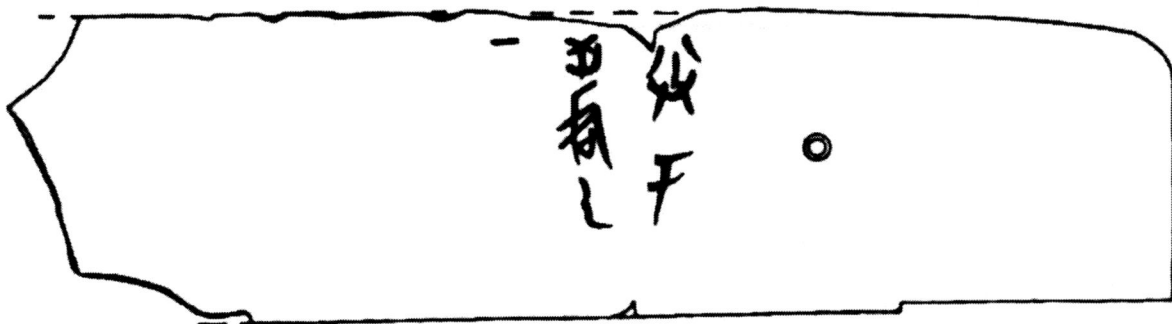

（原長 16.9 釐米）

1504. 大子丁石璋甲

【時　　代】商代晚期。

【出土時地】1999 年 9 月河南安陽市龍安區劉家莊北商代墓（M1046.111）。

【收　藏　者】中國社會科學院考古研究所安陽工作隊。

【尺　　度】通長 20.3、刃寬 4.2、内寬 3.8、厚 0.4 釐米。

【形制紋飾】石質,乳白色,長條形,前端作直邊三角形,内部有一小圓孔。

【著　　録】考古學集刊（15）381 頁圖 15.4。

【銘文字數】正面墨書銘文 5 字。

【銘文釋文】夸于大子丁。

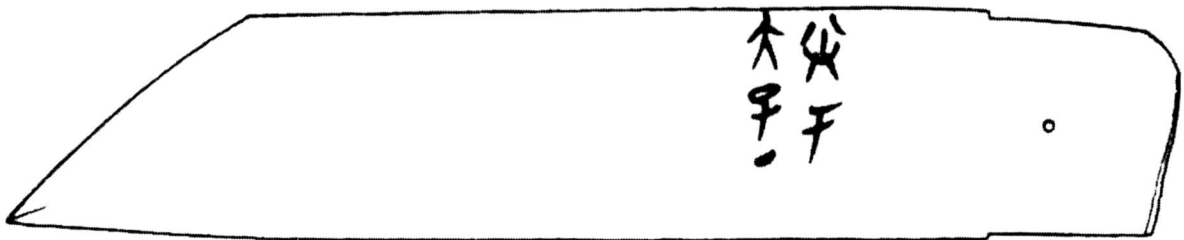

（原長 20.3 釐米）

1505. 大子丁石璋乙

【時　　代】商代晚期。

【出土時地】1999 年 9 月河南安陽市龍安區劉家莊北商代墓（M1046.108）。

【收　藏　者】中國社會科學院考古研究所安陽工作隊。

【尺　　度】殘長 10.8、刃寬 3.3、厚 0.34 釐米。

【形制紋飾】石質,青灰色,長條形,前部作三角形,前後均殘。

【著　　録】考古學集刊（15）381 頁圖 15.10。

【銘文字數】正面墨書銘文 5 字。

【銘文釋文】夸［于］大子丁。

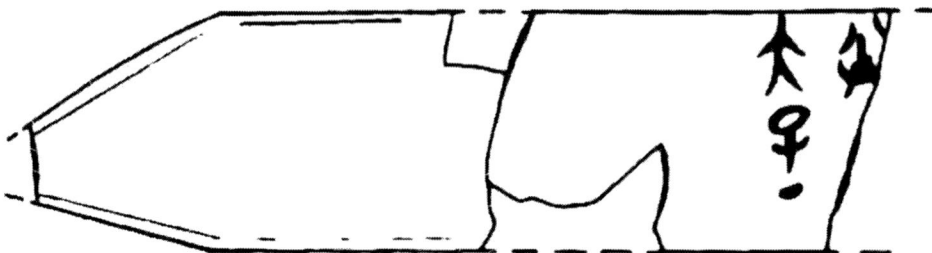

1506. 君丁石璋

【時　　代】商代晚期。

【出土時地】1999 年 9 月河南安陽市龍安區劉家莊北商代墓（M1046.109）。

【收 藏 者】中國社會科學院考古研究所安陽工作隊。

【尺　　度】殘長 3.2、刃寬 3.9、厚 0.3 釐米。

【形制紋飾】石質，乳白色，殘存一小段。

【著　　録】考古學集刊（15）381 頁圖 15.15。

【銘文字數】正面墨書銘文 5 字。

【銘文釋文】奔［于］□君丁。

50. 雑器

（1507－1509）

1507. 東宮之師漆耳杯

【時　　代】戰國中期。

【出土時地】1993 年 10 月湖北荆門市沙
洋區四方鄉郭店村一號楚墓
（M1.B10）。

【收 藏 者】荆門市博物館。

【尺　　度】口 徑 12 × 18.5、底 徑 6 ×
11.4 釐米。

【形制紋飾】杯體呈橢圓形，平底中部微
凹，口沿兩側有耳，耳沿中部
內凹。杯內中心及外底髹紅
漆，其餘髹黑漆，紋飾用朱色
和褐色。耳面飾對稱鳥首紋、卷雲紋，口沿內側飾變形鳳鳥紋及卷雲紋，
口沿外側、耳外側飾勾連雲紋，耳兩端飾豎式卷雲紋。

【著　　錄】文物 1997 年 7 期 42 頁圖 15.3。

【銘文字數】外底刻銘文 4 字。

【銘文釋文】東宮之帀（師）。

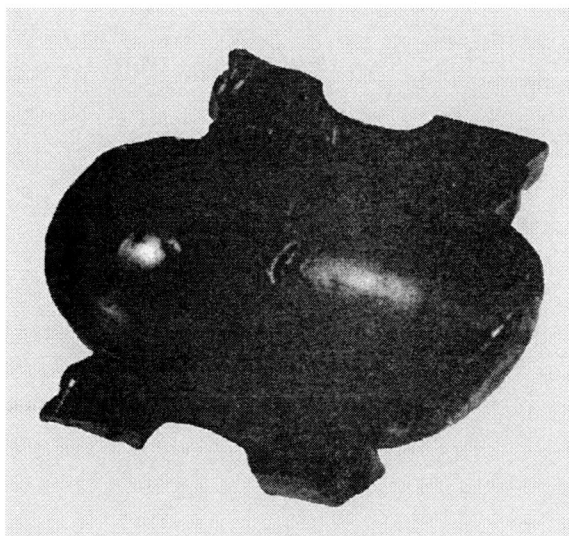

M1.B8 墨綫圖（參考）　　　　　　M1.B10 銘文摹本

1508. 亥自瓷句鑃

【時　　代】戰國晚期。

【出土時地】浙江紹興地區。

【收　藏　者】紹興市某氏。

【形制紋飾】質料爲原始瓷，體呈扁
　　　　　　圓筒，長方扁柄，口曲，
　　　　　　腔體窄而深，兩側略
　　　　　　傾。腔體上部飾雲雷
　　　　　　紋和三角雲雷紋。

【著　　錄】鳥蟲書增圖244。

【銘文字數】體兩側有鳥蟲書銘文
　　　　　　23字。

【銘文釋文】亥亥亥亥亥亥亥，自自
　　　　　　自自，自自自自，亥亥亥亥亥亥亥亥。

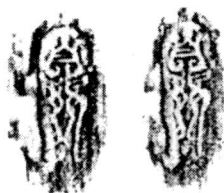

1509. 自瓷句鑃殘片

【時　　代】戰國晚期。

【出土時地】2007年浙江德清縣亭子橋戰國窰遺址出土。

【收　藏　者】浙江省文物考古研究所。

【尺　　度】殘高11.8釐米。

【形制紋飾】質料爲原始瓷，殘存舞部和鉦部一部分。上
　　　　　　飾三角雲雷紋。

【著　　錄】鳥蟲書增圖245。

【銘文字數】模印鳥蟲書銘文1字。

【銘文釋文】自。

引用書刊目録及簡稱

三劃

《大唐》——《大唐國際·中國古董》,大唐國際藝術品拍賣公司,2012 年。

《小校》——《小校經閣金文》十八卷,劉體智編,民國乙亥年(1935 年)初版。

四劃

《中華遺産》——《中華遺産》,月刊,2004 年創刊,中華書局主辦。

《中山學報》——《中山大學學報(社會科學版)》,期刊,1955 年創辦,中山大學主辦。

《中原文物》——雙月刊,原名《河南文博通訊》,1977 年創刊,初爲季刊,1981 年更名《中原文物》,2000 年改爲雙月刊,河南博物院主辦。

《文博》——雙月刊,1984 年創刊,陝西省文物信息諮詢中心主辦。

《文物》——月刊,原名《文物參考資料》,1950 年創刊,初爲不定期刊物,1953 年改爲月刊,1959 年改名《文物》,文物出版社主辦。

《文物報》——《中國文物報》,周報,原名《文物報》,1985 年 8 月創辦,河南省文物局主辦,1987 年 10 月更名《中國文物報》,並改由國家文物局主辦。

《文化遺産》——季刊,2004 年創刊,中國文物報社主辦。

《文物天地》——月刊,1981 年創刊,中國文物報社主辦。

《文物春秋》——雙月刊,1989 年創刊,河北省文物局主辦。

五劃

《古文字》——《古文字研究》,不定期刊物,中華書局主辦。

《古代史》——《古文字與古代史(二)》,李宗焜主編,臺北中研院歷史語言研究所,2009 年。

《古代文明(長春)》——《古代文明》,季刊,東北師範大學世界古典文明史研究所、東北師範大學亞洲文明研究院、東北師範大學世界文明史研究中心、東北師範大學出版社共同主辦。

《史徵》——《西周青銅器銘文分代史徵》，唐蘭著，中華書局，1986 年。

《出土文獻》——《出土文獻與古文字研究》第三輯，劉釗主編，復旦大學出版社，2010 年。

六劃

《考古》——月刊，原名《考古通訊》，1959 年改名《考古》，中國社會科學院考古研究所主辦。

《考古會》（12）——《中國考古學會第十二次年會論文集》，文物出版社，北京 2009 年。

《考古會》（13）——《中國考古學會第十三次年會論文集》，文物出版社北京 2011 年。

《考古會》（14）——《中國考古學會第十四次年會論文集》，文物出版社北京 2012 年。

《考古學報》——期刊，中國社會科學院考古研究所主辦。

《考古與文物》——雙月刊，1980 年創刊，陝西省考古研究院主辦。

《百年》——《中國國家博物館百年收藏集粹》，呂章申主編，安徽美術出版社，2014 年。

《吳鈎》——《吳鈎重輝——蘇州博物館新入藏青銅兵器》，蘇州博物館編著，文物出版社，2014 年。

《安徽金石》——《安徽通志金石古物考稿》十八冊，徐乃昌編撰，安徽通志館，1936 年。

《安徽銘文》——《安徽出土青銅器銘文研究》，陳治軍著，黃山書社，2012 年。

《江淮》——《安徽江淮地區商周青銅器》，安徽大學、安徽社會科學院、安徽省文物考古研究所編著，文物出版社，2014 年。

《江漢考古》——季刊，1980 年創刊，湖北省博物館主辦。

《收藏界》——月刊，2002 年創刊，原由收藏界雜誌社（銀川）主辦，2014 年 12 月改由香港中國收藏界傳媒集團有限公司主辦，香港中國收藏界雜誌社出版。

七劃

《形飾》——《青銅器形飾極致之美》，香港匯寶閣古美術出版，2011 年。

《近出》——《近出殷周金文集錄》四冊，劉雨、盧岩編著，中華書局，2002 年。

八劃

《東波齋》——《東波齋藏青銅器和金器》(*CH INE DE SRONZE ET D'OR*,Musé e Du Pré sident Jacques Chirac,2011)。

《東南文化》——期刊,原名《文博通讯》,1975 年創刊,1985 年更名《東南文化》,南京博物院主辦。

《奇觚》——《奇觚室金文述》二十卷,劉心源著,光緒二十八年(1902 年)石印本。

《明藏》——《明義士和他的藏品》,方輝著,山東大學出版社,2000 年。

《金石拓》——《賈文忠金石傳拓集》,文物出版社,2012 年。

《金銅器》——《中國夏商周三代金銅器》,(臺灣)震榮堂出版,2011 年。

《金玉華年》——陝西省考古研究院、上海博物館編,上海書畫出版社,2012 年。

九劃

《貞墨》——《貞松堂吉金墨本》二卷,羅振玉,〔日〕早稻田文庫藏,昭和十年(1935 年)購得。

《泉屋》——《泉屋清賞》,〔日〕濱田耕作編著,1919 年。

《洛銅》——《洛陽出土青銅器》,洛陽師範學院、洛陽文物局編,紫禁城出版社,2006 年。

《洛陽考古》——期刊,洛陽市文物考古研究院主辦,2013 年創刊,中州出版社。

《飛諾》——《飛諾藏金》(春秋戰國篇),宛鵬飛編著,中州古籍出版社,2012 年。

十劃

《徐郭墓》——《安陽殷墟徐家橋郭家莊商代墓葬——2004-2008 年殷墟考古報告》,安陽市文物考古研究所編著,科學出版社,2011 年。

《海岱考古》——《海岱考古》,不定期,第一輯,張學海主編,山東大學出版社,1989 年出版。從第二輯開始由山東省文物考古研究所編,科學出版社出版。

十一劃

《國博館刊》——《中國國家博物館館刊》,期刊,中國國家博物館主辦。原名《中國歷史博物館館刊》,1979 年創刊,2002 年改名《中國歷史研究》,2011 年改名《中國國家博物館館刊》。

《鳥蟲書增》——《鳥蟲書通考(增訂版)》,曹錦炎著,上海辭書出版社,2014 年。

《善齋》——《善齋吉金錄》二十八卷,劉體智著,1934 年原印本。

《雪齋(二)》——《雪齋學術論文二集——武陵新見古兵三十六器集錄(張光裕、

1502. 長子癸石璋

【時　　代】商代晚期。

【出土時地】1999 年 9 月河南安陽市龍安區劉家莊北商代墓（M1046.118）。

【收　藏　者】中國社會科學院考古研究所安陽工作隊。

【尺　　度】殘長 26.6、刃寬 3.9、內寬 3.7、厚 0.4 釐米。

【形制紋飾】石質，乳白色，長條形，前端作直邊三角形，內部有一小圓孔，多處殘缺。

【著　　錄】考古學集刊（15）382 頁圖 16.1。

【銘文字數】正面前部墨書銘文 4 字（不可釋），後部 5 字。

【銘文釋文】斧于長子癸。

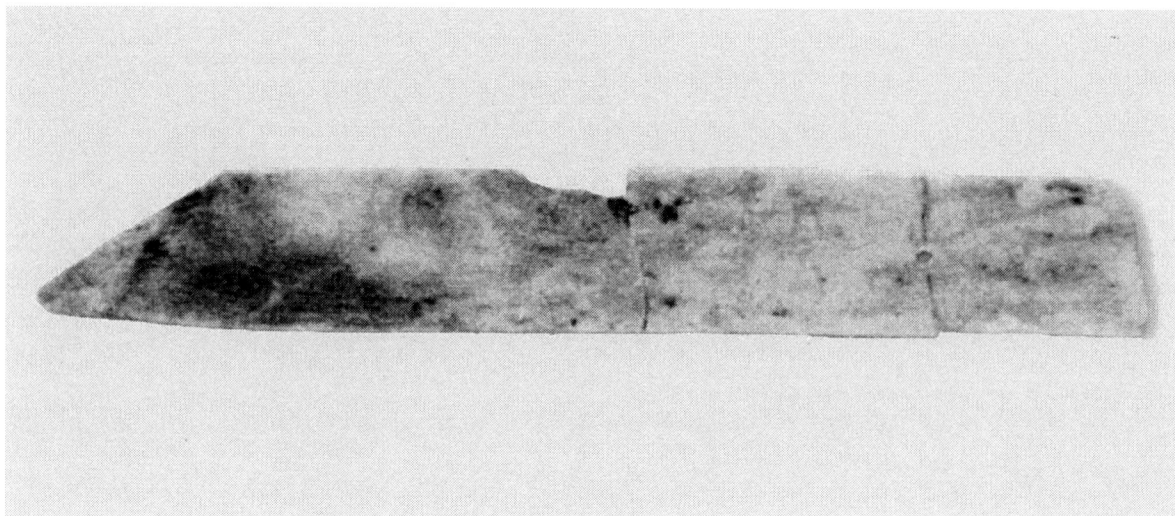

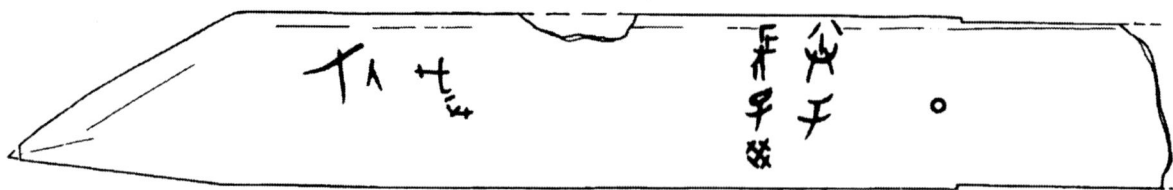

（原長 26.6 釐米）

吳振武)》,藝文印書館股份有限公司,2004 年。

《張論集(三)》——《古文字與青銅器論集》,張懋鎔著,科學出版社,2010 年。

十二劃

《葉家山》——《隨州葉家山——西周早期曾國墓地》,湖北省博物館、湖北省文物考古研究所、隨州市博物館,文物出版社,2013 年。

《集成》——《殷周金文集成》(修訂增補本),中國社會科學院考古研究所編輯,中華書局,2007 年。

《發現》——《中國重要考古發現》(2006 年),國家文物局主編,文物出版社,2006 年。

十三劃

《楚金》——《楚系金文彙編》,劉彬徽、劉長武著,湖北省教育出版社,2009 年。

《楚珍》——《南國楚寶 驚彩絕豔：楚文物珍品展》,秦始皇帝陵博物院編,三秦出版社,2013 年。

《楚簡》——《楚簡楚文化與先秦歷史文化國際學術研討會論文集》,羅運環主編,湖北教育出版社,2013 年。

《新入》——《陝西歷史博物館新入藏文物精萃》,陝西歷史博物館編,三秦出版社,2011 年。

《新收》——《新收殷周青銅器銘文暨器影彙編》,鍾柏生、陳昭容、黃銘崇、袁國華編,臺灣藝文印書館,2006 年。

《新世紀》——《新世紀的中國考古學：王仲殊先生八十華誕紀念論文集》,中國社会科學院考古研究所編,科學出版社,2005 年。

《新泰墓》——《新泰周家莊東周墓地》,山東省文物考古研究所、新泰市博物館編,文物出版社,2014 年。

《愙圖注》——《〈愙齋集古圖〉箋注》,周亞編著,上海古籍出版社,2012 年。

十四劃

《銅藝術》——《中國古代青銅器藝術》,呂章申主編,中國社會科學出版社,2011 年。

十五劃

《論衡》——《兩周封國論衡》,陝西省考古研究院、上海博物館編,上海古籍出版社,2014 年。

十六劃以上

《歷代風華》——《歷代風華》,北京東方藝術品博覽會組委會編,文物出版社,
2013 年。

《辨偽》——《青銅器辨偽三百例》,王文昶編著,故宮出版社,2009 年。

《應國墓》——《平頂山應國墓地》,河南省文物考古研究所、平頂山市文物管理
局編,大象出版社,2012 年。

《鍾離君》——《鍾離君柏墓》,安徽省文物考古研究所、蚌埠市博物館編著,文物
出版社,2013 年。

《濟寧珍》——《濟寧文物珍品》,濟寧市文物局編,文物出版社,2010 年。

《鎮江銅》——《鎮江出土吳國青銅器》,楊正宏、蕭夢龍主編,文物出版社,
2008 年。

《蘇埠屯》——《蘇埠屯銅器圖錄》,張履賢著、唐友波整理,上海書店出版社,
2014 年。